「深い学び」につながる
アクティブラーニング

全国大学の学科調査報告とカリキュラム設計の課題

河合塾 編著

はじめに

河合塾 教育研究開発本部 教育研究部 部長　谷口哲也

　河合塾の模擬試験を受けていただいている高校の進路指導の先生 1,800 名に「生徒の志望校選びを指導する際に、重視した項目を 3 つ挙げてください」と質問しました。
　第 1 位は「入試難易度」。これはまだ根強く大学選びの要になっています。
　第 2 位は「生徒の適性」。入試難易度が同じくらいの大学なら、生徒の気質や学習履歴にあった大学を薦めています。
　第 3 位は何でしょう？
　「就職状況」「資格取得」「大学の知名度」「立地、交通の便」「研究水準の高さ」「施設・設備」などが予想されますが、そうではありませんでした。答えは「教育内容・教育力」です。つまり、生徒が成長できるかを見ているのです。
　高校生の進路指導の視点だけではなく、世界から立ち遅れている日本の人材育成力を何とかしようと国家戦略として文部科学省や経済産業省などでも「教育内容・教育力」の強化を推進すべく大学に働きかけています。
　しかし、大学の「教育内容・教育力」をどう測るのか。「教育内容」は大学・学部・学科の目標によってさまざまです。一様に測ることが難しい。しかし、「教育力」を評価できないか？
　医・歯・薬学部や教員養成学部などは国家試験や採用試験への「合格率」というわかりやすい教育成果指標があります。しかし、資格系ではない学部・学科の教育成果は何か？「就職率」ではないですよね。「学生の授業評価」でもない。将来、研究者になるにせよ、社会へ出るにせよ、学生一人ひとりが大学の教養教育や専門教育で学んだ知識とスキルを自身の成長に活かしていく仕掛けがあるか？　そしてその成長に結びつけるために教員が一致団結しているか？　そのために、「教授者中心」ではなく「学習者中心」の教育という発想に立ち、それを実現する体制が組織的にできているか？　ここを調べれば学部・学科共通の教育力評価指標になるのではないか、と考えたわけです。
　そこで、河合塾では大学教育力調査プロジェクトを立ち上げ「大学の教育力」

調査に取り組んできました。2008年に国立大学の教養教育調査、2009年に全国大学の初年次教育調査、2010年には経済系、工学系を中心とした大学のアクティブラーニング調査を行い、その結果を引き継ぐ形で2011年から2012年にかけて「2011年度大学アクティブラーニング調査」を行いました。

　本書の第1部には、その調査結果報告を掲載しています。第2部・第3部・第4部には2012年10月6日に開催した河合塾セミナーの記録を掲載しています。また巻末には、これまで教育評価指標づくりとして試行錯誤してきた大学教育力調査の意義も含めた「まとめ」と「今後の拡がり」が解説されています。

　本書の具体的な構成は以下のとおりです。
　　第1部　河合塾からの2011年度大学のアクティブラーニング調査報告
　　第2部　大学からの事例報告
　　第3部　アクティブラーニングの理論的課題と実践的課題
　　　　　　―「深い学び」につながる工夫とは―
　　第4部　課題抽出と解決策のワークショップ

　できるだけ多くの方に読んでいただけるように、調査した大学事例を多く掲載しました。学習者中心の教育を志向される多くの大学教員の方々、生涯学び続け主体的に考える力を育成する大学選びを志向される高校の進路指導担当者や保護者の方々にとって、本書の事例が参考になることを願ってやみません。

※第1部「河合塾からの2011年度大学のアクティブラーニング調査報告」は、18頁に掲載のアンケート（質問紙）と訪問ヒアリング調査の結果に基づいています。
※第2部の「各大学からの事例報告」は2011年度の取り組みについてのものです。
※本書に掲載された図表において出典が明記されていないものは、発表者（報告者）作成のものです。
※執筆者の所属・役職は河合塾セミナー開催時のものです。

大目次

はじめに……………………………………………………………… i

第1部　河合塾からの 2011 年度大学のアクティブラーニング調査報告…… 3

河合塾からの 2011 年度大学のアクティブラーニング調査報告　5

第2部　大学からの事例報告 ……………………………………… 245

1. なぜ多くの授業でアクティブラーニングが導入されるのか－「ちょっと大変だけれど実力がつく大学」の現場から－……… 247
2. 演習と論文指導によるプラクティカル・エコノミストの育成…………………………………………………………… 262

第3部　アクティブラーニングの理論的課題と実践的課題 ……… 275
　　　　　―「深い学び」につながる工夫とは―

何をもってディープラーニングとなるのか？ ………………… 277
　　―アクティブラーニングと評価―

第4部　課題抽出と解決策のワークショップ ……………………… 299

課題抽出と解決策のワークショップ ………………………… 301

解　説………………………………………………………… 322
謝　辞………………………………………………………… 331

詳細目次

はじめに……………………………………………………………… i
　■図表一覧　xii

第1部　河合塾からの 2011 年度大学のアクティブラーニング調査報告……3

河合塾からの 2011 年度大学のアクティブラーニング調査報告　5
　【Ⅰ】アクティブラーニング調査の目的と視点　5
　　1．「2011 年度 大学のアクティブラーニング調査」の特徴　5
　　2．アクティブラーニングとは何か、なぜ重要か　5
　　　(1) アクティブラーニングの定義　5
　　　(2) アクティブラーニングが重視される社会的背景　6
　　　(3)「深い学び」とのつながり　7
　　　(4)「専門ゼミ・専門研究」をどう考えるか　10
　　3．「高次のアクティブラーニング」と「一般的アクティブラーニング」の分別　10
　　　(1)「高次のアクティブラーニング」について　11
　　　(2)「一般的アクティブラーニング」について　12

　【Ⅱ】質問紙調査　14
　　1．質問紙調査の概要　14
　　　調査対象　14
　　　調査時期　15
　　　系統別質問紙送付、回答状況　15
　　2．質問紙の内容　15
　　　(1) 本調査で対象とする科目　15
　　　(2) 本調査で対象とする「アクティブラーニング科目」の定義　16
　　　(3) 本調査におけるアクティブラーニング科目の目的別分類とその定義　16
　　　(4) 質問構成　17

3．質問紙調査の結果分析　25
　(1) 初年次ゼミ　25
　(2) 専門知識の定着を目的としたアクティブラーニング科目（一般的アクティブラーニング）　29
　(3) 課題解決を目的としたアクティブラーニング科目（高次のアクティブラーニング）　31
　(4) ファシリテータとしてのSA・TA導入状況　33
　(5) 文系学科の専門ゼミ　36
　(6) 卒業論文、卒業研究　36
　(7) 学習成果コンテスト　38

【Ⅲ】実地調査の分析　63
1．実地調査の対象学科の抽出　63
2．評価基準――3つの視点　65
　【評価の視点Ⅰ】アクティブラーニングの設計と導入　65
　　Ⅰ－1．知識を活用し課題解決を目的とした「高次のアクティブラーニング科目」の設計と導入　65
　　Ⅰ－2．知識定着を目的とした「一般的アクティブラーニング科目」の他科目との連携　67
　【評価の視点Ⅱ】学部・学科による質保証、教育内容の統一・関連性確保　68
　　Ⅱ－1．アクティブラーニング科目の内容統一・科目間の関連性の確保　68
　　Ⅱ－2．獲得させるべき能力と対応したアクティブラーニングを含んだカリキュラム設計　69
　【評価の視点Ⅲ】学生の能力形成と自律・自立化についての取り組み　70
　　Ⅲ－1．振り返りとコミットメント　70
3．視点別の評価結果と「進んだ事例」紹介　71
　【評価の視点Ⅰ】アクティブラーニングの設計と導入　71
　　Ⅰ－1．知識を活用し課題解決を目的とした「高次のアクティブラーニング科目」の設計と導入　71
　　　(1) 理工系学科　71
　　　　日本大学　生産工学部　建築工学科　72
　　　　神奈川工科大学　応用バイオ科学部　応用バイオ科学科　73
　　　　東邦大学　理学部　情報科学科　メディア生命科学コース　75
　　　　関東学院大学　工学部　機械工学科　ロボットコース　システム専攻　76

秋田大学　工学資源学部　機械工学科　77
　　　岡山大学　工学部　機械工学科　79
　　　室蘭工業大学　工学部　情報電子工学系学科　80
　　　金沢工業大学　工学部　電気電子工学科　82
　　(2) 文系学科　83
　　　日本女子大学　文学部　英文学科　84
　　　近畿大学　文芸学部　英語多文化コミュニケーション学科　85
　　　同志社大学　文学部　国文学科　87
　　　愛媛大学　教育学部　学校教育教員養成課程　88
　　　共愛学園前橋国際大学　国際社会学部　国際社会学科　90
　　　産業能率大学　経営学部　92
　　　立教大学　経営学部　95
　　　立命館大学　経営学部　97
　　(3) 概　説　98
　Ⅰ-2．知識定着を目的とした「一般的アクティブラーニング科目」の他科目
　　との連携　99
　　(1) 理工系学科　100
　　　日本大学　生産工学部　建築工学科　100
　　　神奈川工科大学　応用バイオ科学部　応用バイオ科学科　100
　　　東邦大学　理学部　情報科学科　100
　　　関東学院大学　工学部　機械工学科　ロボットコースシステム専攻　101
　　　近畿大学　理工学部　機械工学科　101
　　　室蘭工業大学　工学部　情報電気電子系学科　101
　　　三重大学　工学部　電気電子工学科　101
　　　金沢工業大学　102
　　(2) 文系学科　102
　　　新潟大学　人文学部　人文学科　103
　　　日本女子大学　文学部　英文学科　103
　　　近畿大学　文芸学部　英語多文化コミュニケーション学科　103
　　　愛媛大学　教育学部　学校教育教員養成課程　104
　　　椙山女学園大学　教育学部　子ども発達学科　104
　　　共愛学園前橋国際大学　国際社会学部　国際社会学科　104
　　　産業能率大学　経営学部　105
　　(3) 概　説　105

【評価の視点Ⅱ】学部・学科による質保証、教育内容の統一・関連性確保　106
Ⅱ－1．アクティブラーニング科目の内容統一・科目間の関連性の確保　106
　　（1）理工系学科　107
　　　　日本大学　生産工学部　建築工学科　107
　　　　神奈川大学　応用バイオ科学部　応用バイオ科学科　107
　　　　関東学院大学　工学部　機械工学科　ロボットコースシステム専攻　107
　　　　岡山大学　工学部　機械工学科　108
　　　　三重大学　工学部　電気電子工学科　108
　　　　金沢工業大学　工学部　電気電子工学科　108
　　（2）文系学科　109
　　　　日本女子大学　文学部　英文学科　109
　　　　愛媛大学　教育学部　学校教育教員養成課程　109
　　　　椙山女学園大学　教育学部　子ども発達学科　109
　　　　共愛学園前橋国際大学　国際社会学部　国際社会学科　109
　　　　創価大学　経済学部　110
　　　　武蔵大学　経済学部　110
　　　　産業能率大学　経営学部　111
　　　　立教大学　経営学部　111
　　　　立命館大学　経営学部　112
　　（3）概　説　112
Ⅱ－2．獲得させるべき能力と対応したアクティブラーニングを含んだ
　　　カリキュラム設計　113
　　（1）理工系学科　113
　　　　神奈川工科大学　応用バイオ科学部　応用バイオ科学科　114
　　　　金沢工業大学　工学部　電気電子工学科　115
　　（2）文系学科　116
　　　　同志社大学　文学部　国文学科　116
　　　　愛媛大学　教育学部　116
　　　　長崎国際大学　人間社会学部　国際観光学科　117
　　　　大阪市立大学　経済学部　経済学科　120
　　　　創価大学　経済学部　122
　　　　立教大学　経営学部　122
　　（3）概　説　123

【評価の視点Ⅲ】学生の能力形成と自律・自立化についての取り組み　124
Ⅲ－1．振り返りとコミットメント　124
　　(1) 理工系学科　125
　　　　日本大学　生産工学部　建築工学科　125
　　　　神奈川工科大学　応用バイオ科学部　応用バイオ科学科　125
　　　　関東学院大学　工学部　機械工学科　ロボットコース　システム専攻　125
　　　　岡山大学　工学部　機械工学科　126
　　　　金沢工業大学　工学部　電気電子工学科　127
　　(2) 文系学科　128
　　　　愛媛大学　教育学部　学校教育教員養成課程　128
　　　　椙山女学園大学　教育学部　子ども発達学科　129
　　　　同志社大学　文学部　国文学科　129
　　　　創価大学　経済学部・経営学部　130
　　　　産業能率大学　経営学部　131
　　　　立教大学　経営学部　131
　　(3) 概　説　132
4．まとめと提言　133
　　(1) 法学部について　134
　　(2)「深い学び」につながるアクティブラーニングのために　136

【Ⅳ】実地調査による大学・学部・学科別レポート　142
　　1．日本大学　生産工学部　建築工学科　143
　　2．神奈川工科大学　応用バイオ科学部　応用バイオ科学科　147
　　3．東邦大学　理学部　情報科学科メディア生命科学コース　150
　　4．関東学院大学　工学部　機械工学科　ロボットコース　システム専攻　153
　　5．秋田大学　工学資源学部　機械工学科　156
　　6．岡山大学　工学部　機械工学科　159
　　7．近畿大学　理工学部　機械工学科　162
　　8．室蘭工業大学　工学部　情報電子工学系学科　164
　　9．三重大学　工学部　電気電子工学科　168
　10．金沢工業大学　工学部　電気電子工学科　171
　11．新潟大学　人文学部　人文学科　175
　12．日本女子大学　文学部　英文学科　178
　13．近畿大学　文芸学部　英語多文化コミュニケーション学科　181

14. 同志社大学　文学部　国文学科　185
15. 安田女子大学　文学部　日本文学科　187
16. 愛媛大学　教育学部　学校教育教員養成課程　190
17. 椙山女学園大学　教育学部　子ども発達学科　初等中等教育専修　195
18. 横浜市立大学　国際総合科学部　国際総合科学科　ヨコハマ起業戦略コース　197
19. 共愛学園前橋国際大学　国際社会学部　国際社会学科　202
20. 長崎国際大学　人間社会学部　国際観光学科　206
21. 南山大学　法学部　法律学科　208
22. 日本大学　法学部　新聞学科　210
23. 大阪市立大学　経済学部　経済学科　214
24. 北海学園大学　経済学部　経済学科　217
25. 和歌山大学　経済学部　220
26. 創価大学　経済学部　223
27. 武蔵大学　経済学部　227
28. 産業能率大学　経営学部　231
29. 立教大学　経営学部　236
30. 立命館大学　経営学部　240

第2部　大学からの事例報告　245

1. なぜ多くの授業でアクティブラーニングが導入されるのか―「ちょっと大変だけれど実力がつく大学」の現場から―……　大森昭生　247
   1. 共愛学園前橋国際大学について　247
   2. 共愛学園前橋国際大学のアクティブラーニング　249
   3. アクティブラーニング導入の背景・環境　256
   4. 共愛・共生の理念と社会で生きる力を身につける学びと集いの「場」　259
   5. アクティブラーニングに係る今後の課題　260

2. 演習と論文指導によるプラクティカル・エコノミストの育成……………………………………　中村健吾　262
   1. はじめに　262
   2. プラクティカル・エコノミスト（PE）とは何か　263

3. 問題解決型アクティブラーニング（演習の基礎サイクル） 264
4. 知識定着型アクティブラーニングと混合型アクティブラーニング 266
5. 論文採点基準表 266
6. 学習相談室の設置 266
7. 他流試合によるアクティブラーニング 266
8. 卒論こそ究極のアクティブラーニング 268
9. PE 指標とは何か 270
10. 取り組みの到達点と課題 273

第3部　アクティブラーニングの理論的課題と実践的課題 …………… 275
―「深い学び」につながる工夫とは―

何をもってディープラーニングとなるのか？ ……… 溝上慎一 277
　　―アクティブラーニングと評価―
　はじめに 277
　1. アクティブラーニングの背景と定義（確認） 278
　　(1) 教えるから学ぶへ 278
　　(2) 学士力の構成要素（汎用的技能） 278
　　(3) 定義 279
　　(4) さまざまなアクティブラーニング型授業 280
　　(5) アクティブラーニング型授業の質を高める装置 281
　2. アクティブラーニングの広がり 282
　　(1) 知の重視（Deep Learning） 282
　　(2) アクティブラーニングのカリキュラム化 283
　　(3) 週複数回授業 284
　　(4) アクティブラーニング環境の整備 285
　3. 何をもって深い学びとなるのか？ 287
　　(1) 知識や経験の組織化 287
　　(2) コンセプトマップ（形成的・総括的評価） 289
　　(3) 成果物を内容で評価 291
　4. アクティブラーニング型授業（ピアインストラクション）の開発 292
　　(1) Erik Mazur のピアインストラクション 292
　　(2) 授業での実践 294
　　(3) クリッカー利用の利点 296

(4)「社会的」な授業　297
　　(5)　協同学習として　298

第4部　課題抽出と解決策のワークショップ　299

課題抽出と解決策のワークショップ　　　　　成田秀夫　301
　1．河合塾と2大学からの報告の要点　301
　2．課題抽出のグループワークと討論　303
　3．解決策のグループワーク　319

解　説　　　　　友野伸一郎　322
　1．「2011年度 大学のアクティブラーニング調査」までの大学教育力
　　　調査の流れ　322
　2．「2011年度 大学のアクティブラーニング調査」の意義　324
　3．河合塾FDセミナーについて　325
　4．ピアインストラクションについて　326
　5．アクティブラーニングの拡がり　328

謝　辞　331

執筆者紹介　333

■図表一覧

図表1	アクティブラーニングを取り入れたさまざまな授業形態	6
図表2	社会で必要とされる能力の変化	7
図表3	アクティブラーニングとディープラーニングの比較	9
図表4	高次のアクティブラーニングと一般的アクティブラーニング	10
図表5	National Training Laboratoriesの平均学習定着率	12
図表6	調査対象学部・学科系統	14
図表7	質問紙送付、回答状況	15
図表8	本調査で対象とする科目	15
図表9	本調査で対象とする「アクティブラーニング科目」の定義	16
図表10	アクティブラーニング科目の目的別分類とその定義	16
図表11	質問構成	17
図表12	初年次ゼミ系統別実施状況	25
図表13	初年次ゼミ系統別実施状況（グラフ）	25
図表14	初年次ゼミ科目に含まれるアクティブラーニングの形態	27
図表15	初年次ゼミ科目でのレポート返却状況	28
図表16	初年次ゼミ科目でのレポート返却状況（グラフ）	29
図表17	系統別　専門知識の定着を目的としたアクティブラーニング科目実施状況	30
図表18	系統別　専門知識の定着を目的としたアクティブラーニング科目実施状況（グラフ）	30
図表19	学年別系統別　専門知識の定着を目的としたアクティブラーニング科目実施状況	31
図表20	学年別系統別　課題解決を目的としたアクティブラーニング科目実施状況	32
図表21	系統別　活用すべき専門知識を伝達する科目の記入状況	34
図表22	系統別　活用すべき専門知識を伝達する科目の記入状況（グラフ）	34
図表23	系統別　ファシリテータとしてのSA・TA導入状況	35
図表24	学年別系統別　専門ゼミ科目実施状況	37
図表25	＜参考＞初年次ゼミから専門ゼミへ4年間の流れ	37
図表26	系統別　卒業論文・卒業研究履修率	38
図表27	系統別　卒業論文・卒業研究履修率（グラフ）	38
図表28	神奈川工科大学応用バイオ科学部応用バイオ科学科の科目「応用バイオ実験」のシラバス	114
図表29	金沢工業大学工学部電気電子工学科の科目「コアガイド」のシラバス	115
図表30	愛媛大学教育学部の科目「実践省察研究III」のシラバス	117
図表31	長崎国際大学人間社会学部国際観光学科の科目「地域観光研究D」のシラバス①	118
図表32	長崎国際大学人間社会学部国際観光学科の科目「地域観光研究D」のシラバス②	119
図表33	大阪市立大学経済学部の各科目の6つのスキル配分表の例	120
図表34	大阪市立大学経済学部の2010年度卒業生の各スキルの平均累積ポイントを示したレーダーチャート	121
図表35	大阪市立大学経済学部の卒業生の成績におけるGPA値とPE値の比較	121
図表36	創価大学経済学部での教育目標と科目の関連表の例	122
図表37	立教大学経営学部での学習成果と科目の目標を関連付けたカリキュラムマップの例	122
図表38	岡山大学工学部機械工学科の「創成プロジェクト」で使われている学生通知簿	126
図表39	金沢工業大学の修学ポートフォリオの例	128
図表40	創価大学経営学部の「グループ演習」で使用している振り返りシート	130
図表41	産業能率大学での「振り返り」のしくみ	131
図表42	4年間のアクティブラーニング項目導入度の系統別比較	134
図表43	課題解決を目的としたアクティブラーニング（高次のアクティブラーニング）の学年別・系統別実施状況	135

図表44	南山大学法学部でのアクティブラーニング科目の4年間の流れ	135
図表45	名古屋大学法学部法律・政治学科でのアクティブラーニング科目の4年間の流れ	135
図表46	広島大学法学部法学科でのアクティブラーニング科目の4年間の流れ	136
図表47	学生数の推移	248
図表48	全科目に占めるアクティブラーニング関連科目の比率とその内訳	250
図表49	アクティブラーニング科目の例（2011年度）	250
図表50	アクティブラーニング科目の学年配置と意味	251
図表51	1年生と2年生が協働する「電子商取引演習」	253
図表52	「学校フィールド学習」の概要	254
図表53	英語科目の体系	255
図表54	Global Career Training 副専攻	256
図表55	学生による自己評価	258
図表56	社会人基礎力の自己評価と就職率	258
図表57	学びと集いの「場」「KYOAI COMMONS」	260
図表58	2段階の演習カリキュラムによるＰＥの育成	263
図表59	各演習科目への6つのスキルの配分と比重	264
図表60	問題解決型アクティブラーニング（演習の基礎サイクル）	265
図表61	論文採点基準表	267
図表62	学習相談室の設置	267
図表63	他流試合によるアクティブラーニング	268
図表64	PE指標の計算式	270
図表65	PE成績表	271
図表66	エクセレント・プラクティカル・エコノミスト証明書	272
図表67	PE指標の値と成績との相関（2006年度入学者）	273
図表68	アクティブラーニング型授業の質を高める装置	280
図表69	アクティブラーニングとディープラーニングの関係	283
図表70	カリキュラムマップ	284
図表71	「現代青年期の心理学」でのディスカッションテーマの例	289
図表72	可視化ツールとしてのコンセプトマップ	290
図表73	粘土細工による自己形成表現	295
図表74	クリッカー活用の利点	297
図表75	ピアインストラクションによる協同学習	298
図表76	高等教育のスキル（Barnett）	302
図表77	模試の成績にみるアクティブラーニングの効果	330

「深い学び」につながるアクティブラーニング
―全国大学の学科調査報告とカリキュラム設計の課題―

第1部

河合塾からの
2011年度大学のアクティブラーニング
調査報告

河合塾からの2011年度大学のアクティブラーニング調査報告

【Ⅰ】アクティブラーニング調査の目的と視点

1．「2011年度 大学のアクティブラーニング調査」の特徴

　「2011年度 大学のアクティブラーニング調査」の特徴は大きくは以下の3点である。
　　対象学科を2010年度の経済系と工学系から非資格系全般へと拡大。
　　経年変化を観測するために、今後複数年にわたる継続調査。
　　対象学部学科のアクティブラーニングのカリキュラムマップの作製。

　この調査は一から開始するものではなく、これまでの「初年次教育調査」や「2010年度 大学のアクティブラーニング調査」を内容的にも引き継ぐものであると同時に、新しい視点も付加し、発展させた調査である。
　そこで、これまでの調査の何を引き継ぎつつ、何を新しい視点として付加していくかを述べる。

2．アクティブラーニングとは何か、なぜ重要か
(1) アクティブラーニングの定義
　まず、アクティブラーニングとは何か、なぜアクティブラーニングが重要であるのかについてである。
　本調査で言うところの「アクティブラーニング」とは「能動的な学び」であ

り、身体を動かすことを必ずしも意味しない。そして、反対概念は「パッシブラーニング」すなわち「受動的な学び」である。そして、講義をただ座って聴くだけの100%パッシブな学び以外は、さしあたって最も広義のアクティブラーニングであると定義する。そしてそれは具体的には、次の図のような授業の形態を取る。

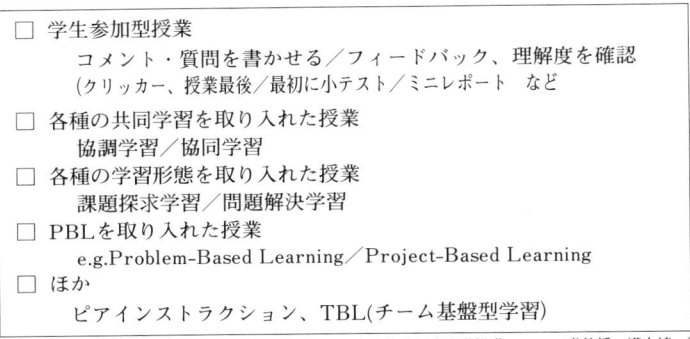

図表1　アクティブラーニングを取り入れたさまざまな授業形態

　つまり、アクティブラーニングの形態には、レポートや討議などのように古くから大学教育の中に一部では組み入れられてきたものも含まれている。そのアクティブラーニングが、今、改めて注目されるのは、世界的な大学教育の流れの中で「学習者中心の教育」の模索が本格化してきたこととも呼応する。そして「学習者中心の教育」、すなわち「教員が何を教えたか」ではなく「学生が何ができるようになったのか」を基準として教育を考える場合、講義形式の授業だけではなく学生が能動的に授業に参加する授業形態が今まで以上に求められることとなる。それを「アクティブラーニング」と呼称するのである。これは、2010年度調査でも明らかにしておいた視点である。

(2) アクティブラーニングが重視される社会的背景

　アクティブラーニングの重要性が増している背景には、大学進学率が50%を超える大学のユニバーサルアクセス段階が到来しているという問題がある。講義型のパッシブラーニングだけを提供していたのでは、大衆化した大学においては大きな教育効果が期待できなくなっているのである。

【近代社会】	【ポスト近代社会】
基礎学力	生きる力
標準性	多様性
知識量・知的操作の速度	意欲・創造性
共通尺度で比較可能	個別性・個性
順応性	能動性
協調性・同質性	ネットワーク形成力・交渉力

本田由紀『多元化する能力と日本社会』(NTT出版)

図表2　社会で必要とされる能力の変化

　また、現代社会で求められる能力が、20年前の社会とは大きく異なってきているという問題もある。まず、本田由紀『多元化する能力と日本社会』(NTT出版)を参考に、近代社会(メリトクラシー)とポスト近代社会(ハイパーメリトクラシー)で必要とされた能力の特徴を以下に対比する。

　図表2をご覧いただきたい。近代社会で必要とされる能力は、知識伝達型の教育で達成可能であるのに対して、ポスト近代社会で必要とされる能力は、知識伝達型の教育、命題知の暗記型の教育で達成されるものではない。その命題知＝専門知識を前提として、さらなるプラスアルファの能力として形成されていくしかない。

　つまり、ポスト近代への移行により、その社会で求められる実践知・活用知とは、**図表2**の右側にあげたような性格を満たす種類のものへと進んできているのであり、そのためにこそ、アクティブラーニングが求められるようになってきたのである。

(3)「深い学び」とのつながり

　さらに2011年度調査において当プロジェクトは、アクティブラーニングにもう一つの重要な意味を見出している。それは、「深い学び」を学生の中にもたらすものとしてのアクティブラーニングという意味である。つまり本調査の問題意識は、学生に「深い学び」をもたらす大学教育がいかに行われているか、である。

　では「深い学び」とは何か。

　ノエル・エントウィスル『学生の理解を重視する大学授業』(玉川大学出版部)

によれば、それは「深い理解、構造化された知識とは、学生自ら新たに得た知識を既有の知識と結びつけ、新たな全体像を構築することである」「こうした知識こそ、忘れない、活用できる知識である」「一連の孤立した知識は試験で役に立つ程度であり、それ以上の何の役にも立たない」と説明される。

　ここで改めて触れておきたいのは、当プロジェクトは2010年度調査において、次のように指摘した点である。

> 「アクティブラーニングの大きな特徴は、言語による伝達を超える内容があるということである。知識伝達型の講義という授業形態は、基本的に言語または視覚による一方向的な伝達が基本とされる。しかし、アクティブラーニングには、言語化されている以上の事柄が含まれざるを得ない。言語化された事柄を基に授業が進む講義と異なり、人間の一つの実践には、実は無数の側面がある。例えば、一つの問題発見・解決型の授業を想定するならば、その授業で行われていることは、問題を発見し、それに関して調査し、思惟を巡らし、筋道を立て、他者と討論し、まとめ、プレゼンテーションの準備をし、それを実践するということになる。言葉にすれば、これだけで済むことだが、実際のこのプロセスは、おそらくレポートに表現される数十倍・数百倍もの豊かさを持つはずであるである」

「深い学び」が意味することは、このような問題意識の継承である。
　そして、このような「深い学び」それ自体は数量化して評価することが不可能か、可能であったとしても極めて困難であると言わざるを得ない。その点で、当プロジェクトは「深い学び」をもたらす授業とアクティブラーニングの重なりあいに注目したのである。それは、溝上准教授の整理を引用すれば**図表３**のようになる。
　しかし同時に踏まえておくべきことは、「深い学び」それ自体は最近の学習理論の産物ではないということである。「深い学び」は、この言葉や概念が生まれるよりも前から、そしてアクティブラーニングという言葉が生まれる前から、事実として学生の中に生じていた。それは、大学進学率15％以下の、マーチン・トロウの定義によればエリート段階の学生の中にも生じていただろうし、

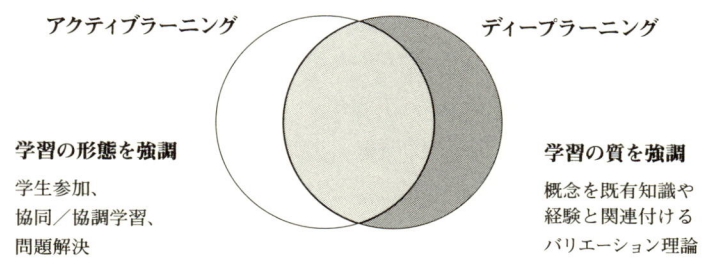

（京都大学　高等教育研究開発推進センター　准教授　溝上慎一）

図表3　アクティブラーニングとディープラーニングの比較

それはまた、ゼミナールだけではなく一方的な講義の中でも生じていただろう。しかし、それは資質に秀でた学生の個人的な努力による「深い学び」の生成であった。一方的な講義の中に、話者との対話をバーチャルに試みることで生じたものであり、同様のことは読書においても生じたに違いないし、今も生じているだろう。

しかし、大学進学率が50％を超え、ユニバーサル段階を迎えた今日において、このような資質に秀でた学生の個人的な努力によって深い学びが生じることを待つというのは、時代の要請に無感覚であり、教育における怠慢と言わざるを得ない。

その場合に前提としておかねばならないのは、先にも述べたように、アクティブラーニングは形態としては従来からも行われてきたということである。

問題は、それを「深い学び」につながる手法として、体系的に再構成し再設計していくことである。例えば「深い学び」が生じると、学生は科目という枠組みを超えて知識を関連付けて行くようになる。個人の教員が、個人の裁量のみでアクティブラーニングを行っている場合には、なかなか、このような科目を超えた関連付けは起こりにくい。

しかし、知識を提供する科目と、それを活用する科目が意図的に関連付くようにカリキュラムが設計されていたらどうだろうか。それは、個人の裁量においてアクティブラーニングが行われている場合と比して、より容易に深い学びを生じさせることができるはずである。

(4)「専門ゼミ・専門研究」をどう考えるか

「深い学び」につながるアクティブラーニングのために、再構成・再設計していくべきものとして「専門ゼミ・専門研究」は重要な位置に在る。

言うまでもなく「専門ゼミ・専門研究」では学生がレポートや論文を執筆し発表するし、そのために教員との間に、そして学生相互で双方向的なやり取りが行われ、学生は能動的に研究に取り組むはずである。しかし、それがどの程度、どのように行われているかは100％教員次第であり、また関連科目をどうするかも教員次第となっている。

この問題については、「高次のアクティブラーニング」の項目でも再度論じるが、現状では「専門ゼミ・専門研究」は多くの場合、教員の個人裁量の牙城とも言える様相を呈している。そして、これが開かれていくことが、アクティブラーニングとして再構成していくためには不可欠であるというのが、当プロジェクトの問題意識である。

3.「高次のアクティブラーニング」と「一般的アクティブラーニング」の分別

次に、アクティブラーニングの目的による分別についてである。これは、2010年度調査で明らかにした「高次のアクティブラーニング」と「一般的アクティブラーニング」の定義を継承している。

ここで改めて2つの目的に応じたアクティブラーニングについて定義しておく。

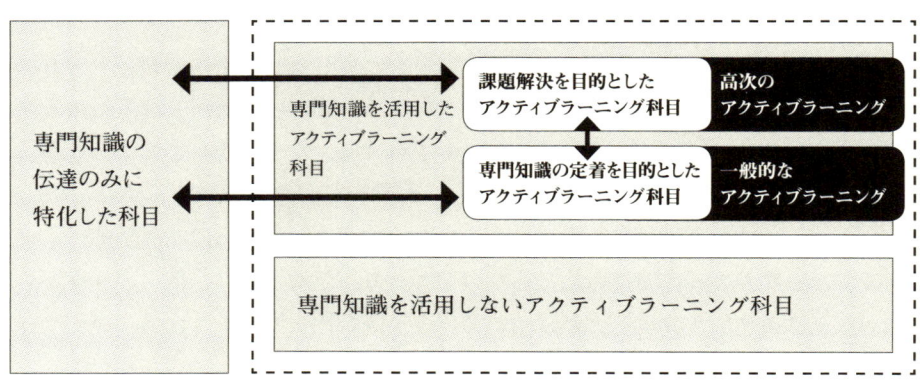

図表4　高次のアクティブラーニングと一般的アクティブラーニング

(1)「高次のアクティブラーニング」について

　「高次のアクティブラーニング」は専門知識を活用し課題解決を目的とするものである。解が一つではない問題に取り組むPBLやモノづくりの創成授業などが該当する。

　「一般的アクティブラーニング」は知識の定着・確認を目的とするもので、実験やドリル、小テスト等を行う授業が該当する。もちろん、この2つのアクティブラーニングの性格は授業の形態によって分類されるものではなく、あくまでも目的によるものである。レポートやグループワークなどは、どちらのアクティブラーニングにおいても活用されている。

　この2つの目的による分別は重要である。何故なら、その性格に従って2つのアクティブラーニングはカリキュラム設計の上で置かれるべき位置が異なってくるからである。

　例えば「高次のアクティブラーニング」は、すべての科目において導入すべきものではない。それは教員にとっても学生にとっても負担が大き過ぎるからである。しかしまた、「高次のアクティブラーニング」は、4年間連続して行われるのが望ましい。それは、知識の活用は知識を修得し終ってから始めるべきなのではなく、知識の修得と並行して、その知識レベルに応じて行われるべきだからである。

　この点で、伝統的なカリキュラムでは、大学の1年〜2年次は知識の修得に特化し、3年次になって初めて「専門ゼミ・専門研究」で知識の活用が行われるという流れであった。しかし、それでは知識の活用が遅すぎるのである。それは中等教育における英語教育の例で説明すると分かりやすい。

　日本の中等教育における英語教育は、長らく「6年間も学んでいるのに英語が使えない」と言われてきたし、また今でも言われ続けている。その大きな理由は、従来の英語教育が文法や構文、単語や熟語を覚えることに終始し、それを活用してコミュニケーションするということを無視してきたからである。それらを覚え終わった「後に」自然に活用できるようになる「はず」であることが観念されていたわけである。

　しかし、明らかに、中学1年では中1レベルの文法や単語・熟語の知識を活用し、高校3年ではそのレベルの知識を活用して継続して英語のコミュニケー

ションを訓練するならば、それは全く異なった結果を生み出すはずである。事実、ある高校では日本人の生徒同士が英語でコミュニケーションを行うことを授業の中に組み込むことで成果を挙げている。

　すなわち、「知識の獲得」→（時間的なその後）「知識の活用」ではなく、知識の獲得＋（時間的に並行して）「知識の活用」こそが、「深い学び」を生起させるためには求められているのである。このような観点から、当プロジェクトでは知識を活用し課題解決に取り組む「高次のアクティブラーニング」が学士課程教育の4年間に連続して配置されていることを重視する。

　しかし同時に、「高次のアクティブラーニング」が、すべての授業で行われるような事態も論外である。それは教員と学生の負担が大きくなり過ぎるだけではなく、カリキュラム設計としても正しくない。つまり、それは各学年での学生生活の中心的な位置に絞って置かれるべき性格の授業である。「高次のアクティブラーニング」科目でさまざまな科目での知識を関連付け、課題解決に取り組むのであるから。

(2)「一般的アクティブラーニング」について

　では「一般的アクティブラーニング」はどうか。これについては、当プロジェクトはできる限り多くの科目で取り入れられるべきであることを主張する。

　もちろん、講義が不要だという訳ではない。大切なことは講義を受動的に聴講しただけでは、記憶にさえ残らないということである。

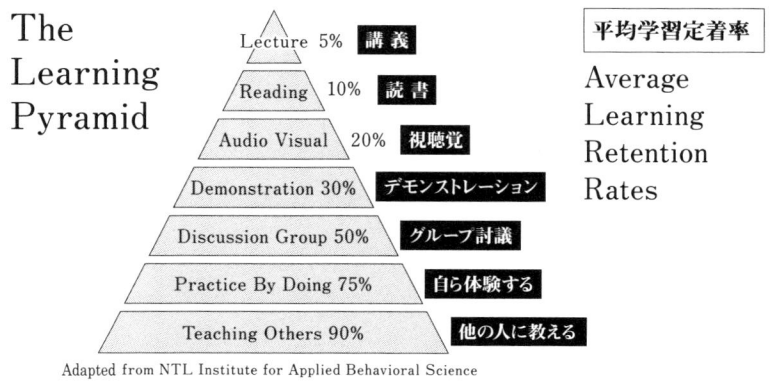

図表5　National Training Laboratoriesの平均学習定着率

即ち、アクティブラーニングが学んだことを記憶する上で効果的であるという事実は、**図表5**のラーニングピラミッドでも指摘されている。このラーニングピラミッドは米 National Training Laboratories が平均学習定着率（Average Learning Retention Rates）を調査したもので、授業から半年後に内容を覚えているどうかを、学習形式によって分類比較したものである。これから見ると、講義は5％しかなく読書が10％、視聴覚が20％、デモンストレーションが30％、グループ討論が50％、自ら体験すると75％、他の人に教えると90％となっている。このピラミッドでは下に行くほどアクティブラーニングの要素が強まっており、そこでの相関関係が明瞭に表れている。

その意味で、「一般的アクティブラーニング」はすべての講義科目に導入されるか、あるいはまた講義科目とセットとして組み合わされるべきである。

欧米ではモジュール科目と呼ばれ、週3コマ同じ科目が開講され、2コマが講義で1コマはアクティブラーニングが行われる授業が一般化している。講義で学んだことを「教えっぱなし」にしないことが重要なのである。

補　注

このような現状に対して、一つの示唆的なニュースがある。それはスタンフォード大学メディカルスクールの教授陣が「講義」の全面廃止を提案したという2012年5月のものである。それによれば、

「20世紀の大半において講義は、効率的な知識移転の方法であった。しかし、知識を完全にビデオで配布できる今世紀においては…テクノロジ、エンタテインメント、デザインなどすべての領域で、YouTube が数十億のビューをサーブし、TED が数百万人にトークを届けていることに見られるように…講義はむしろ、貴重な時間の浪費ではないのか？」と　メディカルスクール副学部長の Charles Prober と、経営学の教授 Chip Heath が、*The New England Journal of Medicine* に寄稿している。

同ニュースでは「学習の立体化（多面化）だ。学生は教室で教授の話を聞くだけでなく、YouTube 上の Khan Academy のレクチャーを家で見たり、問題を解いたりする。学生たちは、そのアイデアが気に入ったようだ。生物化学のコースで授業内容の立体化を試したところ、出席率が30％から80％に急増した」とされ、さらに「ノーベル賞を受賞した物理学者のクラスと、院生たちの協力

を得ながら問題を解くクラスの、1週間の実践結果を報告している。それによると、最後のテストの平均得点は、後者（講義のないクラス）74に対し、前者（ノーベル賞クラス）は41で、倍近い違いがあった」と報告している。

【Ⅱ】質問紙調査

1．質問紙調査の概要

■調査対象

　調査対象は2011年度カリキュラムとした。

　医・歯・薬、獣医系の6年制の学部、芸術系学部、体育系学部、医療福祉系学部等、資格取得を目的とした学部を除くほぼすべての系統のうち、**図表6**の学科系統の国公私立大学の2,130学科の学科長に対して質問紙を送付し、**図表7**のとおり、郵送およびメールにて952学科から回答を返送いただいた（回収率44.7％）。

　送付対象を学部ではなく学科としたのは、学科ごとのカリキュラム編成が大きく異なる学部があるためである。また学部の中からはその学部の代表的な学科、他の大学でも多く見られる学科を抽出した。

　※回答いただいた学科は49ページに記載。

学部系統	学科系統
文・人文・外国語学系	日本文学系、英米文学系、外国語・コミュニケーション学系
社会・国際学系	社会学系（観光・ジャーナリズム含む）、国際関係学系
法・政治学系	法律系、政治・行政学系
経済・経営・商学系	経済学系、経営学系、商・会計学系
教育学系	教育学・教育心理学系、小等・中等教育教員養成課程（国語科、数学科）
理学系	数学系、物理系、化学系、
工学系	機械工学系、電気・電子工学系、通信・情報工学系、建築学系
生物生産・応用生命学系	生物生産学系、応用生命学系
総合・環境・人間・情報学系	総合政策学系、環境科学系、人間科学系、情報メディア学系

図表6　調査対象学部・学科系統

■調査時期
　質問紙発送：2012年1月　　　　質問紙回収：2012年2月〜4月

■系統別質問紙送付、回答状況

系統	送付学科数	回答学科数
文・人文・外国語	295	132
社会・国際	188	84
法・政治	141	75
経済・経営・商	401	205
教育	159	46

系統	送付学科数	回答学科数
理	174	64
工	494	240
生物生産・応用生命	105	31
総合・環境・人間・情報	173	75
総計	2130	952
回収率		44.7%

図表7　質問紙送付、回答状況

2．質問紙の内容

(1) 本調査で対象とする科目

　2011年度のカリキュラムにおいて、**図表8**の 太線枠 に該当する科目を今回の調査の対象とした。

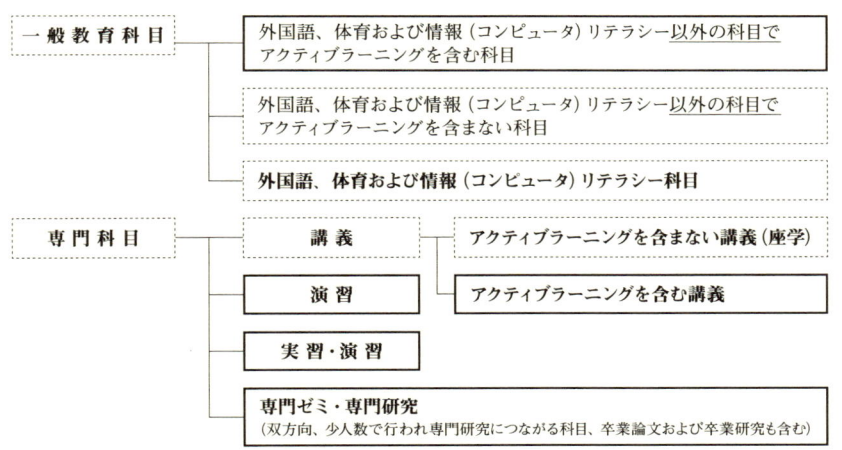

〈除外する科目〉
　a．就業支援科目は除く。
2011年4月から義務化された社会的・職業的自立に関する指導等には、面接指導、履歴書の書き方、資格取得講座などの「就業支援科目」と、学生の職業観、勤労観を育むことを目的としたキャリア形成支援に関わる取り組みなどの「キャリアデザイン科目」に分けられる。このうち、「就業支援科目」は調査対象から除外する。
　b．初年次ゼミに関する質問以外では、他学部や全学共通組織が開講している科目は除外する。

図表8　本調査で対象とする科目

(2) 本調査で対象とする「アクティブラーニング科目」の定義

授業形態ごとに、**図表9**の定義に該当するものを「アクティブラーニング科目」とした。

「講義」科目	「グループワーク」、「ディベート」、「フィールドワーク」、「プレゼンテーション」、「振り返り」のアクティブラーニングの5つの形態のうちいずれかが、全開講回数のうち<u>延べ半数以上</u>で実施されている。
「演習」科目および「実験・実習」科目	「グループワーク」、「ディベート」、「フィールドワーク」、「プレゼンテーション」、「振り返り」のアクティブラーニングの5つの形態のうちいずれかが、全開講回数のうち<u>延べ半数以上</u>で実施されている。

図表9　本調査で対象とする「アクティブラーニング科目」の定義

(3) 本調査におけるアクティブラーニング科目の目的別分類とその定義

そしてアクティブラーニング科目を**図表10**のように、目的別に4つに分類した。すなわち「課題解決を目的としたアクティブラーニング科目」「専門知識の定着を目的としたアクティブラーニング科目」「初年次ゼミ」「2年次以降で専門知識を活用しないアクティブラーニング科目」の4つである。そして、質問紙では、各目的に該当する正課の科目名と内容等を記入していただいた。

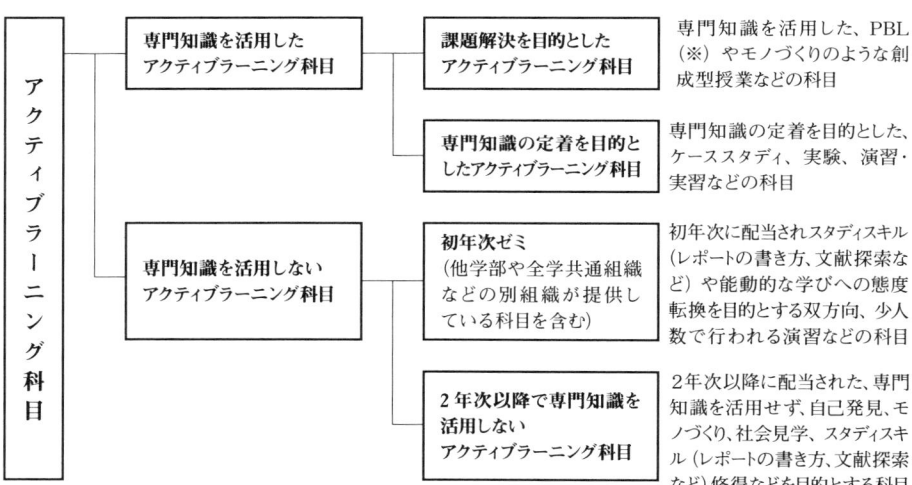

（※）PBL（project/problem based learning）とは、課題発見・解決型学習のことで、学習者が自ら課題を発見し、その解決を図ることを通して学びを深めるような学習方法。

図表10　アクティブラーニング科目の目的別分類とその定義

(4) 質問構成

質問紙の構成は**図表11**の通りである。なお、質問紙での次の用語は、本報告書の本文では次のように置換されている。

「専門知識の定着を目的としたアクティブラーニング科目」→「一般的アクティブラーニング」科目

「課題解決を目的としたアクティブラーニング科目」→「高次のアクティブラーニング」科目

1．アクティブラーニングを実施している科目について
　1）初年次ゼミ
　2）専門知識を活用しないアクティブラーニング科目（※）
　3）専門知識の定着を目的としたアクティブラーニング科目
　4）課題解決を目的としたアクティブラーニング科目
　5）専門ゼミ・専門研究
　6）卒業論文・卒業研究
2．学習成果コンテストについて

（※）専門知識を活用しないアクティブラーニング科目については、科目分類の定義の趣旨がうまく伝わらず、回答者の解釈がさまざまで、回答内容のばらつきが大きかったため、今回の回答分析からは除外した。

図表11　質問構成

1. アクティブラーニングを実施している科目について
1) 初年次ゼミ
※ 他学部や全学共通組織などの別組織が提供している科目を含む

- 「初年次ゼミ」とは、初年次に配置される次の展開を目的とする双方向、少人数で行われる演習などの科目のことです。

※「初年次ゼミ」とは、初年次に配当されるスキル（レポートの書き方、文献探索など）や能動的な学びへの態度転換を目的とする双方向、少人数で行われる演習などの科目のことです。

●「90分換算での1クラス、1セメスターあたりの授業回数」欄は、配置されている1つのクラスでは当該の授業を1セメスターの間に何コマ実施しているかということになるかということを問う設問です。例えば、1コマ90分で時間割が組まれていて、毎週火曜日の午後の2コマを使って1セメスター内（15回）に15回実施している科目があった場合には、"30"と記入します。2コマベースで、90分換算で数え、受講生に対して直接アドバイスを行って授業進行を補佐するようさん。

SA：2年生以上の学部生
TA：大学院生
※ SAやTAは、配るプリントの配布や回収などの事務的な作業だけではなく、受講生に対して直接アドバイスを行って授業進行を補佐するようさん。

【記入欄】

初年次ゼミの科目名	目的と内容 (50字以内)	提供組織	必修/選択	履修率 (x%)	配置セメスター	科目に含まれているアクティブラーニングの形態						授業時間外学習(宿題)	レポート返却の有無	開講数	教員一人当たりの平均担当学生数
						グループワーク 基本的に毎回 2〜3時間	ディベート 基本的に毎回 2〜3時間	ペアワーク 基本的に毎回 2〜3時間	チュートリアル 基本的に毎回 2〜3時間	プレゼンテーション 基本的に毎回 2〜3時間	プレゼンテーション 基本的に毎回 2〜3時間	基本的に毎回 2〜3時間	返却し必須、返却教員裁量、返却しない		
		全学、学部、学科	必修、選択	x≤20, 20≦x<40, 40≦x<60, 60≦x<80, x≥80	前期、後期										
				x≤20, 20≦x<40, 40≦x<60, 60≦x<80, x≥80											
				x≤20, 20≦x<40, 40≦x<60, 60≦x<80, x≥80											
				x≤20, 20≦x<40, 40≦x<60, 60≦x<80, x≥80											

2）専門知識を活用しないアクティブラーニング科目

- 専門知識を活用しないアクティブラーニング科目とは、専門知識を活用せず、自己発見、モノづくり、社会見学、スタディスキル指導（レポートの書き方、文献探索など）などに取り組むような科目のことです。
- 科目の目的が他のアクティブラーニングの分類と重なる場合、比重が最も大きい分類の回答欄に回答してください。

【記入欄】

「90分換算での1クラス、1セメスターあたりの授業回数」欄は、1つのクラスでは当該の授業を1セメスターの間に何コマ実施されていることになるかということを問う欄です。例えば、1コマ90分で時間割が組まれていて、毎週火曜日の午後のコマを使って1セメスターの間に15回実施されている科目があった場合には、"30"と記入します（15回×2コマ）。

SA：2年生以上の学部生
TA：大学院生
ファシリテータ：似たようなプリント配布や回収などの事務的な作業だけではなく、受講生に対して直接アドバイスも行って授業進行を補佐するような人。

専門知識を活用しない アクティブラーニング科目名	目的と内容 (50字以内)	必修／選択	履修率(x%)	90分換算での1クラス・1セメスターあたりの授業回数	教員一人当たりの担当科目内平均学生数	開講講座数	SAあるいはTAがファシリテータとして授業に関わるか？

配置セメスター欄：1年次（前期／後期）、2年次（前期／後期）、3年次（前期／後期）、4年次（前期／後期）

必修／選択欄：必修科目／選択科目
※該当する選択肢において✓なお、学科内の一部のコースや専攻で必修としている場合には選択としてください。⇒選択科目の場合

履修率：
- x<20
- 20≦x<40
- 40≦x<60
- 60≦x<80
- x≧80

※卒業までに学科学生の何％が履修しますか？該当する履修率を✓してください。

開講講座数：
- 全講座で導入
- 一部の講座で導入
- 導入していない

※該当するものに✓。開講講座数が全1講座の場合、そこで実施していれば"全講座で導入"に✓

3) 専門知識の定着を目的としたアクティブラーニング科目

- 「専門知識の定着を目的としたアクティブラーニング科目」とは、専門知識の定着を目的として、セメスター内で、ゼミ・ディスカッション、演習・実験・実習などを実施している科目のことです。
- 科目の目的が他のアクティブラーニングの分類と重なる場合、比較が最も大きい分類いずれか分類の回答欄に回答して下さい。

【記入欄】

配置セメスター
※1 配置されているセメスターにレ、通期開講の場合には前期・後期の両方にレ、3学期制の場合、1学期は前期、2・3学期は後期として記入して下さい。
※2 履修学年が「2年次後期～2～4年次の各後期」などに指定されている科目の場合には、2～4年次の各後期にレ。

専門知識の定着を目的としたアクティブラーニング科目名

専門知識定着の方法（50字以内）
※ 例えば、ドリル、実験、小テストなど、どのような方法・手段で知識を定着させているのかをお答え下さい。

定着させる専門知識を伝達している科目
※ 定着させるべき知識を伝達している当該科目とは別に該当科目と、当該科目以外の伝達している科目があればご記入下さい。なお、当該科目で伝達している場合には"同科目"と記入して下さい。

必修／選択
※ 該当する選択肢にレ。なお、科目内の一部のコマを選択としている場合には選択としてください。

⇒ **選択科目の場合 履修率 (x%)**
※ 卒業までに学科学生の何％が履修しますか？該当する履修率をレしてください。

90分換算でのセメスターあたりのクラス・1クラスあたりの授業回数
「90分換算でのセメスターあたりのクラス、1セメスターあたりの授業回数」欄は、1コマを90分とした場合、1つのクラスで1セメスターの授業を1セメスターの間に何コマ実施されているかというということを問う欄です。単なる配布プリントで配布や休講時の補講なども含む、毎週2コマを使って1セメスターの間に15回実施している科目があった場合には、"30"と記入します（15回×2コマ）。

教員一人当たりの担当学生数（科目内平均）

開講講座数

SAあるいはTAがファシリテータとして授業に関わっているか？
※ 該当講座数が全講座で実施していればレ"全講座で導入"にレ。

SA: 2年生以上の学部生
TA: 大学院生
ファシリテータ: 単なるプリント配布や教員の事務的な作業だけではなく、受講生に対して直接アドバイスも行って授業進行を補佐するような人。

配置セメスター								専門知識の定着を目的としたアクティブラーニング科目名	専門知識定着の方法（50字以内）	定着させる専門知識を伝達している科目	必修／選択		⇒ 選択科目の場合 履修率 (x%)	90分換算でのセメスターあたりのクラス・1クラスあたりの授業回数	教員一人当たりの担当学生数（科目内平均）	開講講座数	SAあるいはTAがファシリテータとして授業に関わっているか？		
1年次		2年次		3年次		4年次					必修科目	選択科目					全講座で導入	一部の講座で導入	導入していない
前期	後期	前期	後期	前期	後期	前期	後期												
													x<20						
													20≦x<40						
													40≦x<60						
													60≦x<80						
													x≧80						
													x<20						
													20≦x<40						
													40≦x<60						
													60≦x<80						
													x≧80						
													x<20						
													20≦x<40						
													40≦x<60						
													60≦x<80						
													x≧80						
													x<20						
													20≦x<40						
													40≦x<60						
													60≦x<80						
													x≧80						

4）課題解決を目的としたアクティブラーニング科目

- 「課題解決を目的としたアクティブラーニング科目」とは、くりのような創成型授業などに取り組む科目のことです。PBLやキャップストーン等を活用し、専門知識を活用して、PBL（project/problem based learning）とは、課題発見・解決型学習のことで、学習者が自ら課題を発見し、その解決を図ることを通して学びを深めるような学習方法のことです。
- 専門ゼミ・専門研究・卒業論文・卒業研究のアクティブラーニングの分類も、比重が最も大きい分類の回答欄に回答してください。専門ゼミ・専門研究については（5）で、卒業論文・卒業研究については（6）で、それぞれ回答してください。

【記入欄】

配置セメスター								課題解決を目的としたアクティブラーニング科目名	授業内容（50字以内）	活用すべき専門知識を伝達している科目	必修／選択		履修率（%）選択科目の場合⇒卒業までに学科学生の何％が履修するかつ該当する履修率を✓してください。	90分換算でのクラス・1セメスターあたりの授業回数	教員一人当たりの担当学生数（科目内平均）	開講	SAあるいはTAがファシリテータとして授業に関わるか？		
1年次		2年次		3年次		4年次					必修科目	選択科目				講座数	全講座で導入	一部の講座で導入	導入していない
前期	後期	前期	後期	前期	後期	前期	後期												
													x<20						
													20≦x<40						
													40≦x<60						
													60≦x<80						
													x≧80						
													x<20						
													20≦x<40						
													40≦x<60						
													60≦x<80						
													x≧80						
													x<20						
													20≦x<40						
													40≦x<60						
													60≦x<80						
													x≧80						

※1 配置されているセメスターに✓、通期開講の場合は前期・後期の両方に✓、3学期制の場合、1学期目は前期、2・3学期目は後期として記入してください。
※2 履修学年が「2年次後期～」などと指定されている科目の場合には、2～4年次の各後期に✓してください。

※ 該当する選択肢に✓。なお、学科内の一部のコースや専攻で必修としている場合と当該科目とは別科目で伝達している場合とがあります。当該科目があれば記入してください。なお、当該科目で伝達している場合には"同科目"と記入してください。

※ 該当するものに✓。開講講座数が全1講座のみの場合、"全講座で導入"に✓。

SA：2年生以上の学部生。
TA：大学院生。
ファシリテータ：単なるプリント配布や回収などの事務的な作業者ではなく、受講生に対して直接アドバイスも行って授業進行を補佐するような人。

5) 専門ゼミ・専門研究

該当する選択肢に✓を記してください。なお、専門ゼミ・専門研究では、指導教官・研究室ごとにそれぞれ別科目として扱われていることがありますが、ここでは専門ゼミや専門研究そのものを1科目として記入して下さい。

記入例) ・2年次後期に「プレ演習」(選択科目、履修率90%)、3年次通期に必修科目「演習Ⅰ」、4年次通期に必修科目「演習Ⅱ(卒業研究)」が配置されている。
・各演習とも講座数は20講座である。

科目名	必修/選択 ※該当する選択肢に✓		選択科目である場合の履修率 (x %) ※卒業までに学科学生の何%が履修しますか？該当する履修率を✓して下さい。					配置されているセメスター							ゼミある いは講座 の開設数
	必修	選択	x<20	20≦x<40	40≦x<60	60≦x<80	x≧80	2年次		3年次		4年次			
								前期	後期	前期	後期	前期	後期		
プレ演習		✓					✓		✓					20
演習Ⅰ	✓									✓	✓			20
演習Ⅱ(卒業研究)	✓											✓	✓	20

[記入欄]

科目名	必修/選択 ※該当する選択肢に✓		選択科目である場合の履修率 (x %) ※卒業までに学科学生の何%が履修しますか？該当する履修率を✓して下さい。					配置されているセメスター							ゼミある いは講座 の開設数
	必修	選択	x<20	20≦x<40	40≦x<60	60≦x<80	x≧80	2年次		3年次		4年次			
								前期	後期	前期	後期	前期	後期		

6) 卒業論文・卒業研究

※ 卒業レポートのみの場合、卒業実験のみの場合は含みません。

チェック欄には該当する選択肢を✓してください。

番号	設問	選択肢	チェック欄	番号にしたがってお進み下さい。
①	卒業論文・卒業研究はありますか？	ある ない	択一	②へ 次頁へ
②	卒業論文・卒業研究がある場合、それは全員必須とされていますか？	全員必須とされている 全員必須とされていない	択一	③へ ④へ
③	卒業論文・卒業研究が全員必須とされている場合、論文の執筆量などの規定はありますか？の規定がある場合には、その空欄に✓をした上で、選択肢にその量規定について記述して下さい。（自由記述）	必須の量規定がある <最低限の量規定＞ 量の規定は無い	択一	⑥へ
④	卒業論文・卒業研究が全員必須とされていない場合、学科1学年の学生数を母数として、卒業論文・卒業研究に取り組む学生の割合はおおよそどのくらいですか？	20%未満 20%以上 40%未満 40%以上 60%未満 60%以上 80%未満 80%以上 100%未満 100%	択一	⑤へ
⑤	卒業論文・卒業研究が全員必須とされていない理由はどのようなものですか？また、卒業論文・卒業研究が全員必須である必要がない場合、その理由についてその下の空欄に記述して下さい。（自由記述）	必要であるが、やむを得ず必須としていない 全員必須である必要がない <その理由＞	択一	⑥へ
⑥	卒業論文・卒業研究がある場合、その審査は誰が行いますか？	複数教員により審査が行われる 担当教員のみの審査が行われる	択一	⑦へ
⑦	卒業論文・卒業研究がある場合、審査（評価）において、明文化された審査（評価）基準チェックシートはありますか？	ある ない	択一	⑧へ
⑧	卒論（卒研）がある場合、その発表はどのように行われますか？（複数回答可）	卒論（卒研）発表会が行われている 全員参加のポスターセッションがある 優秀論文の発表会がある 卒論（卒研）発表会は行われていない	複数回答可	⑨へ
⑨	卒論（卒研）発表会が行われている場合、全員の口頭発表はありますか？	全員の口頭発表がある 全員の口頭発表はない	択一	次頁へ
⑩	卒論（卒研）発表会が行われている場合、その発表は成績に反映されますか？	反映される 反映されない	択一	次頁へ

2．学習成果コンテストについて

※ 学習成果コンテスト：単なる発表会ではなく、成果を競い、表彰や順位付けが行われるもの。

正課の学習成果を高めることを目的にした、大学、学部あるいは学科主催のゼミ大会、制作物のコンテスト、研究発表などの学習成果コンテストはありますか（１ゼミ・１授業内のもの、卒業内研究発表会、学外団体が主催するものは除く）。該当する選択肢に✓を記してください。

ここで言う「参加学生」には、プレゼンをする学生、プレゼンのための準備をする学生が該当します。

※「参加学生の割合」では、4年間を通して全学生の何%程度が参加しますか？該当する履修率の箇所に✓を記入してください。

学習成果コンテスト名	学習成果コンテストの概要	対象学年				主催			参加学生の割合（x ％）				
		1年生	2年生	3年生	4年生	大学	学部	学科	その他※直接記入	x<20	20≦x<40	40≦x<60	60≦x<80	80≦x<100	x=100

以上、ご協力ありがとうございました。

3．質問紙調査の結果分析

(1) 初年次ゼミ

①系統別実施状況

初年次科目の履修率をポイントに換算し、系統ごとに平均ポイントを算出した。

［必須＝6、80％以上＝5、60％～80％＝4、40％～60％＝3、20～40％＝2、20％以下＝1、履修率の記載なし＝1］
- 半期科目は、上記ポイントの2分の1とする。
- 複数の科目を設置している場合は、ポイントを積み上げ、上限を6点とする。

系統	全体 対象学科数	全体 平均ポイント	国公立大 対象学科数	国公立大 平均ポイント	私立大 対象学科数	私立大 平均ポイント
文・人文・外国語	132	3.8	5	4.2	127	3.7
社会・国際	84	4.6	7	2.5	77	4.8
法・政治	75	4.3	11	3.7	64	4.4
経済	76	4.2	16	3.7	60	4.3
経営・商	129	4.3	15	3.3	114	4.4
教育	46	3.0	29	2.2	17	4.4
理	64	3.0	30	3.3	34	2.8
工（建築除く）	204	3.1	59	2.6	145	3.3
建築	36	3.2	10	2.5	26	3.4
生物生産・応用生命	31	2.9	14	3.3	17	2.6
総合・環境・人間・情報	75	4.3	14	3.1	61	4.5
全体	952	3.7	210	2.9	742	4.0

図表12　初年次ゼミ系統別実施状況

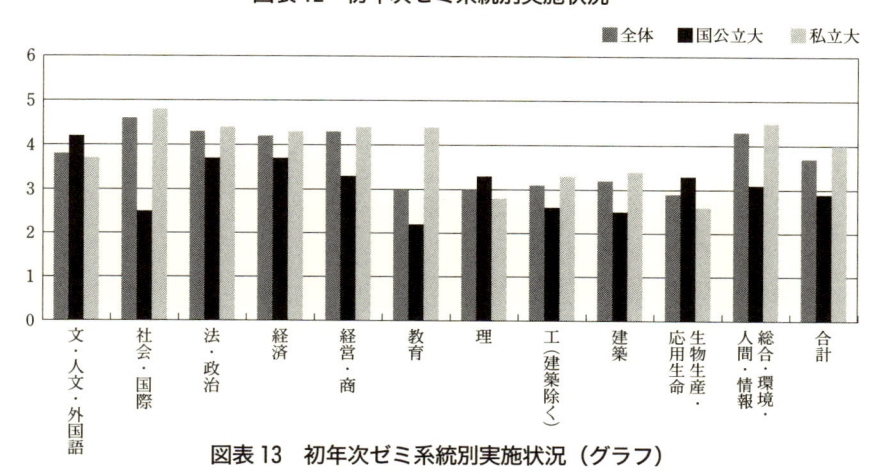

図表13　初年次ゼミ系統別実施状況（グラフ）

初年次ゼミを学系別にみると、文系学科の方が平均ポイントは高く、理系学科はどの学科も3ポイント前後と低い。理系学科の場合、初年次ゼミ科目が必修で設置されていても、半期1科目のみという学科が多く、平均ポイントを下げる要因となっている。初年次から必修の専門基礎科目なども多く設置されており、通期で必修の初年次ゼミを開講する余裕がないと推測される。

　私立大において最も平均ポイントが高いのは社会・国際学系統、次が総合・環境・人間・情報学系統であり、複数の初年次ゼミ科目を必修で設置している学科が多いことが、平均を引き上げる要因となっている。体系的な知識の獲得よりも、課題設定から入るという学問的な特徴が表れている。

　概ね国公立大よりも私立大の方がポイントは高い。ただし、国公立大の場合は全学共通教育での設置科目についてアンケートに記載されていない学科もあり、それが平均を下げている要因とも考えられる。

②初年次ゼミ科目に含まれるアクティブラーニングの形態

　科目ごとにアクティブラーニングの要素の頻度をポイントに換算し、系統ごとに平均ポイントを算出した。

頻度大＝3、頻度中＝2、頻度小＝1、記載なし＝0

　図表14の全体でみると、アクティブラーニングの要素の中で最も平均ポイントが高いのが「グループ学習」（2.0ポイント以上に網掛け）で、ほとんどの学科系統で導入が進んでいるが、特に、建築系と生物生産・応用生命系でポイントが高い。　次にポイントが高いのが「プレゼンテーション」（2.0以上に網掛け）である。

　これは「受動的な学びから能動的な学び」への態度変容が課題となる初年次ゼミにおいては、「グループワーク」→「プレゼンテーション」が基本形として定着しつつあることを示唆している。同時にそのことは、グループワークにおけるファシリテーション能力が教員にとってますます重要化してきているという課題を表現する数字である。

　ポイントが低いのは「フィールドワーク」（1.0ポイント以上に網掛け）だが、建築学系統においてのみポイントが高い。建築学系統が、実際に建築物を探訪する授業を初年次に組み込んでいることはその学系的な特徴と合致している

全体	対象科目数	グループ学習	ディベート	フィールドワーク	プレゼンテーション	振り返り	時間外学習
文・人文・外国語	187	1.6	1.2	0.7	1.6	1.5	1.6
社会・国際	128	1.9	1.6	0.8	2.0	1.5	1.6
法・政治	114	1.8	1.5	0.8	1.8	1.3	1.5
経済	112	1.8	1.4	0.8	1.8	1.4	1.5
経営・商	193	2.0	1.3	0.8	1.8	1.4	1.5
教育	58	2.1	1.4	1.0	1.9	2.0	1.9
理	85	1.9	1.2	0.8	1.7	1.3	1.9
工（建築除く）	257	2.0	1.2	1.0	1.4	1.5	1.6
建築	43	2.4	1.6	1.5	2.1	1.4	1.8
生物生産・応用生命	34	2.3	1.4	1.0	1.6	1.1	1.4
総合・環境・人間・情報	131	1.9	1.2	0.9	1.6	1.6	1.5
全体	1,342	1.9	1.3	0.9	1.7	1.4	1.6

国公立大	対象科目数	グループ学習	ディベート	フィールドワーク	プレゼンテーション	振り返り	時間外学習
文・人文・外国語	7	2.1	2.1	1.0	2.7	1.1	1.9
社会・国際	7	1.3	1.0	0.6	1.9	1.1	1.6
法・政治	13	1.9	2.2	1.2	2.1	1.6	2.2
経済	22	1.9	1.9	1.1	2.4	1.3	2.1
経営・商	18	1.7	1.6	0.8	2.1	1.0	1.5
教育	25	1.9	1.3	1.2	1.7	1.6	1.4
理	38	1.9	1.1	0.8	1.9	0.9	1.9
工（建築除く）	58	1.9	1.2	0.9	1.3	1.2	1.6
建築	10	2.4	1.5	1.8	2.0	1.5	1.9
生物生産・応用生命	20	2.4	1.6	1.2	1.9	1.2	1.5
総合・環境・人間・情報	18	1.3	0.9	0.6	1.3	0.8	1.1
全体	236	1.9	1.4	1.0	1.8	1.2	1.7

私立大	対象科目数	グループ学習	ディベート	フィールドワーク	プレゼンテーション	振り返り	時間外学習
文・人文・外国語	180	1.5	1.2	0.7	1.6	1.5	1.6
社会・国際	121	2.0	1.6	0.8	2.0	1.5	1.6
法・政治	101	1.8	1.4	0.8	1.8	1.3	1.5
経済	90	1.8	1.3	0.7	1.7	1.4	1.3
経営・商	175	2.0	1.3	0.8	1.8	1.4	1.5
教育	33	2.2	1.4	0.8	2.0	2.3	2.3
理	47	2.0	1.3	0.8	1.6	1.6	1.9
工（建築除く）	199	2.0	1.2	1.0	1.4	1.6	1.6
建築	33	2.4	1.6	1.4	2.1	1.4	1.7
生物生産・応用生命	14	2.2	1.2	0.9	1.1	1.0	1.3
総合・環境・人間・情報	113	2.0	1.3	0.9	1.7	1.7	1.6
全体	1,106	1.9	1.3	0.8	1.7	1.5	1.6

図表14　初年次ゼミ科目に含まれるアクティブラーニングの形態

が、社会・国際学系はフィールドワークが早くから求められる学系であるにもかかわらず、ポイントが高くない。ただし、文系学科でも「国公立大」の方は、「私立大」と比較するとやや高くなっている。

　一方、「振り返り」（2.0ポイント以上に網掛け）は「私立大」の方がポイントは

高く、系統別に見ると教育学系統で高い。これは、教員としての自立した判断力や自己成長能力の育成に対応していることを示唆している。

③初年次ゼミ科目でのレポート返却

各科目のレポート返却に関するルールについての回答を、系統ごとにまとめたのが、図表15、16である。

このレポート返却の質問項目を設けた理由は、当然、学習者を中心に据えるならば、学生が自ら行動した結果であるレポートに教員が具体的に対応することが重要だからである。

しかし実態は、レポートの返却を必須としているのは、全体で約2割。私立大の方が返却を必須としている率が高く、国公立大ではやや落ちる。

学部系統別にみると、返却必須としている率が高いのは、文・人文・外国語

系統	対象科目数	無回答	返却しない	教員裁量	返却必須
文・人文・外国語	187	24%	4%	49%	24%
社会・国際	128	22%	2%	57%	20%
法・政治	114	23%	7%	54%	17%
経済	112	24%	2%	63%	12%
経営・商	193	26%	4%	51%	19%
教育	58	17%	10%	47%	26%
理	85	34%	9%	36%	20%
工(建築除く)	257	22%	10%	46%	22%
建築	43	5%	16%	56%	23%
生物生産・応用生命	34	35%	6%	53%	6%
総合・環境・人間・情報	131	23%	6%	47%	24%
合計	1342	23%	6%	50%	20%

系統	国公立大					私立大				
	対象科目数	無回答	返却しない	教員裁量	返却必須	対象科目数	無回答	返却しない	教員裁量	返却必須
文・人文・外国語	7	0%	0%	71%	29%	180	24%	4%	48%	24%
社会・国際	7	14%	0%	43%	43%	121	22%	2%	58%	18%
法・政治	13	8%	0%	85%	8%	101	25%	8%	50%	18%
経済	22	14%	0%	73%	14%	90	27%	2%	60%	11%
経営・商	18	17%	0%	78%	6%	175	27%	4%	49%	21%
教育	25	20%	8%	60%	12%	33	15%	12%	36%	36%
理	38	39%	0%	42%	18%	47	30%	17%	32%	21%
工(建築除く)	58	26%	10%	48%	16%	199	21%	10%	46%	24%
建築	10	0%	0%	70%	30%	33	6%	21%	52%	21%
生物生産・応用生命	20	35%	5%	55%	5%	14	36%	7%	50%	7%
総合・環境・人間・情報	18	50%	0%	39%	11%	113	19%	7%	49%	26%
合計	236	25%	4%	56%	15%	1,106	23%	7%	49%	21%

図表15 初年次ゼミ科目でのレポート返却状況

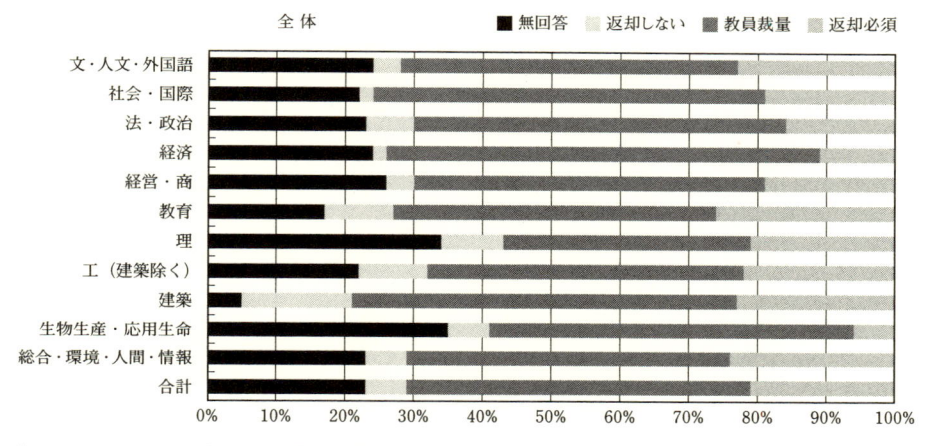

図表16　初年次ゼミ科目でのレポート返却状況（グラフ）

系、教育系、工学系、総合・環境・人間・情報系である（返却必須が22％以上の系統に網掛け）。

（2）専門知識の定着を目的としたアクティブラーニング科目（一般的アクティブラーニング）

①系統別実施状況

履修率をポイントに換算し、系統ごとに平均ポイントを算出した。

[必須＝6、80％以上＝5、60％～80％＝4、40％～60％＝3、20～40％＝2、20％以下＝1、履修率の記載なし＝1]
・半期科目は、上記ポイントの2分の1とする。
・複数の科目を設置している場合は、ポイントを積み上げ、上限を6点とする。

図表18のとおり理系学科は、国公立大・私立大とも、どの系統もポイントが高い。大学個別にみていくと、6点満点の学科も多く、実験や演習によって知識を定着させるというアプローチが定着しているものと思われる。

文系学科は、特に経済、法・政治学系統でポイントが低く、大学個別のデータをみていくと、0ポイントの学科も多い。

現実的にはその卒業生の多くがスペシャリストとしてではなく、ジェネラリストとして社会で働く両学系で、「一般的アクティブラーニング」が少ないこと、即ち旧来の一方通行型の講義が未だ主流であるという点に改めて注目すべきであろう。

系統	全体		国公立大		私立大	
	対象学科数	平均ポイント	対象学科数	平均ポイント	対象学科数	平均ポイント
文・人文・外国語	132	3.8	5	3.5	127	3.8
社会・国際	84	3.3	7	3.6	77	3.2
法・政治	75	1.6	11	0.8	64	1.7
経済	76	1.1	16	0.4	60	1.2
経営・商	129	2.3	15	1.6	114	2.4
教育	46	3.4	29	3.5	17	3.4
理	64	4.9	30	5.1	34	4.8
工（建築除く）	204	4.8	59	4.3	145	5.0
建築	36	4.9	10	4.5	26	5.1
生物生産・応用生命	31	4.6	14	4.9	17	4.3
総合・環境・人間・情報	75	4.0	14	3.6	61	4.1
全体	952	3.5	210	3.6	742	3.5

図表17　系統別　専門知識の定着を目的としたアクティブラーニング科目実施状況

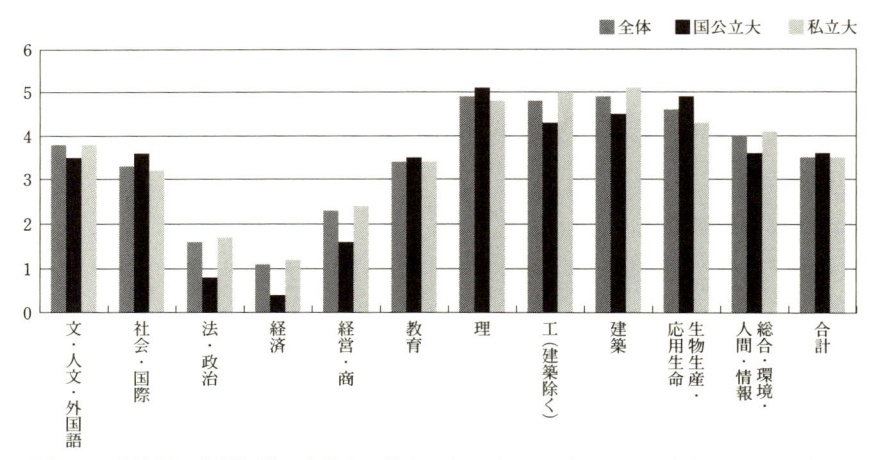

図表18　系統別　専門知識の定着を目的としたアクティブラーニング科目実施状況（グラフ）

②学年別系統別実施状況

履修率をポイントに換算し、系統ごとに平均ポイントを算出した。

[必須＝6、80％以上＝5、60％～80％＝4、40％～60％＝3、20～40％＝2、20％以下＝1、履修率の記載なし＝1]

・半期科目は、上記ポイントの2分の1。

・複数の科目を設置している場合は、ポイントを積み上げ、学年ごとの上限

系　統	該当学科数	1年平均実施率ポイント	2年平均実施率ポイント	3年平均実施率ポイント	4年平均実施率ポイント
文・人文・外国語	132	0.8	1.2	0.8	0.1
社会・国際	84	0.4	1.0	0.8	0.1
法・政治	75	0.2	0.5	0.4	0.0
経済	76	0.3	0.3	0.2	0.0
経営・商	129	0.4	0.8	0.4	0.1
教育	46	0.5	0.9	0.8	0.4
理	64	1.3	1.5	1.3	0.1
工（建築除く）	204	1.1	1.4	1.3	0.2
建築	36	1.1	1.3	1.3	0.1
生物生産・応用生命	31	0.7	1.3	1.2	0.2
総合・環境・人間・情報	75	0.8	1.3	1.1	0.2
全　体	952	0.7	1.1	0.9	0.1

図表19　学年別系統別　専門知識の定着を目的としたアクティブラーニング科目実施状況

を6点とする。
・複数年次に開講されている場合は、最も低い学年にポイントを算入する。

どの学科系統も、2年次で最もポイントが高くなる。1年次は教養科目が多くを占めており、本格的な専門科目が2年次から始まるため、このタイミングで知識定着を目的としたアクティブラーニングの設置が多くなるものと思われる。そして、3年次になるとややポイントが下がり、4年次には卒業論文、卒業研究が中心となるため、極めて低くなる。

しかし、その中で法・政治学系と経済学系は、2年次のポイントが0.5ポイント以下（**図表19**に網かけ）と、他の学系と比較すると極めて低いことも明らかとなった。これは、履修率20％未満の半期科目が平均で1科目も設置されていないことを示している。

(3) 課題解決を目的としたアクティブラーニング科目（高次のアクティブラーニング）
①学年別、系統別実施状況

履修率をポイントに換算し、系統ごとに平均ポイントを算出した。

[必須＝6、80％以上＝5、60％〜80％＝4、40％〜60％＝3、20〜40％＝2、20％以下＝1、履修率の記載なし＝1]
・半期科目は、上記ポイントの2分の1とする。
・1学年で複数の科目を設置している場合はポイントを積み上げ、1学年の上

限を6点とする。
・学年、系統ごとに平均ポイントを算出。

　高次のアクティブラーニングには卒業論文、卒業研究を含まないため、経済学系統を除いて、すべての学科系統で3年次のポイントが最も高い（各系統で最もポイントが高い学年に網掛け）。低学年次から積み上げてきた知識や技術を課題解決のために活用するという経験を踏まえて、4年次の卒業論文、卒業研究に取り組むという流れになっているためと思われる。特に、工学系では、3年次のポイントが高い。

　そのことは他方で、1年次と2年次は知識を覚え、3年次になってから活用が始まるという伝統的なカリキュラム設計が今も、専門ゼミを除いても根強い

系統	対象学科数	2年平均実施率ポイント	3年平均実施率ポイント	4年平均実施率ポイント
文・人文・外国語	132	0.5	0.7	0.4
社会・国際	84	0.6	0.7	0.5
法・政治	75	0.1	0.3	0.2
経済	76	0.4	0.3	0.2
経営・商	129	0.5	0.6	0.5
教育	46	0.4	0.6	0.4
理	64	0	0.2	0
工（建築除く）	204	0.6	1.6	0.1
建築	36	1.5	1.9	0.3
生物生産・応用生命	31	0.3	0.3	0.1
総合・環境・人間・情報	75	0.8	0.9	0.5
合計	952	0.5	0.8	0.3

系統	国公立大				私立大			
	対象学科数	2年平均実施率ポイント	3年平均実施率ポイント	4年平均実施率ポイント	対象学科数	2年平均実施率ポイント	3年平均実施率ポイント	4年平均実施率ポイント
文・人文・外国語	5	0.7	0.6	0.5	127	0.5	0.7	0.4
社会・国際	7	0.3	0.5	0.1	77	0.6	0.7	0.6
法・政治	11	0	0.1	0.2	64	0.1	0.3	0.2
経済	16	0.4	0	0	60	0.4	0.3	0.2
経営・商	15	0.4	0.2	0	114	0.5	0.7	0.6
教育	29	0.3	0.6	0.3	17	0.7	0.6	0.6
理	30	0	0.3	0	34	0	0.1	0
工（建築除く）	59	0.4	1.5	0.2	145	0.6	1.6	0.1
建築	10	1.0	3.0	0	26	1.6	1.5	0.4
生物生産・応用生命	14	0.7	0.6	0.3	17	0	0	0
総合・環境・人間・情報	14	0.6	0.3	0	61	0.9	1.0	0.7
合計	210	0.4	0.8	0.2	742	0.5	0.8	0.4

図表20　学年別系統別　課題解決を目的としたアクティブラーニング科目実施状況

ことを示唆している。各学年での専門知識修得レベルに応じた「高次のアクティブラーニング」の学年連続的な導入の必要性を指摘したい。

また、国公立大の法・政治学系、経済学系、経営・商学系では、3年次のポイントも低い。これは「高次のアクティブラーニング」を含んだカリキュラムが組まれていない実態を示している。

②活用すべき専門知識を伝達する科目の記入状況

課題解決を目的としたアクティブラーニング科目において、活用すべき専門知識を伝達する科目の記入状況を系統別にまとめた。ここには「同科目」や「全科目」などの回答も含めている。

専門知識を活かすことなく課題解決を目的としたアクティブラーニングを行うと、往々にしてそれは"お遊び"や単なるイベントに終始してしまいがちであることが、これまでの調査で判明している。故に、「高次のアクティブラーニング」で、どの科目の専門知識を活用しているのか、その専門知識を伝達する科目名を尋ねた。

全体では約8割の学科で、課題解決を目的としたアクティブラーニング科目で活用すべき専門知識を伝達する科目が記入されている。

経済学系統では国公立大・私立大とも記入率が低い。図表21の系統別実施状況でも、経済学系統はポイントが低い。課題解決を目的としたアクティブラーニングの導入度が低く、かつ、導入していても、知識を伝達する科目との連携などが考慮されていないという状態である。

(4) ファシリテータとしてのSA・TA導入状況

「初年次ゼミ」「専門知識の定着を目的としたアクティブラーニング科目」「課題解決を目的としたアクティブラーニング科目」それぞれにおいて、ファシリテータとしてのSA・TAの導入状況を比較する。

この項目を設けたのは次のような理由によっている。一般に授業へのSAとTAの導入が増えているが、TAはともかくSAの場合はテキストの配布などの実務のみに限定されている場合が多い。しかし、SAをファシリテータとして活用することは、これまでの調査でも三重大学や嘉悦大学、立教大学などで多大な成果を生んでいることが明らかになっている。それは授業を受ける学生に教員

系統	全体			国公立大			私立大		
	活用科目記入	活用科目未記入	活用科目記入率	活用科目記入	活用科目未記入	活用科目記入率	活用科目記入	活用科目未記入	活用科目記入率
文・人文・外国語	160	49	76.6%	3	2	60.0%	157	47	77.0%
社会・国際	104	14	88.1%	10	0	100.0%	94	14	87.0%
法・政治	46	11	80.7%	7	4	63.6%	39	7	84.8%
経済	27	32	45.8%	7	11	38.9%	20	21	48.8%
経営・商	123	38	76.4%	9	4	69.2%	114	34	77.0%
教育	24	6	80.0%	18	1	94.7%	6	5	54.5%
理	9	6	60.0%	3	4	42.9%	6	2	75.0%
工（建築除く）	280	58	82.8%	66	14	82.5%	214	44	82.9%
建築	110	25	81.5%	16	15	51.6%	94	10	90.4%
生物生産・応用生命	17	2	89.5%	12	2	85.7%	5	0	100.0%
総合・環境・人間・情報	138	48	74.2%	17	0	100.0%	121	48	71.6%
合計	1,038	289	78.2%	168	57	74.7%	870	232	78.9%

図表21　系統別　活用すべき専門知識を伝達する科目の記入状況

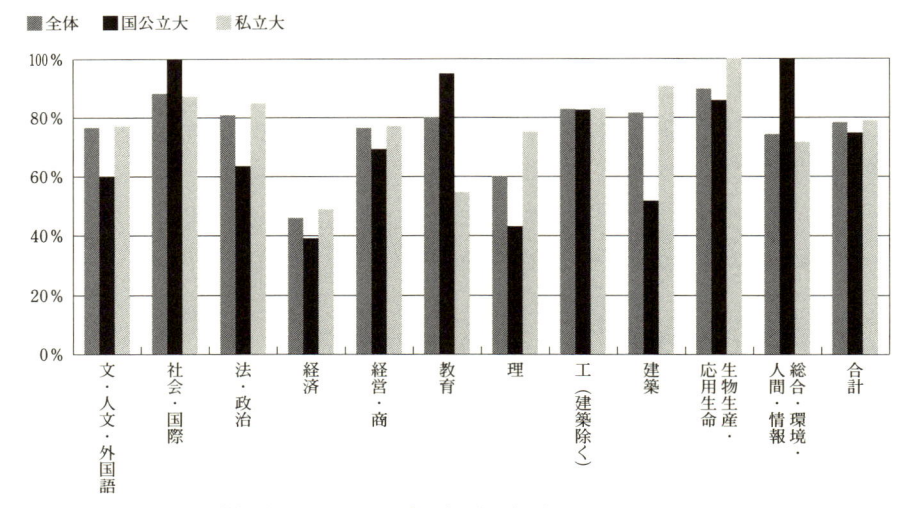

図表22　系統別　活用すべき専門知識を伝達する科目の記入状況（グラフ）

との縦の関係、同級生との横の関係だけでなく、上級生との斜めの関係が入ることにより、関係の豊富化が実現され授業目的の達成に寄与するからである。そして、同時にファシリテータとしてのSAの目覚ましい成長を促すからである。

「一般的アクティブラーニング」と「高次のアクティブラーニング」では、特に大学院生の多い理工系学科で、半数を超える科目において全講座で導入されている（全講座で導入50％以上の系統に網掛け）。

初年次ゼミ科目では、「全講座で導入」との回答はどの学科も少ない。初年

	系統	対象科目数	無回答	導入していない	一部講座で導入	全講座で導入
初年次ゼミ科目	文・人文・外国語	187	9%	74%	9%	8%
	社会・国際	128	17%	59%	15%	9%
	法・政治	114	8%	61%	18%	13%
	経済	112	14%	65%	11%	10%
	経営・商	193	10%	65%	10%	15%
	教育	58	7%	66%	17%	10%
	理	85	7%	42%	22%	28%
	工（建築除く）	257	12%	45%	18%	25%
	建築	43	5%	60%	14%	21%
	生物生産・応用生命	34	9%	71%	18%	3%
	総合・環境・人間・情報	131	10%	63%	13%	14%
	合　計	1342	11%	60%	14%	15%
知識の定着を目的としたアクティブラーニング科目	系統	対象科目数	無回答	導入していない	一部講座で導入	全講座で導入
	文・人文・外国語	1081	9%	86%	2%	2%
	社会・国際	419	17%	62%	5%	15%
	法・政治	148	8%	80%	4%	8%
	経済	110	35%	51%	4%	10%
	経営・商	436	16%	62%	6%	16%
	教育	432	7%	80%	5%	7%
	理	464	13%	25%	7%	55%
	工（建築除く）	1363	8%	22%	11%	59%
	建築	241	8%	30%	2%	60%
	生物生産・応用生命	252	16%	21%	20%	43%
	総合・環境・人間・情報	575	17%	49%	2%	32%
	合　計	5,521	12%	51%	6%	31%
課題解決を目的としたアクティブラーニング科目	系統	対象科目数	無回答	導入していない	一部講座で導入	全講座で導入
	文・人文・外国語	209	3%	88%	7%	5%
	社会・国際	118	12%	67%	13%	20%
	法・政治	57	6%	91%	4%	6%
	経済	59	31%	73%	9%	18%
	経営・商	161	11%	79%	7%	14%
	教育	30	25%	71%	4%	25%
	理	15	15%	31%	0%	69%
	工（建築除く）	338	6%	24%	18%	58%
	建築	135	21%	23%	2%	75%
	生物生産・応用生命	19	58%	50%	8%	42%
	総合・環境・人間・情報	186	49%	74%	0%	26%
	合　計	1,327	15%	58%	9%	33%

図表23　系統別　ファシリテータとしてのSA・TA導入状況

次ゼミだからこそ、新入生が大学での学習方法を学んだり、自分の学生生活の在り方を考えたりといった、各場面で上級生のSAが果たす役割は大きいはずであり、初年次ゼミでのSA・TAの活用は、今後の課題といえよう。

(5) 文系学科の専門ゼミ
①学年別、系統別実施状況
履修率をポイントに換算し、系統ごとに平均ポイントを算出した。

> [必須＝6、80%以上＝5、60%〜80%＝4、40%〜60%＝3、20〜40%＝2、20%以下＝1、 履修率の記載なし＝1]
> ・半期科目は、上記ポイントの2分の1とする。
> ・1学年で複数の科目を設置している場合は、ポイントを積み上げ、1学年の上限を6点とする。

理系学科は一般的に「ゼミ」という形態をとらずに、研究室での活動が中心となるため、文系学科のみ抽出して掲載している。

専門ゼミは、卒業論文とセットで4年間の学習の集大成というイメージが強いが、平均ポイントが高いのは3年次である（各系統で最もポイントが高い学年に網掛け）。これは、就職活動に向けて、3年次に学生個人のテーマをある程度意識させ、専門性を高めるという意図があるものと思われる。

また、4年間の流れで見ると、初年次ゼミの系統別実施状況での文系学科のポイントが4.0ポイント前後（6ポイント満点）であることから、ゼミ科目の設置については2年次が谷間になっていること分かる。3年次に専門性を高めるという流れを作るためには、2年次にどのような準備をするか、もっと重要視するべきではないか。

(6) 卒業論文、卒業研究
①系統別　卒業論文・卒業研究履修率
卒業論文、卒業研究に取り組む学生の割り合いをポイントに換算した。

> [必須＝6、必須ではないが100%の学生が取り組む＝6、80%以上＝5、60%〜80%＝4、40%〜60%＝3、20〜40%＝2、20%以下＝1、
> 卒業論文・卒業研究はあるが取り組む学生の割り合いの記載なし＝1、
> 卒業論文はない＝0]

系統	対象学科数	2年平均ポイント	3年平均ポイント	4年平均ポイント
文・人文・外国語	13	2.1	4.8	4.9
社会・国際	85	2.5	4.9	4.4
法・政治	75	2.1	4.7	4.1
経済	76	2.6	5.1	4.2
経営・商	12	2.9	5.1	4.2
教育	46	0.8	4.0	3.6
総合・環境・人間・情報	75	1.7	4.4	4.5
文系・総合　平均	61	2.2	4.8	4.3

図表24　学年別系統別　専門ゼミ科目実施状況

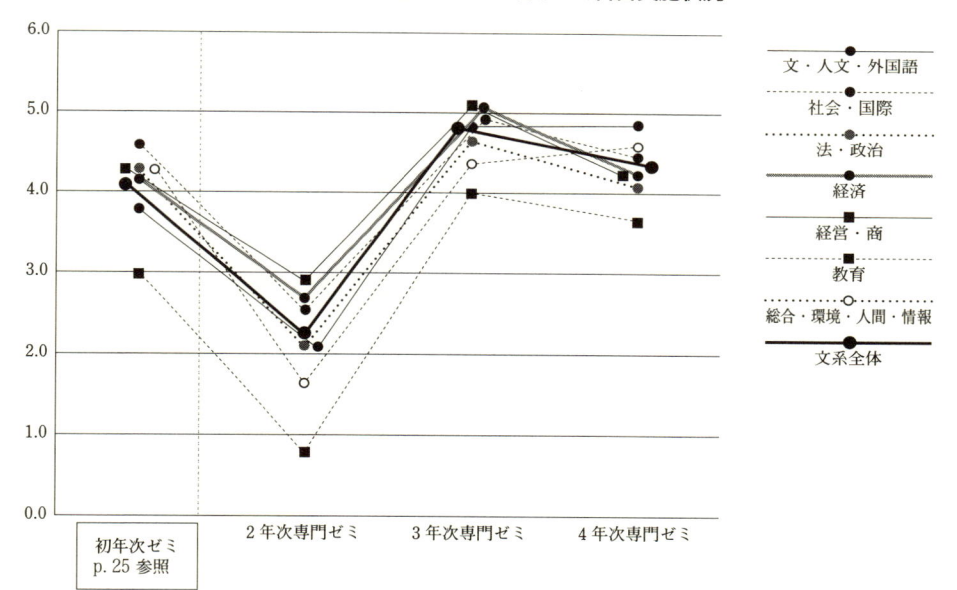

図表25　＜参考＞初年次ゼミから専門ゼミへ4年間の流れ

　理系学科では国公立大、私立大とも、どの系統も6ポイント近くで、ほぼ全員が卒業論文・卒業研究に取り組むが、法・政治学系と経済学系では極めて低い履修率（網かけ）である。また、この両学系は国公立大と私立大での差が大きく1ポイント以上の開きがある。特に私立大の法・政治学系統は2.0ポイントで、卒業論文に取り組む学生は極めて少ないことが明らかとなった。

系統	全体 対象学科数	全体 平均履修率ポイント	国公立大 対象学科数	国公立大 平均履修率ポイント	私立大 対象学科数	私立大 平均履修率ポイント
文・人文・外国語	129	5.0	5	5.2	124	4.9
社会・国際	80	5.3	7	6.0	73	5.2
法・政治	71	2.3	11	3.7	60	2.0
経済	75	3.8	16	4.7	59	3.5
経営・商	124	4.1	15	4.9	109	4.0
教育	45	5.8	28	6.0	17	5.6
理	63	5.7	29	5.8	34	5.6
工（建築除く）	198	6.0	19	5.9	139	6.0
建築	34	5.8	10	5.9	24	5.7
生物生産・応用生命	30	5.8	13	5.9	17	5.8
総合・環境・人間・情報	73	5.2	14	6.0	59	5.1
合計	922	5.0	20	5.6	715	4.8

図表26　系統別　卒業論文・卒業研究履修率

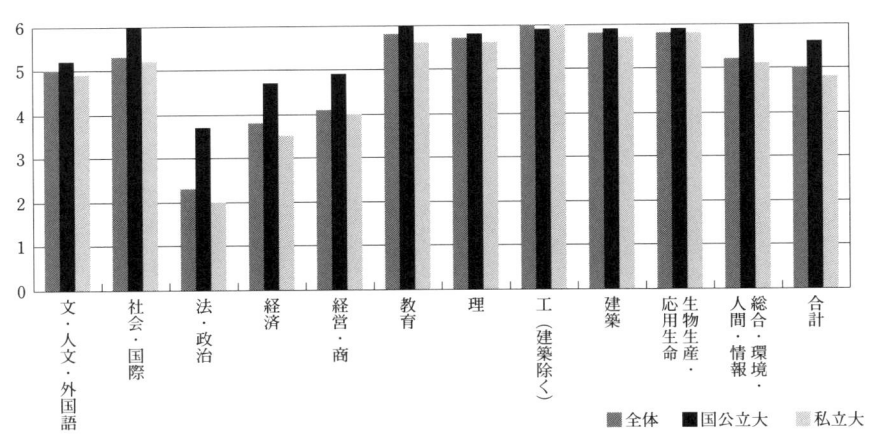

図表27　系統別　卒業論文・卒業研究履修率（グラフ）

(7) 学習成果コンテスト

①学生の参加率が80％以上の学習成果コンテスト

40～48頁に、学生の参加率が80％以上と回答された学習成果コンテストを抽出した。ただし、卒業論文や卒業研究の発表会、また成績優秀者への表彰などについては除外している。

抽出されたコンテストの半数以上が1年生を対象としたものであった。特に文系学科では、1年生を対象としたものが多い。情報収集や分析、プレゼンテーションやディスカッションなどのアカデミックスキルを学びながら、このよう

なコンテスト形式でそれを活用する場面を設けているものと思われる。

一方、理系学科では、2年生、3年生を対象としたものも見られる。低学年次に学んだ知識や技術を統合し、ものづくりを競い合うものや、卒業研究の準備段階としての研究発表、ポスター発表などが見られる。

②学生の参加率が40％〜80％の学習成果コンテスト

学生の参加率が40％〜80％の学習成果コンテストでは、前述の①とは異なり、3年生を対象に含むものが最も多い。社会科学系の学科での事例が多く、ゼミナール大会や研究発表会など、ゼミでの活動との連携が特徴的である。

このようなコンテストは主要な目的としては、学生の学習に対するモチベーションを刺激するために行われるのが一般的である。しかし、当プロジェクトが注目するのは、こうしたコンテストの教員にとっての意味である。

というのも、これらのコンテストが結果として「ゼミを開く」ことになり、それを通じてゼミでの教え方を公開・検証する糸口となる可能性を有しているからである。

ただし、そこでの問題は、学部学科の教務担当者やコンテスト企画者が、そのような「教員にとっての意味」を意識しているかどうかである。

①学生の参加率が80％以上の学習成果コンテスト（卒論・卒研発表会・優秀論文表彰などを除く）

●文・人文・外国語学系統

大学名	学部名	学科名	コンテスト名	概要	対象学年 1年	2年	3年	4年	主催者	参加率
茨城キリスト教大学	文学部	現代英語学科	Fun English Contest	言語、文化、歴史に関するクイズ	○	×	×	×	学科	80％以上100％未満
明海大学	外国語学部	英米語学科	「明海大学の魅力を高校生に伝えるアイディア作り」	1年次必修科目「学修の基礎」において、学科ごとクラス単位で明海大学の魅力を高校生に伝える」PR案を作り、班毎で発表、クラスの優秀案をPR案を決定する。考え・企画する力の基礎が身に付き、他者とのコミュニケーション・チームワークができ、発表するカ・プレゼンテーションの力が身に付く。	○	×	×	×	大学	100%
明海大学	外国語学部	英米語学科	「明海大学を良く知る」	1年次必修科目「学修の基礎」において、学科ごとクラス単位で明海大学を良く知る」テーマに内容をポスター等で発表する。明海大学について理解が深まるとともに、大学で必要な自分で調べて学ぶの基礎が身に付き、大学生としての自覚を持つことができる。	○	×	×	×	大学	100%
明海大学	外国語学部	英米語学科	「大学生活へのチャレンジ」	1年次必修科目「学修の基礎」において、学科ごとクラス単位で大学生活へのチャレンジをテーマに「私のビジョン」を発表し、これからの決意を表明する。	○	×	×	×	大学	100%
昭和女子大学	人間文化学部	国際学科	スピーチコンテスト	1年生で必修の「スピーチトレーニング基礎」の成果を発揮するために、年1回の宿泊研修で1、2年（日本語）にいる学生のみ全員参加する	○	×	×	×	学科	100%
聖心女子大学	文学部	歴史社会学科 国際交流専攻コース	国際交流カップ	掲載論文の中から、学生が互選のうち、教員が優秀賞、佳作などを選定し、表彰する	×	○	×	×	専攻	100%
大正大学	文学部	人文学科	論文集「私たちのカルチュラ」	「基礎数養講座」において効果的なプレゼンテーション方法やブリッジ・スピーチについて指導し、全学生が発表、次に全員合同で学科長コンテストを行う。	○	○	×	×	カルチュラルスタディーズコース	100%
相模女子大学	学芸学部	英語文化コミュニケーション学科	英語文化コミュニケーション学科長杯合同スピーチコンテスト	基礎演習において1年をかけて各自でテーマを選び、それについて調べ、発表を行うが、この発表会では各クラスで選ばれた代表が発表を行い、その他の学生によって投票審査が行われる、教員による審査も加わり、順位が決定される。	○	×	×	×	学科	100%
金城学院大学	文学部	英語英米文化学科	基礎演習同発表会	100問の単語コンテストを行い優秀者を表彰する。	○	×	×	×	学科	80％以上100％未満
甲南女子大学	文学部	英語英米文学科	ボキャブラリーコンテスト	100問の単語コンテストを行い優秀者を表彰する。	○	×	×	×	学科	100%
姫路獨協大学	外国語学部	外国語学科	外国語学部学科スピーチコンテスト	英語、ドイツ語、韓国語等のスピーチ力を朗読、暗唱、弁論の部で競う	○	○	×	×	学部	80％以上100％未満
西南女学院大学	人文学部	英語学科	Zion English Speech Contest	Oral English I・II、English Discussion I・IIでスピーチ優秀発表者16名を1、2年生のクラスから選出し、予選通過者に対して大学祭の初日にトロフィー・賞状を授与、各学年上位3名にトロフィー賞を授与する。	○	○	×	×	学科	100%
西南女学院大学	人文学部	英語学科	Reading Marathon	主にExtensive Reading I・IIの延長線上に置かれ、図書館にある各言語の英文図書を読み、クイズに答える等して、2年間で100万語読破を目標とし、年度終了時点で該当者を表彰する。	○	○	×	×	学科	100%

●社会・国際学系統

大学名	学部名	学科名	コンテスト名	概要	対象学年 1年	2年	3年	4年	主催者	参加率
明海大学	ホスピタリティ・ツーリズム学部	ホスピタリティ・ツーリズム学科	「明海大学の魅力を高校生に伝えるアイディア作り」	1年次必修科目「学修の基礎」において、学科ごとクラス単位で明海大学の魅力を高校生に伝える」PR案を作り、班毎で発表、クラスの優秀案をPR案を決定する。	○	×	×	×	大学	100%
明海大学	ホスピタリティ・ツーリズム学部	ホスピタリティ・ツーリズム学科	「明海大学を良く知る」	1年次必修科目「学修の基礎」において、学科ごとクラス単位で明海大学を良く知る」テーマに内容を調べてポスター等で発表する。	○	×	×	×	大学	100%

大学名	学部名	学科名	コンテスト名	概要	1年	2年	3年	4年	主催者	参加率
明海大学	ホスピタリティ・ツーリズム学部	ホスピタリティ・ツーリズム学科	「大学生活へのチャレンジ」	1年次必修科目「学修の基礎」において、学科ごとクラス単位で「大学生活へのチャレンジ」をテーマにビジョンを表明する。	○	×	×	×	大学	100%
明海大学	ホスピタリティ・ツーリズム学部	ホスピタリティ・ツーリズム学科	「旅博」参加レポートコンテスト	1年次・2年次必修科目「プレゼミナールⅠ・Ⅱ」において、毎年9月にJATA主催の「旅博」に参加して所定のテーマに関するレポートを全学生に提出させ、優秀作品を審査の上決定し、優秀学生を学部長にて表彰する。	○	○	×	×	学部	100%
中部大学	国際関係学部	国際関係学科	中部大学国際関係学科共通テスト(TIR-CU)	国際関係を学ぶ上で必要な基礎として専門的英語力を育成するために、オリジナル教材(international literacyと専門的英語)を活用し、全学年が同一のテストと中部大学国際関係学科共通英語文集を活用して、全学年が同一のテストにて優秀者上位10名を学年ごとに表彰している。	○	○	○	○	学科	100%
同志社大学	社会学部	産業関係学科	学生研究報告会	学科主催のゼミ大会で3年生がプレゼン	×	×	○	×	学科	80%以上100%未満
●法・政治学系統										
明治学院大学	法学部	政治学科	政治討論会	1年次の政治学基礎演習・ゼミの一環として、春と秋に各1回、政治討論会を開催。主催は、2年生。指定されたテーマで年毎に発表を行い、優勝(1、2、3位)を決める。採点審査は、教員と外部の参加者や教員も関与する。	○	○	×	×	企画・運営は2年生	100%
龍谷大学	法学部	法律学科	基礎演習Ⅱ合同報告会	基礎演習Ⅱに関する研究発表・意見交換を行い、この報告会の各クラスの持ちテーマに関する研究発表・調査結果の報告を行い、この報告会の終わりに先生たちによる講評、審査が行われる。	×	○	×	×	学部	100%
龍谷大学	政策学部	政策学科	基礎演習Ⅱ合同討論会	基礎演習Ⅱにおいて全員が、一年間の成果を発表。また前の基礎演習クラスとの討論会を通じて、自らの検討テーマに対する意見交換を行い、他の学生の報告を聞くことで、知見を深め、次年度の研究テーマの決定に活かすこと、政策学科の活性化を目指す。	×	○	×	×	学科	80%以上100%未満
大阪国際大学	現代社会学部	法律政策学科	リサーチプロジェクトⅠ	学生がゼミナール単位で自由なテーマを選び、情報収集、そして資料分析を行い、レポートにまとめた上、セミナー代表者を選出し、学科代表者と最終発表会を開催。一定の評価基準に基づき審査し、優秀者を選出し、学内で選抜された報告グループが10分間でプレゼンテーションする。	×	○	×	×	学科	100%
大阪国際大学	現代社会学部	法律政策学科	リサーチプロジェクトⅡ	学生がゼミナール単位で自由なテーマを選び、情報収集、そして資料分析を行い、レポートにまとめた上、セミナー代表者を選出し、学科代表者と最終発表会を開催。一定の評価基準に基づき審査し、優秀者を選出し、学内で選抜された報告グループが10分間でプレゼンテーションする。	×	×	○	×	学科	100%
西南学院大学	法学部	法律学科	基礎演習ディベート大会	基礎演習の各クラスの代表者によってディベートを行い、その他の学生が審査員を務め、成果を競う。	×	○	×	×	学部	100%
九州国際大学	法学部		入門演習プレゼン大会	すべてのゼミが、グループで課題研究型発表を行い、その成果を競う。ゼミ内で選抜された代表グループが10分間でプレゼンテーションする。	○	×	×	×	学部	80%以上100%未満
●経済学系統										
明海大学	経済学部	経済学科	「明海大学の魅力を高校生に伝えるアイディア作り」	1年次必修科目「学修の基礎」において、学科ごとクラス単位で「明海大学の魅力を高校生に伝える」PR策を作り、班毎に発表し、クラスの優秀PR策を首位を決定する。	○	×	×	×	大学	100%
明海大学	経済学部	経済学科	「明海大学を良く知る」	1年次必修科目「学修の基礎」において、事前に調べた内容に即してスタートを切る。	○	×	×	×	大学	100%
明海大学	経済学部	経済学科	「大学生活へのチャレンジ」	1年次必修科目「学修の基礎」において、学科ごとクラス単位で「大学生活へのチャレンジ」をテーマにビジョンを表明する。	○	×	×	×	大学	100%
成城大学	経済学部	経済学科	ゼミ大会	年に1度、ゼミ大会を開催。順位付けはしないが、午前中はオープンゼミ、その後には選抜されたすべてのゼミが参加しての研究発表会を一日かけて実施している。	○	○	○	○	学部と学生団体の共同開催	80%以上100%未満
創価大学	経済学部	経済学科	ゼミ対抗論文発表大会	2000年より、その年の研究成果をプレゼンテーションしあう発表大会を開催している。第13回の本審査では各研究室の優秀論文を選出し、本選を待つのがゼミ対抗プレゼンテーションを行い、研究成果発表を競い合う。場所から3年に渡って、最高賞を含む各賞と参加賞が贈られる。	×	○	○	×	学部	80%以上100%未満
大阪国際大学	ビジネス学部	経済ファイナンス学科	セミナーⅠb(リサーチプロジェクトⅠ)	グループで自由なテーマを選び、全員で調査を行い、最終発表会及び個人評価を行う。	○	×	×	×	学科	100%
大阪国際大学	ビジネス学部	経済ファイナンス学科	セミナーⅡb(リサーチプロジェクトⅡ)	個人で自由なテーマを選び、資料分析を行い、ゼミ代表を選出し、学科内で最終発表会を行い、優秀者を選出する。	×	×	○	×	学科	100%

大学名	学部名	学科名	コンテスト名	概要	1年	2年	3年	4年	主催者	参加率
●商学・経営学系等										
松山大学	経済学部	経済学科	ゼミナール大会	3年生が履修している演習第Ⅱ（通年）の集大成として、各グループがテーマに沿って発表、討論する。また、その内容についても投票による表彰を行う。	×	×	○	×	学部	80%以上100%未満
明海大学	不動産学部	不動産学科	「明海大学の魅力を高校生に伝えるアイディア作り」	1年次必修科目「学修の基礎」において、学科ごとクラス単位で「明海大学の魅力を高校生に伝える力」を表すPR策を作り、クラスごとの優先PR案を選定決定する。	○	×	×	×	大学	100%
明海大学	不動産学部	不動産学科	「明海大学を良く知る」	1年次必修科目「学修の基礎」において、学科ごとクラス単位で調べた内容をポスター等で発表する。	○	×	×	×	大学	100%
明海大学	不動産学部	不動産学科	「大学生活へのチャレンジ」	1年次必修科目「学修の基礎」において、学科ごとクラス単位で大学生活への「私のチャレンジ」をテーマに発表、これからの決意を表明する。	○	×	×	×	大学	100%
駿河台大学	経済経営学部	経済経営学科	ゼミ発表会		×	×	○	○	学部	100%
亜細亜大学	経営学部	経営学科	漢字博士	漢字検定準2級レベルを目指し、上位者は表彰する。	○	×	×	×	学部	80%以上100%未満
亜細亜大学	経営学部	ホスピタリティ・マネジメント学科	漢字博士	漢字検定準2級程度の試験とを比較する。	○	×	×	×	学部	100%
亜細亜大学	経営学部	ホスピタリティ・マネジメント学科	インタビューレポート	オリエンテーション・ゼミナールでのインタビュー記事を専門家が審査し、優秀作品を顕彰、出版する。	○	×	×	×	学部	100%
龍谷大学	経営学部	経営学科	ゼミ研究発表会	各ゼミでのこれまでの成果の集大成として位置づけ、他のゼミと競うことにより、優れた発表会にしている。	×	×	○	×	ゼミナール連合会	80%以上100%未満
大阪国際大学	ビジネス学部	経営デザイン学科	リサーチ・プロジェクトI	学生自らがテーマの設定をし、情報収集をして分析し、レポートにまとめるというレポートの基本的な作成方法を学ぶ演習で、あらかじめ示された評価基準に基づき、セミナー毎の代表者が発表会、2年次全員の前で発表。学生と教員が審査する。	×	○	×	×	学科	100%
大阪国際大学	ビジネス学部	経営デザイン学科	リサーチ・プロジェクトII	学生自らがテーマの設定をし、情報収集をして分析し、レポートにまとめるというレポートの基本的な作成方法を学ぶ演習で、あらかじめ示された評価基準に基づき、セミナー毎の代表者が、2年次全員の前で発表する。	×	○	×	×	学科	100%
●教員養成・教育学系等										
大阪教育大学	学校教育教員養成課程	国語教育専攻	大阪教育大学国語教育学会ゼミ発表の部	1つあるゼミがそれぞれ口頭の発表（発表時間・質疑応答）で時間内で行う。	×	×	×	○	学科	80%以上100%未満
●理学系等										
首都大学東京	都市環境学部	分子応用化学	MIP賞 (Most Impressive Presenter)	全教員の投票による優秀発表者（内容の審査を含む）の表彰教員が自分の同じ研究室に所属する学生には投票しない。	×	×	○	×	学科	100%
●工学系等										
秋田大学	工学資源学部	電気電子工学科	初年次ゼミ発表会	4～5人の班において、電気電子工学分野で興味あるテーマを決め、調査および情報収集した結果をA4枚にまとめ、さらにポスター形式で発表を行う。	○	×	×	×	学科	100%
秋田大学	工学資源学部	電気電子工学科	創造工房実習競技会	センサ、アクチュエータ搭載の自律型ロボットの自律走行車を製作して、決められたコースでラインコースを行うタイムレースを行って成果を発表する。	×	○	×	×	学科	100%
九州工業大学	情報工学部	機械情報工学科	PBLII競技大会	製作した移動ロボットの各競技による性能を競う	×	×	○	×	学科	100%
宮崎大学	工学部	機械システム工学科	課題製作	「特定な課題に対して、チームで設計製作並びに性能評価を実施したこと」を競う	×	×	○	×	学科	100%
鹿児島大学	工学部	建築学科	トラスコンテスト	新入生1～6人でチームを作り、与えられた材料で橋をつくり掲載荷重量を競う	○	×	×	×	学科	100%
八戸工業大学	工学部	機械情報技術学科	ロボットコンテスト	所定のレギュレーションに基づくロボットを学生グループが制作し、そのロボットの性能および操作の習熟度を競うコンテストである。	×	○	○	×	学科	100%
八戸工業大学	工学部	システム情報工学科	情報基礎ゼミナール／コンテンツ制作発表会	第1回 大学での勉強方法、第2回 文章作成の基礎、第3回 インターネットの使い方、情報収集した内容をA4枚にまとめる、第4回 インターネットの使い方、第5回 デジタル情報の使い方、第6回 情報収集の使い方、情報収集技法3、第7回 文章構成技法、第8回 地域に関する情報収集の収集調査、第9回 地域に関する情報収集、第10回 収集した発表内容のまとめ、第11回 コンテンツ作成技法、第12回 プレゼンテーション技法、第13回 プレゼンテーション資料まとめ方、第14回 プレゼンテーション技法演習、第15回 プレゼンテーション	○	×	×	×	学科	100%

大学名	学部名	学科名	コンテスト名	概要	対象学年 1年	2年	3年	4年	主催者	参加率
八戸工業大学	工学部	システム情報工学科	情報専門ゼミナール／コンテンツ作品発表会	第1回 ガイダンス、関連コンテンツ作品の試写会、第2回 テーマ設定ブレーンストーミングによる立案、第3回 テーマ設定、シーン想定による表現方針策定、第4回 コンテンツ絞り込み、第5回 モデル構築：シナリオ作成、第6回 モデル構築：シナリオ作成、第7回 モデル構築：シーンに応じた絵コンテの作成、第8回 モデル構築：シーンに応じた絵コンテの作成、第9回 モデル構築：効果（ナレーション・テロップ・BGM）の検討Ⅰ、第10回 モデル構築：効果（ナレーション・テロップ・BGM）の検討Ⅱ、第11回 コンテンツ表現：撮影Ⅰ、第12回 コンテンツ表現：撮影Ⅱ、第13回 コンテンツ表現：映像編集Ⅰ、第14回 コンテンツ表現：映像編集Ⅱ、第15回 コンテンツ上映会	×	×	×	○	学科	100%
ものつくり大学	技能工芸学部	製造学科	フレッシュマンゼミ	グループワークにより、作品を完成させ、デザインを競わせ、発表会にてそのレベルを全員で審査し、表彰を行う。	○	×	×	×	学科	100%
芝浦工業大学	システム理工学部	電子情報システム学科	創Ⅰ	グループワークにより、作品を完成させ、発表会にてそのレベルを全員で審査し、表彰を行う。	×	○	×	×	学部	80%以上100%未満
中央大学	理工学部	電気電子情報通信工学科	探査ロボットの作成	物体を探査するロボットを製作して、目標物の探索動作の性能を競う。	×	○	×	×	学部	100%
東京工科大学	コンピュータサイエンス学部	コンピュータサイエンス学科	プログラミングコンテスト	4～5名程度の少人数グループ単位で、対戦型プログラミングゲームのソフトウェアを作成する。最終日には大会にて対戦を行い、実施日にチームを対抗させ、優秀な成果を上げたチームのメンバーに、その栄誉を称えて賞が授与された。	○	×	×	×	学科	100%
日本大学	生産工学部	機械工学科	プロジェクト演習	CGデザイン、アニメーション、ゲームデザイン等の基礎技術を総合的に活用し、動画による作品の企画と制作を1回～12回までに行い、13回～15回までグループ作品発表会を行う。	×	×	○	×	学科	80%以上100%未満
日本大学	生産工学部	数理情報工学科	メディアデザイン演習	自由企画実験成果ポスター発表会、教員と学生同士で審査する。	×	○	×	×	学科	100%
日本大学	理工学部	電子情報工学科	自由企画実験成果ポスター発表会	発電機をグループで作成し、電力を競う。PDCAサイクルに重きを置く。	×	○	×	×	学科	100%
日本大学	理工学部	電子情報工学科	PBL実験コンペティション	各班から選ばれた優秀作品を担当教員で公開審査	×	×	○	×	学科	100%
日本大学	生産工学部	建築工学科	建築設計課題講評会	フレッシュマンプロジェクトでの成果チームの学生による順位付けコンテスト	×	×	×	○	学科	100%
関東学院大学	機械工学科 総合機械コース	ポスター投票会	創作企画プロジェクト実習で製作したチームで対抗レース	×	×	×	○	学科	100%
関東学院大学	工学部	機械工学科 総合機械コース	プロジェクト成果発表コンテスト	二足ロボットの相撲大会	○	×	×	×	学科	100%
関東学院大学	工学部	機械工学科 ロボットコース／システム専攻	二足ロボット対決大会	四足ロボットによる駆走	×	○	×	×	学科	100%
福井工業大学	工学部	機械工学科 ロボットコース／システム専攻	四足ロボットタイムトライアル	全学の創製科学レポートを選考委員会が審査し、優秀賞、努力賞を顕彰する。受賞者は数値に対してプレゼンテーションを行う。	×	×	○	×	大学	100%
愛知工業大学	工学部	電気電子情報工学専攻	創科科学	全学の創製科学レポートを選考委員会が審査し、優秀賞、努力賞を顕彰する。受賞者は数値に対してプレゼンテーションを行う。	×	×	×	○	電子情報工学専攻	80%以上100%未満
中部大学	工学部	電気システム工学科	移動ロボットによるラインセンシングコンテスト	（電気工学実験ⅠBの中のテーマ）ICを用いて電子パルハルの回路とICの規格表を頼りにパルス電源からスキャン電流を作り出し、1msを連続する電流源の大きさを競う。重量、材料などの制限条件を付けている。	×	×	×	○	学科	100%
中部大学	工学部	電気システム工学科	電子じゃんけんゲームの作成	（電気工学実験ⅡBの中のテーマ）バルパワーの電源からスキャン電流を自動化してロボットの作品の性能を競う。	×	×	○	×	学科	100%
中部大学	工学部	電気システム工学科	パルスパワーによる大電流発生コンテスト	入学早々、全員で合宿し、チームで課題に取り組む、課題は建築に関連する者で毎年テーマは変えていく。できあがった作品のコンテストを行い、全学生と先生による全員投票で優秀作品（複数）を選ぶ。	×	×	×	○	学科	100%
中部大学	工学部	電気システム工学科	電気自動車の模擬実験	年度によりテーマは変えるが、本年度は自己紹介を内容としたプレゼンテーションを作成する。全学生と先生による全員投票で優秀作品（複数）を選ぶ。	×	○	×	×	学科	100%
中部大学	工学部	建築学科	悪魔のノリ		×	×	×	○	学科	100%
中部大学	工学部	建築学科	スタートアップセミナー		○	×	×	×	学科	100%

大学名	学部名	学科名	コンテスト名	概要	対象学年 1年	対象学年 2年	対象学年 3年	対象学年 4年	主催者	参加率
近畿大学	理工学部	機械工学科	ペーパーカーレース	基礎ゼミの半分で実施（7回）。2人1組でペーパーカーを作成し、スピードコンテスト（3回）で発表（または）は競技コンテスト（1位）を表彰行う。この授業を自主的に行動し、創意工夫することである。	○	×	×	×	学科	100%
近畿大学	理工学部	機械工学科	ロボットコンテスト	基礎ゼミの半分で実施（7回）。10人1グループのチームワークで、二足歩行ロボット演算を行う（7回）。1分間のプレゼンテーションと2分間の演技対戦で、プレゼンテーション、芸術点、技術点の総合得点を競うグループワークのアクティブラーニングである。	○	×	×	×	学科	100%
近畿大学	工学部	機械工学科	フレッシュマンゼミナール	ペーパークラフト競技大会	○	×	×	×	学科	100%
近畿大学	産業理工学部	電子情報工学科	電子情報設計プロジェクト学科展	電子情報設計プロジェクトの成果をパネルにし、大学院における学科展で教員、学生、学外の訪問者に対して説明し、評価してもらう。	×	×	○	○	学科	80%以上100%未満
摂南大学	理工学部	電気電子工学科	電気工学実験4の中の最終課題「ライントレーサの製作」	ライントレーサーを1台製作し、規定のコースを走行するタイムを競う。優勝者には賞品として授与される。	×	×	○	×	学科	100%
摂南大学	理工学部	電気電子工学科	電気工学実験3「風力発電機の製作」	4人1グループとし、風力発電機を製作する。もっとも高い発電電圧を達成したグループを、学生間の投票により決定する。選ばれたグループを表彰する。副賞として、LEDが光る風力発電機アクセサリーが贈られる。	×	×	○	×	学科	100%
福山大学	工学部	電子・ロボット工学科	之京杯ロボット競技大会	電子通信機の設計実験の4週に置る実験の成果発表会として行い、今年度はロボットパトカーのデモンストレーションにより賞品付、表彰を行う。	×	×	○	×	学科	100%
福岡工業大学	工学部	知能機械工学科	ものづくり課題追求コンペ	ものづくり工学類では1年生4人グループが担当のものづくりを行い、1.成果物演発表会、2.ものによる成果発表会、3.制作結果論文を作成し、行う。この同、2の評価はコンテストとなって採点合を表し、その集計上1位～3位まで決定する。表彰状の授与を行う。並びに、学科も表彰する。	×	○	×	×	学科	80%以上100%未満
福岡工業大学	工学部	電気工学科	電気工学概論	手作りした電気自動車模型を走行させ、走行距離、ラップタイムを競う。	○	×	×	×	学科	100%
日本文理大学	工学部	建築学科	「二世帯三世代」住宅」学生作品の展示	地域の連携教育の一環として、建築学科 3年生前期 設計製図第3第1課題の成果物のうち優秀作品を選考し、夏休み中、課題現地である大分区連銀の体験学習館に展示する。	×	×	○	×	学科	100%

●生物生産・応用生命学系統

大学名	学部名	学科名	コンテスト名	概要	1年	2年	3年	4年	主催者	参加率
神奈川工科大学	応用バイオ科学部	応用バイオ科学科	自主テーマ実験I	応用バイオ実験において、グループで取り組んだ内容をポスター発表する。大学・大学院の専門分野や学生有志が集まり、優秀作品から優秀作品を選出し、教員学生全員が発表を評価するとともに、優秀者への表彰を行う。	×	○	×	×	学科	100%
神奈川工科大学	応用バイオ科学部	応用バイオ科学科	バイオコンテスト	バイオ実験IVにおいて、モノづくりを通した学習支援ツールの開発を行う。レーザー加工機や木材、金属板なども取り入れ、アミノ酸の使え方や酵素の機能、有機化学の理解などより身近に関わる各科目のツール開発に取り組む。発表し、投票、表彰を行う。	×	×	○	×	学科	100%
神奈川工科大学	応用バイオ科学部	応用バイオ科学科	自主テーマ実験II	バイオ実験VIにおいて、グループで取り組み、内容をポスターで発表する。HPLCやDNAシーケンサーなどの高度な機器を用いられ、自らの遺伝子を調べるなど各コミュニケーションの発表が行われる。教員学生全員が発表を評価するとともに、優秀者への投票、表彰を行う。	×	×	○	×	学科	100%

●総合工学・人間・情報学系統

大学名	学部名	学科名	コンテスト名	概要	1年	2年	3年	4年	主催者	参加率
デジタルハリウッド大学	デジタルコミュニケーション学部	デジタルコンテンツ学科	デジタルフロンティア	毎年、母校であるデジタルハリウッド株式会社が経営する、大学・大学院・専門スクール、オンラインスクールに在籍する学生が挑出した作品から、優秀作品および最優秀作品を選出し、学生・保護者・地域・外部企業の方を招待した授賞式を行う。	×	×	×	○	デジタルハリウッド株式会社（本学運営母体）	100%
デジタルハリウッド大学	デジタルコミュニケーション学部	デジタルコンテンツ学科	杉山賞	毎年、本学に在籍している学生を対象に、他薦・自薦で応募する。学生の活動している中、サークル活動等での貢献した者、課外活動では社会に貢献したと認められる学生に対し、学長賞（杉山賞）の授与を行う。	○	○	○	○	大学	100%
愛知学院大学	総合政策学部	総合政策学科	リサーチプロジェクトI 合同発表会	1年次必修の「リサーチプロジェクトI」におけるグループ発表で、各グループから政策提言を発表する。	○	×	×	×	学部	100%

大学名	学部名	学科名	コンテスト名	概要	1年	2年	3年	4年	主催者	参加率
大阪国際大学	現代社会学部	情報デザイン学科	リサーチプロジェクトⅠ	学生自らがテーマの設定をし、情報収集そして分析し、レポートにまとめるという、レポートの基本的な作成方法を学ぶ演習で、あらかじめ示された評価基準に基づき、教員で構成される審査委員会が審査する。	○	×	×	×	学科	80%以上100%未満
大阪国際大学	現代社会学部	情報デザイン学科	デザインプロジェクトⅡ	学生自らが自由なテーマで企画を考え、プレゼンテーションを行う。あらかじめ示された評価基準に基づき、教員で構成される審査委員会が審査する。	×	○	×	×	学科	80%以上100%未満
関西学院大学	総合政策学部	総合政策学科／国際政策学科／メディア情報学科／都市政策学科	英語コミュニケーション(ポスターセッション)	「英語コミュニケーション」の中で行われるプレゼンテーションスキルのコンテストを行う。各自設定した現代の社会問題に関して英語でリサーチ・ポスターを作成し、発表する。審査は英語コミュニケーション担当教員および該当担当した教職員が行う	○	○	×	×	学部	100%
関西学院大学	総合政策学部	総合政策学科／国際政策学科／メディア情報学科／都市政策学科	小鳥賞	毎年1回論文を募集し、優秀な論文を執筆した学生に対し授与。「環境政策」「公共政策」「言語・文化政策」「メディア情報」「都市政策」「国際政策」の6つの領域に係るテーマを各自自由に設定する。一般公募方式または担当教員推薦方式(連続論文または連続課題成果報告書)の2本立てで募集。	×	×	○	×	学部	100%

②学生の参加率が40%〜80%の学習成果コンテスト（卒論・卒研発表会、優秀論文表彰、など除く）

大学名	学部名	学科名	コンテスト名	概要	対象学年 1年	2年	3年	4年	主催者	参加率
●文・人文・外国語学系統										
明海大学	外国語学部	英米語学科	英米語学科主催朗唱コンテスト	英語学科1年次必修科目「基礎演習」の中で、一定の長さと内容を持つ英文の下音読、暗唱・暗誦、指導を行っているが、その成果を発表する機会として、年度末に暗唱コンテストを実施している。各クラスから代表者を募り、16名程度の参加者で競うコンテストである。	○				学科	60%以上80%未満
川村学園女子大学	文学部	国際英語学科	スピーチコンテスト	EⅢ、Ⅳ、留学の成果	○	○	○	○	学科・ESS（サークル）	60%以上80%未満
創価大学	文学部	人間学科	社会学専修合同ゼミ発表会	統一テーマのもとで文学部人間学科・社会学専修所属のゼミが研究発表を行う。専修所属教員による投票によって優秀発表の順位を決め、表彰する。	×	○	○	○	社会学専修	40%以上60%未満
甲南女子大学	文学部	英語英文学科	ライティングコンテスト	2年生は1ページ程度、3、4年生は2〜3ページのエッセイを書く。	×	○	○	○	学科	60%以上80%未満
梅光学院大学	国際言語文化学部	英語英文学科	インターナショナルデイ	学部として実施。演劇とする活動を用いて、劇、朗読などを行う。	×	○	○	×	学部	40%以上60%未満
●社会・国際学系統										
静岡県立大学	人文学部	社会学科	学生研究発表会	社会学科を構成する各コースの3年次学生がコースの専門教育において培ってきた知識を用いた研究を発表する。その成果を発表会には地域社会からの参加も可能である。	×	×	○	×	学科	40%以上60%未満
福岡県立大学	人間社会学部	公共社会学科	社会調査実習発表会	社会調査結果の発表、優秀グループには、オープンキャンパスでの発表会とか額の賞品	×	×	○	×	学科	60%以上80%未満
共愛学園前橋国際大学	国際社会学部	国際社会学科（英語、国際、情報経営、心理、人間文化、児童教育）	ボキャブラリーコンテスト（注意）	指定された本からの単語力コンテスト、入賞者には賞金、英語コースには必修で、毎年度なる形式が異なる。	○	○	○	○	外国語センター	60%以上80%未満
法政大学	社会学部	社会政策科学科／社会学科／メディア社会学科	学部研究発表会	ゼミ内授業で研究発表するグループを募り、学会形式で発表し、学会賞を提出する	○	○	○	○	学部	60%以上80%未満
金城学院大学	現代文化学部	国際文化学科	国際フィールド・ワーク合同発表会	各ゼミで選択されたテーマで優秀なレポートの報告会	×	○	○	○	学科	60%以上80%未満
松山大学	人文学部	社会学科	ソキウス発表会	ゼミ単位でグループ研究した成果について、ゼミ対抗で発表を行う	×	○	○	×	各ゼミから選出された委員	40%以上60%未満
九州国際大学	国際関係学部		ゼミ・プレゼン大会	ゼミの代表による活動・調査・研究の成果発表	○	○	○	×	学部	60%以上80%未満
長崎国際大学	人間社会学部	国際観光学科	旅行プランコンクール	課題に沿った旅行プランを作成し、プレゼンテーションを行い、それを審査する。	○	○	○	○	観光ビジネスコース	40%以上60%未満
●法・政治学系統										
広島大学	法学部（昼間コース）		法学会懸賞論文	法学部生の勉強意欲を向上させるため、社会科学に関する論文（卒業論文でなくてもよい）を募集し、教員が審査し優秀作を表彰する。審査委員には学部教員・卒業委員会による。	×	○	○	○	法学会（法学部教員・学生団体）	40%以上60%未満
●経済学系統										
武蔵大学	経済	経済	ゼミ対抗研究発表大会	普段各々に活動しているゼミが、類似の研究テーマ別のブロックに分かれて、一年間の研究成果を発表し優秀作を競い合う、グループごとに研究成果を発表する場、なお、運営は学生が行う。	×	○	○	○	学部	40%以上60%未満
立正大学	経済学部	経済学科	経済学部ゼミナール大会	各ゼミナールのテーマを決め、グループごとに研究成果を発表する場、なお、運営は学部生による各経済学部ゼミナール協議会による。	×	○	○	×	学部	60%以上80%未満

大学名	学部名	学科名	コンテスト名	概要	対象学年 1年	2年	3年	4年	主催者	参加率
同志社大学	経済学部	経済学科	ゼミナール大会	2011年度で第39回を数える、ゼミ単位の発表会である。各ゼミでテーマを決め、担当数名の指導のもと、ゼミ単位では1年間プロジェクト的に調査・研究を進め、毎年12月にその成果を発表する。優秀発表を表彰し、全発表を『学生論叢誌』として刊行している。	○	○	○	○	ゼミナール協議会	80%以上100%未満
龍谷大学	経済学部	現代経済学科	ゼミナール対抗研究報告会	各演習毎に、それぞれの研究・学習成果を報告し、来場者の投票や、発表内容、プレゼンテーション方法を相互に評価し合う、評価者は一般聴講者と教員、全体参加者7名、評価者による投票により、順位付けし、表彰を行う。	×	○	○	○	ゼミナール連合協議会	40%以上60%未満
関西学院大学	経済学部	経済学科	インターゼミナール大会	日頃のゼミ活動の成果発表の場として、1年生はディベート、3年生はディベート研究発表で12時間での成果を競う。	○	○	○	×	学部	60%以上80%未満
関西学院大学	経済学部	経済学科	ゼミナール関関戦	日頃のゼミ活動の成果発表の場として、ディベート、研究発表で「関西大学との間」(2011年度は同志社大学を含めた3大学間)での成果を競う。	×	×	○	×	大学学部と関西学部経済学部との共催	40%以上60%未満
甲南大学	経済学部	経済学科	インナー大会	3年次の学生を中心に、各ゼミナールで研究してきたテーマの研究成果を発表し、上位入賞ゼミは第1次より順位付けが行われ、表彰する。1971年から開始され、毎年12月の第一土曜日に開催し、2011年度で41回目となる。	×	×	○	×	学部	60%以上80%未満
九州産業大学	経済学部	経済学科	経済学部研究発表会	ゼミナール在外研修等の研究成果を発表する機会を提供している。	○	○	○	○	学部	60%以上80%未満
九州国際大学	経済学部	経済学科	経済学部プレゼンテーション大会	各ゼミから1チームの発表を行い、上位3チームを表彰する。	○	○	○	○	学部	60%以上80%未満

● 商・経営学系統

大学名	学部名	学科名	コンテスト名	概要	対象学年 1年	2年	3年	4年	主催者	参加率
東京国際大学	商学部	商学科	商学部演習発表大会	参加ゼミの研究成果を個別に発表	×	○	○	○	学部	40%以上60%未満
千葉商科大学	サービス創造学部	サービス創造学科	プロジェクト発表会	当年度の学生プロジェクトの年間活動報告会と次年度目標達成企画案が発表し、次年度のプロジェクト実践人(オフィシャル・プロジェクト)としての活動の開講の是非を、関係委員会所属教員および学生らが内容なジャッジする	○	○	○	○	学部	60%以上80%未満
武蔵大学	経済学部	経済学科	ゼミ対抗研究発表大会	審査員一年の研究成果を発表し優秀し優秀し優秀い合う、審査委員には企業を生ちまれる。	×	○	○	○	学部	60%以上80%未満
武蔵大学	経済	金融	ゼミ大会	経済・経営・金融等のブロック別に別れ、前後のブロック4〜5ゼミによる対抗戦が行われる。そのうち、優秀ゼミに優勝・準優勝・独自性などが評価基準となる。	×	○	○	○	学部	40%以上60%未満
嘉悦大学	経営経済学部	経営経済学科	タイピングコンテスト (2011年度春学期を通じて)	前期のICTツールの「ワールズ」で全1年生が毎回自分分のタイピング速度を、記録サイトに登録する。その他の業績「ワ」ツールを活用して計時れるに計時れる平均値、中央値、2度数の関係を踏まえた基礎的な自然法則の上記やらやくやすれすて、最終的にぴったり平均、ぴったり中央値、伸び率最大などを表彰。	○	×	×	×	初年次教育チーム、ICT科目SA/TA	60%以上80%未満
嘉悦大学	経営経済学部	経営経済学科	模擬店経営コンテスト (2011/11/25)	「基礎ゼミナールクラスから8店舗が1店舗ずつ出店する。大学から開店資金3万円を貸し付け、案件は「決算時で現職員金を出店すること」。利益は自分たちで分配し、文化祭後のプレゼン「事業報告書NO.1/企画書NO.1/利益率NO.1/面数調査NO.1/企画書NO.1/事業報告書NO.1/プレゼンNo.1を表彰。http://www.kaetsu.ac.jp/09-11-02-html	○	×	×	×	初年次教育チーム、基礎ゼミSA/TA	60%以上80%未満
愛知学院大学	経営学部	経営学科	ゼミナール大会	ゼミの研究成果の発表及び討論を行う。	×	○	○	○	学部	40%以上60%未満
大阪産業大学	経済学部	経済学科	公開ゼミナール	各ゼミ(複数参加もある)が一同に会し、自らが選んだテーマで発表を行う	×	×	○	×	学部	60%以上80%未満
松山大学	経営学部	経営学科	ゼミナール大会	ゼミの研究成果発表を、入会いしワンウループで15分の発表、優秀あるいは優秀グループの上位5位までを学部で表彰	×	×	○	×	学部	40%以上60%未満
九州産業大学	経営学部	産業経営学科	経営学部学内発表会	学部の全学年に開講されたゼミナールを対象に成果を発表する機会を与え、順位を競う。コンテストは口頭発表とポスターセッションを2種類が行う。	○	○	○	○	経営学部ゼミ連合会(学生組織)	60%以上80%未満

大学名	学部名	学科名	コンテスト名	概要	対象学年 1年	対象学年 2年	対象学年 3年	対象学年 4年	主催者	参加率
九州国際大学	経済学部	経営学科	経済学部プレゼンテーション大会	各ゼミから1チームの発表会を行い、上位チームを表彰する。	○	○	○	×	学部	60%以上80%未満
●教員養成・教育学系統										
皇學館大学	教育学部	教育学科	教育エキスポ	ゼミ単位での生活動発表会	×	○	○	×	学科	60%以上80%未満
●工学系統										
富山大学	工学部	電気電子システム工学科	学生ものづくりアイディア展	創造工学特別演習、自由課題製作実験で実施したものづくりに関する発表会	○	○	×	×	学部	40%以上60%未満
近畿大学	産業理工学部	情報学科	ソフトウェア開発演習	WEBデータベースをつかったアプリケーションのチームでの開発	×	○	×	×	学科	40%以上60%未満
近畿大学	産業理工学部	情報学科	ネットワーク開発演習	ネットワークシステムを6名のチームで開発	×	○	×	×	学科	40%以上60%未満
摂南大学	理工学部	建築学科	作品展	学科もしくは学年内の全議にて、卒業研究の成果である論文またはポスターに、設計は図面や模型にて広く学内外の関係者に公表、発表会や講評会を行っている。	○	○	○	○	学科	40%以上60%未満
福山大学	工学部	機械システム工学科	ロボット創作演習	数名のパグループごとに課題ロボットを製作して、その性能を競うコンテストを行う	×	○	×	×	学部	40%以上60%未満
福山大学	工学部	機械システム工学科	機械設計製作演習	2~3班のグループで電気自動車を設計・製作して、デザイン、完成度、性能を競う。	×	×	○	×	学科	40%以上60%未満
福岡工業大学	情報工学部	情報通信工学科	情報工学応用実験	3年の実験でJABEEコースの学生はプレゼンをして採点する	×	×	○	×	学科	40%以上60%未満
●総合・連携人間・情報学系統										
駿河台大学	メディア情報学部		デジタルフォトコンテスト	台場への1日研修の際にはオリエンテーションゼミナールⅡの課外企画として学生が2名1組となりそれぞれにテーマで写真作品を撮影させた。応募作品は当該科目の教員が審査し、最優秀賞を選出し授業で結果発表を行った。	○	×	×	×	学部	60%以上80%未満
大東文化大学	環境創造学部	環境創造学科	環境創造入門ゼミ発表会	毎年、特定のテーマで共同研究を行った入門ゼミでは、発表の希望が出たゼミからの代表者を数人選び、それぞれの研究成果を発表させる。コンテスト方式ではなく、通常の発表会形式を取っている。	○	×	×	×	学科	40%以上60%未満
同志社女子大学	学芸学部	情報メディア学科	ポスターセッション	4年ゼミナールに進級する4年生で卒業研究へと続けそれぞれの研究内容のポスターを表現、コアタイムには発表者全員が待機し、各自発表内容の説明を行い、来場者との意見交換などを通じて次年度の卒業研究へつなげている。	×	×	×	○	学科	40%以上60%未満
関西学院大学	総合政策学部	総合政策学科/国際政策学科/メディア情報学科/都市政策学科	リサーチ・フェア（口頭発表）	発表時間15分で研究成果を発表、質疑応答10分、2名の審査員（本学部教員）が審査を担当、最優秀賞(1組)、優秀賞(5組)、美点賞(5組)、審査員特別賞(2組)を決定。	○	○	○	○	学部	40%以上60%未満
関西学院大学	総合政策学部	総合政策学科/国際政策学科/メディア情報学科/都市政策学科	リサーチ・フェア ディベート大会	2011年度、本学部1年生対象、基礎演習単位で参加すべき。時間営業を関すべての24	○	×	×	×	学部	40%以上60%未満

質問紙調査回答学科一覧

■ 文・人文・外国語学系統

大学	学部	学科
弘前大学	人文学部	人間文化課程
筑波大学	人文文化学群	比較文化学類
新潟大学	人文学部	人文学科
琉球大学	法文学部	国際言語文化学科 英語文化専攻
横浜市立大学	国際総合科学部	国際総合科学科 国際文化創造コース
京都府立大学	文学部	日本・中国文学科
札幌大学	外国語学部	英語学科
藤女子大学	文学部	日本語・日本文学科
藤女子大学	文学部	英語文化学科
北星学園大学	文学部	英文学科
盛岡大学	文学部	日本文学科
茨城キリスト教大学	文学部	現代英語学科
跡見学園女子大学	文学部	人文学科
跡見学園女子大学	文学部	コミュニケーション文化学科
東京国際大学	言語コミュニケーション学部	英語コミュニケーション学科
明海大学	外国語学部	英米語学科
聖学院大学	人文学部	欧米文化学科
聖学院大学	人文学部	日本文化学科
川村学園女子大学	文学部	国際英語学科
和洋女子大学	人文学群	日本文学・文化学類
和洋女子大学	人文学群	英語・英文学類 英語コミュニケーション専修
東京成徳大学	人文学部	国際言語文化学科
青山学院大学	文学部	史学科
共立女子大学	文芸学部	文芸学科
恵泉女学園大学	人文学部	英語コミュニケーション
國學院大學	文学部	日本文学科
国士舘大学	文学部	文学科 日本文学・文化専攻
駒澤大学	文学部	国文学科
駒澤大学	文学部	英米文学科
駒澤大学	グローバルメディアスタディーズ学部	グローバルメディア学科
昭和女子大学	人間社会学部	現代教養学科
昭和女子大学	人間文化学部	日本語日本文学科
昭和女子大学	人間文化学部	国際学科
昭和女子大学	人間文化学部	英語コミュニケーション学科
成蹊大学	文学部	日本文学科
成蹊大学	文学部	英米文学科
聖心女子大学	文学部	歴史社会学科 国際交流専攻コース
聖心女子大学	文学部	歴史社会学科 人間関係専攻コース
聖心女子大学	文学部	日本語日本文学科 日本語日本文学専攻コース
聖心女子大学	文学部	英語英文学科 英語英文学専攻コース
清泉女子大学	文学部	日本語日本文学科
清泉女子大学	文学部	英語英文学科
専修大学	文学部	日本文学文化学科
専修大学	人間科学部	社会学科
専修大学	文学部	英語英米文学科
創価大学	文学部	人間学科
大正大学	文学部	人文学科
拓殖大学	外国語学部	英米語学科
多摩大学	グローバルスタディーズ学部	グローバルスタディーズ学科
中央大学	文学部	人文社会学科
津田塾大学	学芸学部	英文学科
東海大学	国際文化学部	国際コミュニケーション学科
東京家政大学	人文学部	英語コミュニケーション学科
東京女子大学	現代教養学部	人間科学科 言語科学専攻
東京女子大学	現代教養学部	人間科学科 心理学専攻
東京女子大学	現代教養学部	人文学科 史学専攻
東京女子大学	現代教養学部	人文学科 哲学専攻
東京女子大学	現代教養学部	人文学科 日本文学専攻
東京女子大学	現代教養学部	人文学科 英語文学文化専攻
日本大学	文理学部	国文学科
日本大学	文理学部	英文学科
日本女子大学	文学部	日本文学科
日本女子大学	文学部	英文学科
明治学院大学	文学部	英文学科
明星大学	人文学部	心理学科
早稲田大学	文学部	文学科
早稲田大学	文化構想学部	文化構想学科
関東学院大学	文学部	英語英米文学科

大学名	学部	学科
相模女子大学	学芸学部	日本語日本文学科
相模女子大学	学芸学部	英語文化コミュニケーション学科
愛知大学	文学部	人文社会学科
愛知大学	国際コミュニケーション学部	言語コミュニケーション学科
愛知学院大学	文学部	グローバル英語学科
愛知淑徳大学	文学部	国文学科
愛知淑徳大学	文学部	英文学科
金城学院大学	文学部	日本語日本文化学科
金城学院大学	文学部	英語英米文化学科
椙山女学園大学	国際コミュニケーション学部	国際言語コミュニケーション学科
同朋大学	文学部	人文学科
名古屋外国語大学	外国語学部	英米語学科
名古屋外国語大学	現代国際学部	現代英語学科
名古屋商科大学	コミュニケーション学部	国際コミュニケーション学科
南山大学	外国語学部	英米学科
愛知文教大学	人文学部	人文学科
皇學館大学	文学部	国文学科
皇學館大学	文学部	コミュニケーション学科
京都外国語大学	外国語学部	英米語学科
京都光華女子大学	人文学部	文学科 日本語日本文学専攻
京都光華女子大学	人文学部	文学科 国際英語専攻
京都橘大学	文学部	日本語日本文学科
京都橘大学	人間発達学部	英語コミュニケーション学科
同志社大学	文学部	国文学科
同志社大学	文学部	英文学科
同志社女子大学	表象文化学部	日本語日本文学科
同志社女子大学	表象文化学部	英語英文学科
佛教大学	文学部	日本文学科
佛教大学	文学部	英米学科
龍谷大学	文学部	日本語日本文学科
龍谷大学	文学部	英語英米文学科
追手門学院大学	国際教養学部	英語コミュニケーション学科
関西大学	文学部	総合人文学科
関西外国語大学	英語キャリア学部	英語キャリア学科
関西外国語大学	外国語学部	英米語学科
近畿大学	文芸学部	文学科 日本文学専攻
近畿大学	文芸学部	文学科 外国語外国文学専攻
近畿大学	文芸学部	英語多文化コミュニケーション学科
摂南大学	外国語学部	外国語学科
関西学院大学	文学部	文学言語学科
甲南大学	文学部	英語英米文学科
甲南女子大学	文学部	日本語日本文化学科
甲南女子大学	文学部	英語英米文学科
神戸学院大学	人文学部	人文学科
神戸女学院大学	文学部	英文学科
神戸松蔭女子学院大学	文学部	国文学科
神戸松蔭女子学院大学	文学部	英語英米文学科
姫路獨協大学	外国語学部	外国語学科
天理大学	文学部	国文学国語学科
奈良大学	文学部	国文学科
山陽学園大学	総合人間学部	言語文化学科
広島修道大学	人文学部	英語英文学科
広島女学院大学	文学部	日本語日本文学科
広島文教女子大学	人間科学部	グローバルコミュニケーション学科
安田女子大学	文学部	日本文学科
安田女子大学	文学部	英語英米文学科
梅光学院大学	文学部	日本文学科
梅光学院大学	国際言語文化学部	英語英文学科
四国学院大学	社会学部	カルチュラル・マネジメント学科
松山大学	人文学部	英語英米文学科
筑紫女学園大学	文学部	日本語・日本文学科
筑紫女学園大学	文学部	英語メディア学科
福岡女学院大学	人文学部	英語学科
西南女学院大学	人文学部	英語学科

■ **社会・国際学系統**

大学名	学部	学科
弘前大学	人文学部	現代社会課程
一橋大学	社会学部	社会学科
金沢大学	人間社会学域	国際学類
静岡大学	人文学部	社会学科
香川大学	経済学部	地域社会システム学科
愛知県立大学	外国語学部	国際関係学科

大学	学部	学科
福岡県立大学	人間社会学部	公共社会学科
いわき明星大学	人文学部	現代社会学科
共愛学園前橋国際大学	国際社会学部	国際社会学科
東京国際大学	国際関係学部	国際メディア学科
東京国際大学	国際関係学部	国際関係学科
明海大学	ホスピタリティ・ツーリズム学部	ホスピタリティ・ツーリズム学科
江戸川大学	メディアコミュニケーション学部	マス・コミュニケーション学科
江戸川大学	社会学部	ライフデザイン学科
帝京平成大学	現代ライフ学部	人間文化学科 社会福祉コース
亜細亜大学	国際関係学部	国際関係学科
駒澤大学	文学部	社会学科 社会学専攻
成蹊大学	文学部	現代社会学科 社会学専攻
成城大学	文芸学部	マスコミュニケーション学科
専修大学	文学部	人文・ジャーナリズム学科
大東文化大学	国際関係学部	国際関係学科
拓殖大学	国際学部	国際学科
津田塾大学	学芸学部	国際関係学科
津田塾大学	学芸学部	多文化・国際協力コース
帝京大学	文学部	社会学科
東海大学	文学部	広報メディア学科
東海大学	教養学部	国際学科
東京経済大学	コミュニケーション学部	コミュニケーション学科
東京女子大学	現代教養学部	国際社会学科 社会学専攻
東京女子大学	現代教養学部	人間科学科 コミュニケーション専攻
東京女子大学	現代教養学部	国際社会学科 国際関係専攻
日本大学	文理学部	社会学科
日本大学	法学部	新聞学科
日本大学	国際関係学部	国際教養学科
日本女子大学	人間社会学部	現代社会学科
法政大学	社会学部	社会政策科学科
法政大学	社会学部	社会学科
法政大学	社会学部	メディア社会学科
武蔵大学	社会学部	メディア社会学科
武蔵大学	社会学部	社会学科
明治学院大学	社会学部	社会学科
明星大学	人文学部	人間社会学科
明星大学	人文学部	福祉実践学科
立正大学	文学部	社会学科
早稲田大学	社会科学部	社会科学科
早稲田大学	国際教養学部	国際教養学科
早稲田大学	政治経済学部	国際政治経済学科
関東学院大学	文学部	現代社会学科
相模女子大学	人間社会学部	社会マネジメント学科
敬和学園大学	人文学部	共生社会学科
静岡英和学院大学	人間社会学部	人間社会学科
愛知淑徳大学	交流文化学部	交流文化学科
金城学院大学	現代文化学部	国際情報学科
椙山女学園大学	現代マネジメント学部	現代マネジメント学科
中部大学	国際関係学部	国際関係学科
鈴鹿国際大学	国際人間科学部	観光学科
鈴鹿国際大学	国際人間科学部	国際学科
京都橘大学	現代ビジネス学部	都市環境デザイン学科
同志社大学	社会学部	社会学科
同志社大学	社会学部	メディア学科
同志社大学	社会学部	産業関係学科
同志社女子大学	現代社会学部	社会システム学科
佛教大学	社会学部	現代社会学科
立命館大学	産業社会学部	現代社会学科
立命館大学	国際関係学部	国際関係学科
大阪学院大学	国際学部	国際学科
大阪学院大学	人間科学部	心理コミュニケーション学科
追手門学院大学	社会学部	社会学科
関西大学	社会学部	社会学科
近畿大学	総合社会学部	総合社会学科
阪南大学	国際観光学部	国際観光学科
関西学院大学	社会学部	社会学科
流通科学大学	サービス産業学部	観光学科
奈良大学	社会学部	社会調査学科
吉備国際大学	社会学部	ビジネスコミュニケーション学科
吉備国際大学	社会学部	国際社会学科
倉敷芸術科学大学	産業科学技術学部	観光学科

広島修道大学	人文学部	人間関係学科
比治山大学	現代文化学部	マスコミュニケーション学科
松山大学	人文学部	社会学科
九州産業大学	商学部	観光産業学科
九州国際大学	国際関係学部	
長崎国際大学	人間社会学部	国際観光学科
立命館アジア太平洋大学	アジア太平洋学部	アジア太平洋学科

■ 法・政治学系統

名古屋大学	法学部	法律・政治学科
福島大学	人文社会学群	行政政策学類
一橋大学	法学部	法律学科
新潟大学	法学部	法学科
岡山大学	法学部	法学科
広島大学	法学部	法学科 昼間コース
高崎経済大学	地域政策学部	地域政策学科
首都大学東京	都市教養学部	都市教養学科 法学系 法律学コース
首都大学東京	都市教養学部	都市教養学科 法学系 政治学コース
長崎県立大学	経済学部	地域政策学科
北海学園大学	法学部	法律学科
北海学園大学	法学部	政治学科
駿河台大学	法学部	法律学科
聖学院大学	政治経済学部	政治経済学科
亜細亜大学	法学部	法律学科
青山学院大学	法学部	
國學院大學	法学部	法律 法律専攻
國學院大學	法学部	法律 政治専攻
国士舘大学	政経学部	政治学科
駒澤大学	法学部	法律学科
駒澤大学	法学部	政治学科
成蹊大学	法学部	法律学科
成蹊大学	法学部	政治学科
成城大学	法学部	法律学科
専修大学	法学部	法律学科
専修大学	法学部	政治学科
創価大学	法学部	法律学科
大東文化大学	法学部	政治学科
拓殖大学	政経学部	法律政治学科
中央大学	法学部	法律学科
帝京大学	法学部	法律学科
東京経済大学	現代法学部	現代法学科
日本大学	法学部	法律学科
日本大学	法学部	政治経済学科
法政大学	法学部	政治学科
明治大学	法学部	法律学科
明治大学	政治経済学部	地域行政学科
明治大学	政治経済学部	政治学科
明治学院大学	法学部	法律学科
明治学院大学	法学部	政治学科
早稲田大学	法学部	
早稲田大学	政治経済学部	政治学科
関東学院大学	法学部	法学科
高岡法科大学	法学部	法律学科
山梨学院大学	法学部	法学科
山梨学院大学	法学部	政治行政学科
朝日大学	法学部	法学科
愛知大学	法学部	法学科
愛知学院大学	法学部	法律学科
名古屋経済大学	法学部	ビジネス法学科
南山大学	法学部	法律学科
京都学園大学	法学部	法学科
同志社大学	法学部	法律学科
佛教大学	社会学部	公共政策学科
立命館大学	法学部	法学科
龍谷大学	法学部	法律学科
龍谷大学	政策学部	政策学科
大阪経済法科大学	法学部	法律学科
大阪工業大学	知的財産学部	知的財産学科
大阪国際大学	現代社会学部	法律政策学科
関西大学	法学部	法学政治学科
関西大学	政策創造学部	政策学科
近畿大学	法学部	法律学科

大学	学部	学科
摂南大学	法学部	法律学科
関西学院大学	法学部	法律学科
関西学院大学	法学部	政治学科
姫路獨協大学	法学部	法律学科
流通科学大学	総合政策学部	総合政策学科
帝塚山大学	法学部	法学科
広島修道大学	法学部	法律学科
松山大学	法学部	法学科
西南学院大学	法学部	法律学科
九州国際大学	法学部	
宮崎産業経営大学	法学部	法律学科

■ 経済学系統

小樽商科大学	商学部	経済学科
弘前大学	人文学部	経済経営課程
東北大学	経済学部	経済学科
東北大学	経済学部	経営学科
福島大学	人文社会学群	経済経営学類
信州大学	経済学部	経済学科
神戸大学	経済学部	経済学科
和歌山大学	経済学部	経済学科
和歌山大学	経済学部	市場環境学科
香川大学	経済学部	経済学科
長崎大学	経済学部	総合経済学科
釧路公立大学	経済学部	経済学科
青森公立大学	経営経済学部	経済学科
大阪市立大学	経済学部	
大阪府立大学	経済学部	経済学科
尾道大学	経済情報学部	経済情報学科
下関市立大学	経済学部	経済学科
旭川大学	経済学部	経営経済学科
札幌大学	経済学部	経済学科
北星学園大学	経済学部	経済学科
北海学園大学	経済学部	経済学科
北海学園大学	経済学部	地域経済学科
東日本国際大学	経済情報学部	経済情報学科
東京国際大学	経済学部	経済学科
東京国際大学	経済学部	国際経済学科
明海大学	経済学部	経済学科
千葉商科大学	商経学部	経済学科
青山学院大学	経済学部	現代経済デザイン学科
國學院大學	経済学部	経済
国士舘大学	政経学部	経済学科
駒澤大学	経済学部	経済学科
成城大学	経済学部	経済学科
専修大学	経済学部	経済学科
専修大学	経済学部	国際経済学科
創価大学	経済学部	経済学科
拓殖大学	政経学部	経済学科
中央大学	経済学部	経済学科
東京経済大学	経済学部	経済学科
東京女子大学	現代教養学部	国際社会学科 経済学専攻
日本大学	経済学部	経済学科
武蔵大学	経済学部	経済
明治大学	政治経済学部	経済学科
明治学院大学	経済学部	経済学科
明星大学	経済学部	経済学科
立正大学	経済学部	経済学科
早稲田大学	政治経済学部	経済学科
関東学院大学	経済学部	経済学科
新潟産業大学	経済学部	文化経済学科
岐阜経済大学	経済学部	経済学科
岐阜聖徳学園大学	経済情報学部	経済情報学科
愛知大学	経済学部	経済学科
名古屋経済大学	経済学部	現代経済学科
名古屋商科大学	経済学部	経済学科
南山大学	経済学部	経済学科
立命館大学	経済学部	経済学科
龍谷大学	経済学部	現代経済学科
大阪学院大学	経済学部	経済学科
大阪経済大学	経済学部	経済学科
大阪経済法科大学	経済学部	経済学科

大阪国際大学	ビジネス学部	経済ファイナンス学科
大阪産業大学	経済学部	経済学科
大阪商業大学	経済学部	経済学科
追手門学院大学	経済学部	経済学科
関西大学	経済学部	経済学科
近畿大学	経済学部	経済学科
阪南大学	経済学部	経済学科
関西学院大学	経済学部	
甲南大学	経済学部	経済学科
神戸学院大学	経済学部	経済学科
姫路獨協大学	経済情報学部	経済情報学科
帝塚山大学	経済学部	経済学科
広島経済大学	経済学部	経済学科
広島修道大学	経済科学部	現代経済学科
福山大学	経済学部	経済学科
松山大学	経済学部	経済学科
九州産業大学	経済学部	経済学科
西南学院大学	経済学部	経済
九州国際大学	経済学部	経済学科
鹿児島国際大学	経済学部	経済学科

■ 経営・商学系統

神戸大学	経営学部	経営学科
小樽商科大学	商学部	商学科
和歌山大学	経済学部	ビジネスマネジメント学科
香川大学	経済学部	経営システム学科
釧路公立大学	経済学部	経営学科
首都大学東京	都市教養学部	都市教養学科 経営学系
横浜市立大学	国際総合科学部	国際総合科学科 国際経営コース
横浜市立大学	国際総合科学部	国際総合科学科 ヨコハマ起業戦略コース
横浜市立大学	国際総合科学部	国際総合科学科 政策経営コース
名古屋市立大学	経済学部	マネジメントシステム学科
名古屋市立大学	経済学部	会計ファイナンス学科
大阪府立大学	経済学部	経営学科
下関市立大学	経済学部	公共マネジメント学科
下関市立大学	経済学部	国際商学科
札幌大学	経営学部	経営学科
道都大学	経営学部	経営学科
函館大学	商学部	商学科
北海学園大学	経営学部	経営学科
石巻専修大学	経営学部	経営学科
跡見学園女子大学	マネジメント学部	マネジメント学科
東京国際大学	商学部	商学科
明海大学	不動産学部	不動産学科
駿河台大学	経済学部	経済経営学科
江戸川大学	社会学部	経営社会学科
千葉商科大学	商経学部	経営学科
千葉商科大学	商経学部	商学科
千葉商科大学	サービス創造学部	サービス創造学科
帝京平成大学	現代ライフ学部	経営マネージメント学科
亜細亜大学	経営学部	経営学科
亜細亜大学	経営学部	ホスピタリティ・マネジメント学科
桜美林大学	ビジネスマネジメント学群	ビジネスマネジメント学類
杏林大学	総合政策学部	企業経営学科
國學院大學	経済学部	経営学科
駒澤大学	経営学部	経営学科
駒澤大学	経済学部	商学科
成蹊大学	経済学部	経済経営学科
専修大学	経営学部	経営学科
専修大学	商学部	マーケティング学科
専修大学	商学部	会計学科
創価大学	経営学部	経営学科
拓殖大学	商学部	経営学科
拓殖大学	商学部	国際ビジネス学科
拓殖大学	商学部	会計学科
中央大学	商学部	経営学科
帝京大学	経済学部	経営学科
東京経済大学	経営学部	経営学科
東京理科大学	経営学部	経営学科
日本大学	経済学部	産業経営学科
日本大学	商学部	経営学科
日本大学	商学部	商業学科

大学	学部	学科
日本大学	商学部	会計学科
法政大学	経営学部	経営戦略学科
法政大学	経営学部	経営学科
武蔵大学	経済学部	経営学科
武蔵大学	経済学部	金融学科
明治大学	商学部	商学科
明治学院大学	経済学部	経営学科
立教大学	経営学部	経営学科
立正大学	経営学部	経営学科
嘉悦大学	経営経済学部	経営経済学科
関東学院大学	経済学部	経営学科
産業能率大学	経営学部	現代ビジネス学科
産業能率大学	情報マネジメント学部	現代マネジメント学科
新潟産業大学	経済学部	経済経営学科
山梨学院大学	経営情報学部	経営情報学科
山梨学院大学	現代ビジネス学部	現代ビジネス学科
松本大学	総合経営学部	総合経営学科
朝日大学	経営学部	経営学科
愛知大学	経営学部	経営学科
愛知大学	経営学部	会計ファイナンス学科
愛知学院大学	経営学部	経営学科
愛知学院大学	商学部	商学科
愛知産業大学	経営学部	総合経営学科
愛知淑徳大学	ビジネス学部	ビジネス学科
中部大学	経営情報学部	経営学科
中部大学	経営情報学部	経営会計学科
名古屋学院大学	商学部	商学科
名古屋経済大学	経営学部	経営学科
名古屋商科大学	経営学部	経営学科
名古屋商科大学	商学部	マーケティング学科
名古屋商科大学	商学部	会計ファイナンス学科
南山大学	経営学部	経営学科
京都橘大学	現代ビジネス学部	現代マネジメント学科 現代マネジメントコース
同志社大学	商学部	商学科
立命館大学	経営学部	経営学科
立命館大学	経営学部	国際経営学科
龍谷大学	経営学部	経営学科
大阪経済大学	経営学部	第1部 経営学科
大阪経済大学	経営情報学部	ファイナンス学科
大阪経済大学	経済学部	地域政策学科
大阪国際大学	ビジネス学部	経営デザイン学科
大阪産業大学	経営学部	経営学科
大阪産業大学	経営学部	商学科
大阪商業大学	総合経営学部	公共経営学科
大阪商業大学	総合経営学部	経営学科
大阪商業大学	総合経営学部	商学科
追手門学院大学	経営学部	経営学科
追手門学院大学	経営学部	マーケティング学科 ビジネス心理
関西大学	商学部	商学科
近畿大学	経営学部	経営学科
近畿大学	経営学部	商学科
近畿大学	経営学部	会計学科
近畿大学	経済学部	総合経済政策学科
摂南大学	経営学部	経営学科
関西学院大学	商学部	
甲南大学	経営学部	経営学科
流通科学大学	サービス産業学部	サービスマネジメント学科
流通科学大学	商学部	商学科
帝塚山大学	経営情報学部	経営情報学科
奈良産業大学	ビジネス学部	ビジネス学科
倉敷芸術科学大学	産業科学技術学部	経営情報学科
広島経済大学	経済学部	経営学科
広島修道大学	商学部	経営学科
広島修道大学	商学部	商学科
安田女子大学	現代ビジネス学部	現代ビジネス学科
福山平成大学	経営学部	経営学科
松山大学	経営学部	経営学科
九州産業大学	経営学部	産業経営学科
九州産業大学	商学部	商学科
西南学院大学	商学部	経営学科
西南学院大学	商学部	商学科

大学名	学部	学科・課程
九州国際大学	経済学部	経営学科
日本文理大学	経営経済学部	経営経済学科
立命館アジア太平洋大学	国際経営学部	国際経営学科
宮崎産業経営大学	経営学部	経営学科
鹿児島国際大学	経済学部	経営学科
■ 教育学系統		
北海道教育大学	教育学部	スポーツ教育課程
北海道教育大学	教育学部	教員養成課程
北海道教育大学	教育学部	芸術課程
北海道教育大学	教育学部	人間地域科学課程
岩手大学	教育学部	学校教育教員養成課程 社会サブコース
宇都宮大学	教育学部	学校教育教員養成課程 学校教育専攻
宇都宮大学	教育学部	学校教育教員養成課程 国語教育専攻
宇都宮大学	教育学部	学校教育教員養成課程 数学教育専攻
埼玉大学	教育学部	学校教育教員養成課程
上越教育大学	学校教育学部	初等教育教員養成課程
愛知教育大学	教育学部	初等教育教員養成課程
愛知教育大学	教育学部	中等教育教員養成課程
三重大学	教育学部	学校教育教員養成課程 学校教育コース
三重大学	教育学部	学校教育教員養成課程 国語教育コース
三重大学	教育学部	学校教育教員養成課程 数学教育コース
滋賀大学	経済学部	社会システム学科
大阪大学	人間科学部	人間科学科
大阪教育大学	教育学部	学校教育教員養成課程 国語教育専攻
大阪教育大学	教育学部	学校教育教員養成課程 教育科学専攻心理学コース
大阪教育大学	教育学部	学校教育教員養成課程 数学専攻
兵庫教育大学	学校教育学部	初等教育教員養成課程
島根大学	教育学部	学校教育課程 初等教育開発専攻
岡山大学	教育学部	学校教育教員養成課程
広島大学	教育学部	第5類人間形成基礎系 心理学系コース
広島大学	教育学部	第3類 英語文化系コース
鳴門教育大学	学校教育学部	学校教育教員養成課程
愛媛大学	教育学部	学校教育教員養成課程
高知大学	教育学部	学校教育教員養成課程
長崎大学	教育学部	学校教育教員養成課程
川村学園女子大学	教育学部	社会教育学科
国士舘大学	文学部	教育学科 教育学専攻
聖心女子大学	文学部	教育学科 教育・心理学専攻(心理学専攻コース)
創価大学	教育学部	教育学科
大正大学	人間学部	教育人間学科
日本大学	文理学部	教育学科
日本女子大学	人間社会学部	教育学科
愛知淑徳大学	文学部	教育学科
椙山女学園大学	教育学部	子ども発達学科 初等中等教育専修
皇學館大学	教育学部	教育学科
同志社大学	社会学部	教育文化学科
佛教大学	教育学部	教育学科
龍谷大学	文学部	哲学科 教育学専攻
関西学院大学	教育学部	臨床教育学科
関西学院大学	教育学部	幼児・初等教育学科
広島文教女子大学	人間科学部	初等教育学科
筑紫女学園大学	人間科学部	人間科学科 人間形成専攻 初等教育コース
■ 理学系統		
弘前大学	理工学部	数理科学科
東北大学	理学部	化学科
山形大学	理学部	物質生命化学科
筑波大学	理工学群	物理学類
筑波大学	理工学群	化学類
東京工業大学	理学部	物理学科
横浜国立大学	理工学部	数物・電子情報系学科 数理科学EP
横浜国立大学	理工学部	数物・電子情報系学科 物理工学EP
横浜国立大学	理工学部	化学・生命系学科
新潟大学	理学部	化学科
富山大学	理学部	数学科
金沢大学	理工学域	物質化学類
信州大学	理学部	化学科
静岡大学	理学部	数学科
名古屋大学	工学部	物理工学科 応用物理学コース
名古屋大学	工学部	物理工学科 量子エネルギー工学コース
神戸大学	理学部	化学科
島根大学	総合理工学部	数理・情報システム学科 数理分野

大学	学部	学科
島根大学	総合理工学部	物質科学科 物理系
島根大学	総合理工学部	物質科学科 化学分野
岡山大学	理学部	化学科
愛媛大学	理学部	数学科
愛媛大学	理学部	物理学科
愛媛大学	理学部	化学科
鹿児島大学	理学部	数理情報科学科
首都大学東京	都市環境学部	分子応用化学
横浜市立大学	国際総合科学部	国際総合科学科 基盤科学コース
大阪市立大学	理学部	物理学科
大阪市立大学	理学部	化学科
高知工科大学	環境理工学群	
北里大学	理学部	物理学科
北里大学	理学部	化学科
慶應義塾大学	理工学部	数理科学科
津田塾大学	学芸学部	数学科
東京女子大学	現代教養学部	数理科学科 情報理学専攻
東京女子大学	現代教養学部	数理科学科 数学専攻
東邦大学	理学部	情報科学科
東邦大学	理学部	物理学科
東邦大学	理学部	化学科
日本大学	理工学部	数学科
日本大学	文理学部	数学科
日本大学	文理学部	情報システム解析学科
日本大学	理工学部	物理学科
日本大学	文理学部	物理学科
日本大学	文理学部	化学科
日本女子大学	理学部	物質生物科学科
法政大学	生命科学部	環境応用化学科
立教大学	理学部	物理学科
立教大学	理学部	化学科
金沢工業大学	バイオ・化学部	応用化学科
同志社大学	理工学部	数理システム学科
立命館大学	理工学部	数理科学科
立命館大学	生命科学部	応用化学科
関西大学	システム理工学部	数学科
関西大学	システム理工学部	物理・応用物理学科
近畿大学	理工学部	理学科 数学コース
近畿大学	理工学部	理学科 物理学コース
近畿大学	理工学部	理学科 化学コース
関西学院大学	理工学部	数理科学科
関西学院大学	理工学部	物理学科
関西学院大学	理工学部	化学科
甲南大学	理工学部	生物学科
甲南大学	理工学部	物理学科
甲南大学	理工学部	機能分子化学科

■ 工学系統

大学	学部	学科
北見工業大学	工学部	機械工学科
北見工業大学	工学部	情報システム工学科
北海道大学	工学部	機械知能工学科
室蘭工業大学	工学部	情報電子工学系学科 電気電子工学コース・情報通信システム工学コース
室蘭工業大学	工学部	建築社会基盤系学科 建築学コース
秋田大学	工学資源学部	機械工学科
秋田大学	工学資源学部	電気電子工学科
茨城大学	工学部	メディア通信工学科
筑波大学	情報学群	情報メディア創成学類
宇都宮大学	工学部	電気電子工学科
宇都宮大学	工学部	情報工学科
埼玉大学	工学部	電気電子システム工学科
電気通信大学	情報理工学部	知能機械工学科
横浜国立大学	理工学部	機械工学・材料系学科
横浜国立大学	理工学部	数物・電子情報系学科 電子情報システムEP
横浜国立大学	理工学部	数物・電子情報系学科 情報工学EP
横浜国立大学	理工学部	建築都市・環境系学科
新潟大学	工学部	機械システム工学科 材料生産システム専攻
新潟大学	工学部	建設学科 建築学コース
富山大学	工学部	電気電子システム工学科
金沢大学	理工学域	機械工学類
福井大学	工学部	知能システム工学科
山梨大学	工学部	機械システム工学科 機械デザインコース
山梨大学	工学部	電気電子システム工学科

大学	学部	学科
信州大学	工学部	機械システム工学科
豊橋技術科学大学	工学部	機械工学課程
豊橋技術科学大学	工学部	電気・電子情報工学課程
豊橋技術科学大学	工学部	情報・知能工学課程
豊橋技術科学大学	工学部	建築・都市システム学課程
名古屋大学	工学部	物理工学科 材料工学コース
名古屋大学	工学部	機械・航空工学科
三重大学	工学部	機械工学科
岡山大学	工学部	機械システム系学科 機械工学コース
広島大学	工学部	第一類 機械システム工学
広島大学	工学部	第4類 社会基盤環境工学課程
山口大学	工学部	機械工学科
徳島大学	工学部	機械工学科 機械創造システム工学コース
徳島大学	工学部	電気電子工学科
香川大学	工学部	信頼性情報システム工学科
愛媛大学	工学部	情報工学科 電子情報工学専攻情報工学コース
九州大学	工学部	機械航空工学科 機械工学コース
九州工業大学	情報工学部	機械情報工学科
九州工業大学	工学部	機械知能工学科
九州工業大学	工学部	電気電子工学科
九州工業大学	情報工学部	電子情報工学科
長崎大学	工学部	工学科 電気電子工学コース
熊本大学	工学部	機械システム工学科
熊本大学	工学部	建築学科
大分大学	工学部	電気電子工学科 電気コース
宮崎大学	工学部	機械システム工学科
宮崎大学	工学部	電気電子工学科
鹿児島大学	工学部	機械工学科
鹿児島大学	工学部	建築学科
琉球大学	工学部	電気電子工学科
岩手県立大学	ソフトウェア情報学部	ソフトウェア情報学科
秋田県立大学	システム科学技術学部	電子情報システム学科
会津大学	コンピュータ理工学部	コンピュータ理工学科
首都大学東京	都市教養学部	都市教養学科 理工学系 機械工学コース
首都大学東京	都市環境学部	都市環境学科 建築都市コース
首都大学東京	都市環境学部	都市環境学科 地理環境コース
首都大学東京	都市環境学部	都市環境学科 都市基盤環境コース
富山県立大学	工学部	知能デザイン工学科
富山県立大学	工学部	情報システム工学科 情報システム専攻
滋賀県立大学	工学部	電子システム工学科
大阪市立大学	工学部	電子・物理工学科
大阪府立大学	工学部	電気情報システム工学科
兵庫県立大学	工学部	電子情報電気工学科
岡山県立大学	情報工学部	情報通信工学科
岡山県立大学	情報工学部	情報システム工学科
北海学園大学	工学部	電子情報工学科 人間情報コース
北海学園大学	工学部	電子情報工学科 電子情報コース
北海学園大学	工学部	建築学科
北海道工業大学	創生工学部	機械システム工学科
北海道工業大学	創生工学部	電気デジタルシステム工学科
北海道工業大学	創生工学部	情報フロンティア工学科
北海道工業大学	空間創造学部	建築学科
八戸工業大学	工学部	機械情報技術学科
八戸工業大学	工学部	電気電子システム学科
八戸工業大学	工学部	システム情報工学科
八戸工業大学	工学部	土木建築工学科 建築コース
石巻専修大学	理工学部	機械工学科
石巻専修大学	理工学部	情報電子工学科
東北工業大学	工学部	情報通信工学科
東北工業大学	工学部	環境情報工学科 環境情報工学専攻
東北工業大学	工学部	建築学科 建築学専攻
足利工業大学	工学部	創生工学科 機械・電気工学系
足利工業大学	工学部	創生工学科 情報システムデザイン学系
足利工業大学	工学部	創生工学科 建築・社会基盤学系
日本工業大学	工学部	創造システム工学科
日本工業大学	工学部	機械工学科
日本工業大学	工学部	電気電子工学科
日本工業大学	工学部	情報工学科
日本工業大学	工学部	建築学科
ものつくり大学	技能工芸学部	製造学科
青山学院大学	理工学部	電気電子工学科

芝浦工業大学	システム理工学部	機械制御システム学科
芝浦工業大学	システム理工学部	電子情報システム学科
成蹊大学	理工学部	エレクトロメカニクス学科
成蹊大学	理工学部	情報科学科
創価大学	工学部	情報システム工学科
拓殖大学	工学部	機械システム工学科
拓殖大学	工学部	電子システム工学科
拓殖大学	工学部	情報工学科
中央大学	理工学部	精密機械工学科
中央大学	理工学部	電気電子情報通信工学科
帝京大学	理工学部	ヒューマン情報システム学科
東海大学	工学部	動力機械工学科
東海大学	工学部	機械工学科
東海大学	情報理工学部	情報科学科
東海大学	工学部	建築学科
東京工科大学	コンピュータサイエンス学部	コンピュータサイエンス学科
東京理科大学	基礎工学部	電子応用工学科
東京理科大学	理工学部	情報科学科
日本大学	工学部	機械工学科
日本大学	理工学部	機械工学科
日本大学	生産工学部	機械工学科
日本大学	理工学部	精密機械工学科
日本大学	工学部	電気電子工学科
日本大学	理工学部	電気工学科
日本大学	生産工学部	電気電子工学科
日本大学	工学部	情報工学科
日本大学	生産工学部	数理情報工学科
日本大学	理工学部	電子情報工学科
日本大学	工学部	建築学科
日本大学	理工学部	建築学科
日本大学	理工学部	海洋建築工学科
日本大学	生産工学部	建築工学科
法政大学	理工学部	電気電子工学科
法政大学	デザイン工学部	建築学科
明星大学	理工学部	総合理工学科
東京都市大学	工学部	機械工学科
東京都市大学	工学部	機械システム工学科
東京都市大学	工学部	電気電子工学科
東京都市大学	知識工学部	情報科学科
東京都市大学	知識工学部	情報ネットワーク工学科
神奈川工科大学	工学部	機械工学科
神奈川工科大学	工学部	電気電子情報工学科
神奈川工科大学	情報学部	情報ネットワーク・コミュニケーション学科
神奈川工科大学	情報学部	情報メディア学科
神奈川工科大学	情報学部	情報工学科
関東学院大学	工学部	機械工学科 総合機械コース
関東学院大学	工学部	機械工学科 ロボットコースシステム専攻
関東学院大学	工学部	電気電子情報工学科
関東学院大学	工学部	情報ネット・メディア工学科 情報ネット・メディアコース
関東学院大学	工学部	建築学科
金沢工業大学	工学部	機械工学科
金沢工業大学	工学部	ロボティクス学科
金沢工業大学	工学部	電気電子工学科
金沢工業大学	工学部	情報通信工学科
金沢工業大学	情報学部	情報工学科
金沢工業大学	環境・建築学部	建築都市デザイン学科
福井工業大学	工学部	機械工学科
福井工業大学	工学部	電気電子情報工学科
福井工業大学	工学部	建築学科
愛知工業大学	工学部	機械学科 機械創造工学専攻
愛知工業大学	工学部	機械学科 機械工学専攻
愛知工業大学	工学部	電気学科 電気工学専攻
愛知工業大学	工学部	電気学科 電子情報工学専攻
中部大学	工学部	機械工学科
中部大学	工学部	電気システム工学科
中部大学	工学部	電子情報工学科
中部大学	工学部	情報工学科
中部大学	工学部	建築学科
豊田工業大学	工学部	先端工学基礎学科
南山大学	情報理工学部	情報システム数理学科
南山大学	情報理工学部	ソフトウェア工学科

大学名	学部	学科
南山大学	情報理工学部	システム創成工学科
愛知工科大学	工学部	機械システム工学科
愛知工科大学	工学部	電子制御・ロボット工学科
愛知工科大学	工学部	情報メディア学科
京都産業大学	コンピュータ理工学部	ネットワークメディア学科
京都産業大学	コンピュータ理工学部	コンピュータサイエンス学科
京都産業大学	コンピュータ理工学部	インテリジェントシステム学科
同志社大学	理工学部	機械システム工学科
同志社大学	理工学部	エネルギー機械工学科
同志社大学	理工学部	電気工学科
同志社大学	理工学部	電子工学科
同志社大学	理工学部	情報システムデザイン学科
同志社大学	理工学部	インテリジェント情報工学科
立命館大学	理工学部	ロボティクス学科
立命館大学	理工学部	電気電子工学科
大阪工業大学	工学部	機械工学科
大阪工業大学	工学部	ロボット工学科
大阪工業大学	工学部	電気電子システム工学科
大阪工業大学	工学部	電子情報通信工学科
大阪工業大学	情報科学部	コンピュータ科学科
大阪工業大学	情報科学部	情報システム学科
大阪工業大学	情報科学部	情報メディア学科
大阪工業大学	情報科学部	情報ネットワーク学科
大阪工業大学	工学部	建築学科
大阪工業大学	工学部	空間デザイン学科
大阪産業大学	工学部	機械工学科
大阪産業大学	工学部	交通機械工学科
大阪産業大学	工学部	電子情報通信工学科
大阪産業大学	工学部	情報システム工学科
大阪電気通信大学	工学部	機械工学科
大阪電気通信大学	工学部	電子機械工学科
大阪電気通信大学	工学部	電気電子工学科
大阪電気通信大学	情報通信工学部	通信工学科
大阪電気通信大学	情報通信工学部	情報工学科
関西大学	システム理工学部	機械工学科
関西大学	システム理工学部	電気電子情報工学科
関西大学	環境都市工学部	建築学科
近畿大学	理工学部	機械工学科
近畿大学	工学部	機械工学科
近畿大学	工学部	知能機械工学科
近畿大学	工学部	電子情報工学科
近畿大学	理工学部	電気電子工学科
近畿大学	理工学部	情報学科
近畿大学	産業理工学部	電気通信工学科
近畿大学	工学部	情報システム工学科
近畿大学	産業理工学部	情報学科
近畿大学	産業理工学部	建築・デザイン学科
近畿大学	工学部	建築学科
近畿大学	建築学部	建築学科
摂南大学	理工学部	機械工学科
摂南大学	理工学部	電気電子工学科
摂南大学	理工学部	建築学科
関西学院大学	理工学部	人間システム工学科
関西学院大学	理工学部	情報科学科
甲南大学	知能情報学部	知能情報学科
福山大学	工学部	機械システム工学科
福山大学	工学部	電子・ロボット工学科
福山大学	工学部	情報工学科
福山大学	工学部	建築・建設学科
九州産業大学	工学部	バイオロボティクス学科
九州産業大学	工学部	機械工学科
九州産業大学	工学部	電気情報工学科
九州産業大学	工学部	建築学科
西日本工業大学	工学部	総合システム工学科
西日本工業大学	工学部	デジタルエンジニアリング学科
福岡工業大学	工学部	知能機械工学科
福岡工業大学	工学部	電子情報工学科
福岡工業大学	工学部	電気工学科
福岡工業大学	情報工学部	情報システム工学科
福岡工業大学	情報工学部	情報通信工学科
福岡工業大学	情報工学部	システムマネジメント学科

日本文理大学	工学部	機械電気工学科
日本文理大学	工学部	情報メディア学科
日本文理大学	工学部	建築学科

■ 生物生産・応用生命学系統

弘前大学	農学生命科学部	生物資源学科
弘前大学	農学生命科学部	生物学科
弘前大学	農学生命科学部	分子生命科学科
筑波大学	生命環境学群	生物資源学類
信州大学	農学部	応用生命科学科
名古屋大学	農学部	応用生命科学科
岐阜大学	応用生物科学部	応用生命科学課程
岐阜大学	応用生物科学部	生産環境科学課程
広島大学	生物生産学部	生物生産学科
高知大学	農学部	農学科
佐賀大学	農学部	応用生物科学科
宮崎大学	農学部	植物生産環境科学科
首都大学東京	都市教養学部	都市教養学科 理工学系 生命科学コース
横浜市立大学	国際総合科学部	国際総合科学科 環境生命コース
酪農学園大学	農食環境学群	循環農学類
北里大学	獣医学部	生物環境科学科
東京農業大学	応用生物科学部	バイオサイエンス学科
東京農業大学	農学部	農学科
日本大学	生物資源科学部	応用生物科学科
日本大学	生物資源科学部	植物資源科学科
明治大学	農学部	生命科学科
明治大学	農学部	農芸化学科
明治大学	農学部	農学科
神奈川工科大学	応用バイオ科学部	応用バイオ科学科
関東学院大学	工学部	物質生命科学科 生命科学コース
京都産業大学	総合生命科学部	生命システム学科
近畿大学	農学部	応用生命化学科
近畿大学	農学部	農業生産科学科
近畿大学	農学部	バイオサイエンス学科
倉敷芸術科学大学	生命科学部	生命科学科
福山大学	生命工学部	生物工学科

■ 総合・環境・人間・情報学系統

筑波大学	情報学群	知識情報・図書館学類
静岡大学	情報学部	情報社会学科
静岡大学	情報学部	情報科学科
名古屋大学	情報文化学部	自然情報学科
名古屋大学	情報文化学部	社会システム情報学科
岐阜大学	地域科学部	
神戸大学	発達科学部	人間行動学科
徳島大学	総合科学部	社会創生学科
徳島大学	総合科学部	人間文化学科
徳島大学	総合科学部	総合理数学科
横浜市立大学	国際総合科学部	国際総合科学科 人間科学コース
愛知県立大学	情報科学部	情報科学科
名古屋市立大学	人文社会学部	人間科学科
大阪市立大学	文学部	人間行動学科 社会学コース
北海道工業大学	未来デザイン学部	人間社会学科
北海道工業大学	未来デザイン学部	メディアデザイン学科
尚絅学院大学	総合人間科学部	人間心理学科
駿河台大学	メディア情報学部	
聖学院大学	政治経済学部	コミュニティ政策学科
十文字学園女子大学	人間生活学部	メディアコミュニケーション学科
千葉商科大学	政策情報学部	政策情報学科
帝京平成大学	現代ライフ学部	人間文化学科 メディア文化コース
デジタルハリウッド大学	デジタルコミュニケーション学部	デジタルコンテンツ学科
杏林大学	総合政策学部	総合政策学科
恵泉女学園大学	人間社会学部	人間環境学科
専修大学	ネットワーク情報学部	ネットワーク情報学科
大東文化大学	環境創造学部	環境創造学科
大正大学	人間学部	人間環境学科 環境コミュニティコース
中央大学	総合政策学部	
津田塾大学	学芸学部	メディアスタディーズ・コース
津田塾大学	学芸学部	情報科学科
東京工科大学	メディア学部	メディア学科
東京電機大学	情報環境学部	情報環境学科
法政大学	人間環境学部	人間環境学科
東京都市大学	環境情報学部	情報メディア学科

大学名	学部	学科
明治大学	情報コミュニケーション学部	情報コミュニケーション学科
関東学院大学	人間環境学部	人間環境デザイン学科
関東学院大学	人間環境学部	人間発達学科
相模女子大学	学芸学部	メディア情報学科
新潟国際情報大学	情報文化学部	情報システム学科
新潟国際情報大学	情報文化学部	情報文化学科
金沢工業大学	情報学部	メディア情報学科
金沢工業大学	情報学部	情報経営学科
愛知学院大学	総合政策学部	総合政策学科
愛知工業大学	情報科学部	情報科学科 メディア情報専攻
愛知工業大学	情報科学部	情報科学科 コンピュータシステム専攻
愛知淑徳大学	人間情報学部	人間情報学科
愛知淑徳大学	メディアプロデュース学部	メディアプロデュース学科
椙山女学園大学	人間関係学部	人間関係学科
椙山女学園大学	文化情報学部	メディア情報学科
南山大学	総合政策学部	総合政策学科
人間環境大学	人間環境学部	人間環境学科
四日市大学	総合政策学部	総合政策学科
四日市大学	環境情報学部	環境情報学科
同志社大学	政策学部	政策学科
同志社大学	文化情報学部	文化情報学科
同志社女子大学	学芸学部	情報メディア学科
大阪経済大学	人間科学部	人間科学科
大阪国際大学	現代社会学部	情報デザイン学科
大阪産業大学	人間環境学部	生活環境学科
大阪電気通信大学	総合情報学部	メディアコンピュータシステム学科
関西大学	総合情報学部	総合情報学科
関西学院大学	総合政策学部	総合政策学科
関西学院大学	総合政策学部	国際政策学科
関西学院大学	総合政策学部	メディア情報学科
関西学院大学	総合政策学部	都市政策学科
関西学院大学	人間福祉学部	人間科学科
甲南大学	文学部	人間科学科
神戸女学院大学	人間科学部	環境・バイオサイエンス学科
奈良産業大学	情報学部	情報学科
吉備国際大学	国際環境経営学部	環境経営学科
広島修道大学	人間環境学部	人間環境学科
福山大学	人間文化学部	メディア情報文化学科
九州産業大学	情報科学部	情報科学科
福岡工業大学	社会環境学部	社会環境学科

【Ⅲ】実地調査の分析

1．実地調査の対象学科の抽出

　前回の「2010年度 大学のアクティブラーニング調査」における実地調査対象大学の抽出は、基本的に質問紙調査の得点に依拠したものであった。即ち高得点の学部・学科を対象とし、典型的な進んだ取り組み事例の発見と紹介を企図したものであったが、今次調査での抽出は前回とは少し異なる観点から行った。

　その理由は第一に、前回調査が経済・経営・商学系学部と工学部機械系学科・電気電子系学科という、比較的アクティブラーニングの導入が進んでいる学部・学科が対象であったため、質問紙調査での高得点が進んだ事例と直結していた。これに対し、今次調査は非資格系の学系を広く対象としているため、前回調査のように典型例が質問紙調査の結果のみでは浮かび上がってこなかったという点である。

　第二に、新しい課題を発掘しその解決策を共有していくべき、という問題意識を今次調査では特に重視したためである。具体的には、トータルに優れたモデル的な取り組みというよりも、ある側面で突出していると思われる事例、あるいは学系に特徴的だと思われる事例の抽出である。

　その結果、調査対象として18学科を抽出し、実地調査、評価を行った。

　なお本報告書では、これら18学科の評価に加え、2010年度調査で評価の高かった12学部・学科も今次調査の視点から再評価し、以下の合計30学部・学科を事例として紹介している。

64 河合塾からの2011年度大学のアクティブラーニング調査報告

区分	系統	No.	大学	学部	学科・コース	備考
理系学科	建築系	1	日本大学	生産工学部	建築工学科	2011年度調査より
	バイオ系	2	神奈川工科大学	応用バイオ科学部	応用バイオ科学科	2011年度調査より
	情報系	3	東邦大学	理学部	情報科学科メディア生命科学コース	2011年度調査より
	ロボット系	4	関東学院大学	工学部	機械工学科 ロボットコースシステム専攻	2011年度調査より
	機械系	5	秋田大学	工学資源学部	機械工学科	2010年度調査より
		6	岡山大学	工学部	機械工学科	2010年度調査より
		7	近畿大学	理工学部	機械工学科	2010年度調査より
	電気電子系	8	室蘭工業大学	工学部	情報電子工学系学科	2010年度調査より
		9	三重大学	工学部	電気電子工学科	2010年度調査より
		10	金沢工業大学	工学部	電気電子工学科	2010年度調査より
文系学科	人文系	11	新潟大学	人文学部	人文学科	2011年度調査より
		12	日本女子大学	文学部	英文学科	2011年度調査より
		13	近畿大学	文芸学部	英語多文化コミュニケーション学科	2011年度調査より
		14	同志社大学	文学部	国文学科	2011年度調査より
		15	安田女子大学	文学部	日本文学科	2011年度調査より
	教育系	16	愛媛大学	教育学部	学校教育教員養成課程	2011年度調査より

区分	系統	No.	大学	学部	学科・コース	備考
文系学科	教育系	17	椙山女学園大学	教育学部	子ども発達学科	2011年度調査より
	社会・国際系	18	横浜市立大学	国際総合科学部	国際総合学科ヨコハマ起業戦略コース	2011年度調査より
		19	共愛学園前橋国際大学	国際社会学部	国際社会学科	2011年度調査より
		20	長崎国際大学	人間社会学部	国際観光学科	2011年度調査より
	法学系	21	南山大学	法学部	法律学科	2011年度調査より
		22	日本大学	法学部	新聞学科	2011年度調査より
	経済系	23	大阪市立大学	経済学部	経済学科	2011年度調査より
		24	北海学園大学	経済学部	経済学科	2011年度調査より
		25	和歌山大学	経済学部		2010年度調査より
		26	創価大学	経済学部		2010年度調査より
		27	武蔵大学	経済学部		2010年度調査より
	経営系	28	産業能率大学	経営学部		2010年度調査より
		29	立教大学	経営学部		2010年度調査より
		30	立命館大学	経営学部		2010年度調査より

2．評価基準── 3つの視点

　当プロジェクトは、「2009年全国大学初年次教育調査」「2010年全国大学アクティブラーニング調査」の実地調査においては【3つの視点】を持って当たってきた。それは、【評価の視点Ⅰ】学生を受動的な学びから能動的な学びへと誘うアクティブラーニングの導入の量と質、【評価の視点Ⅱ】一部の学生を対象とするのではなく、全学生の能力向上のための質保証、【評価の視点Ⅲ】学生の自律・自立化を促す取り組み、であった。今次調査においても基本的にこの3つの視点を継承している。

評価の視点
　【評価の視点Ⅰ】アクティブラーニングの設計と導入
　　Ⅰ－1．知識を活用し課題解決を目的とした「高次のアクティブラーニング科目」の設計と導入
　　Ⅰ－2．知識定着を目的とした「一般的アクティブラーニング科目」の他科目との連携
　【評価の視点Ⅱ】学部・学科による質保証、教育内容の統一・関連性確保
　　Ⅱ－1．アクティブラーニング科目の内容統一・科目間の関連性の確保
　　Ⅱ－2．獲得させるべき能力と対応したアクティブラーニングを含んだカリキュラム設計
　【評価の視点Ⅲ】学生の能力形成と自律・自立化についての取り組み
　　Ⅲ－1．振り返りとコミットメント

【評価の視点Ⅰ】アクティブラーニングの設計と導入（配点9ポイント）
Ⅰ－1．知識を活用し課題解決を目的とした「高次のアクティブラーニング科目」の設計と導入（配点6ポイント）

<I-1.ポイント評価基準>

Pt.	ポイント評価基準
5p	「高次のアクティブラーニング科目」が、必須で3年連続して置かれている。
4p	「高次のアクティブラーニング科目」が、必須を含み選択で3年連続して置かれている。
3p	「高次のアクティブラーニング科目」が、選択で3年連続して置かれている。または、2つの学年に必須で置かれている。
2p	「高次のアクティブラーニング科目」が、選択で2年置かれている。または1つの学年で必須で置かれている。
1p	「高次のアクティブラーニング科目」が、選択で1つの学年に置かれている。
卒論が必須であれば、上記の得点に1p加算する。	

※ ゼミは対象外とする。

<I-1.評価>

評価		判定条件
◎	進んだ取り組み	4p以上
○	やや進んだ取り組み	2p以上4p未満

「高次のアクティブラーニング」は、専門知識を活用しなければ単なる「お遊び」に終始してしまいがちである。そのような例は前回調査でも散見された。その点で、専門知識の「ある程度」の活用を前提とした。逆に言えば、専門知識を活用しないで課題解決に取り組むものは当初から「高次のアクティブラーニング」として評価しないということであるが、その「高次のアクティブラーニング」が、どれだけ連続して4年間に配置されているのかを問題とした。

■「高次のアクティブラーニング」の連続性がなぜ重要か

ここで重要になるのは、連続性がなぜ求められるのかである。

従来の日本の大学の典型的なカリキュラムでは、1年次と2年次は講義科目が中心で、3年次になってようやく専門ゼミ・専門研究が始まり、ゼミは当然のことながら一方的なパッシブラーニングでは成立しないため、そこで初めてアクティブラーニングを学生は経験していた。

しかし、「深い学び」、「一生忘れず活用できる知識」を考えた場合、果たして1年次・2年次は知識の伝達、あるいは定着のための授業を受け、3年次からいきなり知識活用という組み立てで、本当に知識の活用が有効的に可能であるのか、あるいは、そのような組み立てで果たして本当に1年次と2年次の知識の伝達が有効に機能しているのか、という問題である。

当プロジェクトでは、「知識の獲得」→（時間的なその後）「知識の活用」では

なく、知識の獲得＋（時間的に平行して）「知識の活用」こそが、「深い学び」を生起させるためには求められていると考える。

■「専門ゼミ・専門研究」をどう扱うか

その際に、卒論につながる「専門ゼミ・専門研究」をどのように評価するかが問題となる。確かに専門ゼミ・専門研究では何らかのアクティブラーニングが行われているはずであるが、多くの場合、それは外部から可視化されていない。外部だけでなく、学内にとっても可視化されていないゼミが殆どであり、その点でゼミは担当教員の「王国」と化している観がある。

このような事情を考慮して、当プロジェクトでは「卒論」が全員必須となっているかは考慮したものの、「高次のアクティブラーニング」の連続性については「専門ゼミ・専門研究」を除外した。同時に、専門ゼミ・専門研究については別個に「ゼミを開く試み」として、評価することとした。

Ⅰ－2．知識定着を目的とした「一般的アクティブラーニング科目」の他科目との連携（配点3ポイント）

＜Ⅰ－2．ポイント評価基準＞

Pt.	ポイント評価基準
3p	学部・学科が提供する専門科目（専門基礎を含む）の内、一般的アクティブラーニング科目と講義科目や他のAL科目との連携が図られている科目が半数以上ある（分母は学部・学科が提供する専門科目）。または専門の基本的な科目において、講義科目の中でALが行われる決まりになっている（半数以上が目安）。
2p	学部・学科が提供する専門科目（専門基礎を含む）の内、一般的アクティブラーニング科目と講義科目や他のAL科目との連携が図られている科目が複数ある（※半数以下が目安。分母は学部・学科が提供する専門科目）。または講義科目の中に演習や討議等のALを組み込むことが学部として指定されている科目が複数ある（教員裁量ではない）。
1p	学部・学科が提供する専門科目（専門基礎を含む）の内、一般的アクティブラーニング科目と講義科目や他のAL科目と連携が図られている科目が1つある。または講義科目の中に演習や討議等のALを組み込むことが学部として指定されている科目が1つある(教員裁量ではない)。

＜Ⅰ－2．評価＞

評価		判定条件
◎	進んだ取り組み	3p
○	やや進んだ取り組み	2p

知識定着を目的とした「一般的アクティブラーニング」を含む科目が、どれくらい設置されているか。この項目については、知識伝達を目的とする他の講義科目や他のアクティブラーニング科目との連携がどうなっているかを問題とした。

　また講義科目の中で、定着すべき知識の伝達を行い、同時にそれを定着させるアクティブラーニングが実施されている科目についても、その数を問題とした。

　ただし後者のような場合は、学科長が実態を把握していないことが多い。そのような場合にはシラバスにアクティブラーニングの実施を明記している場合のみカウントした。

【評価の視点Ⅱ】　学部・学科による質保証、教育内容の統一・関連性確保（配点8ポイント）

Ⅱ－1．アクティブラーニング科目の内容統一・科目間の関連性の確保（配点6ポイント）

1) 複数開講される同一アクティブラーニング科目の内容統一

Pt.	ポイント評価基準
1p	同一科目複数開講のAL科目を複数の教員が担当し、学部・学科により教育内容が統一されている。

2) 同一学年での複数のアクティブラーニング科目の関連性の確保

Pt.	ポイント評価基準
1p	同一学年で開催される複数のAL科目の教育内容が内的な関連をもつように、学部学科により調整されている。

3) 学年をまたぐアクティブラーニング科目の関連性の確保

Pt.	ポイント評価基準
2p	3つの学年にわたるAL科目を複数の教員が担当し、教育内容が内的関連を持つように、学部・学科主導で整備されている。
1p	2つの学年にわたるAL科目を複数の教員が担当し、教育内容が内的関連を持つように、学部・学科主導で整備されている。

4）「高次のアクティブラーニング科目」における専門知識の活用度

Pt.	ポイント評価基準
2p	「高次のアクティブラーニング科目」が知識の活用を強く意識し、シラバスや授業計画書に明記するなど具体的に連携した設計となっている。
1p	「高次のアクティブラーニング科目」が知識の習得を前提とした設計となっている。

<Ⅱ-1.評価>

評価		判定条件
◎	進んだ取り組み	1)〜4)のポイントの合計が4p以上
○	やや進んだ取り組み	1)〜4)のポイントの合計が2p以上4p未満

　卒論は専門知識を前提としているが故に、ここではアクティブラーニング科目のみを対象とする。初年次のみに設置されているケースは評価しない。理由は、専門知識を活用し課題解決を目的とした「高次のアクティブラーニング」科目導入の意義は、知識の習得とその活用を3〜4年間を通じて行ったり来たりすることにあり、初年次のみに優れた「高次のアクティブラーニング」科目が導入されていても、それが連続しないのでは評価に値しないからである。

Ⅱ-2. 獲得させるべき能力と対応したアクティブラーニングを含んだカリキュラム設計（配点2ポイント）

<Ⅱ-2.ポイント評価基準>

Pt.	ポイント評価基準
2p	AL科目について、シラバスなどで各科目の中に獲得させるべき能力要素が落とし込まれている。
1p	AL科目について、シラバスなどで各科目が獲得させるべき能力の中に分類されている。

<Ⅱ-2.評価>

評価		判定条件
◎	進んだ取り組み	2p
○	やや進んだ取り組み	1p

【評価の視点Ⅲ】学生の能力形成と自律・自立化についての取り組み

Ⅲ−1．振り返りとコミットメント（配点4ポイント）

<Ⅲ−1.ポイント評価基準>

Pt.	ポイント評価基準
4p	すべての学生にPDCAを回させる仕組みになっている。
2p	何らかの振り返りを行わせる具体物がある。または一部の学生に対してのみPDCAの仕組みがある。

<Ⅲ−2.評価>

評価		判定条件
◎	進んだ取り組み	4p
○	やや進んだ取り組み	2p

　学生自身に目標設定や振り返りを行わせ、かつ教員がそれにコミットメントすることで学生の自律・自立化を促す仕組みがあるかという視点からの評価である。

　学生自身が目標を設定し、実践し、それを振り返ることは、学生が自らPDCAサイクルを回せるようになることであり、それこそが学生の自律・自立化を意味する。ただ、そのプロセスは自然に誰でも身につくものではなく、それを行わせるための仕組みと、それを機能させるための教員の関わりが重要となるからである。

3. 視点別の評価結果と「進んだ事例」紹介

【評価の視点Ⅰ】アクティブラーニングの設計と導入
Ⅰ-1. 知識を活用し課題解決を目的とした「高次のアクティブラーニング科目」の設計と導入

以下に評価が高かった学科を記す。

区分	大学	学部・学科・コース	評価	調査年度
理系学科	日本大学	生産工学部建築工学科	◎	2011
	神奈川工科大学	応用バイオ科学部応用バイオ科学科	◎	2011
	東邦大学	理学部情報科学科メディア生命科学コース	◎	2011
	関東学院大学	工学部機械工学科ロボットコースシステム専攻	◎	2011
	秋田大学	工学資源学部機械工学科	◎	2010
	岡山大学	工学部機械工学科	◎	2010
	近畿大学	理工学部機械工学科	◎	2010
	室蘭工業大学	工学部情報電子工学系学科	◎	2010
	金沢工業大学	工学部電気電子学科	◎	2010
文系学科	日本女子大学	文学部英文学科	◎	2011
	近畿大学	文芸学部英語多文化コミュニケーション学科	◎	2011
	同志社大学	文学部国文学科	◎	2011
	愛媛大学	教育学部学校教育教員養成課程	◎	2011
	共愛学園前橋国際大学	国際社会学部国際社会学科	◎	2011
	産業能率大学	経営学部	◎	2010
	立教大学	経営学部	◎	2010
	立命館大学	経営学部	◎	2010

注)◎：進んだ取り組み

(1) 理工系学科

　理工系では2011年度に調査をした4学科すべてが「進んだ取り組み」であった。日本大学生産工学部建築工学科、神奈川工科大学応用バイオ学部応用バイオ科学科、東邦大学理学部情報科学科メディア生命科学コース、関東学院大学工学部機械工学科ロボットコースシステム専攻である。

　これに加えて、2010年度調査における秋田大学工学資源学部機械工学科、岡山大学工学部機械工学科、室蘭工業大学工学部情報電子工学系学科、金沢工業大学工学部電気電子学科の4学科を紹介するが、いずれの学科も1年次～3年次にかけて「高次のアクティブラーニング」を設け、それぞれの段階での専門知識を活用した「ものづくり」「創成授業」を行っている。

日本大学　生産工学部　建築工学科（2011年度調査）

授業形態	1年次		2年次		3年次		4年次	
	前期	後期	前期	後期	前期	後期	前期	後期
講義	建築構法Ⅰ 住宅設計入門	建築構法Ⅱ 住居学	建築構造力学Ⅰ 建築仕上材料 建築計画論 設計情報	建築構造力学Ⅱ 建築応用力学Ⅰ 建築構造材料 施設計画 公共建築論	建築構造力学Ⅲ 建築応用力学Ⅱ 建築環境工学 鉄筋コンクリート構造	建築振動工学		
一般的AL			建築構造力学Ⅰ演習	建築構造力学Ⅱ演習 建築応用力学Ⅰ演習 建築実験Ⅰ	建築構造力学Ⅲ演習 建築応用力学Ⅱ演習 鉄筋コンクリート構造演習 建築実験Ⅱ	建築実験Ⅲ		
高次AL	ベーシックデザインⅠ	ベーシックデザインⅡ	空間設計Ⅰ 建築設計演習Ⅰ	空間設計Ⅱ 建築設計演習Ⅱ	総合設計Ⅰ 企画設計演習Ⅰ 建築設計演習Ⅲ インテリアデザイン演習	総合設計Ⅱ 企画設計演習Ⅱ	総合設計Ⅲ 特別設計Ⅰ	特別設計Ⅱ
ゼミ	建築探訪				ゼミナールA	ゼミナールB	卒業研究 卒業設計	

注1）一般的AL：知識定着を目的としたアクティブラーニングのこと。
　　高次AL　：知識を活用し、課題解決を目的としたアクティブラーニングのこと。
注2）□囲みの科目は必修科目（コース必修を含む）

■学科のコース構成

- 建築総合コース（120人）、建築環境デザインコース（30人）、居住空間デザインコース（30人）の3つがあり、居住空間デザインコースは1年次から、総合建築コースと建築環境デザインコースは2年次からコース選択する。

■ゼミ

- 1年前期の必修科目として「建築探訪」がある。建築の学び方、見学会、レポート発表の仕方を学ぶ初年次ゼミ。2年次にゼミはなく、3年次は「ゼミナールA・B」→4年次「卒業研究」もしくは「卒業設計」となる。

■高次のアクティブラーニング

- 建築総合コースでは、1年次「ベーシックデザインⅠ・Ⅱ」、2年次「空間設計Ⅰ・Ⅱ」、3年次「総合設計Ⅰ・Ⅱ」、さらに4年次には卒業研究のほかに「総合設計Ⅲ」が必修で配当されている。
- 「ベーシックデザインⅠ・Ⅱ」では、有名建築の解読図面表現と住宅設計を行う。
- 「空間設計Ⅰ・Ⅱ」では、レストハウス、住宅、オフィス記念館の設計を行う。
- 「総合設計Ⅰ・Ⅱ」では、集合住宅、図書館、小学校の設計を行う。
- 「ベーシックデザインⅠ・Ⅱ」に専門知識を提供するのは「建築構法Ⅰ」「建築構法Ⅱ」である。
- 3年前期「総合設計Ⅰ」は共通課題に取り組むが、3年後期「総合設計Ⅱ」では教員とテーマを選択して取り組む。

- 「総合設計Ⅲ」は意匠だけではなく構造や設備設計も含めてオフィスビルなどの設計を行い、これは卒業研究のためのトレーニングという位置づけになっている。
- 建築環境デザインコースでは1年次は建築総合コースと同じで、2年次には「建築設計演習Ⅰ・Ⅱ」が3コマ連続で配当されている。3年次には同じく3コマ連続で「企画設計演習Ⅰ・Ⅱ」が配当され、4年次には卒業研究以外に「特別設計Ⅰ・Ⅱ」が配当される。これらのアクティブラーニングでは学生30人を2人の教員が担当する。
- 居住空間デザインコースでは、1年次の「ベーシックデザインⅠ・Ⅱ」に専門知識を提供するのは「住宅設計入門」「住居学」。2年次の「建築設計演習Ⅰ・Ⅱ」は2コマ連続となっている。3年次には「建築設計演習Ⅲ」「インテリアデザイン演習」等、4年次には卒業研究のほかに「特別設計Ⅰ・Ⅱ」が配当されている。
- 生産工学部では開設以来1年次から設計の授業を行うのが特徴。
- 設計には、複数の大学院生がティーチングアシスタントとして課題の受付等を補佐している。

神奈川工科大学　応用バイオ科学部　応用バイオ科学科（2011年度調査）

授業形態	1年次		2年次		3年次		4年次	
	前期	後期	前期	後期	前期	後期	前期	後期
関連講義	微生物学	生命科学Ⅱ 生化学入門 分析化学			生化学Ⅱ 免疫化学 食品分析学			
一般的AL	バイオ基礎実験	バイオ実験Ⅰ	バイオ実験Ⅱ	バイオ実験Ⅲ 機器分析実験Ⅰ	バイオインフォマティクス実習 機器分析実験Ⅱ	機器分析特別実験		
高次AL		応用バイオ実験 「自主テーマ実験Ⅰ」含む			バイオ実験Ⅳ 「自主テーマ実験Ⅱ」含む			
ゼミ						応用バイオ科学ゼミ	輪講 卒業研究	

注1）　一般的AL：知識定着を目的としたアクティブラーニングのこと。
　　　高次AL　：知識を活用し、課題解決を目的としたアクティブラーニングのこと。
注2）　□囲みの科目は必修科目（コース必修を含む）

■アクティブラーニング科目の全体設計
- 1年前期に「バイオ基礎実験」があり、ここでは実験スキルとレポートやプレゼンなどのスタディスキルを、実験を通じて学ぶ。1年後期に「応用バイオ実験」があり、その中の後半の4〜5回の授業が自主テーマ実験。

2年前期には「バイオ実験Ⅱ」で高校生向けのバイオ教材を開発・作成し、それをバイオコンテストで競う。3年前期に「バイオ実験Ⅳ」の中で自主テーマ実験を行い、また3年前期にバイオインフォマティクス実習で生命科学に関する詳細なイラストを描き、仕組みや原理を理解する。3年後期にはいわゆるゼミ「応用バイオ科学ゼミ」があり、さらに4年生の「卒業研究」と「輪講」が続く。この中で、高次のアクティブラーニングは1年後期の「応用バイオ実験」および3年前期の「バイオ実験Ⅳ」の中に埋め込まれている「自主テーマ実験Ⅰ・Ⅱ」。

- 4年次の「輪講」はゼミとしてみる。

■**高次のアクティブラーニング**

- 1年後期「応用バイオ実験」の「自主テーマ実験」は4クラスに分かれて行われ、教員は全員出動。学生はグループワークで取り組み、グループでポスターを作成して発表は一人ずつ全員が行う。このポスターが作製できるように、ExcelやPower Pointの使い方を指導する授業とリンクしている。また教員は採点用紙（チェック項目）を持って、全員の発表を採点する。以前は、チェック項目は細かくルーブリックにしていたが運用上難しく、現在では大きな枠組みに変更している。

- 3年前期「バイオ実験Ⅳ」は免疫学の実験が中心で、後半に「自主テーマ実験」を行う。3年生でもポスターセッションを行うが、1年次と違ってグループワークでも一人1枚のポスターを制作して発表する。この発表が豆腐メーカーとの共同研究に繋がった。

- 1年後期の「応用バイオ実験」1コマと「バイオ実験Ⅰ」2コマは3コマ連続して開講され、運用で1～10回が「バイオ実験Ⅰ」、11～15回が「応用バイオ実験」として行われている。これは3年次の「バイオ実験Ⅳ」2コマ、「機器分析実験Ⅱ」も同じで、1回～9回が実験で10～15回が自主テーマ実験となっている。

- この2回の高次のアクティブラーニングが、3年後期からのゼミに連続する。

東邦大学　理学部　情報科学科　メディア生命科学コース（2011年度調査）

授業形態	1年次		2年次		3年次		4年次	
	前期	後期	前期	後期	前期	後期	前期	後期
関連科目	情報数理ⅠA プログラミングA	情報数理ⅠB プログラミングB	プログラミングC	アルゴリズムとデータ構造				
一般的AL	情報数理演習ⅠA プログラミング演習A	情報数理演習ⅠB プログラミング演習B	プログラミング演習C	アルゴリズムとデータ構造演習				
高次AL			プロジェクトⅠA	プロジェクトⅠB	プロジェクトⅡA	プロジェクトⅡB		
ゼミ						情報英語A・B	卒業研究A	卒業研究B

注1）一般的AL：知識定着を目的としたアクティブラーニングのこと。
　　高次AL　：知識を活用し、課題解決を目的としたアクティブラーニングのこと。
注2）□囲みの科目は必修科目（コース必修を含む）

- 情報科学科には「数理知能科学コース」と「メディア生命科学コース」が置かれている。プロジェクト科目は「メディア生命科学コース」の学生が必修。

- プロジェクトⅠA（2年前期）ⅠB（2年後期）、プロジェクトⅡA（3年前期）、ⅡB（3年後期）が高次のアクティブラーニングで、これらの科目は5〜6年前に創設した。2年と3年の合同授業。目的は学生のモチベーション維持（モチベーション維持の視点は初年次教育にも取り込んでいる）。

- 従来の実験科目を改変し、学年を超えたグループワークを導入することで、コミュニケーション力を養成すると同時に、技術内容の理解をお互いに深めあうことを目指している。従来の実験科目は"個人が実験して、そこからプログラムを作成する"という流れの課題が多かったが、それを"グループでプロジェクトを企画→遂行する中でさまざまな課題に挑戦→お互いに理解を深め分かりあう"という流れに変えた。

- 具体的には、2年生16名、3年生16名の32名で1クラスとし、4クラスが同時に開講されており、2年間で順番に8テーマを学ぶ。8テーマは「JavaScript によるシステム開発」「並列処理ソフトウェア開発」「PHP と MySQL による Web システム開発」「文字認識システムの作成」「コンピュータグラフィックス」「Page Rank アルゴリズムの実装と生体情報処理への応用」「携帯端末上のソフトウェア開発」「遺伝子情報データの処理」。8人の教員で担当し、TA をつける。学年混合にしない教員もいる。

- 2年と3年生を組み合わせる意図としては、普段一緒でない学生同士での体験がコミュニケーション力やリーダーシップの形成につながるため。ま

た3年生にとっては自分が分かっていないと2年生に教えられないというプレッシャーも期待している。
- テーマ間のつながりはない。講義科目との関連は、例えば「コンピュータネットワーク」という専門知識が「PHPとMySQLによるWebシステム開発」に、「コンピュータグラフィックス」という専門知識が「Java Scriptによるシステム開発」に関連するが、テーマによっては専門知識を学ぶ前にテーマに入る場合もある。その場合は、プロジェクトテーマで必要な専門知識はテーマの中で最初に教えている。
- 1セメスター14回の授業を2つに分けて7回で1テーマを終了する。7回目はプレゼンをすることになっている。
- また各テーマは卒業研究にも繋がっていくことが多い。

関東学院大学　工学部　機械工学科　ロボットコース　システム専攻（2011年度調査）

授業形態	1年次前期	1年次後期	2年次前期	2年次後期	3年次前期	3年次後期	4年次前期	4年次後期
関連講義			熱力学I・II	メカトロニクス		制御工学		
一般的AL	工作実習I	工作実習II	機械製図 電気電子基礎プログラミング 電気・電子計測I	メカトロニクス演習 2D-CAD演習	機械実験IIA 機械設計製図I 3D-CAD演習 機械工学総合演習	機械実験IIB 機械設計製図II		
高次AL		フレッシャーズプロジェクト	ロボットプロジェクトI	ロボットプロジェクトII	応用ロボットプロジェクトI	応用ロボットプロジェクトII		
ゼミ	フレッシャーズセミナー						卒業研究I・II	

注1）一般的AL：知識定着を目的としたアクティブラーニングのこと。
　　高次AL　：知識を活用し、課題解決を目的としたアクティブラーニングのこと。
注2）□囲みの科目は必修科目（コース必修を含む）

- 1年後期の「フレッシャーズプロジェクト」、2年前期の「ロボットプロジェクトI」、2年後期の「ロボットプロジェクトII」、3年前期の「応用ロボットプロジェクトI」、3年後期の「応用ロボットプロジェクトII」が連続した高次のアクティブラーニングとなっており、全員が必修。
- このプロジェクトは機械工学科「ロボットコースシステム専攻」と、電気電子工学科系の「ロボットコース制御専攻」との合同授業として行われている。規模は定員レベルで両コースから20人ずつ。実際は合計で30人程度。各チームは2〜3人で編成し、両コースからの混成が多いが、必ずという決まりではない。教員は3人が協働して担当する。

- 2年次の「ロボットプロジェクトⅠ・Ⅱ」では2足歩行ロボットを4足歩行ロボットに改良する課題が与えられ、3年次の「応用ロボットプロジェクトⅠ・Ⅱ」では、それぞれが自由な発想でテーマを設定してロボットを改良開発する。
- この科目への専門知識の提供は、機械では「メカトロニクス」「制御工学」「3D－CAD演習」など。履修しなくても最低限の知識はプロジェクトの授業内で提供される。機械工学科の学生に対して電気電子学科の科目である「電気電子基礎プログラミング」「電気・電子計測Ⅰ」等を履修するように指導する。
- 各プロジェクト授業ではセメスターの終了時に必ず競技会を行う。
- 各科目の単位認定は厳しく、2年前期の単位取得者は66％、2年後期では50％、3年前期は100％、3年後期は88％となっていて、単位が取得できなければ次の学年で再履修をしなければならない。

以上に加えて、2010年度調査で判明した特徴的な取り組みを紹介する。

秋田大学　工学資源学部　機械工学科（2010年度調査）

授業形態	1年次		2年次		3年次		4年次	
	前期	後期	前期	後期	前期	後期	前期	後期
関連科目			工業力学	機械加工プロセス学	機械設計学	生産システム学		
一般的AL		流れ学	工業力学演習／設計製図Ⅰ／機械実習	熱力学Ⅱ	機械設計学演習／機械工学実験／設計製図Ⅱ／流体力学			
高次AL		ものづくり基礎実践	プロジェクトゼミ			創造設計演習／学生自主プロジェクト	創造工房実習	
ゼミ	初年次ゼミ／テクノキャリアゼミ							卒業課題研究（卒論）

注1）一般的AL：知識定着を目的としたアクティブラーニングのこと。
　　高次AL：知識を活用し、課題解決を目的としたアクティブラーニングのこと。
注2）□囲みの科目は必修科目（コース必修を含む）

■アクティブラーニングの設計
- 秋田大学工学資源学部機械工学科では、「スイッチバック方式」と呼ばれる独自のカリキュラム設計を行っている。これは要素技術（何にでも使えるよ

うに幅広く）→ものづくり（絞って実践）→座学（幅広く）とスイッチバックしながらレベルがらせん状に上昇していくことを構想したものである。
- その具体は、まず1年後期に「ものづくり基礎実践」が置かれ、これは教養基礎科目に対応しており、学科の90人中80人が履修する。続く2年の「プロジェクトゼミ」は専門基礎科目の知識に対応しており、学科学生の半数くらいが履修する。さらに3年の「創造設計演習」は必修科目となっている。これらの創成型科目は専門科目の知識に対応して、ステップアップしながら、それぞれのステージの知識を活用した「ものづくり」科目として設定されている。例えば「ものづくり基礎実践」は3つに分かれており、設計ではストローでグライダーを作り、構造と強度の重要性を学ぶ。熱流体では、あきたこまちを美味しく炊くことで、温度管理や伝熱について学ぶ。メカトロニクスでは、レゴでロボットアームを作る。
- 1年次に通年で1つのものづくりに取り組ませることで、学生に「知識の不足」を感じさせ、失敗することでモチベーションを高めることが狙いである。ものづくりがそれとして上手く行くかどうかは、あまり問題ではない。
- 2年では「機械実習」があり、その技術を使って「プロジェクトゼミ」でものづくりに取り組む、というように設計されている。「プロジェクトゼミ」には、例えば「たたら製鉄プロジェクト」があり、そのために必要な「ふいご」まで製作させる。
- また3年では「機械工学実験」があり、そこで修得した知識や技術は、4年前期の「創造工房実習」で活かされる。以前の「機械工学実験」の内容は、型通りのテーマで実験して終わりだったが、それを創成授業と繋げることで、効果を上げることを狙っているのである。この「創造工房実習」では、計画→計画発表→製作に加え、コンペも行っているが、但しコンペの結果は成績とは直結させていない。たまたまうまくいくこともあり、そのプロセスが評価に値しないというケースもあるからである。

　従来は「ものづくり」は4年になってから取り組ませていたが、現在では1年からスイッチバック方式で「ものづくり」を組み込んでいる。スイッチバックに乗った学生は、座学でも積極的になるのが実感できている。

■**学生自主プロジェクト**
- 「学生自主プロジェクト」が設けられていて、これは課外活動でありつつも

2月に発表会と質疑応答があって、審査の上で単位が付与される。この中の発電プロジェクトは、横手市で予算がつけられている。1プロジェクトは5〜10名で、教員が必ず付く。

岡山大学　工学部　機械工学科（2010年度調査）

授業形態	1年次		2年次		3年次		4年次	
	前期	後期	前期	後期	前期	後期	前期	後期
一般的AL	機械工学ガイダンス 機械工作実習	物理実験	材料力学I 工業熱力学I		流体力学I			
高次AL ゼミ			創成プロジェクト			機械設計製図		
					創造工学実験			
							卒業研究	

注1）一般的AL：知識定着を目的としたアクティブラーニングのこと。
　　　高次AL　：知識を活用し、課題解決を目的としたアクティブラーニングのこと。
注2）□囲みの科目は必修科目（コース必修を含む）

- 高次のアクティブラーニングは、2年次前期の「創成プロジェクト」、3年次通年の「創造工学実験」が該当する。
- 同学科では1年次に「機械工学ガイダンス」が全員必修の導入科目として置かれ、そこではグループワークでバイクエンジンを分解→組立→動かすというアクティブラーニングが行われている。
- 「創成プロジェクト」は半期2コマ連続開講で必修。発想の訓練を行う。助教10人が付き、前半は座学で後半はものづくりに取り組む。前半は、オープンエンドの問題に対してアイデア競争を行う。そしてアイデアが出ない学生には発想法訓練を行っている。後半では具体的にものづくりに取り組み、それを4人グループ20チームで競う。シラバスから引用すると第一段階では「発想ツール＝メカニカル発想法とブレーンストーミング法を駆使して、『小惑星からのエネルギー獲得プロジェクト』と『五感関連製品の大学生発明工夫展』のOpen-Ended課題を発想させている．これらのリポート成果の発表・質疑応答訓練で，プレゼンテーション能力とディベート能力の練達の必要性を自覚させる」とある。第二段階では、「80本のストローとセロテープ1巻で高さH，張り出し量L，座屈荷重Wの積HLWが最大となる『ストローの斜塔』創成実験を試みる．モノ創成を実体験させるこの訓練では単なる夢想的な発想ではなく，構造力学的考察や座屈理論などの専門知識を駆使した発想力の重要性を認識させることが最大の狙いである」。第三段階では「最終課題＝『金属ピース運び現代版からくり』を創成

し，コンテストを実施する．アイデアの創出から物品の購入・加工・組み立てのすべてを学生自らが企画して，独創性と意外性ならびにコミュニケーション能力を公開実験において発揮しなければならない」とある．
- 「創造工学実験」は3年次に通年で3コマ連続で開講される。機械工学科に一般的な実験科目は、四力学を中心に各研究室の代表的な実験を順繰りにやっていくというものだが、ここではそのような旧来の実験はほとんど行っていない。理由は、四力学は大学院入試でほとんどの学生が再度勉強し直すので、この科目で再確認をするのは重複となってしまうためである。そのため、この科目は「創成プロジェクト」の延長の授業として組み直されている。例えば、計測実験でモノの表面の粗さを計測する授業では、計測器の扱い方はしっかりと教えるが、何の粗さを計測するかは学生がグループワークで自分たちで考えて決める。ユニークなテーマでは女性の皮膚の粗さを計測し年齢との相関を考察したグループもあった。この創成工学実験は、素材製作学、機械製作学、製作工学などの講義での専門知識を活用する。金沢工業大学の「創造実験」とも共通した考えで行われている。

室蘭工業大学　工学部　情報電子工学系学科（2010年度調査）

授業形態	1年次		2年次		3年次		4年次	
	前期	後期	前期	後期	前期	後期	前期	後期
関連科目		プログラミング演習	プログラミング応用演習					
一般的AL		基礎電気回路　基礎電磁気学	電気回路I　電磁気学I	電気回路II　電磁気学II	電気電子工学実験A	電気電子工学実験B		
高次AL	フレッシュマンセミナー			工学演習I	技術者倫理	工学演習II		
ゼミ							卒業研究（卒論）	

注1）一般的AL：知識定着を目的としたアクティブラーニングのこと。
　　高次AL　：知識を活用し、課題解決を目的としたアクティブラーニングのこと。
注2）□囲みの科目は必修科目（コース必修を含む）

- 室蘭工業大学では2009年に学科を改組し、情報工学科と電気電子工学科が一体募集となった。間口を広げて、2年次にコース選択するようにした。理由は、高校卒業時点では学科を細かくは選びにくいため。このため、1年生では共通の科目を学ぶ。
- 情報電子工学系学科は1年生から4年生までのすべての学年で、実習科目が設けられている。初年次の「フレッシュマンセミナー」でモチベーショ

ンを上げ、2年後期の「工学演習Ⅰ」では初年次からスキルアップしたエンジニアリング・デザインを行い、さらに3年後期の「工学演習Ⅱ」では前期の学生実験を踏まえて専門知識を用いたエンジニアリング・デザインが必修とされている。これは4年次の卒業研究に連続する。2年次の「工学演習Ⅰ」では課題が与えられ、「マイクロプロセッサを組み込んだ電子回路の作成とマイクロプロセッサのプログラミングを行う」「作成した作品の発表を通してプレゼンやコミュニケーションの能力向上を図る」とされている。これに対し、3年次の「工学演習Ⅱ」では課題を自分で設定して取り組む。「工学演習Ⅱ」のシラバスでは次のように記載されている。

第1〜3週：インターネット検索、オンライン公募などにより情報を収集し、その中で電気電子技術で解決可能な問題を抽出し、解決方法を企画し、設計する（3週後に企画書（設計図、使用部品リスト、作業工程を含む）を提出）。
第3週：企画書を提出、説明する。
第4〜14週：機器の製作あるいはソフトウェアの開発とその評価（必要に応じて作製、開発にフィードバック）
第15週：結果を報告書にまとめ、プレゼンテーションする。

・これらの創成型授業での専門知識の活用を見ると、「工学演習Ⅰ」では、電子回路に組み込むマイクロプロセッサのプログラミングのために、1年次の「プログラミング演習」の知識が必要となり、また3年次の「工学演習Ⅱ」では、ライントレースロボットを製作するために、それまでの講義・演習・実験で身に就けた電気回路，電磁気およびプログラミングに関する知識が必要となる。
・「工学演習Ⅰ・Ⅱ」は元々「学生実験」という科目であったものを発展させて、JABEE取得時に創設した経緯がある。企業への就職でも、こうしたエンジニアリング・デザイン能力が求められるようになり、同学科は推薦での就職も多く、その企業の期待に応えるためにも、エンジニアリング・デザイン能力の育成に力を注いでいる。
・2年生から実験も始まるが、2年生は演習が中心で、3年生が実験中心になる。3年次の前期の学生実験は基礎で6テーマがあって順繰りに実験を行う。

学生実験Bは応用となり、テーマは5つ。この学生実験Bを履修する時に関門があり、さらに卒業研究でハードルがある。

金沢工業大学　工学部　電気電子工学科（2010年度調査）

授業形態	1年次		2年次		3年次		4年次	
	前期	後期	前期	後期	前期	後期	前期	後期
一般的AL	入門電気回路　　　　　入門電気磁気学　　　　　人間と自然Ⅰ	基礎電気磁気学	基礎電気回路　　　　　　　　　　　　　　　人間と自然Ⅱ		専門実験・演習Ⅰ・Ⅱ	専門実験・演習Ⅲ　　　　　人間と自然Ⅲ		
高次AL	プロジェクトデザインⅠ	創造実験Ⅰ・Ⅱ	創造実験Ⅲ	プロジェクトデザインⅡ				
ゼミ						コアゼミ	プロジェクトデザインⅢ	

注1）一般的AL：知識定着を目的としたアクティブラーニングのこと。
　　高次AL　：知識を活用し、課題解決を目的としたアクティブラーニングのこと。
注2）□囲みの科目は必修科目（コース必修を含む）

- 金沢工業大学では、多様な高次のアクティブラーニングが4年間連続し、かつ複数組み合わせる設計になっている。学部教育の柱となっているのがエンジニアリング・デザイン型創成授業で、具体的な科目としては1年次前期の「プロジェクトデザインⅠ」、2年次後期の「プロジェクトデザインⅡ」、そして4年次前・後期の「プロジェクトデザインⅢ」が挙げられる。
- 「プロジェクトデザインⅠ」はエンジニアリング・デザイン（工学設計）課程の第一段階であるが、数人のグループに分かれ、授業の大半を使って自分で課題を発見し解決する創成授業である。1クラス50人程度。1グループ4～5人でグループワークを行わせる。内容は以前は教員ごとにバラバラだったが、現在では教員マニュアルが作成され、内容・レポート回数・評価などが統一されている。
- 「プロジェクトデザインⅡ」も、Ⅰと同様の問題発見・解決型（解決案の創出・実行）の創成授業でエンジニアリング・デザイン（工学設計）課程の第二段階。Ⅰと異なっているのは、専門知識が必要なレベルになっている点である。
　Ⅱでは最後の発表として学年全体でのポスターセッションが必須で行われるが、パワーポイントによるプレゼンにしていないのは、グループワークを重視しているためで、パワーポイントであれば個人作業が中心となっ

てしまうのを避けるためである。
- 「プロジェクトデザインⅢ」は、卒業研究に該当するもので、その成果は企業や教育関係者などが参加する「プロジェクトデザインⅢ公開発表審査会」において全員が口頭発表する。
- このプロジェクトデザインには3年次が抜けているように見えるが、3年次後期には「コアゼミ」が置かれている。これは一般に「プレゼミ」と呼ばれるもので、「プロジェクトデザインⅢ」が始まってから研究テーマを探すのではなく、3年次後期に研究室配属から、つまり3年生から研究テーマを自ら探して提案し、4年次になるとすぐにスタートできるようにしている。この「コアゼミ」では4年次と3年次が一緒に学び、上級生が下級生の面倒を見ることのできる利点もある。研究手法等も上級生から学ぶことができる。この科目の導入により、「プロジェクトデザインⅢ」の内容が活発化してきている。
- もう一つ、高次のアクティブラーニングとなっているのが、「創造実験Ⅰ・Ⅱ・Ⅲ」である。「創造実験Ⅰ・Ⅱ」は1年次後期に配当され、「創造実験Ⅲ」は2年次前期に配当される。科目名に「創造」と付くとおり、旧来の基礎実験とは異なる形の、創成授業となっている。例えばオシロスコープを用いた実験でも、最初からオシロスコープを与えてその扱い方を学ばせるという通常の実験科目の手順を取らない。まず、学生に「何を測りたいのか」を考えさせ、それに必要な機器としてのオシロスコープを、目的に応じて工夫して活用させる。そのプロセスの中でオシロスコープという機器の扱い方も身につけさせるという考えである。
- このように、金沢工業大学の高次のアクティブラーニングでは、全学共通の必修科目（基礎実技科目）としてプロジェクトデザイン教育と創造実験の2本柱があり、それらが組み合わされ、かつ専門科目での専門知識とつながることで効果を上げるように設計されているのが特徴である。

(2) 文系学科

　文系学科では、「進んだ取り組み◎」に該当したのが日本女子大学文学部英文学科、近畿大学文芸学部英語多文化コミュニケーション学科、同志社大学文学部国文学科、愛媛大学教育学部学校教育教員養成課程、前橋国際大学国際社

会学部国際社会学科である。

これらに加えて 2010 年度調査における産業能率大学経営学部、立教大学経営学部、立命館大学経営学部の取り組みを紹介する。

日本女子大学　文学部　英文学科（2011年度調査）

授業形態	1年次		2年次		3年次		4年次	
	前期	後期	前期	後期	前期	後期	前期	後期
関連科目	アメリカ史1 イギリス史1 各分野の概論科目	アメリカ史2 イギリス史2 各分野の概論科目	アメリカ文学史1 イギリス文学史1 英語学概論1 各分野の概論科目	アメリカ文学史2 イギリス文学史2 英語学概論2 各分野の概論科目	各分野の概論科目	各分野の概論科目		
一般的AL	各分野の演習科目	各分野の演習科目	各分野の演習科目	各分野の演習科目	各分野の演習科目	各種の演習科目		
高次AL	基礎英作文1	基礎英作文2	英語論文作成法Ⅰ-1	英語論文作成法Ⅰ-2	英語論文作成法Ⅱ-1	英語論文作成法Ⅱ-2	卒業論文	
ゼミ							特別演習1	特別演習2

注1）一般的AL：知識定着を目的としたアクティブラーニングのこと。
　　　高次AL　：知識を活用し、課題解決を目的としたアクティブラーニングのこと。
注2）□囲みの科目は必修科目（コース必修を含む）

- 英語運用能力（リスニング、スピーキング、リーディング、ライティング）を養成するための共通科目を基礎とし、その後にイギリス文学、イギリス文化研究、アメリカ文学、アメリカ研究、言語・英語研究の5分野から講義科目、演習科目を選択していく。
- 卒業論文を英語でA4用紙30枚以上執筆することが必達の目標とされ、そこから逆規定されてカリキュラムが編成されている。現在の英文学科にはかつてのように英語が得意な学生だけでなく、「英語が上達したい学生」も多く入学しており、英語の学力にバラつきがあるということも与件となっている。
- 高次のアクティブラーニングは、1年次に「基礎英作文」8クラス、2年次に「英語論文作成法Ⅰ」10クラス、3年次に「英語論文作成法Ⅱ」11クラスがそれぞれ必修で置かれている。
- 「基礎英作文」では、文法や構文の見直しなどをアメリカの教科書を使用して徹底。コーディネーターが8クラスの内容を調整している。1クラスは20人弱。大学院生のTAもつけている。
- 「英語論文作成法Ⅰ」では、前期にパラグラフ・ライティングを身につける。最初は1パラグラフからはじめ、パラグラフにはまずトピックセンテンス

(導入部)があって、次にサポーティングセンテンスが(いくつか)続き、最後にコンクルーディングセンテンス(結論)がある、という構成を徹底的に教える。最終的には5パラグラフのエッセイが書けるようにする。後期では卒業論文を書くためのフォーマットを身につける。このようにして前期ではA4用紙1枚の文章が、後期では5枚の文章が書けるようにする。後期には専門に関連する5つの分野(イギリス文学、イギリス文化研究、アメリカ文学、アメリカ研究、言語・英語研究)から1つを選んで文章を書く。そのために図書館ツアーを行い、文献探索法などを教える。またこの段階でのテーマについての指導は、そのテーマを専門とする教員が指導するわけではない。

この英語の文章はすべて教員が添削するが、最初から答えを教えない。間違いの種類を記号化してあり、その記号で添削をするので学生は具体的な間違いを自分で見つけて訂正しなければならない。単純に添削をすると学生がそのまま修正して英語力が身につかないので、これを回避するための工夫である。このようにして学生は翌週に第2稿を提出し、その第2稿を教員は評価する。つまり修正する力も含めて評価するわけである。学生によっては、第3稿、第4稿の提出が必要になるケースもある。そうして、全学生の赤字がゼロになるまで続けられる。こうしたやり方は、日本女子大学では何十年も前から続けられている。

・「英語論文作成法Ⅱ」は2年次後期に卒論テーマを調査し、その卒論テーマを専門とする教員が指導する。ここではA4用紙10枚以上の文章作成が必須とされている。

近畿大学　文芸学部　英語多文化コミュニケーション学科（2011年度調査）

授業形態	1年次		2年次		3年次		4年次	
	前期	後期	前期	後期	前期	後期	前期	後期
一般的AL	Speaking 1A Listening 1A Reading 1A Writing 1A Pronunciation practice	Speaking 1B Listening 1B Reading 1B Writing 1B	Speaking 2A Listening 2A Reading 2A Writing 2A	Speaking 2B Listening 2B Reading 2B Writing 2B	Topic Discussion A Speeches&Interview A	Topic Discussion B Speeches&Interview B		
高次AL		Communication Workshop 1	Communication Workshop 2A	Communication Workshop 2B	Presentation A	Presentation B		
ゼミ	基礎ゼミ				演習1A	演習1B	演習2A	演習1B

注1）　一般的AL：知識定着を目的としたアクティブラーニングのこと。
　　　　高次AL　：知識を活用し、課題解決を目的としたアクティブラーニングのこと。
注2）□囲みの科目は必修科目（コース必修を含む）

■英語プログラムにおけるアクティブラーニングの設計

- 英語運用能力を重視し、話せるだけではなく読むこと、書くことの教育に注力。
- 1年次前期に全学共通科目（学科ごとに実施）の「基礎ゼミ」が必修で置かれ、習熟度別に8クラスに分かれる。4年間英語をどう学ぶか、リーディングやライティング、リスニングなどの基本に取り組み、教員によっては社会的な問題に取り組む場合もある。PCや図書館の使い方をはじめとするスタディスキル、アカデミックスキルについて身につけることになっている。ただし、何をテーマとするかの内容については教員に委ねられている。
- 1年次のインプット科目が「Pronunciation practice」「Reading1 A・B」「Writing1 A・B」「Listening1 A・B」「Speaking1 A・B」で、アウトプット科目が「コミュニケーション・ワークショップ（CW）1」。CW1では学生同士の連帯と教員との関係づくりを目的にし、リサーチと発表を行わせている。CW1の上級クラスは英語のみで授業を行い、下級クラスは日本語も交える。
- CW1では、火曜日に8クラス、インプット授業を行う、金曜日に4クラス、アウトプットの授業を行う。アウトプットではプレゼンの仕方、ゼスチャーの仕方、パワーポイント資料の作り方を教える。金曜日の授業は火曜日の2クラスが合同となり、インプット授業2人とアウトプット授業1人の計3人の教員が連携して授業を進める。学生が2人ペアでテーマに取り組むことも多く、学生同士の打ち合わせや討議も英語で行わせている。最後に各クラスの代表が合同でプレゼンを行う。ここではネイティブの英語ではなく日本人の英語で構わない。間違いも構わないというスタンス。
- 2年次のインプット科目が「Reading2 A・B」「Writing2 A・B」「Listening2 A・B」「Speaking2 A・B」で、アウトプット科目が「コミュニケーション・ワークショップⅡ（CW）2」。CW2では小学校での英語教育を補佐したりするアクティブラーニングにも取り組む。
- CW2では5クラスになり、授業も週1回になる。
- 3年次はインターアクション科目として「Topic Discussion」「Presentation」「Speeches & Interviews」が置かれている。「Topic Discussion」では、社会的な問題を英語で読み、グループでディスカッションし、解決方法を探る。「Presentation」では、グループや個人でテーマ設定から行う。最後は英語で

発表する。「Speech & Interview」では、英語でのスピーチとインタビューの方法を学び、実際に行う。「Presentation」は課題発見・解決型のアクティブラーニングといえる。
・ほとんどの授業がアクティブラーニングを含むが、トレーニングによる訓練的な知識・スキルの定着目的であることが特徴。

■専門分野カリキュラム
・上記の英語プログラムと、5つの専門分野「通訳・観光英語」「ビジネス英語」「国際交流」「英語教育」「言語研究」が連動する設計となっている。このうち、「言語研究」は英語運用能力養成のための理論的裏付けを与える分野で、他の分野が英語運用能力を活用するのに対して、この分野は英語運用能力を補完する関係である。
・この内、「国際交流」分野のゼミが学外プログラムとして模擬国連のイベントに20人程度参加している。

同志社大学　文学部　国文学科（2011年度調査）

授業形態	1年次		2年次		3年次		4年次	
	前期	後期	前期	後期	前期	後期	前期	後期
一般的AL			日本文学講読(広域A)	日本文学講読(広域B)				
高次AL	日本文学基礎演習		日本文学研究演習					
ゼミ					演習Ⅰ		演習Ⅱ	

注1) 一般的AL：知識定着を目的としたアクティブラーニングのこと。
　　高次AL　：知識を活用し、課題解決を目的としたアクティブラーニングのこと。
注2) □囲みの科目は必修科目（コース必修を含む）

・1年次に「日本文学基礎演習」がある。これはそれぞれの教員がそれぞれのテーマで取り組むが、全クラスで共通の指標が設けられている。共通テキストでは、文学研究入門、自発的学習意欲の誘発、課題発見・解決学習への意識転換、個人学習からチーム学習へ、課題提示学習からプロジェクト学習へ、が設定されている。
・2年次の「日本文学研究演習」は、「日本文学基礎演習」がチーム研究、チーム発表であるのと対照的に個人研究、個人発表が課題となっている。
・1年と2年のクラス分けは強制的。3年次から「演習」選択する。

- 3年次の「演習Ⅰ」では個人発表か、個人発表とチーム発表の両方を行い、4年次の「演習Ⅱ」＝卒業研究は個人発表となる。
- グループワークを機能させるには、課題のハードルを上げるべきで、そうすれば自分一人ではできないとなる。下げると、単なる分担主義に陥る。
- 演習以外の科目は必修を設けず、自由に選択できる。

愛媛大学　教育学部　学校教育教員養成課程（2011年度調査）

授業形態		1年次		2年次		3年次		4年次	
		前期	後期	前期	後期	前期	後期	前期	後期
講義		教職科目（教科科目）							
一般的AL	現代的課題科目群		実践入門	特別支援教育概論	教職教養課題特講Ⅰ		教職教養課題特講Ⅱ	教職教養課題特講Ⅲ	
	地域連携実習科目群				実践力育成演習Ⅰ(地域連携実習)		実践力育成演習Ⅱ(地域連携実習)		実践力育成演習Ⅲ(地域連携実習)
高次AL	教育実習科目群				プレ教育実習 教育実践体験実習（1週間）		教育実習Ⅰ・Ⅱ 総合演習	教育実習Ⅲ	
	省察科目群				実践省察研究 ※リフレクション・デイ		初等教育省察研究Ⅰ・Ⅱ ※リフレクション・デイ		※リフレクション・デイ
ゼミ		新入生セミナー（観察実習含む）		●教科教育演習など	●教科研究など	プロジェクト研究Ⅰ	プロジェクト研究Ⅱ	卒業研究	

※リフレクション・デイは学期末に1日のみ行われる（科目ではない）。
注1）一般的AL：知識定着を目的としたアクティブラーニングのこと。
　　　高次AL　：知識を活用し、課題解決を目的としたアクティブラーニングのこと。
注2）□囲みの科目は必修科目（コース必修を含む）
注3）●は、記載年次より上の年次でも履修可能な科目

■教育実習科目群

- 2年次に「プレ教育実習」または「教育実践体験実習」があり、後者は学生の出身校で教師の仕事全般について体験を通し学習をする（一種のOJTである）。前者は附属校で行う。
- 3年次に必修であり法定の「教育実習Ⅰ・Ⅱ」が置かれている。
- 4年次には他校種（隣接校種）の学校現場を知りたい学生のために「教育実習Ⅲ」が選択として置かれている。
- 「総合演習（2012年度より「教職実践演習」に名称を変更）」は、3年後期に設定された到達レベルをチェックし、教員免許取得のための必修科目であった。しかし、2010年度の入学生から新たに「教職実践演習」が必修化され

たことに伴って 2012 年度から廃止された。
- 「教職実践演習」は 4 年後学期に配当され、全学で 14 クラス開講予定である。そこでは、「教職課程のディプロマ・ポリシー」に即して、大学で学んだことすべてを統合して、どういう能力を身につけたか、それが教員として不可欠なレベルに達しているかを判断する。ラーニング・ログ等の記録を基にして、講義→討議→レポートの流れで進められ、提出されたレポートが特定のレベルに達していないと、補充的な学習を行わせる。リフレクション・デイで促すことと連動している。
- 授業を欠席した学生、DP のレベルに達していない学生には、補講ではすべてに対応できないため、e ラーニングで補習を行わせる予定である（未実施のため）。

■省察科目群
- 上記の実習科目群とスイッチバックする形で「省察科目群」が後期に設置されている。以前は、法定の教育実習以外は座学のみだったが、実践と理論の大切さをさらに深く認識させるために「省察科目群」が設けられるに至った。1 年後期の「実践入門」は前期を振り返り、2 年後期の「実践省察研究」では「プレ教育実習」での経験を集中授業で省察し、3 年次の教育実習に向けた自己の課題を明確化する。なお、「プレ教育実習」は「実践省察研究」の内容の一部である。
- 「実践省察研究」では、典型的な例を取り上げ、理論的に解明し討議する。ロールプレイなども行う。教科に限定せずに行われるため、学部の全教員が関わるが、教員志望ではない学生もいるため、選択科目となっている。

リフレクション・デイ
- 「リフレクション・デイ」は単位のある科目ではないが、すべての経験を総括して自己評価しつつ、ディプロマ・ポリシーを踏まえて学習計画を立てる。年に 1 日をとって、学期末に行う。学校現場から招いた教員の実践事例を含む講話があり、それを受けて学生がディスカッションし、自己評価を行ってレポート提出する。それを大学の教員がチェックした上でアドバイスを行う仕組み。

■地域連携実習科目群
- 2 年、3 年、4 年の「実践力育成演習（地域連携実習）」は、地域連携実習と

呼ばれる教育体験活動の省察科目である。時間割の中に「教育体験枠」が設けられているが、その時間帯も含めた自由な時間を使って、自分の関心に基づいて地域教育の活動に参加するのが地域連携実習である。2〜3つの活動に参加する学生が多く（年間ののべ時間数としては、数時間〜30時間強が多い）、この振り返りをweb上で行うとともに、「実践力育成演習（地域連携実習）」で、さらに理論と結びつけた省察を行う仕組みになっている。

■**現代的課題・講義科目群**

- 「現代的課題・講義科目群」は学校現場での課題について学ぶ。1年次「特別支援教育概論」は必修、2年次「教職教養課題特講Ⅰ」、3年次「教職教養課題特講Ⅱ」、4年次「教職教養課題特講Ⅲ」がある。「教職教養課題特講Ⅰ」は、教材活用の仕方や授業力を身につける等をテーマにグループワークを多用する。自分の専攻する教科に閉じず、講義を聞いて自分たちは何を学ぶべきか討議する。例えば理科の授業での教材作りやその活用を他教科、例えば英語を専門とする学生もともに考える。「教職教養課題特講Ⅱ」は非行問題など学校現場が他の機関と協働しながら解決していく課題を考える。「教職教養課題特講Ⅲ」はディスカッション→グループワーク→プレゼンの流れで行われる。

共愛学園前橋国際大学　国際社会学部　国際社会学科（2011年度調査）

■**アクティブラーニング科目の設計**

- 現場に出て行くアクティブラーニング科目は2年次に多く設置されていて、そこで「何が足りないか」を自覚し3年次に多く開講されている専門科目につなげる設計となっている。
- 初年次には「基礎演習Ⅰ・Ⅱ」が置かれ、3年次にはいわゆるゼミとしての「課題演習Ⅰ・Ⅱ」があり、4年次には「卒業研究」が置かれている。それをつなぐものとして、2年次には高次のアクティブラーニングとして「電子商取引演習Ⅲ」「学校フィールド学習A」「英語圏留学・研修」「海外フィールドワーク」「介護等体験」「社会文化心理学」「児童英語教授法演習Ⅰ・Ⅱ」「総合科目：人間を考える」「児童英語研究教材研究」が置かれている。また情報・経営コースの科目として、1年次には「電子商取引演習Ⅰ・Ⅱ」が設置され、

授業形態	1年次 前期	1年次 後期	2年次 前期	2年次 後期	3年次 前期	3年次 後期	4年次 前期	4年次 後期
講義 一般的AL	●コミュニケーション技法 ●言葉と表現 ●カラーとビジネス ●キリスト教と文学 ●教職論 ●初等音楽概説 ●初等理科概説 ●人々の生活と地理 ●生活科概説 ●日本史概説 ●日本事情Ⅰ ●上級簿記	●考古学 ●東アジア比較文化論 ●教育と心理 ●教育課程論 ●現代ヨーロッパ入門 ●現代社会の中の心理学 ●自然と地理 ●初等家庭概説 ●初等国語概説 ●図画工作概説 ●日本事情Ⅱ	●ビジネスコミュニケーション ●心理学研究論Ⅰ ●第二言語教育論Ⅰ ●日本語教授法演習Ⅰ ●コミュニケーション論Ⅰ ●言語学Ⅰ ●ウェブデザインⅠ ●群馬の産業と社会Ⅰ ●絵画 ●教育と人間 ●こどもの生活と学び ●教育相談論 ●経営学Ⅰ ●経営情報 ●算数概説 ●青年心理学 ●初等音楽科教育法 ●初等家庭科教育法 ●初等国語科教育法 ●生活科教育法	●群馬の言葉とこども ●心理学研究論Ⅱ ●第二言語教育論Ⅱ ●日本語教授法演習Ⅱ ●コミュニケーション論Ⅱ ●言語学Ⅱ ●ウェブデザインⅡ ●群馬の産業と社会Ⅱ ●造形 ●教育方法・技術 ●臨床心理学 ●算数科教育法 ●初等社会科教育法 ●初等体育科教育法 ●初等理科教育法 ●図画工作科教育法	●翻訳・通訳演習Ⅰ ●地域とこども ●シミュレーション ●第二言語習得論Ⅰ ●英語Ⅰ ●英米地域研究 イスラムの歴史像と社会 ヨーロッパの社会と経済 英文学 ●道徳教育の研究 ●英語科教育法Ⅰ ●社会科・公民教育論Ⅰ ●社会科・地歴教育論Ⅰ	●地域史研究 ●翻訳・通訳演習Ⅱ ●英語科教育教材論 ●第二言語習得論Ⅱ ●英語Ⅱ 情報産業論「情報」と職業 特別活動・学級経営論 ●社会科・公民教育法Ⅱ ●社会科・地歴教育法Ⅱ		
	●国語表現		●手話の理論と実際 スピーチテクニック		●英語科教育法Ⅰ ●商業科教育法 ●情報科教育法			
高次AL	●電子商取引演習Ⅰ	●電子商取引演習Ⅱ	●児童英語教授法演習Ⅰ ●社会文化心理学	●児童英語教授法演習Ⅱ ●児童英語教材研究 ●総合科目：人間を考える		●総合演習		
	●児童英語概論		●電子商取引演習Ⅲ ●学校フィールド学習A ●英語圏留学・研修 ●海外フィールドワーク ●介護等体験		●児童英語教育実習 ●学校フィールド学習B ●日本語教育実習 ●教育実習・初等		●教育実習・中等A ●教育実習・中等B	
ゼミ	基礎演習Ⅰ	基礎演習Ⅱ			課題演習Ⅰ	課題演習Ⅱ	卒業研究	

注1) 一般的AL：知識定着を目的としたアクティブラーニングのこと。
　　 高次AL：知識を活用し、課題解決を目的としたアクティブラーニングのこと。
注2) □囲みの科目は必修科目（コース必修を含む）
注3) ●は、記載年次より上の年次でも履修可能な科目
注4) 表中の科目は2011年度現在のものであり、またアクティブラーニング科目の一例であって、全てを記載しているものではない。

これは2年次の「電子商取引演習Ⅲ」へと連続していく設計となっている。

■電子商取引
・この科目は、1年前期と後期、2年通期で行われる。バーチャル・カンパニーを立ち上げ、のちに地元企業とのコラボにより商品開発・販売へ、あるいはそれが現実の企業へと発展することもある。その特徴として学年間の協働履修が挙げられ、下級生と上級生がチームを組んで問題解決に取り組む。1クラスのみで約25名。

■一般的アクティブラーニング
・1年次の「コミュニケーション技法」「国語表現」「考古学」「東アジア比較文化論」から2年次以降の35科目まで、多くの科目が一般的アクティブラーニング科目である。
・それ以外の講義科目でも、ほとんどの科目でアクティブラーニングが行わ

れている。ただし、金沢工業大学の「総合力ラーニング」のように制度化されているわけではない。その理由としては、開学初期に双方向型授業のFDを集中的に行い、その時の意識が共有されていることに加え、知識を定着させるために一般的アクティブラーニングを取り入れたことの効果を実感できており、学生にとってどのような授業がより良い授業かという視点が共有されているため。

■初年次ゼミ
・「基礎演習Ⅰ・Ⅱ」は、コースごとに内容を統一し、統一シラバスのもとに同じテーマに取り組む。

以上に加えて、2010年度調査で判明した特徴的な取り組みを紹介する。

産業能率大学　経営学部（2010年度調査）

授業形態	1年次		2年次		3年次		4年次	
	前期	後期	前期	後期	前期	後期	前期	後期
関連科目	会社のしくみ	マネジメントの基礎	●コース専門科目 (ex. 株式会社の実務、マーケティング実践etc)	●コース専門科目 (ex. 調査リサーチ活動の進め方etc)				
一般的AL			事例に学ぶ経営分析 マーケティング情報演習 売上データ分析		●キャリア設計と企業研究 調査データ分析			
高次AL			ビジネス経営演習 経営コンサルティング演習 都市型ビジネス科目	フィールド調査の基礎	ユニット専門科目 都市型ビジネス科目	ユニット専門科目 マーケティング実践演習		
ゼミ	基礎ゼミ		2年次ゼミⅠ (キャリア設計と自己開発)	2年次ゼミⅡ (キャリア設計と業界研究)	3年次ゼミⅠ (進路支援ゼミ)	3年次ゼミⅡ (進路支援ゼミ)	4年次ゼミ（進路支援ゼミ）	卒業論文

注1）一般的AL：知識定着を目的としたアクティブラーニングのこと。
　　　高次AL　：知識を活用し、課題解決を目的としたアクティブラーニングのこと。
注2）□囲みの科目は必修科目（コース必修を含む）
注3）●は、記載年次より上の年次でも履修可能な科目

・高次のアクティブラーニングの設計には次のような大きな特徴がある。すなわち、3～4年次に置かれているいわゆる専門ゼミは、「進路支援ゼミ」としてキャリア教育の要素を大きく取り入れ、その代わりに、「コース専門科目」や「ユニット専門科目」「都市型ビジネス」などの科目群で、専門知識を活用した産学連携の高次のアクティブラーニングが手厚く行われている。
・まず「コース専門科目」はコースに分属する2年生から始まり、例えばビジネス経営コースでは、「株式会社の実務」で講義、「ビジネス経営演習」でそれに連携しながらグループワークでビジネスプランを作成する。

- マーケティング情報コースでは、「調査リサーチ活動の進め方」で講義を行い、それとセットなる「フィールド調査の基礎」では高次のアクティブラーニングを行う。具体的には調査テーマを、例えば「自由が丘の駐輪場問題」や「自由が丘の飲料自動販売機のマーケットシェアと全国比較」、「自由が丘の犬種シェアと全国比較」等に設定し、①観察調査、②ヒアリング調査、③表現、④検証が順次行われる。
- こうした事例に代表されるように、4つあるコースすべてで講義と高次のアクティブラーニングが組み合わせられている。そこでの基本的な考えは、まず実践し、その後に座学で知識を学ぶという順番で、その意味では、2年前期の高次のアクティブラーニングは、まだ専門知識の活用というよりも「触発系」というべき性格のものと思われる。こうした順番での取り組みは、定量的には測定されていないが、授業アンケートで「モチベーションが上がった」等の回答も少なくない。
- 「ユニット専門科目」は4科目セットで5テーマが用意されている。5テーマとは、「ショップビジネス」「まちづくり」「心理・コミュニケーション」「広告・消費トレンド」「新事業・商品企画」。3年前期および後期で、それぞれのテーマとも高次のアクティブラーニングと座学を組み合わせ、基本的に同じ日に連続2コマで行われる。
- 例えば「新事業・商品企画」というテーマでは、3年前期が「新事業・商品企画の基礎」という授業で、その前半は講義においてブックオフの研究を行い、後半で新事業を考える。セットとなっている「ビジネスプラン作成演習」では、前半は講義で後半に実際に商品企画し外部のビジネスプラン・コンテストに応募する。さらに、3年後期では「新事業推進におけるマネジメント」が座学で、「新事業・商品企画の実践演習」がカルビーの商品企画を産学連携で行うという高次のアクティブラーニングであり、この両者がセットとなっている。
- この「コース専門科目」と「ユニット専門科目」は選択必修だが、それ以外に「都市型ビジネス」という科目群が選択で置かれ、2年生が対象。ここでも自由が丘という街に根付いた高次のアクティブラーニングが行われている。「消費と文化」「ミュージック・エンターテインメント」「アミューズメント・ビジネス」「エディター養成プログラム」「アーティスト・プロモー

ション」「自由が丘イベントコラボレーション」の科目群で、エディター養成は 40 名程度が履修し、実際に取材を行い、雑誌を編集・制作する。アーティストプロモーションは 15 人が履修し、実際にコンサートを開く。「自由が丘イベントコラボレーション」も 60 人が履修。自由が丘商店街と目黒区との三者のコラボで、自由が丘商店街振興組合が主催する各種イベントの企画、運営面での参加、または自由が丘という街への貢献策として、自由が丘セザンジュ（街案内人）を担う。イベント参加としては「自由が丘スイーツフェスティバル」「自由が丘女神祭り」「学園祭」「クリスマスイベント」があり、教員は 3 人で担当する（内 1 名は振興組合より非常勤講師として参画）。さらにインターンシップⅡの単位を活用して、3 年生や 4 年生もこの授業に関わることができる。現在は 20 名程度が関わっている。

- この「都市型ビジネス」の評価は、平常点（座学と実践への出席＋貢献度）、最後の役割ごとの個人レポート（アーティスト・プロモーションの場合、プロデューサー、会計・経理、プロモーター）等で決まる。楽しいというよりも学生同士の衝突があり、それをいかに乗り越えさせるのかがテーマとなっている。
- 初年次の基礎ゼミは通年で必修。前期はスタディスキルを学ばせ、後期ではグループワークによるテーマ研究を行う。このテーマ研究は 2〜3 時間でお茶を濁すような取り組みではなく実に 13 週にもおよび、かなり本格的な取り組みとなっていて、内容も高次のアクティブラーニングに分類される。
- 2 年のゼミは必修で、内容も共通テキストで進度も統一する。1 クラス 25 人で編成され、グループワークは 5 人単位。前期は講義→ビデオ→議論→発表というサイクルを 3 回繰り返され一般的アクティブラーニングに分類される。後期のテーマは業界研究で、前期と同じサイクルを 3 回繰り返す。
- 3 年ゼミは「進路支援ゼミ」と呼ばれ、内 4 週間は自己表現力を課題とし 400 字で文章を書いて添削して発表。28 回の授業の内 10 回が就職支援関連を共通プログラムで行い、残りの 18 回が専門ゼミとなる。専門ゼミは調査→発表が基本で、教員によっては PBL も含むが、内容は教員の専門に依っており、PBL 等の導入も統一されているわけではない。
- 4 年次ゼミは学生が自分の就職予定の企業研究を行うことも含まれている。

2011年度からは、そちらに比重を置く予定である。
- このように、3～4年次ゼミが業界研究、企業研究や、就職支援に比重が置かれているのは、キャリア教育では学生と教員が1対1で対話することが基本であるべきで、それはゼミでしかあり得ないという考えからである。その分、専門性が薄れるのを「コース別専門科目」や「ユニット専門科目」でカバーするという設計である。
- 同学部ではゼミは選択だが履修するのは96％で、ほぼ全員。4年生ゼミを受けた学生はA4・10ページのレポートを書く。卒論と違うのは、かける時間の差である。

立教大学　経営学部（2010年度調査）

授業形態	1年次		2年次		3年次		4年次	
	前期	後期	前期	後期	前期	後期	前期	後期
関連科目		●マーケティング	●ファイナンシャル・マネジメント ●マーケティング戦略論 ●財務分析					
一般的AL				BL3-A(経営学科) BL3-B(経営学科) BL3-C(経営学科)				
高次AL	BL0	BL1(経営学科) EAP1(国際経営学科)	BL2(経営学科) EAP2(国際経営学科)		BL4(経営学科) BBP(国際経営学科)			
ゼミ	初年次ゼミ		専門ゼミ		専門ゼミ		専門ゼミ 卒業論文	

注1）一般的AL：知識定着を目的としたアクティブラーニングのこと。
　　　高次AL　：知識を活用し、課題解決を目的としたアクティブラーニングのこと。
注2）□囲みの科目は必修科目（コース必修を含む）
注3）●は、記載年次より上の年次でも履修可能な科目

- 専門演習以外に「ビジネス・リーダーシップ・プログラム（BLP）」が、高次のアクティブラーニングを組み込んだプログラムとして導入されている。
- このビジネス・リーダーシップ・プログラムは、BL0（1年前期　学部必修）→ BL1（1年後期　経営学科必修）→ BL2（2年前期　経営学科必修）→ BL3（2年後期　選択）→ BL4（3年前期　選択）と連続し、各学年前期に置かれているBL0・BL2・BL4が問題解決のグループプロジェクトで、BL1・BL3がスキル強化の授業として位置付けられている。

　内容を見ると、1年前期のBL0は基礎演習とも呼ばれ、学部（370人）共通で全員必修。20人1クラスで18クラスが設置されている。この授業ではモスフードサービスとの産学連携で、ビジネスプランを学生に考案させ、

それをプレゼン大会で発表させる。この時点では、経営学の専門知識は学んでいないため、専門知識の活用は目的に含まれていない。ここでの取り組みで、学生にはむしろ無力感を感じさせ、これを週1回の講義の「経営学を学ぶ」に対するモチベーションアップへつなげていくのが狙いとなっている。

・1年後期に置かれているBL1は、経営学科は必修で10クラス設置。ここではスキルアップが目的とされ、例えばディベートでは東京電力と連携して「太陽光発電を全体的に導入すべきかどうか」というテーマを設定して、学生が事実を分析して討議する。その分析の視点は基礎科目群の「マーケティング」で学ぶというように科目がリンクしている。

・2年前期のBL2は、経営学科必修で8クラス置かれ、内容は日産自動車と産学連携での問題解決のグループプロジェクトで、「ファイナンシャル・マネジメント」等の専門知識の活用をしつつ、産学連携で問題解決に当たる。

・2年後期のBL3は選択科目で、「A・B・C」の3科目があり、Aは講義とグループワーク、Bはグループ討議やペアセッション、Cは対話法と添削による文章表現改善をテーマにスキルを高める。

・さらに3年前期のBL4は選択科目で20人程度が履修する。このBL4は起業グループプロジェクトと位置付けられ、アップルジャパンと産学連携して行われる高次のアクティブラーニングとなっている。「ファイナンシャル・マネジメント」はもちろん、その上位科目である「マーケティング戦略論」、「財務分析」等の専門知識を活用するものとして設計されている。

・この他に専門ゼミが2年前期～4年後期にかけて置かれ、どのゼミでも必ずグループワーク、フィールドワーク、プレゼン、レポート、時間外学習が必須とされている。ゼミは学部の8割が履修し、4年は卒論執筆が中心となる。

・さらに、国際経営学科にはEAP（イングリッシュ・フォー・アカデミック・パーパス）やBBP（バイリンガル・ビジネス・プロジェクト）といった取り組みがある。

立命館大学　経営学部（2010年度調査）

授業形態	1年次		2年次		3年次		4年次	
	前期	後期	前期	後期	前期	後期	前期	後期
一般的AL				金融市場分析演習I	金融市場分析演習II	金融市場分析演習III		
高次AL			アントレプレナー実践講座 起業活動インターンシップ演習	製品開発論 企業支援インターンシップ演習 産学協同アントレプレナー 起業活動インターンシップ演習	メディアデザイン論	プロジェクトマネジメント演習		
ゼミ	基礎演習I	基礎演習II	専門演習I	専門演習II プロジェクト研究 ●プロジェクトマネジメント演習	専門演習III	専門演習IV	卒業特別研究	

注1）　一般的AL：知識定着を目的としたアクティブラーニングのこと。
　　　　高次AL　：知識を活用し、課題解決を目的としたアクティブラーニングのこと。
注2）　□囲みの科目は必修科目（コース必修を含む）
注3）　●は、記載年次より上の年次でも履修可能な科目

■アクティブラーニングの設計

- 同学部では「基礎演習」は30年前ほどから行っていた。大規模大学では学生が孤立しがちであるために、丁寧に入門的なことを教える、高大接続を目的として置かれた。現在は通年で必修。1クラス30〜35人、24〜25クラス開講している。学生は前期でスタディスキルを学び、後期ではグループワークでテーマを選びPBLに取り組む。そしてそれを1年生のプレゼン大会で発表する。統一教科書が採用され、内容は年に4回、担当者の懇談会を開催して統一している。「基礎演習」では教員が希望すれば、SAがクラスについて、学生が生活に慣れるのを支援する。SAは教務的にも関わりレポートのチェック等も行う。

- 今まで、2年生では小集団授業がなかったが、研究を早めに始めたいという声もあり、「プロジェクトマネジメント演習」を設置。これは1年間開講の選択で、希望する学生が自分たちでグループを組み、自分たちでテーマを探して教員に依頼するか、または教員からテーマを提示してもらう。受講しているのは100人以下。1クラス10〜12名で、1グループは3〜5人。

- これまでは3年・4年で「専門演習」が開講されていたが、2011年度の2年生から「専門演習」を行うように早めることが決まっている。一つ目の理由は就職活動が早まり、ゼミの肝心な時に学生が抜けざるを得ないためである。もう一つの理由は留学する学生が増えたためである。ゼミを2〜3年次に早めることで、3年のゼミの終わりでゼミのレポートをまとめることが出来ていると、就職活動でも有利になるとも考えられている。

- 専門演習が早まると、卒論は「卒業特別研究」として、より高度なことをやりたい学生のみの選択となる。留学に行く学生は2年で留学し、帰国してから「プロジェクト研究」に加わる。（立命館大学の経済学部では以前、2・3年生でゼミを行っていたが、現在では3・4年次に戻している。理由は2年次の初めに専門演習を選択させるのでは、学生にゼミ選択の根拠となる知識が未だ十分形成されておらず、また4年生の位置づけも難しいためである）。
- 「プロジェクト研究」は、2年でゼミに入らない学生、希望が通らない学生の受け皿にもなると考えている。2年次の「専門演習」は選択で全体の8割程度（留学する学生が5～10％なので）と予測されている。

(3) 概説

「高次のアクティブラーニング」については、4年間のそれぞれの専門知識の習得度合いに応じて、学生が4年間連続して履修できるようなカリキュラム設計であることが望ましい。

理工系学科では、質問紙調査などから明らかになっているのは、1年次・2年次・3年次には講義と「一般的アクティブラーニング」としての演習・実験で知識を習得・確認させ、4年次になって初めて研究室配属→卒業研究というのが最も多いパターンである。最近では、研究室配属が3年次後期、3年次前期などに前倒しされている学科も見られるようになってきた。

その点で、2011年度に実地調査した学科については、卒業研究を含めると、ほぼ4年間連続して「高次のアクティブラーニング」が配置され、4年次の研究室配属・卒業研究を待たず、学生に課題解決に取り組ませている点が注目される。

また、2010年度調査対象学科でも本書で紹介している学科では、やはり卒業研究以前に高次のアクティブラーニングに取り組ませている。

これに対して文系学科の場合、専門ゼミ・専門研究以外での「高次のアクティブラーニング」導入が理工系学科に比して進んでいない。実地調査でも日本女子大学文学部英文学科、近畿大学文芸学科英語多文化コミュニケーションコース、同志社大学文学部国文学科、前橋国際大学国際社会学部国際社会学科の3学科のみが「進んだ取り取り組み◎」の評価となった。

この項目については、後述する「アクティブラーニング科目の内容統一・科

目間の関連性の確保」の項目と極めて強い相関性を示している。つまり、アクティブラーニング科目を学科として設計して取り組んでいるところほど、高次のアクティブラーニングの導入の度合いが進んでいる結果となった。

これは専門ゼミ・専門研究以外での「高次のアクティブラーニング」の導入が、教員の裁量に依拠してよりも、学部学科の判断のもとで組織的に取り組まれているものであることを、間接的ではあれ、示している。

問題は、この専門ゼミ・専門研究が多くの場合、個々の教員の下にクローズドされていることである。どのような教育が行われ、どのように評価が行われているかも、基本的にはすべて個々の教員に委ねられ、外部からはアンタッチャブルになっている。優れた「高次のアクティブラーニング」が行われている場合ももちろん多くあるが、そうでない場合も同じ程度にあると考えられるし、それを検証することすらほぼ不可能である。

こうした専門ゼミ・専門研究を、いかに学部学科の取り組みにより開いていくのか、それがアクティブラーニングを深い学びの視点から再構成していこうとするならば、極めて重要な位置を持つはずである。

※これについては4．まとめと提言（p.133）において詳論。

Ｉ－２．知識定着を目的とした「一般的アクティブラーニング科目」の他科目との連携

以下に評価が高かった学科を記す。

区分	大学	学部・学科・コース	評価	調査年度
理系学科	日本大学	生産工学部建築工学科	◎	2011
	神奈川工科大学	応用バイオ科学部応用バイオ科学科	◎	2011
	東邦大学	理学部情報科学科メディア生命科学コース	◎	2011
	関東学院大学	工学部機械工学科ロボットコースシステム専攻	◎	2011
	秋田大学	工学資源学部機械工学科	◎	2010
	岡山大学	工学部機械工学科	◎	2010
	近畿大学	理工学部機械工学科	◎	2010
	室蘭工業大学	工学部情報電子工学系学科	◎	2010
	三重大学	工学部電気電子工学科	◎	2010
	金沢工業大学	工学部電気電子工学科	◎	2010
文系学科	新潟大学	人文学部人文学科	◎	2011
	日本女子大学	文学部英文学科	◎	2011
	近畿大学	文芸学部英語多文化コミュニケーション学科	◎	2011
	愛媛大学	教育学部学校教育教員養成課程	◎	2011
	椙山女学園大学	教育学部子ども発達学科	◎	2011
	共愛学園前橋国際大学	国際社会学部国際社会学科	◎	2011
	産業能率大学	経営学部	◎	2010

注）◎：進んだ取り組み

(1) 理工系学科

　理工系学科は、知識定着を目的とした一般的アクティブラーニング科目が基本的な専門科目の半数以上で導入されている。2011年度に調査した4学科もすべて「進んだ取り組み」であった。

日本大学　生産工学部　建築工学科（2011年度調査）

- 2年後期に配当されている「建築実験Ⅰ」が、必修科目の座学である「建築構造力学Ⅰ」「応用力学Ⅰ」「建築構造材料Ⅰ」等の知識伝達の講義科目をベースにして実験を行う。座学で知識を学び、それを実験で確かめるように組み立てられている。3年前期に配当されている「建築実験Ⅱ」も同様で、部材系の科目での知識を確認するための実験となっている。3年後期に配当されている「建築実験Ⅲ」では、力学系と部材系の知識と実験を踏まえて総合的な実験を行う。具体的には、2年前期に音について教え、3年前期には騒音の測定法を教えて環境実験を行ったり、3年前期で熱環境について教え、3年後期で外断熱と内断熱の違いを模型で実験して確かめたりする等の組み合わせを行っている。「建築構造力学Ⅰ・Ⅱ・Ⅲ」は座学と演習（別科目）のセットで行われている。

神奈川工科大学　応用バイオ科学部　応用バイオ科学科（2011年度調査）

- 講義のみの科目はほとんどない。基本的に演習が組み込まれている。
- 例えば1年次後期必修の「分析化学」では、教員4人が担当し4クラスを能力別に編成して、毎回90分の授業中30分は演習と解説に充てる。回収→採点→返却が必須とされている。
- 特に「バイオ実験Ⅱ」での高校生向けの教材づくり、「バイオインフォマティクス実習」での生命科学に関するイラストづくりはユニークな取り組みである。

東邦大学　理学部　情報科学科（2011年度調査）

- 「数理知能科学コース」では演習科目が多く設置され、「メディア生命科学コース」でも、講義のみの科目よりも演習とセットになっていたり、授業

の中で演習を行っていたりする科目の方が多い。

関東学院大学　工学部　機械工学科　ロボットコース　システム専攻（2011年度調査）
- 「機械工学総合演習」が独立した科目としてはあるが、ほぼすべての科目で座学の中に演習（小テスト等）を組み込んでいる。

以上に加えて、2010年度調査で判明した特徴的な取り組みを紹介する。

近畿大学　理工学部　機械工学科（2010年度調査）
- 同学科では講義（必修）→演習実験（必修）→講義（選択）の「三位一体教育」を導入している。以前は実験と演習を別々に行っていたが、学生がそのつながりを理解できない状態が生まれ、これを結びつけるために考え出された仕組みである。

室蘭工業大学　工学部　情報電気電子系学科（2010年度調査）
- 2年次でコース分けを行い、電気と情報系の演習に分かれる。「電磁気Ⅰ・Ⅱ」「電気回路Ⅰ・Ⅱ」は前期・後期と連続するが、1科目が週2回開講で、講義と演習が1時間ずつ。これがセットで行われることが効果的と考えられている。しかも演習時には必ず15分の小テストを実施し、次の時間に採点・添削をして返却する。演習では、事前に演習の題を配布し、学生が自宅で問題に取り組んできて、授業で発表するというやり方も教員によっては採用されている。このシステムはJABEEを取得した4年前から導入されている。この組み合わせは講義が1クラス、演習は3クラスで構成され、各クラスがスピードやテスト内容を揃えるため、必然的にチームティーチングとなっている。

三重大学　工学部　電気電子工学科（2010年度調査）
- 学科の必修科目はすべて演習とセットで、宿題が出される。科目名に「演習」とつけているのは、教員に必ず演習するようにというプレッシャーを与えるためでもある。その結果として、授業時間内での演習と宿題か、宿題の

みかの違いはあるが全ての必修科目で演習が行われている。宿題は平均3時間くらいかかる程度のボリュームのものである。アンケートを取ると、電気電子の専門科目の時間外学習は全学平均の2倍にも達している。図書館利用率も電気電子工学科が全学の中で一番高い。
・小テストを行う授業が半分程度。それを演習として次の時間に回答させる授業もある。

金沢工業大学（2011年度調査）

・「『総合力』ラーニング」は、総合力＝学力×人間力の修得を目指して基本的にすべての科目の中にアクティブラーニングを取り入れるというもので、2007年度からスタートしている。知識を取り込んだ後、自分で考え、討議し、場合によってはグループ活動を通じて、応用力を培うことが目的である。
・この「『総合力』ラーニング」を導入することで教員からの一方向的な講義だけの科目はなくなり、その結果「講義」という呼び方は使われず「授業」と一般的に呼ばれている。例えば電気機器の授業などでは、講義を聴いただけでは「問いかけ」が理解できない学生が多いが、レポートを書かせることで、問いかけの意味が初めて理解できるようになる。
・また「入門」で学んだことを「基礎」で繰り返し、「基礎」で学んだことを「応用」で繰り返すことが意図的に組み込まれている。例えば教養科目で学んだ数学を工学に活かせない学生が多い場合には、工学の専門科目の中で、教養科目の数学を復習させつつ毎回小テストを行う。そして成績評価への定期試験の比率を全ての科目で40％以下にとどめ、この小テストのポイントも加算している。
・「『総合力』ラーニング」型授業の導入以降、QPA（Quality Point Average＝他大学の「GPA」に相当）の点数が上昇するようになった。例えば、「高電圧パルスパワー」の授業は例年、単位が取れない学生が何名かいたが、内容が年々難しくなっているにも関わらず全員が合格するという成果が出ている。

(2) 文系学科

　文系学科では、学科ごとのばらつきが見られた。文系学科で基本的な専門科目の半数以上で一般的アクティブラーニングを導入しているのは新潟大学人文

学部人文学科、日本女子大学文学部英文学科、近畿大学文芸学部英語多文化コミュニケーション学科、愛媛大学教育学部学校教育教員養成課程、椙山女学園大学教育学部子ども発達学科、共愛学園前橋国際大学国際社会学部国際社会学科であった。

新潟大学　人文学部　人文学科（2011年度調査）
- 1年次に通期で初年次ゼミ「人文総合演習A・B」が置かれ、2年次には専門基礎的な「○○概説（講義科目）」とセットになった「○○実習（験）」や「○○研究法」という科目が置かれている。
- ここで得た知識やスキルを基礎に2年次通期のゼミ科目である「○○基礎演習」、3年・4年次通期の「○○演習」が置かれる。これがメインストリームとなって、さらに2年・3年・4年次で履修できる「表現プロジェクト演習」が、高次のアクティブラーニング科目として置かれている。基本的には初年次ゼミに加えて、ゼミを2年次まで下し、4年間の必修ゼミを置きつつ、ここに「実習」「研究法」などの一般的アクティブラーニング科目が組み合わされている。

日本女子大学　文学部　英文学科（2011年度調査）
- 1〜3年次の学びの先に、4年次での特別演習＝卒論が位置づけられている。各専門の「演習科目」は、「英語論文作成法Ⅱ」や「特別演習」に専門知識を提供する位置づけで、そこが日本女子大学の独自性である。
- 専門知識の講義（例「文学史」）は入門との位置づけで、一般的アクティブラーニング（例：「文学史演習」）で専門的な知識を定着させる。

近畿大学　文芸学部　英語多文化コミュニケーション学科（2011年度調査）
- 同学科では、アクティブラーニングをインプットとアウトプットに分類している。インプットは知識定着を目的とした「一般的アクティブラーニング」に、アウトプットは知識を活用し課題解決を目的とした「高次のアクティブラーニング」に対応しているため、この分類を用いるが1年次のインプットが「Pronunciation practice」「Reading1 A・B」「Writing1 A・B」「Listening1 A・B」「Speaking1 A・B」で、2年次のインプットが「Reading2 A・B」「Writing2 A・B」「Listening2 A・B」、3年次はインプットとして「Topic Discussion」

「Presentation」「Speeches & Interviews」が置かれている。

愛媛大学　教育学部　学校教育教員養成課程（2011年度調査）
・各教員にアクティブラーニングを取り入れている科目を申告してもらったが、一方的に喋るだけの座学に終始している授業はほとんどないことが判明した。
・一般的アクティブラーニングもほとんどの科目で行われている。

椙山女学園大学　教育学部　子ども発達学科（2011年度調査）
・アクティブラーニングの核となっているのは実習である。これを縦軸に、横軸として各教科が専門知識を提供する。
・初等・中等コースでは1年次前期に「ふれあい実習Ⅰ（観察）」で観察見学実習を行い、現場を知り疑問点を持つ。1年次通年科目の「ふれあい実習Ⅱ（参加）」では附属小学校での土曜教室で担任教師を経験して、体験と気づきを得る。ただし、この科目は40人しか選択できず、「教育ボランティア」で補完している。

共愛学園前橋国際大学　国際社会学部　国際社会学科（2011年度調査）
・1年次の「コミュニケーション技法」「国語表現」「考古学」「東アジア比較文化論」から2年次以降の35科目まで、多くの科目が一般的アクティブラーニング科目である。
・それ以外の講義科目でも、ほとんどの科目でアクティブラーニングが行われている。ただし、金沢工業大学の「『総合力』ラーニング」のように制度化されているわけではない。その理由としては、開学初期に双方向型授業のFDを集中的に行い、その時の意識が共有されていることに加え、知識を定着させるために一般的アクティブラーニングを取り入れたことの効果を実感できており、学生にとってどのような授業がより良い授業かという視点が共有されているため。

以上に加えて、2010年度調査で判明した特徴的な取り組みを紹介する。

産業能率大学　経営学部（2010年度調査）

- すべての科目は「基本プログラム」と「バックアッププログラム」に分類され、前者が実践科目、後者が理論科目という位置づけである。つまり、基本プログラムに分類される科目群では、一般的か高次であるかを問わずアクティブラーニングが組み込まれているわけである。
- さらに2年次にコースに分かれ、コース専門科目が始まる。その中の例えばビジネス経営コースでは、「株式会社の実務」が講義科目で、それとセットになった「ビジネス経営演習」ではグループワークでビジネスプランを作成する。マーケティング情報コースでは、講義の「マーケティング実践」とセットで「マーケッティング情報演習」が置かれ、後者ではビジネスゲームを導入して、定量的に評価できる実践に取り組ませている。

(3) 概　説

　理工系学科の場合は知識体系が積み上げ型となっているため、その徹底を図るために伝統的に一般的アクティブラーニングの導入が進んでいる点が指摘できる。2010年度調査で明らかになったのは、機械系学科の場合は「四力学」の基本科目において、電気電子系の場合は「電磁気学」等々の基本科目において、「講義」科目と「演習」科目がセットになっているか、あるいは「講義」科目の中にアクティブラーニングが埋め込まれているかの違いはあるものの、概ねこの両者を組み合わせているのが標準的だということであった。

　2011年度調査においてもロボット系、バイオ系、建築系、情報系において、同様の考えでカリキュラム設計されていることが判明した。

　文系学部では学部学科により導入の度合いに大きな差があった。学系的な特徴は以下のような点である。

　英語系では英語の訓練的な意味合いでの一般的アクティブラーニングが導入されているが、2011年度調査の対象となった日本女子大では英文学科でありながら、「英文学」や「英文化」などの科目で一般的アクティブラーニングが導入されている点に特徴がある。

　また教育系では、教科科目を含めて、多くの科目でアクティブラーニングが導入されている。

　経営系では、「高次のアクティブラーニング」では進んだ事例が見られるが、

「一般的アクティブラーニング」では、進んだ事例は数少ない。その中で産業能率大学の「基本プログラム」（アクティブラーニング）と「バックアッププログラム」（座学）という考えが、制度的にアクティブラーニングに取り組むという点で、金沢工大の「『総合力』ラーニング」と同様に進んだ実践例である。

【評価の視点Ⅱ】学部・学科による質保証、教育内容の統一・関連性確保
Ⅱ−1．アクティブラーニング科目の内容統一・科目間の関連性の確保

以下に評価が高かった学科を記す。

区分	大学	学部・学科・コース	評価	調査年度
理系学科	日本大学	生産工学部建築工学科	◎	2011
	神奈川工科大学	応用バイオ科学部応用バイオ科学科	◎	2011
	関東学院大学	工学部機械工学科ロボットコースシステム専攻	◎	2011
	秋田大学	工学資源学部機械工学科	◎	2010
	岡山大学	工学部機械工学科	◎	2010
	室蘭工業大学	工学部情報電子工学系学科	◎	2010
	三重大学	工学部電気電子工学科	◎	2010
	金沢工業大学	工学部電気電子工学科	◎	2010
文系学科	日本女子大学	文学部英文学科	◎	2011
	愛媛大学	教育学部学校教育教員養成課程	◎	2011
	椙山女学園大学	教育学部子ども発達学科	◎	2011
	共愛学園前橋国際大学	国際社会学部国際社会学科	◎	2011
	創価大学	経済学部	◎	2010
	武蔵大学	経済学部	◎	2010
	産業能率大学	経営学部	◎	2010
	立教大学	経営学部	◎	2010
	立命館大学	経営学部	◎	2010

注）◎：進んだ取り組み

評価項目
1）同一科目複数開講で複数の教員が担当するアクティブラーニング科目がある場合、学部・学科により教育内容が統一されているか。
2）同一学年で開講される複数のアクティブラーニング科目の教育内容が内的な関連を持つように、学部学科により調整されているか。
3）学年をまたぐアクティブラーニング科目の内的関連が学部・学科によって確保されているか。
4）知識を活用し課題解決を目的とした「高次のアクティブラーニング」科目において、活用する専門知識を提供する講義科目がシラバスや授業計画

書などに明記されるなど、連携した設計になっているか。

(1) 理工系学科

2011年度に実地調査を行った4学科中の3学科が「進んだ取り組み◎」に該当した。

日本大学　生産工学部　建築工学科（2011年度調査）
- 高次のアクティブラーニングの成績評価については、コース内で複数教員による合評会が行われている。
- 「建築構造力学Ⅰ・Ⅱ・Ⅲ」「建築応用力学Ⅰ・Ⅱ」は座学と演習（別科目）のセットで行われているが、Ⅰ、Ⅱ、Ⅲともに3人の教員で担当し、授業で使うテキスト、出される課題はすべて統一されている。
- 「鉄筋コンクリート構造」は2クラス開講で同様に統一されている。
- 上記のような構造系科目は基本的に2クラス以上に分けられていて、内容の統一と縦の連携も取られている。そのためのワーキンググループも設けられている。

神奈川大学　応用バイオ科学部　応用バイオ科学科（2011年度調査）
- 「分析化学」4クラス、「バイオ工学基礎」4クラス、「バイオ化学基礎」4クラス開講などは進度もテストも評価も統一して進めている。
- 学科提供ではない理系の教養科目とは、教員間で会議を開いて内容を調整している。
- 学科創設時には授業検討会も全員で行い、PDCAを回していたが、今は軌道に乗ったので、非常勤を含めて目標の共有をしている程度で授業検討会を行ってはいない。
- 科目の中で基礎教育支援センターの数学の教員（定年後の高校教員）に来てもらって教えてもらうなど、タイアップを強化している。

関東学院大学　工学部　機械工学科　ロボットコース　システム専攻（2011年度調査）
- 同学科では「熱力学Ⅰ・Ⅱ（いずれも2年前期）」を、教員2人が担当し習

熟度別にして開講している。

　また同学科の初年次ゼミである「フレッシャーズセミナー」と、「高次のアクティブラーニング」の中心的な科目である「フレッシャーズプロジェクト」(1年後期)、「ロボットプロジェクトⅠ・Ⅱ」(2年前期・後期)、「応用ロボットプロジェクトⅠ・Ⅱ」(3年前期・後期) などの「プロジェクト科目群」はいずれも複数開講され、学科で内容は統一されている。

以上に加えて、2010年度調査で判明した特徴的な取り組みを紹介する。

岡山大学　工学部　機械工学科（2010年度調査）

- 「創成プロジェクト」では、複数クラスを10人の助教で担当し、内容統一のためのマニュアルを作成し、毎年更新している。
- この「創成プロジェクト」は、10人の助教とTAが関わるため、内容をティーチングマニュアルで統一し毎年更新するとともに、成績評価においてはリーダーシップやチームワーク等をTAと教員で判定し、グループ点と個人点で評価している。

三重大学　工学部　電気電子工学科（2010年度調査）

- 科目連携会議が5～6ある。基礎教育＋電気電子基礎分野、エンジニア教育分野、材料物性分野、電気電力分野、総合教育分野等である。材料科学は2人の教員で教え、教科書は同じものを使用する。
- 「プログラミング演習Ⅰ」と「プログラミング演習Ⅱ」、「制御工学Ⅰ」と「制御工学Ⅱ」などの積み上げ科目の内容連携は取れている。

金沢工業大学　工学部　電気電子工学科（2010年度調査）

- 学科的な取り組みではなく全学的な考えとして、同大学では学生は「教員を選ぶ」のではなく「科目を選ぶ」。このため、科目内容が教員ごとにバラバラであってはならない、という考えが徹底されている。
- 科目担当者会議が設けられていて、同じ科目名で複数開講の場合はすべて内容統一が図られている。学年をまたがって行われる積み上げ型授業も、内容が調整される。

(2) 文系学科

文系学科では「進んだ取り組み◎」を行っていたのは日本女子大学文学部英文学科、愛媛大学教育学部学校教育教員養成課程、椙山女学園大学教育学部子ども発達学科、共愛学園前橋国際大学国際社会学部国際社会学科であった。

日本女子大学　文学部　英文学科（2011年度調査）
- 「基礎英作文」「英語論文作成法Ⅰ・Ⅱ」「英語会話」やLL授業など、複数開講されている必修科目は必ず専任教員がコーディネーターをつとめ、内容の統一・調整を行っている。
- また「基礎英作文」「英語論文作成法Ⅰ・Ⅱ」は毎年1度、非常勤講師を含めて全体会議を行い、内容について検討・調整する場を設けている。

愛媛大学　教育学部　学校教育教員養成課程（2011年度調査）
- 同学部では、複数開講されているアクティブラーニング科目のほぼすべての内容が統一され、また「実習」系の科目と「省察」科目が内容的に連携している。さらに、それらの科目は学年が上がるにつれてレベルが高くなっていくなど、基本的に学部学科主導で関連付けと統一が行われている。
- こうした仕組みの中核となっているのが「教育コーディネーター」制度で、各学部に学長直轄の教育コーディネーターが5～6名置かれ、広い視野で教育改革を推進していることが挙げられる。

椙山女学園大学　教育学部　子ども発達学科（2011年度調査）
- 各教科に「○○指導法」の科目がある。これは各4クラスがあるが、一人の教員が全クラスを担当することもあれば、非常勤が半分担当することもある。教育内容の統一に関しては、科目によってなされている場合もある。
- 「ふれあい実習Ⅰ（観察）」はプログラムを担当者会議で作成している。

共愛学園前橋国際大学　国際社会学部　国際社会学科（2011年度調査）
- 同一科目複数クラスがあるケースについて、英語ではプレイスメント・テストを行い、習熟度別クラスにしている。英語の場合、年2回ある全員ミー

ティングで内容の調整を行っているが、後は教員それぞれが判断して進めている。コーディネーターなどは設けていない。
- 例えば「経済学入門」では、高校の履修状況をアンケートで把握し、2クラスに分ける。2人の教員がそれぞれを担当し教員同士が協議して進め方を決める。試験は一部共通で行う。
- ⅠからⅡへと積み上がる科目で異なる教員が担当するのは少ないが、該当するものについては調整をしている。
- 教員間の関係が密であるため、相互の授業を治外法権化しない文化がある。相互アドバイスも活発だが、制度化されていない。

以上に加えて、2010年度調査で判明した特徴的な取り組みを紹介する。

創価大学　経済学部（2010年度調査）
- 理論、統計、歴史、IP、JASの区分でそれぞれ教務委員会を設置し、授業内容、授業のやり方、進度などについて議論している。
- 同一科目で複数クラス開講している科目には、「基礎演習」、「ミクロ経済学」、「マクロ経済学」、「経済数学」、「入門統計学」などがあり、これらの科目では、授業の内容、進度、テストが統一されている。
- 「ミクロ経済学」と「ミクロ経済学中級」、「マクロ経済学」と「マクロ経済学中級」のセメスターをまたいだ積上げ型科目では、各科目とも3クラスに分かれて実施されているが、いずれも進度、内容、テストは統一されている。
- 「ミクロ経済学」は3クラス（3名の教員が各クラスをそれぞれ担当）に分けて開講され、共通テキスト・共通シラバスで、講義に演習も盛り込んで実施されている。

武蔵大学　経済学部（2010年度調査）
- 必修科目や選択必修科目については、内容を「コース会議」で決定する仕組みになっている。「科目に人をつける」ようにする。
- 「金融学概論」や「経営学基礎」はチームティーチングを行っている。例えば、「経営学基礎」ではビジネスコースに関わる全員で内容を決定して標準化が行われている。具体的には2人の教員で授業を担当するが、試験も統

一している。「金融学概論」では、金融学科の教員が共同で作成した共通のテキストが使用されている。

産業能率大学　経営学部（2010年度調査）

- 複数クラスは「会社の仕組」「マネジメントの基礎」が必修で3クラス開講され、統一シラバス、統一テキスト、統一テストで行われている。
- 主務者が中心となって、内容調整をしている。中間で再調整も行う。
- 積み上げ型の科目はない。
- ユニット専門科目とコース専門科目は2人以上の教員によるチームティーチングになっている。

立教大学　経営学部（2010年度調査）

- 同学部のアクティブラーニング科目の中軸をなしているのが「ビジネス・リーダーシップ・プログラム（BLP）」であるが（【評価の視点Ⅰ】での内容を参照のこと）、BL0は共通テキスト、共通テストで内容も統一されている。教員の会議も毎月1回開催される。
- BL2でもパワーポイントのスライドは統一し、コンテストを行うことで内容の平準化を図っている。
- 常時FD活動が行われている。特にBLPは各クラスにSAが1人つくが、SAは常時、授業内容やスライド内容、科目構成についての改善提案を行っている。
- BLPのみで行われている「匿名座談会」もユニーク。SAが選んだ学生4人程度が座談会を行い、テープ起こしをして匿名にして教員に閲覧させる。
- BLP対象の外部評価委員会が年1回、学部全体の諮問委員会が年2回開かれる。
- 「ミクロ経済学」、「マクロ経済学」、「経営学入門」などの複数開講科目は、統一テキスト等で内容を統一している。
- 「マーケティング」→「マーケティング戦略論」などの積み上げ科目の内容調整も学部として行っている。2011年度からはさらに、「ファイナンシャル・マネジメント」や「財務管理」等で積み上げ型の強化をすることになっている。

立命館大学　経営学部（2010年度調査）
- 「基礎演習」では懇談会で内容を統一している。
- 必修科目は5クラス開講されており、テキストとテストを統一し、コーディネータを置いて内容調整している。

(3) 概　説

　この項目については、明確に理系学科は教育内容の質保証を組織的に行っていることが明らかである。工学部系はJABEEの影響もあるが、それ以前に積み上げ型の知識、教育目標が明確に共有されていることなどが理由として挙げられる。

　こうした質保証は当然にも、教員間のチームティーチングを要請する。この場合のチームティーチングは必ずしも同じ教室に複数の教員が入ることを意味しない。全学生に対して全教員が連携して教育内容や教育の質を保証するという意味である。

　その点で理系学科の多くでは、そのための何らかの会議なり組織なりが制度的にも設けられていることが大きな特長として見受けられる。

　これに対して、文系学科では相対的に理工系学科よりも取り組みが遅れている。上に紹介した事例は、「進んだ取り組み◎」の評価の学科ばかりだが、こうした取り組みは全体の中ではごく少数に止まっていることを指摘しておく。

　重要なことは、【評価の視点Ⅰ】でも触れたが、組織として教育内容や教育の質の保証に取り組んでいることは、アクティブラーニングの取り組みのレベルと強い相関性を持っているということである。

　その点で、組織的に教育力強化に取り組む事例として、この評価項目に直接は該当しないが、それを背後で支えている愛媛大学の全学的な取り組みを紹介しておきたい。

　同大学では「教育コーディネーター」制度があることはすでに紹介したが、全教員が「授業評価報告書」を書くという決まりがある。これは平成14年度から取り組まれているもので、そのために教員が自主的にアンケートを実施することになっている。

　また教員がティーチング・ポートフォリオを書くという取り組みも始まっている。どんな学生を育てたか、実践が対応しているか等について、教員がティー

チング・ポートフォリオ作成のためのワークショップを経験してから書くのである。2012年夏まで教育学部では100人中10人程度の教員が書いた。この執筆に当たってはメンターが設けられ、メンターは一度に1〜2人程度しか担当できないため、このペースになっている。

さらに同大学ではコンサルテーションやコーチングが希望する教員には提供され、授業の途中で受けて改善できるようになっている。年間20〜30件のコーチングを受け、実際に授業アンケートでも、コーチングを受けた後の評価が向上することが確認されている。このコーチングプログラムは50種類のメニューが揃えられている。

このような、取り組みがもっと多くの大学で進むことが重要である。

Ⅱ−2．獲得させるべき能力と対応したアクティブラーニングを含んだカリキュラム設計

獲得させるべき能力と対応したアクティブラーニングを含んだカリキュラム設計が行われているか、特に、シラバスなどで各科目の中に獲得させるべき能力要素が落とし込まれているかどうかという視点からの評価である。以下に評価が高かった学科を記す。

区分	大学	学部・学科・コース	評価	年度
理系学科	神奈川工科大学	応用バイオ科学部応用バイオ科学科	◎	2011
	秋田大学	工学資源学部機械工学科	○	2010
	岡山大学	工学部機械工学科	○	2010
	近畿大学	理工学部機械工学科	○	2010
	室蘭工業大学	工学部情報電子工学系学科	○	2010
	三重大学	工学部電気電子工学科	○	2010
	金沢工業大学	工学部電気電子工学科	◎	2010
文系学科	同志社大学	文学部国文学科	◎	2011
	愛媛大学	教育学部学校教育教員養成課程	◎	2011
	長崎国際大学	人間社会学部国際観光学科	◎	2011
	大阪市立大学	経済学部経済学科	◎	2011
	創価大学	経済学部	○	2010
	立教大学	経営学部	○	2010
	産業能率大学	経営学部	◎	2010

注）◎：進んだ取り組み

(1) 理工系学科

この項目については、2011年度調査では理系学科でも神奈川工科大学応用バイオ科学部応用バイオ科学科が『進んだ取り組み◎』となった。

神奈川工科大学　応用バイオ科学部　応用バイオ科学科（2011年度調査）

科　目　詳　細	
授業コード	
科目名	応用バイオ実験
英文科目名	Applied Bioscience Laboratory
開講	1年次 - 後期
分類	分類III - 必修
必選	B：◎
教員名ヨミ	
教員名	
学習・教育目標 （学習目標とねらい）	バイオ基礎実験、バイオ実験Iなどのプロジェクト科目を通して学んだ知識や技術をもとに、自らの興味対象に関して自らが実験計画を立て、実験を遂行する。その際必要となる情報処理能力や、グループディスカッションを通してのコミュニケーション能力、ポスター作成や発表に必要なプレゼンテーション能力などを習得する。
到達目標	1. 自らの命題を定め、その意義と背景を理解、説明できる。 2. 1.で設定した命題を表現する実験をデザインすることができる。 3. 実際に実験を行い考察、必要に応じて軌道修正、実験を組むことができる。 4. 実験結果をまとめ、第三者にわかりやすく伝えることができる。
履修条件、他科目との関係	
授業形式、形態	実験・討論
成績評価方法と 評価基準	実験への取り組み、内容、ポスター発表、要旨をもとに400点満点で評価し、その60％以上で合格とする。

神奈川工科大学ホームページより http://kw.kait.jp/syllabus/search_all.asp

図表28　神奈川工科大学応用バイオ科学部応用バイオ科学科の科目「応用バイオ実験」のシラバス

以上に加えて、2010年度調査で判明した特徴的な取り組みを紹介する。

金沢工業大学　工学部　電気電子工学科（2010年度調査）

授業科目区分	科目名	単位	科目コード	開講時期	履修条件
修学教育基礎教育課程 修学基礎科目 修学基礎	コアガイド（EM） Introduction to Major	1	0005-01	4期（後学期）	修学規定第5条別表第2を参照

担当教員名	研究室	内線電話番号	電子メールID	オフィスアワー

授業科目の学習教育目標

	キーワード	学習教育目標
1	専門領域と専門基礎科目	機械系専門領域に対応した専門コア科目の位置づけや科目フローを理解し、今後取り組む専門領域を決める。また、機械工学では線形代数、微積分学等の応用能力と確率・統計の基礎を含む数学、並びに物理学の基礎に関する自然科学の知識を実践的に習得する必要があることから、ここでは「確立・統計の基礎」を主として取りあげ、講義と演習および小テストを実施し、理解度の自己点検・評価を行う。さらに、これまでに履修した科目の自己点検を行い、プロジェクトデザインⅢをも視野に入れた履修計画と学習計画を立案する。
2	プロジェクトデザインⅢ	
3	専門領域推奨科目	
4	学習・履修計画	
5	確立・統計の基礎	

授業の概要および学習上の助言

1. 数理工基礎科目、専門基礎科目の学習に対する総合的自己点検・評価
 これまでに学習した内容の確認と理解度（到達水準）の自己点検・評価を行う。履修した科目の全てについて、学習支援計画書中の授業明細の内容を一つひとつ自分自身で確認し、理解度を自己評価する（ポートフォリオ：修学・キャリア・達成度評価などを利活用）。この結果、理解不足が明らかになった内容を復習するための実行可能な計画を立てる。
2. 学習目標の明確化
 本学で学ぶ意義、目的を再確認するとともに、教育課程全体における専門領域の位置付けと今後履修する専門領域推奨科目の概要をカリキュラムガイドブックおよび当該科目の学習支援計画書を通して理解し、自らの学習目標を明確にする。
3. 専門領域推奨の内容把握
 授業と調査を通して学系・学科内の推奨科目の概要を把握するとともに、志望する専門領域およびプロジェクトデザインⅢ配属希望研究室における各科目の関連について考えるとともに、志望理由をまとめる。
4. 履修計画の作成
 志望する専門領域をもとに、今後の学習・履修計画をまとめる。
5. 確率・統計の基礎
 機械工学技術者にとって必要不可欠な「確率・統計」に関する基礎を学ぶとともに、正しいデータ分析や取りまとめの方法を修得する。

【教科書および参考書・リザーブドブック】
教科書：指定なし　参考書：指定なし　リザーブドブック：指定なし

履修に必要な予備知識や技能

①教員との対話の機会が多いので、十分準備して有意義な時間にすること。②専門領域の内容を知ることは、視野を広めるいい機会であると捉え、積極的に質問等を行って理解を深めること。③専門領域を推奨する科目群が設定されている、これらの科目を修得することはもちろんのこと、その他の科目についても自身の将来計画を考慮し計画的に履修することを薦める。④確率・統計の基礎を学ぶにあたって、基礎的な数学問題解析手法を復習しておくこと。

No.	学科教育目標（記号表記）	学生が達成すべき行動目標
①	A, I	現在までの履修科目について「学生の行動目標」の項目ごとに理解度を自己点検・評価し、理解不足項目をあきらかにできる。
②	D, J, M	これまでに履修した専門基礎科目の理解度を確認することができる。
③	A, I	今後における自らの学習目標を明確に説明できる。
④	A, I	専門知識について説明できるとともに、その必要性や広がりについても説明できる。
⑤	A, I	今後の学習・履修計画を作成できる。
⑥	D, J, M	確率・統計の基礎を理解するとともに、データの取りまとめや分析に応用することができる。

達成度評価

評価方法 指標と評価割合	試験	クイズ 小テスト	レポート	成果発表 （口頭・実技）	作品	ポートフォリオ	その他	合計
総合評価割合	0	45	45	0	0	10	0	100
知識を取り込む力	0	15	10	0	0	0	0	25
思考・推論・創造する力	0	15	10	0	0	0	0	25
コラボレーションとリーダーシップ	0	0	0	0	0	0	0	0
発表・表現・伝達する力	0	5	10	0	0	0	0	15
学habi に取り組む姿勢・意欲	0	10	15	0	0	10	0	35

※総合力指標で示す数値内訳は、授業運営上のおおよその目安を示したものです。

金沢工業大学ホームページより http://www.kanazawa-it.ac.jp/syllabus/clip/120102200900050010.pdf

図表29　金沢工業大学工学部電気電子工学科の科目「コアガイド」のシラバス

(2) 文系学科

　2011年度調査では同志社大学文学部国文学科、愛媛大学教育学部学校教育教員養成課程、長崎国際大学人間社会学部国際観光学科、大阪市立大学経済学部経済学科で「進んだ取り組み◎」が行われていた。

同志社大学　文学部　国文学科（2011年度調査）
- 「日本文学基礎演習」では、文学研究入門、自発的学習意欲の誘発、課題発見・解決学習への意識転換、個人学習からチーム学習へ、課題提示学習からプロジェクト学習へ、という目標が共通で設定され、それがシラバスレベルに表示されている。具体的には以下の通りである。

「到達目標」として
- 文学研究入門（表現のおもしろさ・研究の楽しさ）　自発的学習意欲の誘発（ゼミの学び・議論と対話）
- 個人学習からチーム学習へ（対話と協働）　課題提示学習から課題発見・解決学習へ

「習得スキル」として
- 文献検索　・文章表現力　・文章読解力　・情報リテラシー　・コミュニケーション力
- プレゼンテーション力　・リーダーシップ　・サポーターシップ

愛媛大学　教育学部（2011年度調査）
- 同学部では5つのディプロマ・ポリシー①教育に関する確かな知識と、得意とする分野の専門的知識を修得している(知識・理解)、②教育をめぐるさまざまな現代的課題について論じ、適切な対応を考えることができる（思考・判断）、③教育活動に取り組むため、高い技能と豊かな表現力を身につけている（技能・表現）、④自己の学習課題を明確にし、理論と実践を結びつけた主体的な学習ができる（関心・意欲）、⑤専門的職業人としての使命感や責任感と多世代にわたる対人関係力を身につけ、社会の一員として適切な行動ができる（態度）、が設定されている。さらに、この5つのディプロマ・ポリシーを細分化して、12の具体的な能力を設定し、それをシラバスに落とし込んでいる。学生には、それに基づいて自らの成長をチェックさせている。

開講年度	開講学期	開講学部等		
2011	後学期	教育学部		
時間割番号	科目名[英文名]			単位数
220910	実践省察研究Ⅲ　Reflection on Educational Practice Ⅲ			1
授業科目区分	教職専門科目	対象学生	対象年次	4～

授業の目的

主として次年度に教員となる者を対象として実施する特別講義であり、教育現場の教員からのアドバイスを聞きながら、初任段階で必要とされる資質能力について考え、点検をして、それぞれの学習課題を見つける。

授業の到達目標

教職課程のディプロマ・ポリシーを意識しながら、初任段階の教員に必要な資質能力について理解する。
教壇に立つまでに必要な自らの学習課題を明確にし、学習計画を立てることができる。

ディプロマ・ポリシー（卒業時の到達目標）／共通教育の理念・教育方針に関わる項目

教育に関する確かな知識と、得意とする分野の専門的知識を修得している。（知識・理解）
自己の学習課題を明確にし、理論と実践を結びつけた主体的な学習ができる。（関心・意欲）

授業概要

大学教員からのアドバイスと、教育現場で高度な実践をされている講師の講話を聞き、卒業までの学習課題を明確にする。土、日なども用いながら、集中講義形式で行う予定です。

愛媛大学ホームページより https://campus.ehime-u.ac.jp/Portal/Public/Syllabus/SearchMain.aspx

図表30　愛媛大学教育学部の科目「実践省察研究Ⅲ」のシラバス

長崎国際大学　人間社会学部　国際観光学科（2011年度調査）

- 同学科では全科目の到達目標、評価の方法が能力要素区分ごとに書かれている。また、全（15回）の内容だけでなく予習・復習の概要も掲載されている。

授業科目	地域観光研究D（アジア）	担当教員			
展開方法	講義	単位数	2単位	開講年次・時期	2年・後期	必修・選択	選択

授業の目標

アジアの中でも東南アジアに着目する。かなりはやくから、フィリピンやタイやシンガポールは日本の観光対象国となっていた。最近ではこれにベトナムが加わってきた。東南アジアがひとつの地域として観光対象になってきたのである。こうした国々の観光開発とその課題、観光客誘致問題、経済開発と観光との関係について考える。ただこうした事柄を理解するためには、それぞれの国の歴史について、できるだけ深く知っていなければならない。したがって東南アジア諸国の歴史について深く理解することも目指していく。

学生の授業における到達目標

関心・意欲態度	東南アジア地域の景観についての話題提供に貢献することができる。
思考・判断	東南アジアの自然環境について地図上で指摘することができる。
技能・表現	
知識・理解	東南アジア諸国の歴史について理解することができる。

授業の概要

観光客の闊歩する東南アジア世界の背後にひっそりと佇んではいるが、しかし確実に見えてくる世界像もしくは社会構造に触れることを目指していく。

評価の方法・試験の実施要領

区分	関心・意欲 態度	思考・判断	技能・表現	知識・理解	評価割合
定期試験	○			○	60％
小テスト・授業内レポート					
宿題・授業外レポート		○			20％
授業態度・授業への参加	○				20％
受講者の発言（プレゼン）・授業内での作品作成					
演習					
出席					受験要件
その他					
合計					100％

定期試験、レポート、授業態度等により総合的に評価する。

教科書・参考書

教科書：使用しないが、プリントを配布する
参考書：田淵・田方編『現代社会とツーリズム』東海大学出版協会　　『観光の地平』学文社

授業外における学習及び学生に期待すること

知的探究心の旺盛な学生諸君の積極的な参加を期待している。知の世界への限りない興味を内面から放出し続ける学生諸君と教室で会えることを楽しみにしている。

長崎国際大学ホームページより http://www1.niu.ac.jp/assets/files/syllabus/2012/kanko/2-17.pdf

図表31　長崎国際大学人間社会学部国際観光学科の科目「地域観光研究D」のシラバス①

第1部　河合塾からの2011年度大学のアクティブラーニング調査報告　119

回	テーマ	授業の内容	予習・復習
1	東南アジアと日本 (1)	東南アジアと日本の歴史的関係について概観する。	東南アジアの地図確認
2	東南アジアと日本 (2)	東南アジアと日本の関係が濃厚となっていく、明治以降の状況を素描する。	明治期の南進について復習
3	東南アジアと日本 (3)	第二次世界大戦期の日本と東南アジアの関係を、ベトナムを例として考察する。	「仏印」進駐について復習
4	東南アジアと日本 (4)	ベトナムにおける日本の経済支配の実態を具体的に考える。	「インドシナ米」の取引構造について復習
5	フィリピンの社会構造 (1)	バナナからフィリピンの社会構造を考察し、日本との関係の深さを知る。	マニラ麻について予習
6	フィリピンの社会構造 (2)	東南アジアにあって第二次世界大戦以前に、自力で独立を達成した経験をもつフィリピンの、歴史的偉業の意味を探る。	ホセ・リサールについて復習
7	フィリピンの社会構造 (3)	フィリピン革命の意味について考察する。	アギナルドについて復習
8	インドネシアの社会構造 (1)	インドネシア社会の多様性を文化的側面から考えていく。とりわけ観光地として著名なバリ島の社会構造に着目する。	インドネシアの観光地についてレポートを作成
9	インドネシアの社会構造 (2)	バリ社会を劇場国家と名付けたのはクリフォード・ギアーツであった。ギアーツの劇場国家論を解説する。	バリ島の位置確認
10	インドネシアの社会構造 (3)	劇場国家論について考える。	劇場国家理論の復習
11	インドネシアの社会構造 (4)	インドネシア観光開発の課題について考察する。	開発の過程について復習
12	台所から見た日本と東南アジア (1)	東南アジアを訪れる日本人観光客は増加する一方である。エビを通して、東南アジアと日本との関係を考える。	エビ養殖について予習
13	台所から見た日本と東南アジア (2)	エビ輸出のための養殖場が広がっていった。そのためマングローブが消失し始めた。こうした動向について解説する。	マングローブについて復習
14	東南アジア社会構造と観光	東南アジアの歴史を自覚した観光の確立を考える。	試験準備
15	まとめと展望	東南アジアの観光政策や経済発展の関係についてまとめる。	試験準備
16	定期試験		

長崎国際大学ホームページより http://www1.niu.ac.jp/assets/files/syllabus/2012/kanko/2-17.pdf

図表32　長崎国際大学人間社会学部国際観光学科の科目「地域観光研究D」のシラバス②

大阪市立大学　経済学部　経済学科（2011年度調査）

- 同学科では養成する人材像をプラクティカル・エコノミスト（PE）として定め、形成すべき能力を6つのスキル（6S）＋1つのアビリティとして明確化して、それに対応した履修計画やPEポイント制度を設けている。
- PEでは従来の成績の「優」が、社会で通用する能力を表現しているとは全く言えないという問題意識から、次の指標が設けられた。形成すべき能力とは①情報収集能力、②プレゼンテーションスキル、③問題発見・課題把握スキル、④経済学的問題分析スキル、⑤論文執筆スキル、⑥コミュニケーションスキルであり、これらを通して問題解決を複眼的に構想するアビリティを形成する。
- この指標はシラバスに表示されるとともに学生一人ひとりのPE累積ポイントが表示され、学生にとって自分には何が足りなくて何を強化すべきかがレーダーチャートによりわかりやすく示される。このPE累積ポイントが高い学生と「優」が多い学生とは一致していない。指標とする能力が異なっていることの証左ともいえる。
- また上位10名に対してはエクセレントPE証明書を発行し、学長表彰も行っている。
- PEは社会に通用する能力の形成を目指し、学生にもそれを意識させる試みであるが、学生がそれを十分に意識しているとは言い難い現状も垣間見られる。学部全体に浸透させることが今後の課題である。

	情報収集	プレゼンテーション	問題発見	分析	論文執筆	コミュニケーション
基礎演習	4	3	1	1	1	2
IW	2	3	3	1	1	2
論文演習	1	1	2	3	3	2
演習3	2	2	3	1	2	2
演習4	1	1	1	4	3	2

出典：『4年一貫の演習と論文指導が育む学士力』大阪市立大学経済学部, 2012年, 17頁

図表33　大阪市立大学経済学部の各科目の6つのスキル配分表の例

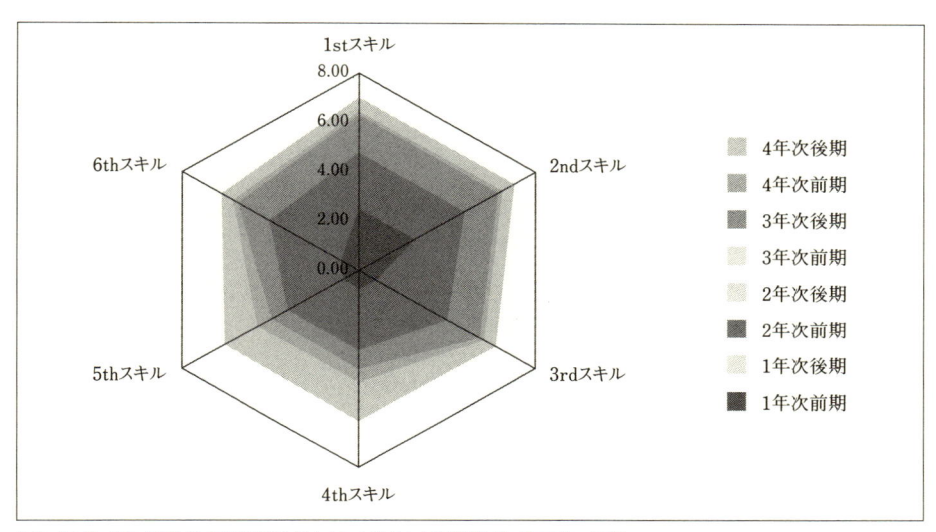

第1部　河合塾からの2011年度大学のアクティブラーニング調査報告　121

出典：『4年一貫の演習と論文指導が育む学士力』大阪市立大学経済学部，2012年，18頁

図表34　大阪市立大学経済学部の2010年度卒業生の各スキルの平均累積ポイントを示したレーダーチャート

従来順位	A	B	C	計	A修得率	GPA値	PE値	PE順位
1	137	10	2	149	91.9%	2.91	33.9	166
2	144	17	4	165	87.3%	2.85	80.3	15
3	117	22	12	151	77.5%	2.70	24.34	179
4	127	24	14	165	77.0%	2.68	79.88	16
5	112	25	10	147	76.2%	2.69	70.77	84
6	119	38	0	157	75.8%	2.76	74.84	35
7	125	24	18	167	74.9%	2.64	84.93	6
8	124	32	11	167	74.3%	2.68	90.35	3
9	111	26	16	153	72.5%	2.62	78.42	22
10	105	28	12	145	72.4%	2.64	69.05	87

出典：『4年一貫の演習と論文指導が育む学士力』大阪市立大学経済学部，2012年，18頁

図表35　大阪市立大学経済学部の卒業生の成績におけるGPA値とPE値の比較

以上に加えて、2010年度調査で判明した特徴的な取り組みを紹介する。

創価大学　経済学部（2010年度調査）

創価大学経済学部の「教育目標」Diploma Poliy	学士力		細目	経済学史		
				今日の経済理論が、どのようなプロセスを経て誕生したかを学ぶ	さまざまな社会問題に、諸経済学者がどのように取り組んだかを学ぶ	社会科学の古典を読み、レポートを書き、ディスカッションを行う
体系的な経済学教育を通して、問題発見・解決能力と論理的思考を備えた人材を育成する。	1 知識・理解	(2) 人類の文化、社会と自然に関する知識の理解	現代世界の社会問題について適切な知識を持っている		○	
			現代日本の社会問題について適切な知識を持っている			
			人類の文化・歴史について適切な知識をもっている		○	
			日本の文化・歴史について適切な知識を持っている			
	2 汎用的技能	(4) 論理的思考	日常の経済問題を理解できる（B）			
			政策提案を理解し評価するために経済理論を用いることができる（B）			
			複数の主張を比較できる	◎		
			社会問題を複数の視点から分析できる	○	◎	
			仮説・検証のプロセスを理解している			
人間主義に基づく経済学教育を通して、人類の平和に貢献し、世界に通用する人間力のある人材を育成する。	3 態度・志向性	(1) 自己管理力	自らを律して行動できる			
		(2) チームワーク・リーダーシップ	他者と協調・協働して行動できる			○
			他者に方向性を示し、目標のために動員できる			
		(3) 倫理観	自己の良心と社会の規範やルールに従って行動できる			
		(4) 市民としての社会的責任	社会の一員としての意識を持ち、義務と権利を適正に行使できる			
			建学の理念を深く理解し、社会の発展、人類の平和のために積極的に行動できる			
		(5) 生涯学習力	自立的な学習者として、自ら課題を決めて学習を続けられる			

創価大学経済学部提供

図表36　創価大学経済学部での教育目標と科目の関連表の例

立教大学　経営学部（2010年度調査）

経営学部経営学科のカリキュラムキュラム				経営学部の学習成果との関連（◎=強く関連、○=関連、△=やや関連）						
科目名	科目区分	配当年次	科目の学習成果	1) 高い倫理観を持って行動できる	2) 良好な人間観駅を構築し、協働的に作業ができる	3) 英語以外の外国語による運用能力（平易な会話、読み・書き）の養成	4) 自律的・創造的に研究・調査できる能力の養成	5) 経営学全般に関する知識の応用	6) 課題を分析し、ビジネスプロジェクトに立案・実行	7) ビジネス分析ツールの活用と、問題解決のためのリーダーシップの養成
経営学入門・経営学基礎	必修科目	1	（省略）	△			△	◎	○	
ミクロ経済学	必修科目	1					◎	○		
マクロ経済学	必修科目	1					◎	○		
基礎演習	必修科目	1			◎					○
グッドビジネス	選択科目基礎科目	1		○			△	◎	△	
ファイナンシャル・マネジメント	選択科目基礎科目	1〜4（1・2年）		○				◎	○	
組織マネジメント	選択科目基礎科目	1〜4（1・2年）		△			△		◎	
マーケティング	選択科目基礎科目	1〜4（1・2年）						○	○	

立教大学ホームページより http://www.rikkyo.ac.jp/aboutus/philosophy/programs/curriculum_policy/undergraduate/_asset/pdf/d1.pdf

図表37　立教大学経営学部での学習成果と科目の目標を関連付けたカリキュラムマップの例

(3) 概　説

　2010年度調査の対象は工学部の機械系学科と電気電子系学科が対象であったため、対象となる19学科中13学科がJABEEの認定を受けていた。こうした理由から、2010年度調査では実地調査を行った19学科すべてで、学生に獲得させるべき能力要素別に科目が分類されていた。

　しかし、その内容がシラバスにまで落としこまれている学科は金沢工業大学工学部電気電子工学科と福岡工業大学電気電子工学科の2学科に止まっていた。

　2011年度の調査では、理系学科4学科のうち神奈川工科大学応用バイオ科学部応用バイオ科学科のみが、獲得すべき能力要素のシラバスへの落とし込みを行っていた。能力要素別の科目分類を行っている学科もなかった。

　2011年度調査での理系学科での実地調査学科は4学科と少ないため、確言できるわけではないが、獲得させる能力要素の明確化と学生への提示については、JABEEの影響が強く、JABEEの認定を受けていない学系では、その取り組みが進んでいない現状があると思われる。

　文系学科では、人文系の同志社大学文学部国文学科で「進んだ取り組み」が見られた。人文系では一般に、こうした取り組みに消極的であるが、同学科はPBLを積極的に取り入れていることとの相関が強く感じられた。

　愛媛大学教育学部の場合は、全学的なディプロマ・ポリシーとカリキュラムポリシー、カリキュラムマップの整備が進む中で「進んだ取り組み」が行われている。

　長崎国際大学社会学部国際観光学科では、シラバスにまで精緻に落とし込まれているが、それが実効的に機能させるのがこれからの課題である。

　大阪市立大学経済学部経済学科のプラクティカル・エコノミスト（PE）の指標の設定は、大変進んだ取り組みであるが、同時にその指標の活用という次の課題の重要性を提起するものともなっている。一つの進んだ試みを通じて、それを効果の面で敷衍化するにはどうしたらよいのか、これはまさに多くの改革に取り組む学部学科にとっての共通の課題である。

　あるいはまた、小規模で伝統的に教員間で密なコミュニケーションが取られてきた共愛学園前橋国際大学国際社会学部国際社会学科では、具体的な取り決めがなくともアクティブラーニングが各教員によって自然に取り組まれてきた。それはそれで大いに評価されるべきことであるが、同時に次の課題として、

その取り組を組織的なものとして再設計し、「見える化」していくことが、さらなる教育の質向上につながると思われる。

　文系学科としては全体的には取り組みが遅れているが、実学的な学系以外でもいくつかの「進んだ取り組み」が始まっており、今後が注目される。

【評価の視点Ⅲ】学生の能力形成と自律・自立化についての取り組み
Ⅲ－1．振り返りとコミットメント

　学生自身に目標設定や振り返りを行わせ、かつ教員がそれにコミットメントすることで学生の自律・自立化を促す仕組みがあるかという視点からの評価である。以下に評価が高かった学科を記す。

区分	大学	学部・学科・コース	評価	調査年度
理系学科	日本大学	生産工学部建築工学科	○	2011
	神奈川工科大学	応用バイオ科学部応用バイオ科学科	○	2011
	関東学院大学	工学部機械工学科ロボットコースシステム専攻	○	2011
	秋田大学	工学資源学部機械工学科	○	2010
	岡山大学	工学部機械工学科	◎	2010
	近畿大学	理工学部機械工学科	○	2010
	室蘭工業大学	工学部情報電子工学系学科	○	2010
	三重大学	工学部電気電子工学科	○	2010
	金沢工業大学	工学部電気電子工学科	◎	2010
文系学科	新潟大学	人文学部人文学科	○	2011
	近畿大学	文芸学部英語多文化コミュニケーション学科	○	2011
	同志社大学	文学部国文学科	○	2011
	安田女子大学	文学部日本文学科	○	2011
	愛媛大学	教育学部学校教育教員養成課程	◎	2011
	椙山女学園大学	教育学部子ども発達学科	◎	2011
	共愛学園前橋国際大学	国際社会学部国際社会学科	○	2011
	大阪市立大学	経済学部	○	2011
	北海学園大学	経済学部経済学科	○	2011
	和歌山大学	経済学部	○	2010
	創価大学	経済学部	◎	2010
	武蔵大学	経済学部	○	2010
	産業能率大学	経営学部	◎	2010
	立教大学	経営学部	◎	2010
	立命館大学	経営学部	○	2010

注）◎：進んだ取り組み、○：やや進んだ取り組み

　この項目については、すべての学生に振り返りや目標設定を行わせ、教員がそのプロセスにコミットメントし、実効的に学生の自律・自立化を促すものを「◎：進んだ取り組み」とし、何らかの形式的な取り組みが行われていれば「○：やや進んだ取り組み」と評価した。

(1) 理工系学科

　理工系学科では、2011年度の調査では「進んだ取り組み」に該当する学科はなく、「やや進んだ取り組み」として日本大学生産工学部建築工学科、神奈川工科大学応用バイオ科学部応用バイオ科学科、関東学院大学工学部機械工学科ロボットコースシステム専攻が該当した。

日本大学　生産工学部　建築工学科（2011年度調査）
- 1年前期必修の「建築探訪」の最後の授業で全員に振り返りを行わせている。

神奈川工科大学　応用バイオ科学部　応用バイオ科学科（2011年度調査）
- 1年次後期の「応用バイオ実験」では、最初に計画書を作らせ、それに教員がコメントを入れる。不十分なものは再検討させる。さらに発表の要旨を書かせ、発表を相互評価する。これは3年次前期の「バイオ実験Ⅳ」でも同様に行われる。また、この計画書には、能力チェック表があり、3年間実験を行うと基本的にすべての項目にチェックが入るように計画している。
- 毎回の授業では「本日行ったこと」「今後の予定」「連絡事項」を経過報告書として提出させている。
- 「キャリア設計」は1年次必修、2年次選択の科目で、ここでは学生全員にウェブ上でロードマップを作成させている。さらに2012年度からは、学修記録（ポートフォリオ）も実施したいと考えている。

関東学院大学　工学部　機械工学科　ロボットコース　システム専攻（2011年度調査）
- 「フレッシャーズセミナー」と「フレッシャーズプロジェクト」においては、毎回の授業で学生と教員の間でコミュニケーションシート（CS）を交換している。教員からもコメントを返し、アドバイスしている。
- これ以外にeポートフォリオも導入されている。この使い方はユニークで、問題を抱える学生に対してメンター（よき指導者。教員が応募し、カウンセラーが採否を判断）がついて、そのメンタリング制度の中でeポートフォリオを活用することで、横断的な情報共有が可能となり、また自身の活動を振り返らせ問題の解決の方向を考えさせる。

以上に加えて、2010年度調査で判明した特徴的な取り組みを紹介する。

岡山大学　工学部　機械工学科（2010年度調査）

同学科の「創成プロジェクト」科目の中での振り返りシートは個人点とグループ点に分けられ、対課題、対グループ、対自己の要素が盛り込まれている点が特徴である。

具体的には授業の中で「発明工夫展」「ストローの斜塔」「現代版からくり」の３つのイベントが行われ、それぞれについて、学生が努力目標を記入して教員がコメント記して返却するという往復を３回繰り返す。

ここでの成績評価は個人点とグループ点に分かれ、個人点の評価項目としては３つのイベント共通で課題探求力、創成能力、チームワーク、リーダーシップ、実務能力が挙げられている。グループ点の評価項目は、「発明工夫展」がレポートの独創性・プレゼン力、「ストローの斜塔」が製作物の性能数値、「現代版からくり」が独創性・意外性・発表技術力となっている。

担当教員・TAマニュアル　　　　TAと担当教員の関与の仕方

班		学生番号		氏名		担当教員		TA	

担当教員　記入欄

個人点の評価結果

課　題	評価点/満点	評価者	評価項目
発明工夫展	B=　/5	TA→担当教員	課題探求力，創成能力，チームワーク，リーダーシップ，実務能力
ストローの斜塔	B=　/10		
現代版からくり	B=　/30		
合計点	D=　/45		

グループ点の評価結果

課　題	評価点/満点	評価者	評価項目
発明工夫展	/15	取りまとめ教員	リポートの独創性・プレゼン力
ストローの斜塔	/10	性能数式	傾斜LWの数値
現代版からくり	/30	担当教員	独創性・意外性・発表技術力
合計点	C=　/55		

受賞加点	発明工夫展　点	ストローの斜塔　点	からくり　点
	合計 E=		

総合点	C+D+E=	（小数点以下切り上げ）

個人点の具体的評価

評価項目	大学生発明工夫展	ストローの斜塔	からくり	採点基準
リーダーシップ				5~10
課題探求力			×2	5~10
チームワーク				5~10
実務能力				5~10
創成能力			×3	5~10
合計点A=				
計算式B=	A×1/6	A×1/4	A×3/8	
B=評価点(小数第一位)	/5	/10	/30	

（注）からくりの「課題探求力」と「創成能力」は5~10の採点を上記のように2倍あるいは3倍して合計する

TA・担当教員コメント記入欄
（褒めるべき才能とこれから是正すべき能力を具体的に記入）

発明工夫展	
ストローの斜塔	
現代版からくり	

学生返答・努力目標記入欄
（是正すべき能力の詳細な改善方法と要領を記入）

発明工夫展	
ストローの斜塔	
現代版からくり	

２年前期「創生プロジェクト」の振り返りシート　　岡山大学工学部機械工学科提供

図表38　岡山大学工学部機械工学科の「創成プロジェクト」で使われている学生通知簿

金沢工業大学　工学部　電気電子工学科（2010年度調査）

　同学科独自ではなく金沢工業大学の全学的な仕組みとしてのポートフォリオシステムがある。このポートフォリオシステムは「修学ポートフォリオ」「キャリアポートフォリオ」「自己評価ポートフォリオ」「プロジェクトデザインポートフォリオ」「達成度評価ポートフォリオシステム」の５つで構成されており、それぞれが有機的に組み合わされている。

　例えば「修学ポートフォリオ」では、毎日「一週間の行動履歴」（①出欠席遅刻、②学習、③課外活動、④健康管理、⑤１週間で満足できたこと、努力したこと、反省点、困ったこと）を記録し学期末に「各期の達成度自己評価」を作成してポートフォリオに入力する。これを修学アドバイザーに提出、修学アドバイザーはコメントをつけて１週間後に返却し、学生はそれにさらにコメントを記入する。30週間繰り返すうちに、学生は生活上何が重要であるかに気づき、自己管理力とタイム・マネジメント力が身についていく。

　そして、４種のポートフォリオを相互に連関させるツールが「達成度評価ポートフォリオシステム」で、４つのポートフォリオの成果をサマリー化し、俯瞰することで１年間の自分の学習を評価し、自己成長の軌跡と修学の自覚・自信・反省などを確認するとともに次年度の目標を設定する。４つのポートフォリオが日常的なPDCAサイクルであるのに対して、「達成度評価ポートフォリオシステム」は年間のPDCAサイクルを回していくシステムとなっている。

　重要なポイントは、教員が必ず修学ポートフォリオにコメントを記入することである。

　面談は年に２回、修学アドバイザーによって全員に対して行われる。その際、ポートフォリオなどのコメントが活きてくる。

　こうした結果、「高校時代に比べて自学自習が身についたか」という授業アンケートでは「十分身についた」「やや身についた」が合計で2007年には89.9％だった。これは2004年の79.9％と比べると10ポイントも向上している。

　授業アンケートでの「『行動履歴』や『達成度自己評価』は自分を見つめ直し、自己評価を行うものですが、この作成は有益と考えますか」という問いには、「大変有益」「有益」と回答した比率が92.7％にも達した（2008年度）。

金沢工大のポートフォリオ

1週間の行動履歴 修学生活からのモチベーション

図表39 金沢工業大学の修学ポートフォリオの例

（金沢工業大学提供）

(2) 文系学科

　文系学科での「進んだ取り組み」は愛媛大学教育学部学校教育教員養成課程、椙山女学園大学教育学部子ども発達学科の2学科であったので以下に紹介する。また、「やや進んだ取り組み」は新潟大学人文学部人文学科、近畿大学文芸学部英語多文化コミュニケーション学科、同志社大学文学部国文学科、安田女子大学文学部日本文学科、共愛学園前橋国際大学国際社会学部国際社会学科、大阪市立大学経済学部経済学科、北海学園大学経済学部経済学科であるが、ここからは、同志社大学文学部国文学科の取り組みをピックアップして紹介したい。

愛媛大学　教育学部　学校教育教員養成課程（2011年度調査）

- 「リフレクション・デイ」は単位のある科目ではないが、すべての経験を総括して自己評価しつつ、ディプロマ・ポリシーを踏まえて学習計画を立てる。年に1日をとって、学期末に行う。学校現場の教員の実践講話があり、そ

れを受けて学生がディスカッションし、自己評価を行ってレポート提出する。それを大学の教員がチェックした上でアドバイスを行う仕組みである。

椙山女学園大学　教育学部　子ども発達学科（2011年度調査）

- 大学全体のポートフォリオシステム「サクセス」を使っている。
- 学修・生活指導教員が一人当たり1学年10人の学生を担当する。1年〜3年まで同じ教員で年2回面談。「履修カルテ」があり半期の学修・生活上の反省を学生が書き、学修・生活指導教員がコメントを書く。
- 1年前期必修科目の「人間論」の中で「わたしのノート」を作り、実習などを「楽しかった」で終わらせないために疑問点を書かせ、その解答を見出していく。

同志社大学　文学部　国文学科（2011年度調査）

　「日本文学基礎演習」では、個人活動記録を書かせているが、全部書くのは4分の1から5分の1程度の学生である。最後に学生に自己評価をさせていて、自己評価のための質問項目は極めて良く考えられ練られたものである。また学生によるその評価のレベルは極めて高い。ただし、「日本文学基礎演習」の全クラスで一様に行われていない点で、「やや進んだ取り組み」となった。

　以下に、「自己評価のための質問項目」を紹介しておく。

---

1) あなたは、このプロジェクトを遂行するために、何時間時間を要しましたか（200字）。
2) あなたは、プロジェクトのなかでどのような役割を果たすことができましたか（400字）。
3) あなたは、もう一度最初から、このプロジェクトを始めるとすれば、
   どのような点に留意しますか（400字）。
4) あなたは、このプロジェクトを通して、何を学ぶことができましたか（600字）。
5) あなたにとって、このプロジェクトは、
   今後の人生にどのような影響をあたえると考えますか（400字）。
6) あなたは、本プロジェクトチームの成果を何点と評価しますか（100点満点）。
   評価のポイントもあわせて記入してください（200字）。
7) あなたは、自分自身のプロジェクト活動を何点と評価しますか（100点満点）。（200字）
   評価のポイントもあわせて記入してください（200字）。

以上に加えて、2010年度調査で判明した特徴的な取り組みを紹介する。

創価大学　経済学部・経営学部（2010年度調査）

経済学部では1年前期の「基礎演習」において、授業の初期段階で「4年間計画表」「セメスター目標」「1週間リズム」という3種類のポートフォリオを記入させている。「4年間計画表」には、各学年でやるべきこと・やりたいこと、「セメスター目標」には1年前期のセメスター目標を記入させる。「1週間リズム」には、1週間の各曜日をどのように過ごすのかを時間ベースで計画として記入させ、それ以降はWeb上のポートフォリオに毎週入力するよう指導している。Webポートフォリオは、1年次の間は「基礎演習」の各ゼミのSAと担当教員がチェックする。同学部では教員によるサポートよりもSAによるサポートの方が、より1年生の目線に近いので適切なアドバイスができるという考えに基づき、特にSAが毎週担当ゼミの1年生のポートフォリオを毎週チェックしてコメントを付す。

同大学では、経営学部でも同様の取り組みが行われている。

1年後期と2年前期のどちらか選択必修で「グループ演習」が置かれているが、その中ではテーマを自分たちで決めてPBLに取り組む。この授業で、「学び始

グループ演習振り返りシート　　　　氏　名
学籍番号

授業最初に思ったこと、考えたこと
中間発表のときに思ったこと、考えたこと
発表の準備を通して学んだこと、挑戦したこと
他の発表を評価することで学んだこと
他から評価されて学んだこと
工程表を見返して、感じたこと、考えたこと
この取組全体から学んだこと （総括的自己評価）、感じたこと（感想）

全記入2点、教員の評価3点、合計5点

教員チェック欄 1～3点で評価 3　優 2　良 1　可	

創価大学経営学部提供

図表40　創価大学経営学部の「グループ演習」で使用している振り返りシート

めシート」「対話ジャーナル」「プロジェクト企画書」「グループ演習研究分担表」「振り返りシート」のシートがセットになって活用されている。これに教員は毎回コメントをし、蓄積して成績評価に結び付けている。

この科目にはSAやTAを活用して、シートの集計も行わせている。グループ演習ではプレゼン大会が行われ、学生と教員が評価する。学生が自らPDCAを回せるようになっていく仕組みである。

産業能率大学　経営学部（2010年度調査）

同学部では、セメスターごとに学生に振り返りを行わせている。項目は大きく３つあり、第一が「直前の学期の振り返り」、第二が「卒業時での目標設定」、第三が「今学期の具体的な取り組み」である。そして第一の「直前の学期の振り返り」では、①「学修」の振り返り、②「マナー目標」の振り返り、③「あなたキャリア目標」の振り返り、があり、さらに「直前の学期の『ディプロマ・ポリシー』に関する振り返り（5段階評価－達成度）があり、①知識・理解、②思考・判断、③関心・意欲、④技能・表現、⑤態度で自己評価を行わせる。これらにアカデミックアドバイザー教員からコメントを加えることになっている。

産業能率大学提供

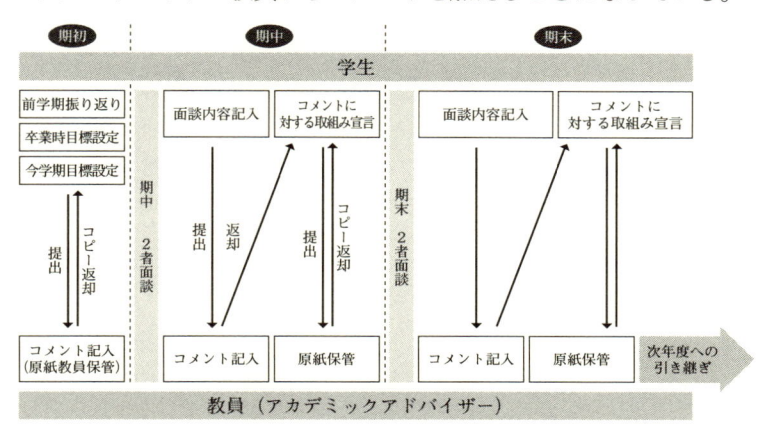

図表41　産業能率大学での「振り返り」のしくみ

立教大学　経営学部（2010年度調査）

同学部では、「ビジネス・リーダーシップ・プログラム（BLP）」の中で、学生同士の相互フィードバックを織り込みながら、チームワークとリーダーシッ

プについて学生に振り返りと目標設定を行わせている。

具体的には、2〜3週間をかけて、学生同士が相互フィードバックを行う。セメスターの終わりに全員が相手となる学生のポジティブ面で3点、ネガティブ面で3点を記入して伝える。それを受けた学生は翌週、自己の次の目標・課題を設定する。そしてリーダーシップ持論を書き、①積極性、②他人への配慮、③成果達成力、に沿って自分がどう考えているのか、何を目指すのかを明確にして、それをWEB上にアップする。試験的に1人30分かけてのインタビューも行われている。

特にプロジェクト系の授業であるBL0・BL2・BL4はこの相互フィードバックと目標設定を重点的に行っている。

(3) 概　説

この項目については、残念ながら理系学科・文系学科ともに2010年度調査での岡山大学工学部機械工学科、金沢工業大学、創価大学経済学部、産業能率大学経営学部、立教大学経営学部の取り組みを超える、あるいは匹敵するような取り組みは見られなかった。

この取り組みの重要性について、改めて指摘しておきたい。

そして、この習熟のためには教員のコミットメントが重要な位置を持つ。

多くの大学でwebにせよ紙にせよ、仕組みとしてのポートフォリオは続々と取り入れられるようになってきた。しかし問題は教員の適切なコミットメントがなければ、多くの場合、「仏作って魂入れず」という比喩の通りに、機能していない。

当プロジェクトが去る調査の過程で経験した事実も、そのことを示している。

ある大学の経済学部において、学生の振り返りシートを見せてもらう機会があったのだが、そこには次のように学生が目標と振り返りを記入していたのである。

前期の目標：次のテストで頑張る。
前期の振り返り：アルバイトが忙しくてダメだった。
後期の目標：次のテストは頑張る。
後期の振り返り：やっぱりダメだった。
翌年前期の目標：今度こそ頑張る。

何が問題なのかは歴然としているのではないだろうか。こうしたプロセスに教員が適切なコミットメントを行えば、目標の立て方のどこに問題があり、どのように考えて行くべきかが学生にも分かるはずである。「ダメだった」というのは振り返りにはならないこと、どこがどうダメだったかを考えさせ、具体的に克服することを目標として設定させることを教えることができるはずなのである。

しかし、これは笑いごとではなく、現実に多くの大学で起こっている事実なのである。

2011年度調査でも、「規模が小さいためいつでも双方向のやり取りはできているから、そのような仕組みは必要ない」という声も聞かれた。もちろん、それで「とりたてて問題なく」学生が育っているというのも事実であるかもしれないが、今日のような大衆化した大学教育においては、その自律・自立化に向かう手法としてのPDCAサイクルの意識化こそ、早期に身につけさせるべきものではないだろうか。上手く行っていることと、意識的に取り組ませることとの間には、大きなギャップが存在していることを指摘しておきたい。

4．まとめと提言

2011年度調査において、「2010年度大学のアクティブラーニング調査」の経済系・工学系から調査対象を拡大し、非資格系全般を対象として調査を行った。そこでの目的の一つは、学系ごとの取り組みのバラつきを抽出することで、取り組みの進んでいない学系に対して客観的指標を提示し、もってその改革を促すことであったが、その点で質問紙調査の分析は文系学科では法学部と経済学部の全体的な消極性を客観的データとして提示することができた。

また、実地調査においては、「高次のアクティブラーニング」について4年間の連続性と、専門知識を伝達する他科目との連携との重要性という視点から評価を行ったが、この2点では、2010年度調査の金沢工業大学工学部電気電子工学科、秋田大学工学資源学部機械工学科、立教大学経営学部、産業能率大学経営学部、創価大学経済学部を超えるような取り組みはなかなか見いだせないという現状があった。

さらに、「一般的アクティブラーニング」については、やはり金沢工業大学の「『総合力』ラーニング」を超えるような進んだ事例を見出すことはできなかった。

同様に、質保証の取り組みや学生の自律・自立化を促す取り組みについても、これこそモデルにすべきという先進モデルは、前回調査ほどには見出すことはできなかった。

しかし、にもかかわらず、2011年度調査においては極めて貴重な発見があった。その1つは、法学・政治学系における全体的なアクティブラーニングの取り組みの立ち遅れである。

(1) 法学部について

法学部については、2010年度や2011年度の質問紙調査でも、全体的にアクティブラーニングへの消極的な現状が明らかとなった。

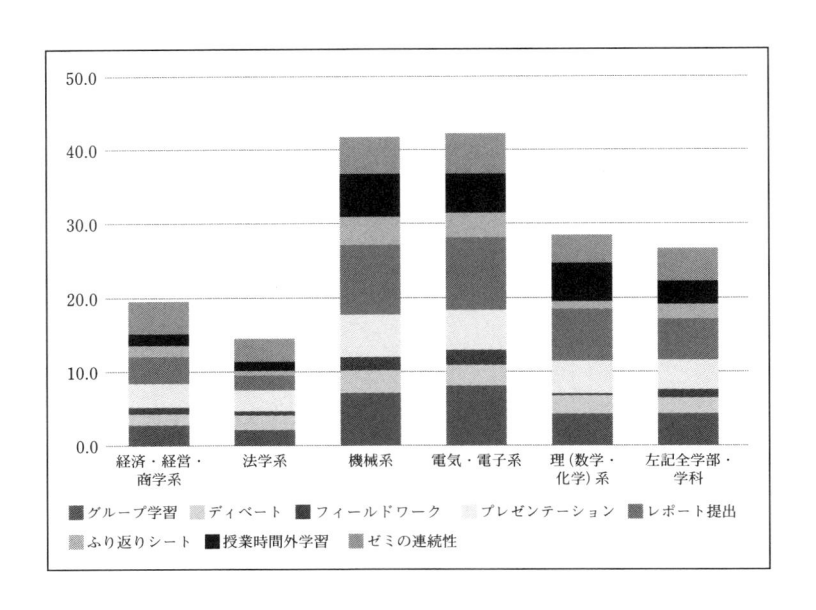

図表42　4年間のアクティブラーニング項目導入度の系統別比較

系統	対象学科数	2年平均実施率ポイント	3年平均実施率ポイント	4年平均実施率ポイント
文・人文・外国語	132	0.5	0.7	0.4
社会・国際	84	0.6	0.7	0.5
法・政治	75	0.1	0.3	0.2
経済	76	0.4	0.3	0.2
経営・商	129	0.5	0.6	0.5
教育	46	0.4	0.6	0.4
理	64	0	0.2	0
工（建築除く）	204	0.6	1.6	0.1
建築	36	1.5	1.9	0.3
生物生産・応用生命	31	0.3	0.3	0.1
総合・環境・人間・情報	75	0.8	0.9	0.5
合　計	952	0.5	0.8	0.3

図表43　課題解決を目的としたアクティブラーニング（高次のアクティブラーニング）の学年別・系統別実施状況

　2011年度、法学部で実地調査を行ったのが南山大学法学部である。南山大学法学部は質問紙調査の結果でも、法・政治学系の中では比較的高いポイントを示しており、またカリキュラム設計でも4年間連続した「演習」が置かれている。

授業形態	1年次 前期	1年次 後期	2年次 前期	2年次 後期	3年次 前期	3年次 後期	4年次 前期	4年次 後期
一般的AL								
高次AL								
ゼミ	ベーシック演習		ミドル演習		アドバンスト演習		法学演習 卒論演習	

図表44　南山大学法学部でのアクティブラーニング科目の4年間の流れ

授業形態	1年次 前期	1年次 後期	2年次 前期	2年次 後期	3年次 前期	3年次 後期	4年次 前期	4年次 後期
一般的AL				●法情法学Ⅳ	特殊講義（商法応用Ⅰ）			特殊講義（民事実務基礎）
高次AL								
ゼミ	基礎セミナーA	基礎セミナーB	演習Ⅰ		演習Ⅱ		演習Ⅲ	

図表45　名古屋大学法学部法律・政治学科でのアクティブラーニング科目の4年間の流れ

授業形態	1年次		2年次		3年次		4年次	
	前期	後期	前期	後期	前期	後期	前期	後期
一般的AL								
高次AL								
ゼミ	教養ゼミ		基礎演習		演習1	演習2	演習3	演習4

注1) 一般的AL：知識定着を目的としたアクティブラーニングのこと。
　　 高次AL　：知識を活用し、課題解決を目的としたアクティブラーニングのこと。
注2) □囲みの科目は必修科目（コース必修を含む）
注3) ●は、記載年次より上の年次でも履修可能な科目

図表46　広島大学法学部法学科でのアクティブラーニング科目の4年間の流れ

　図表44の南山大学や**図表46**の広島大学は法学部としての典型的なカリキュラムを採用しているが、その典型性とは「高次のアクティブラーニング」も「一般的アクティブラーニング」も導入していない点であり、大教室講義による知識の伝達と「演習」＝専門ゼミ・専門研究による判例研究などが伝統的なスタイルとして踏襲されている。**図表45**の名古屋大学でも「高次のアクティブラーニング」は導入されていない。

　このスタイルは旧来の法学部＝司法試験を目指すという構図の中では有効性を持ち得たが、現在のように司法試験の主舞台が法科大学院に移行し、法学部卒業生の大多数は法律に見識を持ったビジネスマンや行政マンとして社会に進出している中ではどうか。その意味で、他の学系が深い学びやアクティブラーニングが求められているのと、何ら選ぶところがないはずである。

　そういう脈絡において、法学部が明確に学系的な特徴として伝統的なカリキュラムスタイルに固執している点について、当プロジェクトは再検討の必要性を指摘しておきたい。

　もう1つの発見は、「深い学び」につながるアクティブラーニングについて、その具体的な手がかりが見えてきたことである。

(2)「深い学び」につながるアクティブラーニングのために

　2011年度の調査で明らかとなったのは、「高次のアクティブラーニング」において学生たちに「深い学び」を生起させるには、授業の中でより高いハードルが課せられなければならないという点である。もちろん、学生のレベルに応じてではあるが、学生たちにとって簡単には超えられないハードルを課すことによって、グループワークが本質的に機能するようになる。何故ならば、ハー

ドルが高ければ学生たちは独力でそれを越えることができなくなり、他者の力を必要とするようになるからである。即ち他者との協働に迫られる。

逆にハードルを下げてしまえば、本質的に他者との協働の必要性は低くなる。同志社大学文学部国文学科の実践は、そうした関係が成立することを示している。

このことはハードルを高めることで学生を追い込み、いわば修羅場を体験させることを意味する。

では、教員はそれを高みに立って見下ろし、予定調和的に関わるだけで、この仕組みが機能するのだろうか。そんなことはあり得ない。教員の側も同様にこのプロセスにいわば「修羅場に直面した者」として対応しなければならないはずである。そこでは教員もまた、学生たちが高いハードルを越えるために他者との協働を必要とするように、自分一人の力では越えられないが故に他者との協働、即ち教員同士のチームティーチングを必要とするのである。

そして、このような学生と教員との双方にとっての試練と、それを乗り越えるための協働が成立する時に、アクティブラーニングの質もまた高まって行かざるを得ないし、「深い学び」につながっていくはずである。

故に、それは必然的に「『専門ゼミ・専門研究』を開く試み」にも直結せざるを得ない。

2011年度調査で、「専門ゼミ・専門研究」を「高次のアクティブラーニング」から除外して評価・考察せざるを得なかったのは、すでに明らかにしたように、「専門ゼミ・専門研究」が閉じられていて外からは測り知れない実態があったからである。教員の牙城という現状があったからである。

学生へのハードルを高め、教育目標を高くして教員同士が共有するならば、それは必然的に「専門ゼミ・専門研究」を開くことにつながり、同時に「専門ゼミ・専門研究」を含めた「高次のアクティブラーニング」の4年間の再構成・再設計が可能となることを意味する。その点で、『専門ゼミ・専門研究』を開く試み」は深い学びへとつながるアクティブラーニングの一つの突破口となり得る。

以下、具体的な「『専門ゼミ・専門研究』を開く」ことについて検討していきたい。

①高い目標を設定し学科で共有する

2011年度の実地調査で、もっとも成果を上げていると思われるものの一つ

が、学科として目標を共有する日本女子大学文学部英文学科の取り組みである。同学科は、人文系としてはあまり例がないことであるが、学科としてのチームティーチングがきわめて有効に機能している。

　その理由は、英語で30枚の卒業論文を執筆させるという学科としてのゴールが明確に共有されているからである。

　この目的の共有化により、どのようなことが起こっているのか。それは、1年次に「基礎英作文」8クラス、2年次に「英語論文作成法Ⅰ」10クラス、3年次に「英語論文作成法Ⅱ」11クラスがそれぞれ必修で置かれ、それがチームティーチングによる「高次のアクティブラーニング」として機能しているのである。

　1年次の「基礎英作文」は内容も統一されているが、2年次後期には専門に関連する5つのテーマ（イギリス文学、イギリス文化、言語英語研究、アメリカ文学、アメリカ研究）から1つを選んで文章を書くというように、内容は幅を持つ。ただしそこでも統一されているのは到達レベルである。論文のフォーマットに基づいてA4・5枚の文章が書けるようになる、ということが目標であり、そのためには繰り返し添削が行われて、二稿や三稿が評価の対象となるのである。

　そして3年次の「英語論文作成法Ⅱ」では、自ら選んだテーマを専門とする教員の指導のもとで、A4・10枚の英語論文作成が必須化され、4年次の30枚の卒論作成に至る。

　そして、この1年次「基礎英作文」、2年次「英語論文作成法Ⅰ」、3年次「英語論文作成法Ⅱ」、4年次「特別演習Ⅰ」「特別演習Ⅱ」（卒論）こそが、同学科のメインストリームを形成し、ここでは個々の教員によるクローズドなスタンスが廃されて、レベル・教育手法・評価の共有に基づくチームティーチングが実践されているわけである。

　言うまでもなく論文執筆には、英語での論文執筆のための「手法」だけでなく、書くべき「内容」が必要であるが、これについては各専門分野に「入門」→「演習」科目が置かれ、内容が提供される。いわば、教育学部教員養成課程における「教科科目」と「実習」のような関係に例えることができよう。

　もちろん同様なことは、工学系や教育学系でも取り組まれていた。工学系ではJABEEがあり、また教育学系では教員資格との関係で高い目標を学科として共有せざるを得ないという側面がある。しかし、日本女子大学文学部英文学

科の示していることは、それが特定の学系に特有の特徴ではなく、非資格系の他の学系においても十分に取り入れることが可能だということである。明確な教育目標・到達レベルの共有は、学系を問わず質の高いチームティーチングを可能ならしめ、かつ有効な「高次のアクティブラーニング」に結びつくことを示している。

②評価のオープン化と検証

「『専門ゼミ・専門研究』を開く試み」の2つ目は「評価のオープン化」である。同志社大学文学部国文学科では卒論が必修で、複数教員（主査と副査）により審査される。加えて、「成績会議」が演習科目及び卒業論文では行われている。評価A、B、C、Dごとの学生の構成比を公開し、特定の専門ゼミ・専門研究で偏りがある場合には学科全体で検討し修正する。また、同学科では「成績会議」が学生たちでも行われている。学生も教員と同じ議事録、中間発表、最終成果物を所持しているので、同じ材料を基に議論できるわけである。

また横浜市立大学国際総合学部国際総合学科ヨコハマ起業戦略コースでも、卒論については審査規定があり、副査つきで評価しコースとして組織的に認定する。卒論ゼミの成績をオープン化し、これによって質の担保が企図されている。

新潟大学人文学部人学科では、卒論の複数教員による審査が行われている。

このような評価のオープン化は、評価の検証から教育手法や内容の相互検証に連なるものであり、ゼミを開く試みとしての重要な第一歩であると思われる。

③プロジェクト型ゼミ連合研究

具体的な「『専門ゼミ・専門研究』を開く」ための手法として注目したいのが、複数のゼミの連合による共通プロジェクト研究への取り組みである。これは次に④で述べるゼミ大会やプレゼン大会などとは異なって、卒業研究等の専門ゼミ・専門研究での正課内での研究をプロジェクト型で行うことを意味している。

横浜市立大学国際総合学部国際総合学科ヨコハマ起業戦略コースでは、すでにその試みが始まっているが、「商店街研究プロジェクト」を複数ゼミが異なる視点からアプローチし、共同の研究を進めている。この他に全部で3つ程度のプロジェクトを立ち上げる予定であり、ゼミを超えてプロジェクト研究に取

り組むことの制度化を検討中である。

　また北海学園大学経済学部経済学科でも、新カリキュラムの下で「ゼミ報告会」を開催し、共通のテーマで例えば一国レベルの経済政策を扱う「経済政策コース」と地域経済の視点から「地域経済・産業コース」とが議論し合えるようにしようと計画中である（新カリキュラムのゼミは2013年度以降のため）。

　このような複数のゼミで共通のテーマに取り組むことは、必然的に教育手法の公開・評価の公開につながっていくと考えられ、旧来の閉じられた専門ゼミ・専門研究から脱皮していく一つの方向であることが示唆されている。

④学習成果コンテスト（ゼミ大会・プレゼン大会等）

　ゼミを開く試みとして、もっとも取り組みやすく、かつ実際に多くの大学で取り組まれていたのが学習成果コンテスト（ゼミ大会・プレゼン大会）である。

　創価大学経済学部の「ゼミ対抗研究発表大会」では、ある年のテーマ「ナイル川の水利権」を例に取ると、「地域経済論」「環境経済論」「公共経済論」などの専門知識を活用して、多角的な視点からアプローチがなされている。

　武蔵大学経済学部のゼミ大会は2011年で8年目になる取り組みで、2年次でも3年次でもゼミ大会に参加でき、経営学科や金融学科はほぼすべてのゼミが参加し、経済学部全体でも約8割のゼミが参加している。ゼミ内でこの大会参加をめぐって競争があり、当初と比べても現在では相当レベルアップしている。ゼミ大会は各会場とも学内審査員2名、学外審査員2名の計4名で審査する。

　立命館大学経営学部では2年、3年生を対象としたゼミ大会が開催され、学生の自治組織である「学生委員会」が主催する。トーナメント形式で、140チームが参加し、勝ち残っていく。上位5チームは全国インターゼミ大会に出場する。今年で4回目となる。

　この他にも、【Ⅱ】質問紙調査3．質問紙調査の結果分析（7）学習成果コンテスト（p.38）にあるように、各大学で多数の学習成果コンテストが行われている。

　ただし当該項目の概説でも指摘したように、このようなコンテストは主要な目的としては学生の学習に対するモチベーションの刺激が一般的であるのに対して、ここで問題としているのは、かかるコンテストの教員にとっての意味である。

即ち、これらのコンテストが結果として「ゼミを開く」ことにつながり、それを通じてゼミでの教え方を公開・検証する糸口となる可能性を有しているからである。

そのためにも、学部学科の教務担当者やコンテスト企画者が、そのような「教員にとっての意味」を意識していることが重要である。

このような4つの手がかりを通じて「専門ゼミ・専門研究」が開かれ、「深い学び」につながるアクティブラーニングがさらに導入されていくことを願ってやまない。

ところで当プロジェクトは、「2010年度アクティブラーニング調査報告書」の最後に、次のように記した。

「最後になるが、本調査は大学における4年間のアクティブラーニングに『形態的には』フォーカスしたものである。しかし、これはあくまでも『学習者中心の教育』を調査しようとした目的意識の結果として、『そうなった』ものであることを述べておきたい。その意味では、アクティブラーニングという形態がアプリオリに重要なのではなく、学習者中心の教育こそが重要なのである。それを追求していくと、『必然的』にアクティブラーニングという授業形態の調査にならざるを得なかった」

本報告書で再三述べているように、2011年度調査もこの視点を引き継ぎつつ、「学習者中心の教育」に加えて、さらに「深い学び」につながるものとして、アクティブラーニングという授業形態の調査に取り組んでいることを、改めて申し添えておきたい。

【Ⅳ】実地調査による大学・学部・学科別レポート

掲載大学・学部・学科

1	日本大学	生産工学部	建築工学科
2	神奈川工科大学	応用バイオ科学部	応用バイオ科学科
3	東邦大学	理学部	情報科学科メディア生命科学コース
4	関東学院大学	工学部	機械工学科ロボットコースシステム専攻
5	秋田大学	工学資源学部	機械工学科
6	岡山大学	工学部	機械工学科
7	近畿大学	理工学部	機械工学科
8	室蘭工業大学	工学部	情報電子工学系学科
9	三重大学	工学部	電気電子工学科
10	金沢工業大学	工学部	電気電子工学科
11	新潟大学	人文学部	人文学科
12	日本女子大学	文学部	英文学科
13	近畿大学	文芸学部	英語多文化コミュニケーション学科
14	同志社大学	文学部	国文学科
15	安田女子大学	文学部	日本文学科
16	愛媛大学	教育学部	学校教育教員養成課程
17	椙山女学園大学	教育学部	子ども発達学科
18	横浜市立大学	国際総合科学部	国際総合学科ヨコハマ起業戦略コース
19	共愛学園前橋国際大学	国際社会学部	国際社会学科
20	長崎国際大学	人間社会学部	国際観光学科
21	南山大学	法学部	法律学科
22	日本大学	法学部	新聞学科
23	大阪市立大学	経済学部	経済学科
24	北海学園大学	経済学部	経済学科
25	和歌山大学	経済学部	
27	創価大学	経済学部	
27	武蔵大学	経済学部	
28	産業能率大学	経営学部	
29	立教大学	経営学部	
30	立命館大学	経営学部	

1. 日本大学　生産工学部　建築工学科（2011年度調査　学科定員180名）

【アクティブラーニング科目の4年間の流れ】

授業形態	1年次 前期	1年次 後期	2年次 前期	2年次 後期	3年次 前期	3年次 後期	4年次 前期	4年次 後期
講義	建築構法 I 住宅設計入門	建築構法 II 住居学	建築構造力学 I 建築仕上材料 建築計画論 設計情報	建築構造力学 II 建築応用力学 I 建築構造材料 施設計画 公共建築論	建築構造力学 III 建築応用力学 II 建築環境工学 鉄筋コンクリート構造	建築振動工学		
一般的 AL			建築構造力学 I 演習	建築構造力学 II 演習 建築応用力学 I 演習 建築実験 I	建築構造力学 III 演習 建築応用力学 II 演習 鉄筋コンクリート構造演習 建築実験 II	建築実験 III		
高次 AL	ベーシックデザイン I	ベーシックデザイン II	空間設計 I 建築設計演習 I	空間設計 II 建築設計演習 II	総合設計 I 企画設計演習 I 建築設計演習 III インテリアデザイン演習	総合設計 II 企画設計演習 II	総合設計 III 特別設計 I	特別設計 II
ゼミ	建築探訪				ゼミナール A	ゼミナール B	卒業研究 卒業設計	

注1）一般的AL：知識定着を目的としたアクティブラーニングのこと。
　　　高次AL　：知識を活用し、課題解決を目的としたアクティブラーニングのこと。
注2）□囲みの科目は必修科目（コース必修を含む）

【評価の視点 I】アクティブラーニング科目の設計と導入

■学科のコース構成
・建築総合コース（120人）、建築環境デザインコース（30人）、居住空間デザインコース（30人）の3つがあり、居住空間デザインコースは1年次から、総合建築コースと建築環境デザインコースは2年次からコース選択する。

■ゼミ
・1年前期の必修科目として「建築探訪」がある。建築の学び方、見学会、レポート発表の仕方を学ぶ初年次ゼミ。2年次にゼミはなく、3年次は「ゼミナールA・B」→4年次「卒業研究」もしくは「卒業設計」となる。

■一般的アクティブラーニング
・2年後期に配当されている「建築実験 I」は必修科目の座学である「建築構造力学 I」「建築応用力学 I」「建築構造材料」等の科目をベースにして実験を行う。座学で知識を学び、それを実験で確かめるように組み立てられている。
・3年前期に配当されている「建築実験 II」も同様で、「建築構造材料」「建築応用力学 I・II」の科目での知識を確認するための実験となっている。

- 3年後期に配当されている「建築実験Ⅲ」では、「建築仕上材料」「建築環境工学」「建築振動工学」の知識やそれまでの実験を踏まえて総合的な実験を行う。
- 建築実験には，複数の大学院生がティーチングアシスタントとして実験を補佐している。
- 座学の「建築構造力学Ⅰ・Ⅱ・Ⅲ（いずれも必修科目）」は「建築構造力学Ⅰ・Ⅱ・Ⅲ演習（いずれも選択科目）」とのセットで行われている。

■高次のアクティブラーニング

- 建築総合コースでは、1年次「ベーシックデザインⅠ・Ⅱ」、2年次「空間設計Ⅰ・Ⅱ」、3年次「総合設計Ⅰ・Ⅱ」、さらに4年次には卒業研究のほかに「総合設計Ⅲ」が必修で配当されている。
- 「ベーシックデザインⅠ・Ⅱ」では、有名建築の解読図面表現と住宅設計を行う。
- 「空間設計Ⅰ・Ⅱ」では、レストハウス、住宅、オフィス記念館の設計を行う。
- 「総合設計Ⅰ・Ⅱ」では、集合住宅、図書館、小学校の設計を行う。
- 「ベーシックデザインⅠ・Ⅱ」に専門知識を提供するのは「建築構法Ⅰ」「建築構法Ⅱ」である。
- 3年前期「総合設計Ⅰ」は共通課題に取り組むが、3年後期「総合設計Ⅱ」では教員とテーマを選択して取り組む。
- 「総合設計Ⅲ」は意匠だけではなく構造や設備設計も含めてオフィスビルなどの設計を行い、これは卒業研究のためのトレーニングという位置づけになっている。
- 建築環境デザインコースでは1年次は建築総合コースと同じで、2年次には「建築設計演習Ⅰ・Ⅱ」が3コマ連続で配当されている。3年次には同じく3コマ連続で「企画設計演習Ⅰ・Ⅱ」が配当され、4年次には卒業研究以外に「特別設計Ⅰ・Ⅱ」が配当される。これらのアクティブラーニングでは学生30人を2人の教員が担当する。
- 居住空間デザインコースでは、1年次の「ベーシックデザインⅠ・Ⅱ」に専門知識を提供するのは「住宅設計入門」「住居学」。2年次の「建築設計演習Ⅰ・Ⅱ」は2コマ連続となっている。3年次には「建築設計演習Ⅲ」「インテリアデザイン演習」等、4年次には卒業研究のほかに「特別設計Ⅰ・Ⅱ」

- が配当されている。
- 生産工学部では開設以来1年次から設計の授業を行うのが特徴。
- 設計には、複数の大学院生がティーチングアシスタントとして課題の受付等を補佐している。

■卒業研究
- 卒業論文と卒業設計があり、両方に取り組む学生もいれば、どちらか一方のみの学生もいる。全員がいずれかをやらねばならない。
- 卒業研究には審査会があり、一般にも公開されている。ポスターセッションで10〜15点が選抜され、5〜10分のプレゼンテーションを行い全教員が投票。審査基準は明確化されている。

【評価の視点Ⅱ】学部・学科による質保証、教育内容の統一・関連性確保
■質保証
- 高次のアクティブラーニングの成績評価については、コース内で複数教員による合評会が行われている。
- 「建築構造力学Ⅰ・Ⅱ・Ⅲ」「建築応用力学Ⅰ・Ⅱ」は座学と演習(別科目)のセットで行われている。Ⅰ、Ⅱ、Ⅲともに3人の教員で担当し、授業で使うテキスト、出される課題はすべて統一されている。
- 「鉄筋コンクリート構造」は2クラス開講で、統一されている。
- 上記のような構造系科目は基本的に2クラス以上に分けられていて、内容の統一と縦の連携も取られている。そのためのワーキンググループも設けられている。
- FDについてはトップに教育開発センターがあり、その下にFD推進機構、教育検討専門委員会が設けられている。カリキュラムマップの作り方の講習も行っている。
- 学科のFDとしては「建築フォーラム」という懇談会が設けられ、主に新任の教員が質問したり発表をしたりする場として開催されている。
- 学部の取り組みとして、ベストティーチャーの制度がある。授業公開では、ベストティーチャーの授業公開は必須とされており、その他は自己申告による。
- 到達度試験として、2年・3年・4年が全員必須で同じ問題を解く。これは

一級建築士試験を想定したもので、レベルは1.5級建築士レベルとしている。

【評価の視点Ⅲ】学生の能力形成と自律・自立化
■振り返り
- 1年前期の「建築探訪」の最後の授業で振り返りを行っている。
- インターンシップのレポートに際しても行う。

■レポート返却
- 設計科目は口頭で必ずコメントする。
- 構造系科目は採点して返却する。

【その他】
■インターンシップ
- 全員必修で、主な行き先は建設会社、自治体、設備メーカー、設計事務所など幅広い。
- インターンシップ先は学生が自分で開拓するのが3分の1、学科で開拓するのが3分の1、教員の人脈が3分の1。

■その他
- 1年次の「ベーシックデザインⅠ・Ⅱ」では1ユニット10人程度で、この担当教員が1～2年次の担任の役割を果たす。それ以外にピアサポーターとして院生も担当する。
- 4年間の連続性、他科目との関連性の双方ともに高いレベルで組み立てられている。
- 到達度についても、資格制度との関連とはいえ、独自のテストを実施している点が注目される。
- 獲得すべき能力については、専門性においてのみシラバスに明示されている。

【実地調査による河合塾の評価】

評価の視点	評価項目	評価
Ⅰ.ALの設計と導入	1.高次のAL科目の設計と導入	◎
	2.一般的AL科目の他科目との連携	◎
Ⅱ.学部・学科による質保証、教育内容の統一・関連性確保	1.AL科目の内容統一・科目間の関連性の確保	◎
	2.獲得させるべき能力と対応したALを含んだカリキュラム設計	
Ⅲ.学生の能力形成と自律・自立化	1.振り返りとコミットメント	○

2. 神奈川工科大学 応用バイオ科学部 応用バイオ科学科(2011年度調査 学科定員120名)

【アクティブラーニング科目の4年間の流れ】

授業形態	1年次		2年次		3年次		4年次	
	前期	後期	前期	後期	前期	後期	前期	後期
関連講義	微生物学	生命科学Ⅱ 生化学入門 分析化学			生化学Ⅱ 免疫化学 食品分析学			
一般的AL	バイオ基礎実験	バイオ実験Ⅰ	バイオ実験Ⅱ	バイオ実験Ⅲ 機器分析実験Ⅰ	バイオインフォマティクス実習 機器分析実験Ⅱ	機器分析特別実験		
高次AL		応用バイオ実験 「自主テーマ実験Ⅰ」含む			バイオ実験Ⅳ 「自主テーマ実験Ⅱ」含む			
ゼミ						応用バイオ科学ゼミ	輪講 卒業研究	

注1) 一般的AL：知識定着を目的としたアクティブラーニングのこと。
　　高次AL　：知識を活用し、課題解決を目的としたアクティブラーニングのこと。
注2) □囲みの科目は必修科目（コース必修を含む）

【評価の視点Ⅰ】アクティブラーニング科目の設計と導入

■アクティブラーニング科目の全体設計

・1年前期に「バイオ基礎実験」があり、ここでは実験スキルとレポートやプレゼンなどのスタディスキルを、実験を通じて学ぶ。1年後期に「応用バイオ実験」があり、その中の後半の4〜5回の授業が自主テーマ実験。2年前期には「バイオ実験Ⅱ」で高校生向けのバイオ教材を開発・作成し、それをバイオコンテストで競う。3年前期に「バイオ実験Ⅳ」の中で自主テーマ実験を行い、また3年前期にバイオインフォマティクス実習で生命科学に関する詳細なイラストを描き、仕組みや原理を理解する。3年後期にはいわゆるゼミ「応用バイオ科学ゼミ」があり、さらに4年生の「卒業研究」と「輪講」が続く。この中で、高次のアクティブラーニングは1年後期の「応用バイオ実験」および3年前期の「バイオ実験Ⅳ」の中に埋め込まれている「自主テーマ実験Ⅰ・Ⅱ」。

・4年次の「輪講」はゼミとしてみる。

■高次のアクティブラーニング

・1年後期「応用バイオ実験」の「自主テーマ実験」は4クラスに分かれて行われ、教員は全員出動。学生はグループワークで取り組み、グループでポスターを作成して発表は一人ずつ全員が行う。このポスターが作製でき

るように、ExcelやPower Pointの使い方を指導する授業とリンクしている。また教員は採点用紙（チェック項目）を持って、全員の発表を採点する。以前は、チェック項目は細かくルーブリックにしていたが運用上難しく、現在では大きな枠組みに変更している。
- 3年前期「バイオ実験Ⅳ」は免疫学の実験が中心で、後半に「自主テーマ実験」を行う。3年生でもポスターセッションを行うが、1年次と違ってグループワークでも一人1枚のポスターを制作して発表する。この発表が豆腐メーカーとの共同研究に繋がった。
- 1年後期の「応用バイオ実験」1コマと「バイオ実験Ⅰ」2コマは3コマ連続して開講され、運用で1〜10回が「バイオ実験Ⅰ」、11〜15回が「応用バイオ実験」として行われている。これは3年次の「バイオ実験Ⅳ」2コマ、「機器分析実験Ⅱ」も同じで、1回〜9回が実験で10〜15回が自主テーマ実験となっている。
- この2回の高次のアクティブラーニングが、3年後期からのゼミに連続する。

■一般的アクティブラーニング
- 講義のみの科目はほとんどない。基本的に演習が組み込まれている。
- 例えば1年次後期必修の「分析化学」では、教員4人が担当し4クラスを能力別に編成して、毎回90分の授業中30分は演習と解説に充てる。回収→採点→返却が必須とされている。
- 特に「バイオ実験Ⅱ」での高校生向けの教材づくり、「バイオインフォマティクス実習」での生命科学に関するイラストづくりはユニークな取り組みである。

■卒業研究
- 全員必修となっている。毎回、報告書を提出し、取り組んだ時間数も記入する。
- 中間でも口頭発表を行う。
- 最終発表は3カ所に分かれて口頭発表を行い、これを他の教員が評価する。査読は担当教員のみだが、この発表の評価は成績に反映される。また統一された評価シートが設けられている。

■輪講
- 卒業研究と並行して行われる高次のアクティブラーニング科目。科目名のごとく輪講を行う教員は少ない。卒業研究を補完する科目として位置づけ

られる。

【評価の視点Ⅱ】学部・学科による質保証、教育内容の統一・関連性確保
■質保証
- 「分析化学」4クラス、「バイオ工学基礎」4クラス、「バイオ化学基礎」4クラス開講などは進度もテストも評価も統一して進めている。
- 学科提供ではない理系の教養科目とは、教員間で会議を開いて内容を調整している。
- 学科創設時には授業検討会も全員で行い、PDCAを回していたが、今は軌道に乗ったので、非常勤を含めて目標の共有をしている程度で授業検討会を行ってはいない。
- 科目の中で基礎教育支援センターの数学の教員(定年後の高校教員)に来てもらって教えてもらうなど、タイアップを強化している。
- ピアレビューの制度があり、保護者も参観できるが、それほど活用されていない。
- 満足度調査は科目名も含めて公表して、教員の授業改善を促し、実際に翌年大きく改善されて評価が高まったケースもある。
- 在学4年間での学生の満足度を知る術として卒業時にアンケートを実施している。

【評価の視点Ⅲ】学生の能力形成と自律・自立化
■振り返り等
- 1年次後期の「応用バイオ実験」では、最初に計画書を作らせ、それに教員がコメントを入れる。不十分なものは再検討させる。さらに発表の要旨を書かせ、発表を相互評価する。これは3年次前期の「バイオ実験Ⅳ」でも同様に行われる。また、この計画書には、能力チェック表があり、3年間実験を行うと基本的にすべての項目にチェックが入るように計画している。
- 毎回の授業では「本日行ったこと」「今後の予定」「連絡事項」を経過報告書として提出させている。
- 「キャリア設計」は1年次必修、2年次選択の科目で、ここでは学生全員にウェブ上でロードマップを作成させている。さらに2012年度からは、学修記録

（ポートフォリオ）も実施したいと考えている。

【その他】
■その他
・応用バイオ科学科は、新設の学科であるということもあるが、よく練られたカリキュラムである。
・カリキュラムや仕組みづくりには、金沢工業大学での取り組みも参考にしたいということである。

【実地調査による河合塾の評価】

評価の視点	評価項目	評価
Ⅰ．ALの設計と導入	1．高次のAL科目の設計と導入	◎
	2．一般的AL科目の他科目との連携	◎
Ⅱ．学部・学科による質保証、教育内容の統一・関連性確保	1．AL科目の内容統一・科目間の関連性の確保	◎
	2．獲得させるべき能力と対応したALを含んだカリキュラム設計	
Ⅲ．学生の能力形成と自律・自立化	1．振り返りとコミットメント	○

3．東邦大学 理学部 情報科学科 メディア生命科学コース（2011年度調査 学科定員100名）

【アクティブラーニング科目の4年間の流れ】

授業形態	1年次 前期	1年次 後期	2年次 前期	2年次 後期	3年次 前期	3年次 後期	4年次 前期	4年次 後期
関連科目	情報数理ⅠA プログラミングA	情報数理ⅠB プログラミングB	プログラミングC	アルゴリズムとデータ構造				
一般的AL	情報数理演習ⅠA プログラミング演習A	情報数理演習ⅠB プログラミング演習B	プログラミング演習C	アルゴリズムとデータ構造演習				
高次AL			プロジェクトⅠA	プロジェクトⅠB	プロジェクトⅡA	プロジェクトⅡB		
ゼミ						情報英語A・B	卒業研究A	卒業研究B

注1）一般的AL：知識定着を目的としたアクティブラーニングのこと。
　　高次AL　：知識を活用し、課題解決を目的としたアクティブラーニングのこと。
注2）□囲みの科目は必修科目（コース必修を含む）

【評価の視点Ⅰ】アクティブラーニング科目の設計と導入
■アクティブラーニングのプロジェクト科目について

- 情報科学科には「数理知能科学コース」と「メディア生命科学コース」が置かれている。プロジェクト科目は「メディア生命科学コース」の学生が必修。
- プロジェクトⅠA（2年前期）ⅠB（2年後期）、プロジェクトⅡA（3年前期）、ⅡB（3年後期）が高次のアクティブラーニングで、これらの科目は5〜6年前に創設した。2年と3年の合同授業。目的は学生のモチベーション維持（モチベーション維持の視点は初年次教育にも取り込んでいる）。
- 従来の実験科目を改変し、学年を超えたグループワークを導入することで、コミュニケーション力を養成すると同時に、技術内容の理解をお互いに深めあうことを目指している。従来の実験科目は"個人が実験して、そこからプログラムを作成する"という流れの課題が多かったが、それを"グループでプロジェクトを企画→遂行する中でさまざまな課題に挑戦→お互いに理解を深め分かりあう"という流れに変えた。
- 具体的には、2年生16名、3年生16名の32名で1クラスとし、4クラスが同時に開講されており、2年間で順番に8テーマを学ぶ。8テーマは「Java Script によるシステム開発」「並列処理ソフトウェア開発」「PHP と MySQL による Web システム開発」「文字認識システムの作成」「コンピュータグラフィックス」「Page Rank アルゴリズムの実装と生体情報処理への応用」「携帯端末上のソフトウェア開発」「遺伝子情報データの処理」。8人の教員で担当し、TA をつける。学年混合にしない教員もいる。
- 2年と3年生を組み合わせる意図としては、普段一緒でない学生同士での体験がコミュニケーション力やリーダーシップの形成につながるため。また3年生にとっては自分が分かっていないと2年生に教えられないというプレッシャーも期待している。
- テーマ間のつながりはない。講義科目との関連は、例えば「コンピュータネットワーク」という専門知識が「PHP と MySQL による Web システム開発」に、「コンピュータグラフィックス」という専門知識が「Java Script によるシステム開発」に関連するが、テーマによっては専門知識を学ぶ前にテーマに入る場合もある。その場合は、プロジェクトテーマで必要な専門知識はテーマの中で最初に教えている。
- 1セメスター14回の授業を2つに分けて7回で1テーマを終了する。7回

目はプレゼンをすることになっている。
- また各テーマは卒業研究にも繋がっていくことが多い。

■卒業研究
- 卒業研究は全員必修。
- 3年次の11月頃に研究室に配属する。1研究室に6名程度が配属される。
- 実質的な卒研ゼミは3年次「情報英語A・B」で論文の輪講をすることから始まる。
- 卒論審査は指導教員が中心。副指導教員は近い分野の教員が担う。ただし審査は複数ではない。
- 卒業研究発表は中間発表と最終発表で全員が行う。

【評価の視点Ⅱ】学部・学科による質保証、教育内容の統一・関連性確保
　■質保証の取り組み
- 制度としては明確には設けられていないが、基礎的な科目については「科目に教員がつく」という考えで行っている。
- FDは学科では行われず、学部で教育開発センターが担っている。ただし、教育方法の開発については取り組めていない。
- ピアチェックなどの相互参観は個別に行われることはあるが、組織的に取り組まれてはいない。

【評価の視点Ⅲ】学生の能力形成と自律・自立化
　■振り返り
- ポートフォリオシステムや振り返りの仕組みは、教員養成課程を除いては、行われていない。

【その他】
- 情報科学科専用の学生ラウンジは、収容人数約60名で、40台のPCを備えており、当学科の売りの一つとなっている。グループ課題を集まってやったり、個別の課題でも情報交換するなど、毎日、多くの学生が活用している。
- プロジェクト科目は2年と3年が混成であるところにユニークな狙いがある。

【実地調査による河合塾の評価】

評価の視点	評価項目	評価
Ⅰ．ALの設計と導入	1．高次のAL科目の設計と導入	◎
	2．一般的AL科目の他科目との連携	◎
Ⅱ．学部・学科による質保証、教育内容の統一・関連性確保	1．AL科目の内容統一・科目間の関連性の確保	○
	2．獲得させるべき能力と対応したALを含んだカリキュラム設計	
Ⅲ．学生の能力形成と自律・自立化	1．振り返りとコミットメント	

4．関東学院大学 工学部 機械工学科 ロボットコース システム専攻（2011年度調査 専攻定員20名）

【アクティブラーニング科目の4年間の流れ】

授業形態	1年次 前期	1年次 後期	2年次 前期	2年次 後期	3年次 前期	3年次 後期	4年次 前期	4年次 後期
関連講義			熱力学Ⅰ・Ⅱ	メカトロニクス		制御工学		
一般的AL	工作実習Ⅰ	工作実習Ⅱ	機械製図 電気電子基礎プログラミング 電気・電子計測Ⅰ	メカトロニクス演習 2D–CAD演習	機械実験ⅡA 機械設計製図Ⅰ 3D–CAD演習 機械工学総合演習	機械実験ⅡB 機械設計製図Ⅱ		
高次AL		フレッシャーズプロジェクト	ロボットプロジェクトⅠ	ロボットプロジェクトⅡ	応用ロボットプロジェクトⅠ	応用ロボットプロジェクトⅡ		
ゼミ	フレッシャーズセミナー						卒業研究Ⅰ・Ⅱ	

注1） 一般的AL：知識定着を目的としたアクティブラーニングのこと。
　　　高次AL　：知識を活用し、課題解決を目的としたアクティブラーニングのこと。
注2） □囲みの科目は必修科目（コース必修を含む）

【評価の視点Ⅰ】アクティブラーニング科目の設計と導入

■アクティブラーニングのプロジェクト科目について

- 1年後期の「フレッシャーズプロジェクト」、2年前期の「ロボットプロジェクトⅠ」、2年後期の「ロボットプロジェクトⅡ」、3年前期の「応用ロボットプロジェクトⅠ」、3年後期の「応用ロボットプロジェクトⅡ」が連続した高次のアクティブラーニングとなっており、全員が必修。
- このプロジェクトは機械工学科「ロボットコースシステム専攻」と、電気電子工学科系の「ロボットコース制御専攻」との合同授業として行われている。規模は定員レベルで両コースから20人ずつ。実際は合計で30人程度。各チームは2～3人で編成し、両コースからの混成が多いが、必ずという決まりではない。教員は3人が協働して担当する。

- ２年次の「ロボットプロジェクトⅠ・Ⅱ」では２足歩行ロボットを４足歩行ロボットに改良する課題が与えられ、３年次の「応用ロボットプロジェクトⅠ・Ⅱ」では、それぞれが自由な発想でテーマを設定してロボットを改良開発する。
- この科目への専門知識の提供は、機械では「メカトロニクス」「制御工学」「３D－CAD演習」など。履修しなくても最低限の知識はプロジェクトの授業内で提供される。機械工学科の学生に対して電気電子学科の科目である「電気電子基礎プログラミング」「電気・電子計測Ⅰ」等を履修するように指導する。
- 各プロジェクト授業ではセメスターの終了時に必ず競技会を行う。
- 各科目の単位認定は厳しく、２年前期の単位取得者は66％、２年後期では50％、３年前期は100％、３年後期は88％となっていて、単位が取得できなければ次の学年で再履修をしなければならない。

■一般的アクティブラーニング
- 「機械工学総合演習（３年前期）」が独立した科目としてはあるが、ほぼすべての科目で座学の中に演習（小テスト等）を組み込んでいる。

■初年次ゼミ
- １年前期の「フレッシャーズセミナー」が該当する。理系のレポートが正しく書けるようなアカデミックスキル中心の演習授業である。
- この演習により、当学科の学生のレポートの書き方のレベルは、他学科に抜きん出ている。このことは学内の論文コンテスト等でも成果となって表れている。

■卒業論文
- 全員が必修。
- 審査は基本的に担当教員の判断。
- 発表会は中間発表と本発表があり、本発表は２年生および３年生も参加して全員で行う。これは２年生の３年進級時の研究室選びの場にもなる。

【評価の視点Ⅱ】学部・学科による質保証、教育内容の統一・関連性確保
■質保証
- 「熱力学Ⅰ・Ⅱ（いずれも２年前期）」については教員が２人いるので習熟度

別にして開講している。それ以外の科目担当は一人なので、同一科目を複数教員でというケースがない。
- 非常勤教員に対しては、初回に調整を行い1年後に非常勤講師懇談会を開催して、それを次に活かすという仕組みにしている。
- フレッシャーズセミナーとプロジェクト科目は複数開講で内容は統一している。
- FDについては全学と学部で行っている。授業評価アンケートのいわゆる「総合評価」の高得点の意味が、必ずしも学生の理解や知識の定着、学習効果・成果という点にはつながっていないような部分が感じられる。
- ピアレビューは工学部から始まって全学化したが、授業の公開は必須である一方、他の教員の授業の参観は任意であり、結果としてあまり活発ではない。
- 新任教員研修会は2004年度から行い、以前は朝10時～午後3時まで教え方も含めてしっかりと行っていた。しかし2012年現在では学部での取り組みに任せられており、その結果、事務連絡中心の会になってしまっている。2013年度には、従来のやり方を復活させるべく活動している。

【評価の視点Ⅲ】学生の能力形成と自律・自立化

■効果測定
- 卒業研究における取り組み状況や、その成果から判断している。最近、三菱総研DCSと本学との間でおこなわれたIR (Institutional Research) の結果が、全学教員研修会で報告されたが、研究室（あるいはゼミ）に所属することによる効果は大きいことが統計的な分析から言えることが分かった。

■振り返り
- 「フレッシャーズセミナー」と「フレッシャーズプロジェクト」においては、毎回の授業で学生と教員の間で、コミュニケーションシート（CS）を交換している。教員からもコメントを返し、アドバイスしている。
- これ以外にeポートフォリオも導入されている。この使い方はユニークで、問題を抱える学生に対してメンター（よき指導者。教員が応募し、カウンセラーが採否を判断）がついて、そのメンタリング制度の中でeポートフォリオを活用することで、横断的な情報共有が可能となり、また自身の活動を振り

返らせ問題の解決の方向を考えさせる。

■レポート返却
・フレッシャーズセミナーでのレポートの添削と返却は必須とされている。ただし、添削のしすぎにならないようにも配慮している。

【その他】
・機械工学科と電気電子工学科の2学科にまたがったプロジェクト授業を3年間連続で行っている点が評価に値する。その内容も統一・調整されている。

【実地調査による河合塾の評価】

評価の視点	評価項目	評価
Ⅰ.ALの設計と導入	1.高次のAL科目の設計と導入	◎
	2.一般的AL科目の他科目との連携	◎
Ⅱ.学部・学科による質保証、教育内容の統一・関連性確保	1.AL科目の内容統一・科目間の関連性の確保	◎
	2.獲得させるべき能力と対応したALを含んだカリキュラム設計	
Ⅲ.学生の能力形成と自律・自立化	1.振り返りとコミットメント	○

5．秋田大学　工学資源学部　機械工学科（2010年度調査　学科定員77名）

【アクティブラーニング科目の4年間の流れ】

授業形態	1年次 前期	1年次 後期	2年次 前期	2年次 後期	3年次 前期	3年次 後期	4年次 前期	4年次 後期
関連科目			工業力学	機械加工プロセス学	機械設計学	生産システム学		
一般的AL		流れ学	工業力学演習 機械実習 設計製図Ⅰ	熱力学Ⅱ	機械設計学演習 機械工学実験 設計製図Ⅱ 流体力学			
高次AL		ものづくり基礎実践	プロジェクトゼミ			創造設計演習 学生自主プロジェクト	創造工房実習	
ゼミ	初年次ゼミ テクノキャリアゼミ						卒業課題研究（卒論）	

注1）一般的AL：知識定着を目的としたアクティブラーニングのこと。
　　　高次AL　：知識を活用し、課題解決を目的としたアクティブラーニングのこと。
注2）□囲みの科目は必修科目（コース必修を含む）

【評価の視点Ⅰ】アクティブラーニング科目の設計と導入
■アクティブラーニングの設計
- 秋田大学工学資源学部機械工学科では、「スイッチバック方式」と呼ばれる独自のカリキュラム設計を行っている。これは要素技術（何にでも使えるように幅広く）→ものづくり（絞って実践）→座学（幅広く）とスイッチバックしながらレベルがらせん状に上昇していくことを構想したものである。
- その具体は、まず1年後期に「ものづくり基礎実践」が置かれ、これは教養基礎科目に対応しており、学科の90人中80人が履修する。続く2年の「プロジェクトゼミ」は専門基礎科目の知識に対応しており、学科学生の半数くらいが履修する。さらに3年の「創造設計演習」は必修科目となっている。これらの創成型科目は専門科目の知識に対応して、ステップアップしながら、それぞれのステージの知識を活用した「ものづくり」科目として設定されている。例えば「ものづくり基礎実践」は3つに分かれており、設計ではストローでグライダーを作り、構造と強度の重要性を学ぶ。熱流体では、あきたこまちを美味しく炊くことで、温度管理や伝熱について学ぶ。メカトロニクスでは、レゴでロボットアームを作る。
- 1年次に通年で1つのものづくりに取り組ませることで、学生に「知識の不足」を感じさせ、失敗することでモチベーションを高めることが狙いである。ものづくりがそれとして上手く行くかどうかは、あまり問題ではない。
- 2年では「機械実習」があり、その技術を使って「プロジェクトゼミ」でものづくりに取り組む、というように設計されている。「プロジェクトゼミ」には、例えば「たたら製鉄プロジェクト」があり、そのために必要な「ふいご」まで製作させる。
- また3年では「機械工学実験」があり、そこで修得した知識や技術は、4年前期の「創造工房実習」で活かされる。以前の「機械工学実験」の内容は、型通りのテーマで実験して終わりだったが、それを創成授業と繋げることで、効果を上げることを狙っているのである。この「創造工房実習」では、計画→計画発表→製作に加え、コンペも行っているが、但しコンペの結果は成績とは直結させていない。たまたまうまくいくこともあり、そのプロセスが評価に値しないというケースもあるからである。
- 従来は「ものづくり」は4年になってから取り組ませていたが、現在では

1年からスイッチバック方式で「ものづくり」を組み込んでいる。スイッチバックに乗った学生は、座学でも積極的になるのが実感できている。

■学生自主プロジェクト
・「学生自主プロジェクト」が設けられていて、これは課外活動でありつつも2月に発表会と質疑応答があって、審査の上で単位が付与される。この中の発電プロジェクトは、横手市で予算がつけられている。1プロジェクトは5～10名で、教員が必ず付く。

■卒業論文
・各研究室のテーマを公開し、3年生の11月に説明を行ってから学生が研究室を訪問し、12月に配属となる。3年で留年しても、研究室配属は継続するので、周りが寄ってたかって励まし、本人も必死に頑張り、次の年には4年に進級するという効果もある。
・卒業研究は通年で、研究プロポーザルを行うことで2単位を与える。
・時間ノートがあり、240時間以上取り組んだことを証明しなくてはならない。
・アクティブラーニングの時間数は、全科目の40％程度となっている。増えているが、それはJABEEが推進力になっている。

【評価の視点Ⅱ】学部・学科による質保証、教育内容の統一・関連性確保
・科目間の連携については、教員の科目グループで調整している。これもJABEE対応の取り組みである。全体で助教まで含めて30名がいるが各グループは10名弱。
・学科としてパイロット的な試みは学科の上層部が率先して行っている。上が挑戦して成功させて、定着させるという仕組みになっている。

【評価の視点Ⅲ】学生の能力形成と自律・自立化
・JABEEに基づいた科目との関連での獲得能力の表が作成されている。

【その他】
■レポート返却
・全体に返却するわけではない。ダメなレポートはAになるまで徹底してやり直させる。ゆえにCのままで終わる学生はほとんどいない。最初からA

の学生は放っておかれる。そうした学生のモチベーションのために、Sランクを設けている。

【実地調査による河合塾の評価】

評価の視点	評価項目	評価
Ⅰ. ALの設計と導入	1. 高次のAL科目の設計と導入	◎
	2. 一般的AL科目の他科目との連携	◎
Ⅱ. 学部・学科による質保証、教育内容の統一・関連性確保	1. AL科目の内容統一・科目間の関連性の確保	◎
	2. 獲得させるべき能力と対応したALを含んだカリキュラム設計	◎
Ⅲ. 学生の能力形成と自律・自立化	1. 振り返りとコミットメント	○

6. 岡山大学　工学部　機械工学科（2010年度調査　学科定員80名）

【アクティブラーニング科目の4年間の流れ】

授業形態	1年次 前期	1年次 後期	2年次 前期	2年次 後期	3年次 前期	3年次 後期	4年次 前期	4年次 後期
一般的AL	機械工学ガイダンス 機械工作実習	物理実験	材料力学Ⅰ 工業熱力学Ⅰ		流体力学Ⅰ			
高次AL			創成プロジェクト		創造工学実験	機械設計製図		
ゼミ							卒業研究	

注1）　一般的AL：知識定着を目的としたアクティブラーニングのこと。
　　　高次AL　：知識を活用し、課題解決を目的としたアクティブラーニングのこと。
注2）　□囲みの科目は必修科目（コース必修を含む）

【評価の視点Ⅰ】アクティブラーニング科目の設計と導入

■アクティブラーニングの設計

- 高次のアクティブラーニングは、2年次前期の「創成プロジェクト」、3年次通年の「創造工学実験」が該当する。
- 同学科では1年次に「機械工学ガイダンス」が全員必修の導入科目として置かれ、そこではグループワークでバイクエンジンを分解→組立→動かすというアクティブラーニングが行われている。
- 「創成プロジェクト」は半期2コマ連続開講で必修。発想の訓練を行う。助教10人が付き、前半は座学で後半はものづくりに取り組む。前半は、オープンエンドの問題に対してアイデア競争を行う。そしてアイデアが出ない

学生には発想法訓練を行っている。後半では具体的にものづくりに取り組み、それを4人グループ20チームで競う。シラバスから引用すると第一段階では「発想ツール＝メカニカル発想法とブレーンストーミング法を駆使して、『小惑星からのエネルギー獲得プロジェクト』と『五感関連製品の大学生発明工夫展』のOpen-Ended課題を発想させている．これらのリポート成果の発表・質疑応答訓練で、プレゼンテーション能力とディベート能力の練達の必要性を自覚させる」とある。第二段階では、「80本のストローとセロテープ1巻で高さH、張り出し量L、座屈荷重Wの積HLWが最大となる『ストローの斜塔』創成実験を試みる．モノ創成を実体験させるこの訓練では単なる夢想的な発想ではなく、構造力学的考察や座屈理論などの専門知識を駆使した発想力の重要性を認識させることが最大の狙いである」。第三段階では「最終課題＝『金属ピース運び現代版からくり』を創成し、コンテストを実施する．アイデアの創出から物品の購入・加工・組み立てのすべてを学生自らが企画して、独創性と意外性ならびにコミュニケーション能力を公開実験において発揮しなければならない」とある。

- 「創造工学実験」は3年次に通年で3コマ連続で開講される。機械工学科に一般的な実験科目は、四力学を中心に各研究室の代表的な実験を順繰りにやっていくというものだが、ここではそのような旧来の実験はほとんど行っていない。理由は、四力学は大学院入試でほとんどの学生が再度勉強し直すので、この科目で再確認をするのは重複となってしまうためである。そのため、この科目は「創成プロジェクト」の延長の授業として組み直されている。例えば、計測実験でモノの表面の粗さを計測する授業では、計測器の扱い方はしっかりと教えるが、何の粗さを計測するかは学生がグループワークで自分たちで考えて決める。ユニークなテーマでは女性の皮膚の粗さを計測し年齢との相関を考察したグループもあった。この創成工学実験は、素材製作学、機械製作学、製作工学などの講義での専門知識を活用する。金沢工業大学の「創造実験」とも共通した考えで行われている。

■講義とアクティブラーニングの連携

- 四力学は以前は演習とセットだったが、今は演習は単位なしで、数学系と三力学のⅠで演習を行っている。Ⅱでは演習を行っていない。理由はマンパワーとコマの不足。あった方がよいし、学生も求めているが……。

- 機械設計製図では全員にクレーンの設計を行わせる。スペックのみを学生に与え、式を作って計算・設計させる。これには専門知識が不可欠となる。

■産学連携
- 10研究室の内のほとんどが産学連携のテーマに取り組んでいる。4年生も企業との打ち合わせの場に出るのが一般的。
- インターンシップは選択で単位認定。毎年80人中20～30人が参加する。

【評価の視点Ⅱ】学部・学科による質保証、教育内容の統一・関連性確保
■FD
- 「創成プロジェクト」では、複数クラスを10人の助教で担当し、内容統一のためのマニュアルを作成し、毎年更新している。
- この「創成プロジェクト」は、10人の助教とTAが関わるため、内容をティーチングマニュアルで統一し毎年更新するとともに、成績評価においてはリーダーシップやチームワーク等をTAと教員で判定し、グループ点と個人点で評価している。

【評価の視点Ⅲ】学生の能力形成と自律・自立化
- 「創成プロジェクト」の中で学生が努力目標を記入し、3回ほど教員とシートを往復させている。
- それ以外にはJABEE準拠のものが能力を単位取得によりみなすものである。

【その他】
- 「創成プロジェクト」では発想力初期値を測定し、授業の終わりには同様の発想力を測定して、実際に3倍ほどの伸びを示している。
- 効果測定については、卒業生アンケートをJABEE準拠で行っている。良かった授業として上がるのが「創成プロジェクト」。新しい発想に日々脂汗を絞っているから、という答が多かった。ちなみに、大学院では「高度創成デザイン」が必修で120名のクラス。日経テクノルネッサンスで、最初の年は23受賞の内、9つが岡山大学。翌年は5つが岡山大学であった。
- レポート返却については、ルールはない。

【実地調査による河合塾の評価】

評価の視点	評価項目	評価
Ⅰ.ALの設計と導入	1.高次のAL科目の設計と導入	◎
	2.一般的AL科目の他科目との連携	◎
Ⅱ.学部・学科による質保証、教育内容の統一・関連性確保	1.AL科目の内容統一・科目間の関連性の確保	◎
	2.獲得させるべき能力と対応したALを含んだカリキュラム設計	○
Ⅲ.学生の能力形成と自律・自立化	1.振り返りとコミットメント	◎

7．近畿大学　理工学部　機械工学科（2010年度調査　学科定員180名）

【アクティブラーニング科目の4年間の流れ】

授業形態	1年次 前期	1年次 後期	2年次 前期	2年次 後期	3年次 前期	3年次 後期	4年次 前期	4年次 後期
関連科目		流れ学の基礎 材料力学の基礎		熱力学の基礎 流れ学 機械力学 材料力学 設計製図の基礎		熱力学		
一般的AL	機械製図	機械製図基礎演習	流れ学演習実験 材料力学演習実験 機械加工実習 機械製図演習 制御工学演習実験	機械工学実験	熱力学演習実験 機械力学演習実験 設計製図	応用機械製図		
高次AL						卒業研究ゼミナール		
ゼミ	基礎ゼミⅠ	基礎ゼミⅡ					卒業研究	

注1）一般的AL：知識定着を目的としたアクティブラーニングのこと。
　　高次AL　：知識を活用し、課題解決を目的としたアクティブラーニングのこと。
注2）□囲みの科目は必修科目（コース必修を含む）

【評価の視点Ⅰ】アクティブラーニング科目の設計と導入

■アクティブラーニングの設計

・機械工学科はJABEE認定を5年前から受けている。
・4年間一貫して必修で演習を配置している。演習科目の比率は4割に達する。
・アクティブラーニングとして7年前から「演習実験」を置いている。これは、実験と演習を組み合わせたもの。
・「卒業研究」4年次に連続するものとして3年次に「卒業研究ゼミナール」を置いている。
・「基礎ゼミⅠ」（1年前期）は約10人のクラスで主にPBLに取り組む。
・「基礎ゼミⅡ」（1年後期）はペーパーカーレースとロボットコンテストを行

う。実際に作成するペーパーカーはデザインレビューから始まり、企画・設計・制作・評価のPDCAサイクルが回るように計画されている。またロボットコンテストについては実際のロボットを用い、物理法則が支配する現実の世界での課題について考察・試行している。

■講義とアクティブラーニングの連携
- 四力学については、講義（必修）→演習実験（必修）→講義（選択）の「三位一体教育」を導入している（例えば、1年次後期「流れ学の基礎」→2年次前期「流れ学演習実験」→2年次後期「流れ学」）。
- 以前は実験と演習を別々に行っていたが、学生がそのつながりを理解できない状態が生まれ、これを結びつけるために考え出された。

■卒業論文
- 条件は、取り組み時間350時間以上（学科によりJABEEで異なる）、中間発表、発表点60％以上が必須。発表点は担当教員以外が採点し、30／100点となっている。2009年度は200人中4～5人が発表点で落ちて再発表となった。

【評価の視点Ⅱ】学部・学科による質保証、教育内容の統一・関連性確保

■FD
- 5年前から科目間ネットワーク会議が分野別に正式組織として置かれ、科目間の内容調整などを行っている。セメスター終了時に開催する。
- 機械工学はさまざまな分野を総合する学問であり、それらを卒論で集大成するため、科目間ネットワーク会議を設けた。JABEEに対応したものでもある。
- 「設計製図科目」「演習実験科目」でチームティーチングが導入されている。演習実験科目は60人の学生に対し、教員が2～3人、TAが4～5人で担当するきめ細かい少人数教育。質問にきめ細かく対応することで、出来ない学生を防ぐ。授業アンケートでも評価が高い。

【評価の視点Ⅲ】学生の能力形成と自律・自立化
- 2010年度から導入された「My campus plan」（全学的に取り組まれているポートフォリオ）は、「基礎ゼミⅠ」で記入し年2回の面談で活用する予定。
- 現在のチューター面談では、「学生個人カルテ」「履修状況チェックリスト」

で面談が行われている。また全科目で行う授業アンケートでも振り返り欄がある。
- 面談は年に2回、履修登録時に全員に対して行う。

【その他】
- 「設計製図の基礎」など一部の科目でレポート返却は必須。全体では必須化されていない。
- 授業アンケートの結果がボーナス、昇任などの教員の待遇に反映される仕組みがある。
- 授業アンケートに対し教員はリフレクションペーパーで回答する。

【実地調査による河合塾の評価】

評価の視点	評価項目	評価
Ⅰ. ALの設計と導入	1. 高次のAL科目の設計と導入	◎
	2. 一般的AL科目の他科目との連携	◎
Ⅱ. 学部・学科による質保証、教育内容の統一・関連性確保	1. AL科目の内容統一・科目間の関連性の確保	○
	2. 獲得させるべき能力と対応したALを含んだカリキュラム設計	○
Ⅲ. 学生の能力形成と自律・自立化	1. 振り返りとコミットメント	○

8. 室蘭工業大学 工学部 情報電子工学系学科（2010年度 学科定員200名）

【アクティブラーニング科目の4年間の流れ】

授業形態	1年次 前期	1年次 後期	2年次 前期	2年次 後期	3年次 前期	3年次 後期	4年次 前期	4年次 後期
関連科目		プログラミング演習	プログラミング応用演習					
一般的AL		基礎電気回路 基礎電磁気学	電気回路Ⅰ 電磁気学Ⅰ	電気回路Ⅱ 電磁気学Ⅱ	電気電子工学実験A	電気電子工学実験B		
高次AL	フレッシュマンセミナー			工学演習Ⅰ	技術者倫理	工学演習Ⅱ		
ゼミ							卒業研究（卒論）	

注1）一般的AL：知識定着を目的としたアクティブラーニングのこと。
　　　高次AL　：知識を活用し、課題解決を目的としたアクティブラーニングのこと。
注2）□囲みの科目は必修科目（コース必修を含む）

【評価の視点Ⅰ】アクティブラーニング科目の設計と導入
■アクティブラーニングの設計
- 室蘭工業大学では2009年に学科を改組し、情報工学科と電気電子工学科が一体募集となった。間口を広げて、2年次にコース選択するようにした。理由は、高校卒業時点では学科を細かくは選びにくいため。このため、1年生では共通の科目を学ぶ。
- 情報電子工学系学科は1年生から4年生までのすべての学年で、実習科目が設けられている。初年次の「フレッシュマンセミナー」でモチベーションを上げ、2年後期の「工学演習Ⅰ」では初年次からスキルアップしたエンジニアリング・デザインを行い、さらに3年後期の「工学演習Ⅱ」では前期の学生実験を踏まえて専門知識を用いたエンジニアリング・デザインが必修とされている。これは4年次の卒業研究に連続する。2年次の「工学演習Ⅰ」では課題が与えられ、「マイクロプロセッサを組み込んだ電子回路の作成とマイクロプロセッサのプログラミングを行う」「作成した作品の発表を通してプレゼンやコミュニケーションの能力向上を図る」とされている。これに対し、3年次の「工学演習Ⅱ」では課題を自分で設定して取り組む。「工学演習Ⅱ」のシラバスでは次のように記載されている。

第1～3週：インターネット検索、オンライン公募などにより情報を収集し、その中で電気電子技術で解決可能な問題を抽出し、解決方法を企画し、設計する（3週後に企画書（設計図、使用部品リスト、作業工程を含む）を提出）。
第3週：企画書を提出、説明する。
第4～14週：機器の製作あるいはソフトウェアの開発とその評価（必要に応じて作製、開発にフィードバック）
第15週：結果を報告書にまとめ、プレゼンテーションする。

- これらの創成型授業での専門知識の活用を見ると、「工学演習Ⅰ」では、電子回路に組み込むマイクロプロセッサのプログラミングのために、1年次の「プログラミング演習」の知識が必要となり、また3年次の「工学演習Ⅱ」では、ライントレースロボットを製作するために、それまでの講義・演習・実験で身に就けた電気回路，電磁気およびプログラミングに関する知識が

必要となる。
- 「工学演習Ⅰ・Ⅱ」は元々「学生実験」という科目であったものを発展させて、JABEE取得時に創設した経緯がある。企業への就職でも、こうしたエンジニアリング・デザイン能力が求められるようになり、同学科は推薦での就職も多く、その企業の期待に応えるためにも、エンジニアリング・デザイン能力の育成に力を注いでいる。
- 2年生から実験も始まるが、2年生は演習が中心で、3年生が実験中心になる。3年次の前期の学生実験は基礎で6テーマがあって順繰りに実験を行う。学生実験Bは応用となり、テーマは5つ。この学生実験Bを履修する時に関門があり、さらに卒業研究でハードルがある。

■講義とアクティブラーニングの連携
- 2年次でコース分けを行い、電気と情報系の演習に分かれる。「電磁気Ⅰ・Ⅱ」「電気回路Ⅰ・Ⅱ」は前期・後期と連続するが、1科目が週2回開講で、講義と演習が1時間ずつ。これがセットで行われることが効果的と考えられている。しかも演習時には必ず15分の小テストを実施し、次の時間に採点・添削をして返却する。演習では、事前に演習の題を配布し、学生が自宅で問題に取り組んできて、授業で発表するというやり方も教員によっては採用されている。このシステムはJABEEを取得した4年前から導入されている。この組み合わせは講義が1クラス、演習は3クラスで構成され、各クラスがスピードやテスト内容を揃えるため、必然的にチームティーチングとなっている。

■卒業論文
- 卒論発表会は全員に対して行う。コースごとにコース内の最低でも5〜6人教員が参加して採点する。

【評価の視点Ⅱ】学部・学科による質保証、教育内容の統一・関連性確保
　■FD
- ピアチェックは学科としての取り組みで、必ず半期に講義1科目、演習1科目を聴講することが義務化されている。ただし、ペナルティはない。
- 学科内に委員会が4つあり、①教育カリキュラム立案・計画、②教育カリキュラム評価、③FD、④資料収集である。

- 学生実験については世話人を置いて、予算やスケジュール管理を行っている。ⅠとⅡの連携などを調節する会議もある。

■効果測定
- 効果測定については、全学で卒業時に学生アンケートを行っている。

【評価の視点Ⅲ】学生の能力形成と自律・自立化
- JABEEの達成度評価のシートがあり、これを基に面談を行っている。履修登録をする前に、全員に半期ごとに面談がある。また保護者向け面談も毎年北海道各地で行っている。

【その他】
- レポートの返却については、小テストは必ず添削して返却することになっている。中間や期末テストは教員裁量。学生実験のレポートは、レベルに達していないものについてはレベルに達するまで関わるので、レポートが提出時点でレベルに達していることになる。
- TAはフレッシュマンセミナー、エンジニアリング・デザイン、学生実験に入っている。修士課程の1〜2年生で、例えばフレッシュマンセミナーでは100人の学生に対して8人。

【実地調査による河合塾の評価】

評価の視点	評価項目	評価
Ⅰ.ALの設計と導入	1.高次のAL科目の設計と導入	◎
	2.一般的AL科目の他科目との連携	◎
Ⅱ.学部・学科による質保証、教育内容の統一・関連性確保	1.AL科目の内容統一・科目間の関連性の確保	◎
	2.獲得させるべき能力と対応したALを含んだカリキュラム設計	○
Ⅲ.学生の能力形成と自律・自立化	1.振り返りとコミットメント	○

9. 三重大学　工学部　電気電子工学科（2010年度調査　学科定員80名）

【アクティブラーニング科目の4年間の流れ】

授業形態	1年次 前期	1年次 後期	2年次 前期	2年次 後期	3年次 前期	3年次 後期	4年次 前期	4年次 後期
一般的AL	基礎電気回路論I及び演習 基礎電磁気学及び演習 電気電子工学入門実験	基礎電気回路論II及び演習 基礎電磁気学II及び演習 プログラミング演習I	電気回路論I及び演習 電磁気学I及び演習 電子回路工学I及び演習 プログラミング演習II	電気回路論II及び演習 電磁気学II及び演習 電子回路工学II及び演習 プログラミング言語 電気電子計測実験	電子回路工学III及び演習 電気電子実習 電気電子工学基礎実験 制御工学I 工場見学	電気電子工学応用実験 制御工学II		
高次AL					計算機工学II	電気電子設計		
ゼミ							卒業研究（卒論）	

注1）一般的AL：知識定着を目的としたアクティブラーニングのこと。
　　　高次AL　：知識を活用し、課題解決を目的としたアクティブラーニングのこと。
注2）□囲みの科目は必修科目（コース必修を含む）

【評価の視点 I】アクティブラーニング科目の設計と導入

■アクティブラーニングの設計

- 1年前期に「電気電子工学入門実験」があり、これは学生に興味を持たせることが目的で、実習や実験、研究室の見学を織り込み、学科としての導入科目として位置付けている。
- 2年後期の「電気電子計測実験」は測定器への慣れを目的としたもの。
- 3年前期に「電気電子基礎実験」、後期に「電気電子応用実験」がある。
- 3年後期の「電気電子設計」は課題を与え CAD を使って設計させる。
- 高次のアクティブラーニングは「計算機工学II」と「電気電子設計」が該当する。「計算機工学II」は3年前期に配当される選択科目で40／80人が受講。「電気電子設計」は3年後期に配当される必修で、創成授業である。シラバスには必要科目を多数指定してあり、受講要件が厳しい。専門知識の活用は明確である。

■講義とアクティブラーニングの連携

- 学科の必修科目はすべて演習とセットで、宿題が出される。科目名に「演習」とつけているのは、教員に必ず演習するようにというプレッシャーを与えるためでもある。その結果として、授業時間内での演習と宿題か、宿題のみかの違いはあるが全ての必修科目で演習が行われている。宿題は平

均3時間くらいかかる程度のボリュームのものである。アンケートを取ると、電気電子の専門科目の時間外学習は全学平均の2倍にも達している。図書館利用率も電気電子工学科が全学の中で一番高い。
- 小テストを行う授業が半分程度。それを演習として次の時間に回答させる授業もある。
- 「電気電子工学入門実験」はコイルに関するもので、手作りスピーカーなどを製作させ、体験を通じて確認させる。高次のアクティブラーニングではない。3つの実験室に分かれ、教員1人に対しTAの2人がセットで、これが3セットで教えるチームティーチングとなっている。
- 「電気電子工学基礎実験」は1日4コマで3単位。12テーマを取り組む。レポートは添削し、別の日にレポートについての討論の日も設けられている。手間は大変かかるが、10数年間続けている。ただし、教員と学生との討論であり、学生間の討論ではない。

■卒業論文
- 卒業研究は3年後期に見学し、調整して決める。テーマ決めをして教員に対しプレゼンをして認めてもらう枠を設けている。これは学生の半分弱。他の希望が重なると成績で決定。
- 卒研発表会は研究分野の近い研究室が合同で行っている。発表会では教員も学生も評価シートをつけているが、それをどれだけ成績に反映させるかは担当教員次第。
- 「電気電子設計」は5人で担当。内容が卒論とつながっている教員もいる。
- 4年次にプレゼン技法の科目があり、これは卒研の中間発表と結び付けている。

【評価の視点Ⅱ】学部・学科による質保証、教育内容の統一・関連性確保
■FD
- 科目連携会議が5～6ある。基礎教育＋電気電子基礎分野、エンジニア教育分野、材料物性分野、電気電力分野、総合教育分野等である。材料科学は2人の教員で教え、教科書は同じものを使用する。
- 「プログラミング演習Ⅰ」と「プログラミング演習Ⅱ」、「制御工学Ⅰ」と「制御工学Ⅱ」などの積み上げ科目の内容連携は取れている。

- 「電気電子工学応用実験」は准教授、助教が全員出動するチームティーチング。
- 「電気電子工学応用実験」も1日4コマ3単位。大テーマが3つ全部で30テーマの中から学生がテーマを選択し、取り組む。レポートとプレゼンがある。電気は、まじめに取り組むと必ず新しいことが発見できる分野であり、ポイントとなるのは人を説得できるかどうか。説得できなければ社会では仕事にならない。このため、レポートとプレゼンを重視している。

【評価の視点Ⅲ】学生の能力形成と自律・自立化
- 修学記録シートを書かせてアドバイザ教員と年2回面談する。コピーを取って学生と学科と教員とで保管する。
- 達成度点検シートも学科独自にある。
- 全学的な教育目標である「4つの力」の対応表が作成されて活用されている。
- こうした成果として留年が減少している。

【その他】
- 入門数学演習、入門物理学演習は入学時にプレイスメントテストを行い、下位3分の1が履修。

【実地調査による河合塾の評価】

評価の視点	評価項目	評価
Ⅰ. ALの設計と導入	1. 高次のAL科目の設計と導入	○
	2. 一般的AL科目の他科目との連携	◎
Ⅱ. 学部・学科による質保証、教育内容の統一・関連性確保	1. AL科目の内容統一・科目間の関連性の確保	◎
	2. 獲得させるべき能力と対応したALを含んだカリキュラム設計	○
Ⅲ. 学生の能力形成と自律・自立化	1. 振り返りとコミットメント	○

10. 金沢工業大学 工学部 電気電子工学科（2010年度調査 学科定員160名）

【アクティブラーニング科目の4年間の流れ】

授業形態	1年次 前期	1年次 後期	2年次 前期	2年次 後期	3年次 前期	3年次 後期	4年次 前期	4年次 後期
一般的AL	入門電気磁気学 人間と自然I	入門電気回路 基礎電気磁気学	基礎電気回路 人間と自然II		専門実験・演習I・II	専門実験・演習III 人間と自然III		
高次AL	プロジェクトデザインI	創造実験I・II	創造実験III	プロジェクトデザインII				
ゼミ						コアゼミ	プロジェクトデザインIII	

注1) 一般的AL：知識定着を目的としたアクティブラーニングのこと。
　　 高次AL　：知識を活用し、課題解決を目的としたアクティブラーニングのこと。
注2) □囲みの科目は必修科目（コース必修を含む）

【評価の視点I】アクティブラーニング科目の設計と導入

■アクティブラーニングの設計

- 金沢工業大学では、多様な高次のアクティブラーニングが4年間連続し、かつ複数組み合わせる設計になっている。学部教育の柱となっているのがエンジニアリング・デザイン型創成授業で、具体的な科目としては1年次前期の「プロジェクトデザインI」、2年次後期の「プロジェクトデザインII」、そして4年次前・後期の「プロジェクトデザインIII」が挙げられる。

- 「プロジェクトデザインI」はエンジニアリング・デザイン（工学設計）課程の第一段階であるが、数人のグループに分かれ、授業の大半を使って自分で課題を発見し解決する創成授業である。1クラス50人程度。1グループ4～5人でグループワークを行わせる。内容は以前は教員ごとにバラバラだったが、現在では教員マニュアルが作成され、内容・レポート回数・評価などが統一されている。

- 「プロジェクトデザインII」も、Iと同様の問題発見・解決型（解決案の創出・実行）の創成授業でエンジニアリング・デザイン（工学設計）課程の第二段階。Iと異なっているのは、専門知識が必要なレベルになっている点である。IIでは最後の発表として学年全体でのポスターセッションが必須で行われるが、パワーポイントによるプレゼンにしていないのは、グループワークを重視しているためで、パワーポイントであれば個人作業が中心となってしまうのを避けるためである。

- 「プロジェクトデザインⅢ」は、卒業研究に該当するもので、その成果は企業や教育関係者などが参加する「プロジェクトデザインⅢ公開発表審査会」において全員が口頭発表する。
- このプロジェクトデザインには3年次が抜けているように見えるが、3年次後期には「コアゼミ」が置かれている。これは一般に「プレゼミ」と呼ばれるもので、「プロジェクトデザインⅢ」が始まってから研究テーマを探すのではなく、3年次後期に研究室配属から、つまり3年生から研究テーマを自ら探して提案し、4年次になるとすぐにスタートできるようにしている。この「コアゼミ」では4年次と3年次が一緒に学び、上級生が下級生の面倒を見ることのできる利点もある。研究手法等も上級生から学ぶことができる。この科目の導入により、「プロジェクトデザインⅢ」の内容が活発化してきている。
- もう一つ、高次のアクティブラーニングとなっているのが、「創造実験Ⅰ・Ⅱ・Ⅲ」である。「創造実験Ⅰ・Ⅱ」は1年次後期に配当され、「創造実験Ⅲ」は2年次前期に配当される。科目名に「創造」と付くとおり、旧来の基礎実験とは異なる形の、創成授業となっている。例えばオシロスコープを用いた実験でも、最初からオシロスコープを与えてその扱い方を学ばせるという通常の実験科目の手順を取らない。まず、学生に「何を測りたいのか」を考えさせ、それに必要な機器としてのオシロスコープを、目的に応じて工夫して活用させる。そのプロセスの中でオシロスコープという機器の扱い方も身につけさせるという考えである。
- このように、金沢工業大学の高次のアクティブラーニングでは、全学共通の必修科目(基礎実技科目)としてプロジェクトデザイン教育と創造実験の2本柱があり、それらが組み合わされ、かつ専門科目での専門知識とつながることで効果を上げるように設計されているのが特徴である。

■講義とアクティブラーニングの連携
- 「『総合力』ラーニング」は、総合力＝学力×人間力の修得を目指して基本的にすべての科目の中にアクティブラーニングを取り入れるというもので、2007年度からスタートしている。知識を取り組んだ後、自分で考え、討議し、場合によってはグループ活動を通じて、応用力を培うことが目的である。
- この「『総合力』ラーニング」を導入することで教員からの一方向的な講義

だけの科目はなくなり、その結果「講義」という呼び方は使われず「授業」と一般的に呼ばれている。例えば電気機器の授業などでは、講義を聴いただけでは「問いかけ」が理解できない学生が多いが、レポートを書かせることで、問いかけの意味が初めて理解できるようになる。

- また「入門」で学んだことを「基礎」で繰り返し、「基礎」で学んだことを「応用」で繰り返すことが意図的に組み込まれている。例えば教養科目で学んだ数学を工学に活かせない学生が多い場合には、工学の専門科目の中で、教養科目の数学を復習させつつ毎回小テストを行う。そして成績評価への定期試験の比率を全ての科目で40％以下にとどめ、この小テストのポイントも加算している。
- 「『総合力』ラーニング」型授業の導入以降、QPA（Quality Point Average＝他大学の「GPA」に相当）の点数が上昇するようになった。例えば、「高電圧パルスパワー」の授業は例年、単位が取れない学生が何名かいたが、内容が年々難しくなっているにも関わらず全員が合格するという成果が出ている。

【評価の視点Ⅱ】学部・学科による質保証、教育内容の統一・関連性確保

金沢工業大学では、学生は教員を選ぶのではなく科目を選ぶ。このため、科目内容が教員ごとにバラバラであってはならない、という考えが徹底されている。

■FD

- 科目担当者会議が設けられていて、同じ科目名で複数開講の場合はすべて内容統一が図られている。学年をまたがって行われる積み上げ型授業も、内容が調整される。
- FDに関して、電気電子工学科では前期、後期にそれぞれ2度ずつFD会議を行い、アクティブラーニングを含めた授業改善について教員全員で議論が行われる。全学ではFDフォーラムがあり、アクティブラーニングのモデル授業などが2～3ヶ月に1度行われている。

【評価の視点Ⅲ】学生の能力形成と自律・自立化

■能力要素別のカリキュラム編成

- 教育目標＝学生に獲得させるべき能力要素別にカリキュラムが編成されていることはもちろん、それに加えて能力要素が各科目まで落としこまれて

いた。当たり前のことであるが、1つの科目が1つの教育目標のみに対応しているわけではない。例えばaとdとhの複数を教育目標とし、しかもa・d・hのそれぞれに比重が異なるという在り方をする。それをシラバスに明示して、どの科目を履修すると、どの能力要素を身につけられるかということが、学生にも分かるようになっている。

■振り返り
- 同学科独自ではなく金沢工業大学の全学的な仕組みとしてのポートフォリオシステムがある。このポートフォリオシステムは「修学ポートフォリオ」「キャリアポートフォリオ」「自己評価ポートフォリオ」「プロジェクトデザインポートフォリオ」「達成度評価ポートフォリオシステム」の5つで構成されており、それぞれが有機的に組み合わされている。
- 例えば「修学ポートフォリオ」では、毎日「一週間の行動履歴」(①出欠席遅刻、②学習、③課外活動、④健康管理、⑤1週間で満足できたこと、努力したこと、反省点、困ったこと)を記録し学期末に「各期の達成度自己評価」を作成してポートフォリオに入力する。これを修学アドバイザーに提出、修学アドバイザーはコメントをつけて1週間後に返却し、学生はそれにさらにコメントを記入する。30週間繰り返すうちに、学生は生活上何が重要であるかに気づき、自己管理力とタイム・マネジメント力が身についていく。
- そして、4種のポートフォリオを相互に連関させるツールが「達成度評価ポートフォリオシステム」で、4つのポートフォリオの成果をサマリー化し、俯瞰することで1年間の自分の学習を評価し、自己成長の軌跡と修学の自覚・自信・反省などを確認するとともに次年度の目標を設定する。4つのポートフォリオが日常的なPDCAサイクルであるのに対して、「達成度評価ポートフォリオシステム」は年間のPDCAサイクルを回していくシステムとなっている。
- 重要なポイントは、教員が必ず修学ポートフォリオにコメントを記入することである。面談は年に2回、修学アドバイザーによって全員に対して行われる。その際、ポートフォリオなどのコメントが活きてくる。
- こうした結果、「高校時代に比べて自学自習が身についたか」という授業アンケートでは「十分身についた」「やや身についた」が合計で2007年には89.9%だった。これは2004年の79.9%と比べると10ポイントも向上している。
- 授業アンケートでの「『行動履歴』や『達成度自己評価』は自分を見つめ直し、自己評価を行うものですが、この作成は有益と考えますか」という問いには、

「大変有益」「有益」と回答した比率が92.7%にも達した(2008年度)。

■効果測定
- 効果測定については、卒業生アンケート、企業アンケート、在校生アンケート、教職員アンケートを定期的に行う。学生の伸びを測る適切な物差しがないのが悩み。

【その他】
- レポート返却は修学基礎ではルール化されている。その他の科目では教員裁量。

【実地調査による河合塾の評価】

評価の視点	評価項目	評価
Ⅰ．ALの設計と導入	1．高次のAL科目の設計と導入	◎
	2．一般的AL科目の他科目との連携	◎
Ⅱ．学部・学科による質保証、教育内容の統一・関連性確保	1．AL科目の内容統一・科目間の関連性の確保	◎
	2．獲得させるべき能力と対応したALを含んだカリキュラム設計	◎
Ⅲ．学生の能力形成と自律・自立化	1．振り返りとコミットメント	◎

11．新潟大学　人文学部　人文学科（2011年度調査　学科定員225名）

【アクティブラーニング科目の4年間の流れ】

授業形態	1年次 前期	1年次 後期	2年次 前期	2年次 後期	3年次 前期	3年次 後期	4年次 前期	4年次 後期
講義			●心理学概説A・B ●社会調査概説A ●考古学概説A ●民俗学概説A　他	●社会調査概説B ●人間学概説 ●考古学概説B ●民俗学概説B　他				
一般的AL			●心理学研究法A ●心理学基礎実験A ●社会調査実習A ●人間学研究法A ●考古学実習A ●民俗学実習A・C　他	●心理学研究法B ●心理学基礎実験B ●社会調査実習B ●人間学研究法B ●考古学実習B ●民俗学実習B・D　他				
高次AL			●表現プロジェクト演習					
ゼミ	人文総合演習A	人文総合演習B	○○基礎演習		○○演習		○○演習	

注1）一般的AL：知識定着を目的としたアクティブラーニングのこと。
　　　高次AL　：知識を活用し、課題解決を目的としたアクティブラーニングのこと。
注2）□囲みの科目は必修科目（コース必修を含む）
注3）●は、記載年次より上の年次でも履修可能な科目

【評価の視点Ⅰ】アクティブラーニング科目の設計と導入

■アクティブラーニングの設計

- 1年次に通期で初年次ゼミ「人文総合演習A・B」が置かれ、2年次には専門基礎的な「○○概説（講義科目）」とセットになった「○○実習（験）」や「○○研究法」という科目が置かれている。ここで得た知識やスキルを基礎に2年次通期のゼミ科目である「○○基礎演習」、3年・4年次通期の「○○演習」が置かれる。これがメインストリームとなって、さらに2年・3年・4年次で履修できる「表現プロジェクト演習」が、専門知識を活用し課題解決する高次のアクティブラーニングとして置かれている。基本的には初年次ゼミに加えて、ゼミを2年次まで下し、4年間の必修ゼミを置きつつ、ここに「実習」「研究法」などの一般的アクティブラーニングが組み合わされている。

■表現プロジェクト演習について

- 高次のアクティブラーニングは、初年次ゼミを除けばこの科目のみ。平成21～23年度に文科省の教育GPを取得したが、終了後も続けている。「人文学部の卒業生はコミュニケーションやグループワークが弱い」という企業アンケート結果があり、こうした能力を涵養する目的で開始した。"高年次教養教育"という考え方を採用しているが、その中の一科目でもある。教員の専門に関連する15のテーマに分かれ、それぞれのテーマは17～18人の学生で構成し、地元の企業との連携で新聞やラジオ番組をはじめとする、何らかの情報発信作品に取り組む。その意味では、専門教育の補完でもあるが、受講できるのは自分が所属する専門コースに関連するものという制限が付加されているわけではなく、また他学部生の受講も認められていて、教養教育的である。

- この「表現プロジェクト演習」に限り、振り返り用のノートが全員に配布されている。取り組んだことを振り返りにより自己評価して提出し、教員がコメントを付して返却するという仕組みである。ただし、目標設定などは行われていない。

- 学生の授業評価は高い。

- コミュニケーションやグループワークという項目が科目の目標として設定されている。成績評価の基準は統一されていない。

- 「表現プロジェクト演習」は、人文系としては珍しく、統一した「コミュニケーション能力の形成」「コラボ能力の形成」などの目的が掲げられ、15科目で同一の目標の下に展開されるという試みである。ただし、その目標が学科として検証されるというところにまでは踏み込まれていない。

■一般的アクティブラーニング
- 2年次の「○○概説」と「○○実習（験）」「○○研究法」がセットになっている。このセットを同じ教員が担当することもあれば、別の教員が担当することもある。例えば「日本史」の場合は教員が4人在籍しているので、異なる教員が担当することもあり、その際にはチームティーチングで内容を調整する。「日本史」の実習では、古文書を実際に調べて文献目録などを作成する。日本史の専門知識の基礎となるスキルの修得が行われている。

■卒業論文
- 全員必修で、卒論発表会も全員に義務付けられている。
- 卒業論文は複数教員により審査される仕組みになっている。
- 評価への反映は分野ごとにそれぞれ違う。

【評価の視点Ⅱ】学部・学科による質保証、教育内容の統一・関連性確保
　■FD
- 学部レベルと専攻レベルで行っているが、特に専攻レベルでは現在「主専攻プログラム」で到達目標の明確化とカリキュラムマップを改定中である。
　■質保証
- 初年次ゼミ「人文総合演習A・B」は「ねらい」と「目標」が共通で設定され、この点はシラバスでも共通化されている。具体的に、それをどう実行するかは各教員に委ねられている。

【評価の視点Ⅲ】学生の能力形成と自律・自立化
　■振り返り
- 「表現プロジェクト演習」では共通した振り返りのノートが全員に配布され、使われているが、どのように使うかは各教員に委ねられている。
- 初年次ゼミでは統一した振り返りは行っていない。

【その他】
■入門講義
・2年生でコースに分属するため、1年次に入門講義を3科目履修することが必須とされている。これは講義形式で人文学科の各分野を俯瞰する。教員が複数登場するオムニバス形式。

【実地調査による河合塾の評価】

評価の視点	評価項目	評価
Ⅰ．ALの設計と導入	1．高次のAL科目の設計と導入	○
	2．一般的AL科目の他科目との連携	◎
Ⅱ．学部・学科による質保証、教育内容の統一・関連性確保	1．AL科目の内容統一・科目間の関連性の確保	○
	2．獲得させるべき能力と対応したALを含んだカリキュラム設計	
Ⅲ．学生の能力形成と自律・自立化	1．振り返りとコミットメント	○

12. 日本女子大学 文学部 英文学科（2011年度調査 学科定員120名）

【アクティブラーニング科目の4年間の流れ】

授業形態	1年次		2年次		3年次		4年次	
	前期	後期	前期	後期	前期	後期	前期	後期
関連科目	アメリカ史1 イギリス史1 各分野の概論科目	アメリカ史2 イギリス史2 各分野の概論科目	アメリカ文学史1 イギリス文学史1 英語学概論1 各分野の概論科目	アメリカ文学史2 イギリス文学史2 英語学概論2 各分野の概論科目	各分野の概論科目	各分野の概論科目		
一般的AL	各分野の演習科目	各分野の演習科目	各分野の演習科目	各分野の演習科目	各分野の演習科目	各種の演習科目		
高次AL	基礎英作文1	基礎英作文2	英語論文作成法Ⅰ-1	英語論文作成法Ⅰ-2	英語論文作成法Ⅱ-1	英語論文作成法Ⅱ-2	卒業論文	
ゼミ							特別演習1	特別演習2

注1）一般的AL：知識定着を目的としたアクティブラーニングのこと。
　　高次AL　：知識を活用し、課題解決を目的としたアクティブラーニングのこと。
注2）□囲みの科目は必修科目（コース必修を含む）

【評価の視点Ⅰ】アクティブラーニング科目の設計と導入
■アクティブラーニング科目の設計
・英語運用能力（リスニング、スピーキング、リーディング、ライティング）を養成するための共通科目を基礎とし、その後にイギリス文学、イギリス文化研究、アメリカ文学、アメリカ研究、言語・英語研究の5分野から講義科目、演習課目を選択していく。

- 卒業論文を英語でA4用紙30枚以上執筆することが必達の目標とされ、そこから逆規定されてカリキュラムが編成されている。現在の英文学科にはかつてのように英語が得意な学生だけでなく、「英語が上達したい学生」も多く入学しており、英語の学力にバラつきがあるということも与件となっている。
- 高次のアクティブラーニング科目としては、1年次に「基礎英作文」8クラス、2年次に「英語論文作成法Ⅰ」10クラス、3年次に「英語論文作成法Ⅱ」11クラスがそれぞれ必修で置かれている。
- 「基礎英作文」では、文法や構文の見直しなどをアメリカの教科書を使用して徹底。コーディネーターが8クラスの内容を調整している。1クラスは20人弱。大学院生のＴＡもつけている。
- 「英語論文作成法Ⅰ」では、前期にパラグラフ・ライティングを身につける。最初は1パラグラフからはじめ、パラグラフにはまずトピックセンテンス（導入部）があって、次にサポーティングセンテンスが（いくつか）続き、最後にコンクルーディングセンテンス（結論）がある、という構成を徹底的に教える。最終的には5パラグラフのエッセイが書けるようにする。後期では卒業論文を書くためのフォーマットを身につける。このようにして前期ではA4用紙1枚の文章が、後期では5枚の文章が書けるようにする。後期には専門に関連する5つの分野（イギリス文学、イギリス文化研究、アメリカ文学、アメリカ研究、言語・英語研究）から1つを選んで文章を書く。そのために図書館ツアーを行い、文献探索法などを教える。またこの段階でのテーマについての指導は、そのテーマを専門とする教員が指導するわけではない。

　この英語の文章はすべて教員が添削するが、最初から答えを教えない。間違いの種類を記号化してあり、その記号で添削をするので学生は具体的な間違いを自分で見つけて訂正しなければならない。単純に添削をすると学生がそのまま修正して英語力が身につかないので、これを回避するための工夫である。このようにして学生は翌週に第2稿を提出し、その第2稿を教員は評価する。つまり修正する力も含めて評価するわけである。学生によっては、第3稿、第4稿の提出が必要になるケースもある。そうして、全学生の赤字がゼロになるまで続けられる。こうしたやり方は、日本女子

大学では何十年も前から続けられている。
- 「英語論文作成法Ⅱ」は２年次後期に卒論テーマを調査し、その卒論テーマを専門とする教員が指導する。ここではA4用紙10枚以上の文章作成が必須とされている。
- これらの３年間の流れの先に、４年での特別演習＝卒論が位置づけられている。いわゆる各専門の「演習科目」は、この「英語論文作成法Ⅱ」や「特別演習」に専門知識を提供する位置づけで、そこが日本女子大学の独自性である。
- 専門知識の講義（例「文学史」）は入門との位置づけで、一般的アクティブラーニング（例：「文学史演習」）で専門的な知識を定着させる。

■卒業論文
- 英語で30枚以上の卒論を執筆することが必須となっている。執筆要件は「英語論文作成法Ⅰ」を履修していることで、「Ⅱ」が要件となっていないのは、年度途中で留学する学生の不利益にならないようにするためである。
- ２月には卒論発表会が行われ、評価は担当教員が行う。
- 同学科に入学すると英語での卒業論文が必須となることは、すべて入学者は承知している。入学して初めて知るような学生は皆無に近い。

【評価の視点Ⅱ】学部・学科による質保証、教育内容の統一・関連性確保
■質保証
- 「基礎英作文」「英語論文作成法Ⅰ・Ⅱ」「英語会話」やLL授業など、複数開講されている必修科目は必ず専任教員がコーディネーターをつとめ、内容の統一・調整を行っている。
- また「基礎英作文」「英語論文作成法Ⅰ・Ⅱ」は毎年１度、非常勤講師を含めて全体会議を行い、内容について検討・調整する場を設けている。
- 卒論発表会を必ず行う。

【評価の視点Ⅲ】学生の能力形成と自律・自立化
■効果測定
- １年次と３年次にTOEICを全員が受験している。

■振り返り
・組織的な取り組みは行われていない。
■レポート返却
・「基礎英作文」「英語論文作成法Ⅰ・Ⅱ」では添削、返却が必須になっている。
・他の科目でも多くの場合、決まりではないが返却されている。

【その他】
・4年で卒業する学生がほとんどであり、退学者はほとんどいない。
・教員個人の垣根を取り払い、チームティーチングを行っている。これが可能となっている要因には、英語での卒業論文執筆30枚以上という目標が学科として共有されている点が大きい。そのために、授業をクローズしないでオープン化し、共有できる希有な実践例となっている。

【実地調査による河合塾の評価】

評価の視点	評価項目	評価
Ⅰ. ALの設計と導入	1. 高次のAL科目の設計と導入	◎
	2. 一般的AL科目の他科目との連携	◎
Ⅱ. 学部・学科による質保証、教育内容の統一・関連性確保	1. AL科目の内容統一・科目間の関連性の確保	◎
	2. 獲得させるべき能力と対応したALを含んだカリキュラム設計	
Ⅲ. 学生の能力形成と自律・自立化	1. 振り返りとコミットメント	

13. 近畿大学 文芸学部 英語多文化コミュニケーション学科(2011年度調査 学科定員80名)

(2012年度より英語コミュニケーション学科に名称変更)

【アクティブラーニング科目の4年間の流れ】

授業形態	1年次		2年次		3年次		4年次	
	前期	後期	前期	後期	前期	後期	前期	後期
一般的AL	Speaking 1A / Listening 1A / Reading 1A / Writing 1A / Pronunciation practice	Speaking 1B / Listening 1B / Reading 1B / Writing 1B	Speaking 2A / Listening 2A / Reading 2A / Writing 2A	Speaking 2B / Listening 2B / Reading 2B / Writing 2B	Topic Discussion A / Speeches&Interview A	Topic Discussion B / Speeches&Interview B		
高次AL		Communication Workshop 1	Communication Workshop 2A	Communication Workshop 2B	Presentation A	Presentation B		
ゼミ	基礎ゼミ				演習1A	演習1B	演習2A	演習1B

注1) 一般的AL:知識定着を目的としたアクティブラーニングのこと。
　　高次AL　:知識を活用し、課題解決を目的としたアクティブラーニングのこと。
注2) □囲みの科目は必修科目(コース必修を含む)

【評価の視点Ⅰ】アクティブラーニング科目の設計と導入
■英語プログラムにおけるアクティブラーニングの設計

- 英語運用能力を重視し、話せるだけではなく読むこと、書くことの教育に注力。
- 1年次前期に全学共通科目（学科ごとに実施）の「基礎ゼミ」が必修で置かれ、習熟度別に8クラスに分かれる。4年間英語をどう学ぶか、リーディングやライティング、リスニングなどの基本に取り組み、教員によっては社会的な問題に取り組む場合もある。PCや図書館の使い方をはじめとするスタディスキル、アカデミックスキルについて身につけることになっている。ただし、何をテーマとするかの内容については教員に委ねられている。
- 1年次のインプット科目が「Pronunciation practice」「Reading1 A・B」「Writing1 A・B」「Listening1 A・B」「Speaking1 A・B」で、アウトプット科目が「コミュニケーション・ワークショップ（CW）1」。CW1では学生同士の連帯と教員との関係づくりを目的にし、リサーチと発表を行わせている。CW1の上級クラスは英語のみで授業を行い、下級クラスは日本語も交える。
- CW1では、火曜日に8クラス、インプット授業を行う、金曜日に4クラス、アウトプットの授業を行う。アウトプットではプレゼンの仕方、ゼスチャーの仕方、パワーポイント資料の作り方を教える。金曜日の授業は火曜日の2クラスが合同となり、インプット授業2人とアウトプット授業1人の計3人の教員が連携して授業を進める。学生が2人ペアでテーマに取り組むことも多く、学生同士の打ち合わせや討議も英語で行わせている。最後に各クラスの代表が合同でプレゼンを行う。ここではネイティブの英語ではなく日本人の英語で構わない。間違いも構わないというスタンス。
- 2年次のインプット科目が「Reading2 A・B」「Writing2 A・B」「Listening2 A・B」「Speaking2 A・B」で、アウトプット科目が「コミュニケーション・ワークショップⅡ（CW）2」。CW2では小学校での英語教育を補佐したりするアクティブラーニングにも取り組む。
- CW2では5クラスになり、授業も週1回になる。
- 3年次はインターアクション科目として「Topic Discussion」「Presentation」「Speeches & Interviews」が置かれている。「Topic Discussion」では、社会的

な問題を英語で読み、グループでディスカッションし、解決方法を探る。「Presentation」では、グループや個人でテーマ設定から行う。最後は英語で発表する。「Speech & Interview」では、英語でのスピーチとインタビューの方法を学び、実際に行う。「Presentation」は課題発見・解決型のアクティブラーニングといえる。

- ほとんどの授業がアクティブラーニングを含むが、トレーニングによる訓練的な知識・スキルの定着目的であることが特徴。

■専門分野カリキュラム

- 上記の英語プログラムと、5つの専門分野「通訳・観光英語」「ビジネス英語」「国際交流」「英語教育」「言語研究」が連動する設計となっている。このうち、「言語研究」は英語運用能力養成のための理論的裏付けを与える分野で、他の分野が英語運用能力を活用するのに対して、この分野は英語運用能力を補完する関係である。
- この内、「国際交流」分野のゼミが学外プログラムとして模擬国連のイベントに20人程度参加している。

■卒業論文

- 卒論は必修で、主査と副査が読んでコメントを付する。A4で45枚以上が規定。英語で書く学生もいる。

【評価の視点Ⅱ】学部・学科による質保証、教育内容の統一・関連性確保

■ティーチング・ガイドライン

- 英語のプログラムについては、ティーチング・ガイドラインがある。1年次にはワンセンテンスを正しい文法で、2年次には意味のつながりを接続詞を使いこなすことで、3年次にはパラグラフ・ライティング→エッセイというステップが設定されている。

■FD

- 学科内でピアレビューを行っている。報告書が義務付けられている。学科内では頻繁にミーティングが行われている。
- 英語プログラムについては、ティーチング・ガイドラインがあり、学年・学期と科目ごとに目標が定められている。

■ゼミを開く試み
- 学外プログラムの「模擬国連」では、国際交流のゼミと通訳・観光英語ゼミが連携して取り組んでいる。今後、これを恒常化させていく方針である。

【評価の視点Ⅲ】学生の能力形成と自律・自立化
■振り返り
- 全学での取り組みとして、学生が目標と計画を定期的に記入し、教員にアドバイスをしてもらう「My Campus Plan」という仕組みがある。学科としてはない。教員によっては「プログレス・レポート」を書かせる場合もある。

■レポート返却
- ライティングレポートは添削して返すことになっている。

【その他】
- 2012年度から「英語多文化コミュニケーション学科」を「英語コミュニケーション学科」へ名称変更。定員80人で男女比3：7。教員には英語の他に何か別の専門を持つ人を採用。専任教員は8人。
- 教室外の活動に単位を認める方向をとっている。
- 英語のクラスは達成度別に7～8段階で構成され、学期ごとにTOEICでクラス編成される。TOEIC受験料は1年～3年前期までは学生負担なし。またTOEICスコアについては入学から卒業まで個人単位でフォローしている。スコア平均は3年次で600程度。中には515p→800pまで伸びた学生もいる。

【実地調査による河合塾の評価】

評価の視点	評価項目	評価
Ⅰ．ALの設計と導入	1．高次のAL科目の設計と導入	◎
	2．一般的AL科目の他科目との連携	◎
Ⅱ．学部・学科による質保証、教育内容の統一・関連性確保	1．AL科目の内容統一・科目間の関連性の確保	○
	2．獲得させるべき能力と対応したALを含んだカリキュラム設計	
Ⅲ．学生の能力形成と自律・自立化	1．振り返りとコミットメント	○

14. 同志社大学　文学部　国文学科（2011年度調査　学科定員 120 名）

【アクティブラーニング科目の4年間の流れ】

授業形態	1年次		2年次		3年次		4年次	
	前期	後期	前期	後期	前期	後期	前期	後期
一般的AL			日本文学講読(広域A)	日本文学講読(広域B)				
高次AL	日本文学基礎演習		日本文学研究演習					
ゼミ					演習Ⅰ		演習Ⅱ	

注1）一般的AL：知識定着を目的としたアクティブラーニングのこと。
　　高次AL　：知識を活用し、課題解決を目的としたアクティブラーニングのこと。
注2）□囲みの科目は必修科目（コース必修を含む）

【評価の視点Ⅰ】アクティブラーニング科目の設計と導入
■アクティブラーニングの設計
- 1年次に「日本文学基礎演習」がある。これはそれぞれの教員がそれぞれのテーマで取り組むが、全クラスで共通の指標が設けられている。共通テキストでは、文学研究入門、自発的学習意欲の誘発、課題発見・解決学習への意識転換、個人学習からチーム学習へ、が設定されている。
- 2年次の「日本文学研究演習」は、「日本文学基礎演習」がチーム研究、チーム発表であるのと対照的に個人研究、個人発表が課題となっている。
- 1年と2年のクラス分けは強制的。3年次から「演習」選択する。
- 3年次の「演習Ⅰ」では個人発表か、個人発表とチーム発表の両方を行い、4年次の「演習Ⅱ」＝卒業研究は個人発表となる。
- グループワークを機能させるには、課題のハードルを上げるべきで、そうすれば自分一人ではできないとなる。下げると、単なる分担主義に陥る。
- 演習以外の科目は必修を設けず、自由に選択できる。

【評価の視点Ⅱ】学部・学科による質保証、教育内容の統一・関連性確保
■卒論・ゼミを開く試み
- 卒論は必修で複数教員（主査と副査）により審査される。
- 卒論の発表会は行っていない。
- 主査と副査の体制で読む。

- 成績会議を演習科目及び卒業論文では行っている。評価A、B、C、Dごとの学生の構成比を公開し、偏りがある場合には検討し修正する。
- 「日本文学基礎演習」も「日本文学研究演習」も前期と後期で教員が交代する、これも閉じない試みの一つである。

■FD
- 常時意見交換し、教材や運営上の問題を議論している。

【評価の視点Ⅲ】学生の能力形成と自律・自立化
■振り返り
- 取り決めではないが、リフレクションシートは多くの教員がやっている。多くは学生がどれだけ理解できたかを教員が確認するための取り組みであるが、学生間での相互評価を促す観点から導入されている場合もある。

【その他】
- 文系は理系と異なってゼロベースでスタートできる。だから深く知るという態度や考えを身につけることができれば、教育としては成功であり、生涯学習の芽生えとなる。そこを磨くのが人文系のアクティブラーニングだと考えられている。

【実地調査による河合塾の評価】

評価の視点	評価項目	評価
Ⅰ.ALの設計と導入	1.高次のAL科目の設計と導入	◎
	2.一般的AL科目の他科目との連携	
Ⅱ.学部・学科による質保証、教育内容の統一・関連性確保	1.AL科目の内容統一・科目間の関連性の確保	〇
	2.獲得させるべき能力と対応したALを含んだカリキュラム設計	◎
Ⅲ.学生の能力形成と自律・自立化	1.振り返りとコミットメント	〇

15. 安田女子大学　文学部　日本文学科（2011年度調査　定員90名）

【アクティブラーニング科目の4年間の流れ】

授業形態	1年次 前期	1年次 後期	2年次 前期	2年次 後期	3年次 前期	3年次 後期	4年次 前期	4年次 後期
全学科目	まほろば教養ゼミI		まほろば教養ゼミII		まほろば教養ゼミIII		まほろば教養ゼミIV	
講義	日本文学概論I 日本文化論I 中国文学概論I	日本文学概論II 日本文化論II 中国文学概論II	古文書学I	古文書学II				
一般的AL			日本語文章表現実習 日本文学演習I 日本文化演習I 中国文学演習I	日本文学演習II 日本文化演習II 中国文学演習II	古文書学実習 日本文化文学実地研究I			
高次AL						日本文化文学実地研究II		日本文化文学実地研究III
ゼミ	日本文化文学基礎演習I	日本文化文学基礎演習II			日本文化文学課題演習I	日本文化文学課題演習II	日本文化文学課題演習III	日本文化文学課題演習IV

注1）一般的AL：知識定着を目的としたアクティブラーニングのこと。
　　高次AL　：知識を活用し、課題解決を目的としたアクティブラーニングのこと。
注2）□囲みの科目は必修科目（コース必修を含む）

【評価の視点I】アクティブラーニング科目の設計と導入

■ゼミの設計

- 1年次に「日本文化文学基礎演習I・II」＝「基礎ゼミI・II」があり、これが初年次ゼミになる。20人×5クラスで、前期と後期とでは必ず別の分野を専門とする教員が担当し、異なる分野のメソッドを学ぶという位置づけ。例えば「資料収集→精査」という方法や「日常使う言語に問題を発見する」など、資料性の高い分野と理論性の高い分野の方法論の違いである。加えて、ありがちな「調べ学習」と研究との混同を払拭させ、「それは研究ではない」ことを分からせるのが、この初年次ゼミの最大の課題となっている。ただし、基礎ゼミでのグループワークなどのアクティブラーニングについては教員次第で、決められていることはない。
- 3～4年次に「日本文化文学課題演習I・II・III・IV」が置かれ、これがいわゆるゼミ。「III・IV」は4年次に置かれるが、あくまでも課題発見→調査→検証を行うとされ、卒論指導はしないことになっている。
- 全学科目のゼミとしては、「まほろば教養ゼミ」がある。1年～4年次まで必修科目。ロングホームルームのようなもので、ここでノートの取り方や図書館ツアーなどのスタディスキルを学ぶ。1年次は「安田を知る」、2年

次は「学びを知る」、3年次は「社会を知る」、4年次は「自分を知る」がテーマ。

■アクティブラーニングの設計
- 1年次必修の「日本文学概論Ⅰ・Ⅱ」「日本文化論Ⅰ・Ⅱ」などは講義で、2年次必修の「日本文学演習Ⅰ・Ⅱ」「日本文化演習Ⅰ・Ⅱ」「日本語文章表現演習」等は定着・活用の要素が強くなる。
- 2年次の「古文書学Ⅰ・Ⅱ」は前提科目は無く、同じ科目内で知識提供をしているが、オリジナルソースに当たることを基本とし、その知識を3年次前期の「古文書学演習」で活かして、博物館等においてリアルな古文書を実際に読む。
- 「日本文化文学実地研究Ⅰ・Ⅱ・Ⅲ」は、京都と奈良に行く。3年次前期の「Ⅰ」で学内での事前調査をし、後期の「Ⅱ」で現地に行き、グループワークで取り組みプレゼン・ポスターセッションを行う。4年次後期の「Ⅲ」は「Ⅱ」で行けなかった人を対象としたもの。
- 以上の中で、高次のアクティブラーニング科目は「日本文化文学実地研究Ⅱ（Ⅲ）」のみで、それ以外は一般的アクティブラーニング科目であると思われる。

■卒業論文
- 卒論は必修。指導教員が評価と口頭試問を行うが、学科会議で原案を検討し、成績を決める。規定量として400字×30枚以上。これに資料は含まない決まりになっている。
- 調べ学習とは異なることを徹底させている。分野によってはオリジナル性は10％もあればよい。調べれば調べるほど過去に先行研究があることが分かってくる。それに当たることに意義がある。

【評価の視点Ⅱ】学部・学科による質保証、教育内容の統一・関連性確保
■FD
- 授業公開を行い、全員が公開するとともに他の教員の授業も参観する。その後、アドバイスのためのディスカッションシートを提出する決まりになっている。
- 初任教員に対してはメンター制度があり、アドバイスを行う。

【評価の視点Ⅲ】学生の能力形成と自律・自立化
■振り返り
- 全体で決められているものは無いが、A4・1枚を毎回の授業で書かせ、3分間で発表させているゼミもある。原稿を見ないでちゃんと話すことが課題。また同ゼミでは、マインドマップやプレゼン資料を60回分蓄積している。

【その他】
■就職状況
- 読売新聞の調査によれば、就職率は全国一位。教育の効果が、ここに表れていると考えている。
- 日本文学科は他の学科の学生とは違い地味な学生が多いが、資料に当たる誠実さ=リサーチ能力、アウトプットできるプレゼン・コミュニケーション能力が高く、イントラバート（内向的）な人間が持つべき能力を培っている。そうした能力が地元の企業に評価され、就職に繋がっていると思われる。
- ドロップアウトする学生は毎年一人いるかいないか程度。
- 教員免許は100人中30人が取得し、採用されるのは4～5人。

【実地調査による河合塾の評価】

評価の視点	評価項目	評価
Ⅰ.ALの設計と導入	1.高次のAL科目の設計と導入	○
	2.一般的AL科目の他科目との連携	○
Ⅱ.学部・学科による質保証、教育内容の統一・関連性確保	1.AL科目の内容統一・科目間の関連性の確保	
	2.獲得させるべき能力と対応したALを含んだカリキュラム設計	
Ⅲ.学生の能力形成と自律・自立化	1.振り返りとコミットメント	○

16. 愛媛大学 教育学部 学校教育教員養成課程（2011年度調査　課程定員100名）

【アクティブラーニング科目の4年間の流れ】

授業形態		1年次		2年次		3年次		4年次	
		前期	後期	前期	後期	前期	後期	前期	後期
講義		教職科目（教科科目）							
一般的AL	現代的課題科目群		実践入門	特別支援教育概論	教職教養課題特講Ⅰ		教職教養課題特講Ⅱ	教職教養課題特講Ⅲ	
	地域連携実習科目群				実践力育成演習Ⅰ(地域連携実習)		実践力育成演習Ⅱ(地域連携実習)		実践力育成演習Ⅲ(地域連携実習)
高次AL	教育実習科目群				プレ教育実習教育実践体験実習(1週間)		教育実習Ⅰ・Ⅱ 総合演習	教育実習Ⅲ	
	省察科目群				実践省察研究 ※リフレクション・デイ		初等教省察研究Ⅰ・Ⅱ ※リフレクション・デイ	※リフレクション・デイ	
ゼミ		新入生セミナー（観察実習含む）		●教科教育演習など	●教科研究など	プロジェクト研究Ⅰ	プロジェクト研究Ⅱ	卒業研究	

※リフレクション・デイは学期末に1日のみ行われる（科目ではない）。
注1）一般的AL：知識定着を目的としたアクティブラーニングのこと。
　　高次AL　：知識を活用し、課題解決を目的としたアクティブラーニングのこと。
注2）□囲みの科目は必修科目（コース必修を含む）
注3）●は、記載年次より上の年次でも履修可能な科目

【評価の視点Ⅰ】アクティブラーニング科目の設計と導入

■教育実習科目群

- 2年次に「プレ教育実習」または「教育実践体験実習」があり、後者は学生の出身校で教師の仕事全般について体験を通し学習をする（一種のOJTである）。前者は附属校で行う。
- 3年次に必修であり法定の「教育実習Ⅰ・Ⅱ」が置かれている。
- 4年次には他校種（隣接校種）の学校現場を知りたい学生のために「教育実習Ⅲ」が選択として置かれている。
- 「総合演習（2012年度より「教職実践演習」に変更）」は、3年後期に設定された教員免許取得のための必修科目であった。しかし、2010年度の入学生から新たに「教職実践演習」が必修化されたことに伴って2012年度から廃止された。
- 「教職実践演習」は4年後学期に配当され、全学で14クラス開講予定である。そこでは、「教職課程のディプロマ・ポリシー」に即して、大学で学んだことすべてを統合して、どういう能力を身につけたか、それが教員として不

可欠なレベルに達しているかを判断する。ラーニング・ログ等の記録を基にして、講義→討議→レポートの流れで進められ、提出されたレポートが特定のレベルに達していないと、補充的な学習を行わせる。リフレクション・デイで促すことと連動している。
・授業を欠席した学生、DPのレベルに達していない学生には、補講ではすべてに対応できないため、eラーニングで補習を行わせる予定である（未実施のため）。

■省察科目群
・上記の実習科目群とスイッチバックする形で「省察科目群」が後期に設置されている。以前は、法定の教育実習以外は座学のみだったが、実践と理論の大切さをさらに深く認識させるために「省察科目群」が設けられるに至った。1年後期の「実践入門」は前期を振り返り、2年後期の「実践省察研究」では「プレ教育実習」での経験を集中授業で省察し、3年次の教育実習に向けた自己の課題を明確化する。なお、「プレ教育実習」は「実践省察研究」の内容の一部である。
・「実践省察研究」では、典型的な例を取り上げ、理論的に解明し討議する。ロールプレイなども行う。教科に限定せずに行われるため、学部の全教員が関わるが、教員志望ではない学生もいるため、選択科目となっている。

リフレクション・デイ
・「リフレクション・デイ」は単位のある科目ではないが、すべての経験を総括して自己評価しつつ、ディプロマ・ポリシーを踏まえて学習計画を立てる。年に1日をとって、学期末に行う。学校現場から招いた教員の実践事例を含む講話があり、それを受けて学生がディスカッションし、自己評価を行ってレポート提出する。それを大学の教員がチェックした上でアドバイスを行う仕組み。

■地域連携実習科目群
・2年、3年、4年の「実践力育成演習（地域連携実習）」は、地域連携実習と呼ばれる教育体験活動の省察科目である。時間割の中に「教育体験枠」が設けられているが、その時間帯も含めた自由な時間を使って、自分の関心に基づいて地域教育の活動に参加するのが地域連携実習である。2～3つの活動に参加する学生が多く（年間ののべ時間数としては，数時間～30時間強

が多い)、この振り返りを web 上で行うとともに、「実践力育成演習（地域連携実習）」で、さらに理論と結びつけた省察を行う仕組みになっている。

■現代的課題・講義科目群
・「現代的課題・講義科目群」は学校現場での課題について学ぶ。1 年次「特別支援教育概論」は必修、2 年次「教職教養課題特講Ⅰ」、3 年次「教職教養課題特講Ⅱ」、4 年次「教職教養課題特講Ⅲ」がある。「教職教養課題特講Ⅰ」は、教材活用の仕方や授業力を身につける等をテーマにグループワークを多用する。自分の専攻する教科に閉じず、講義を聞いて自分たちは何を学ぶべきか討議する。例えば理科の授業での教材作りやその活用を他教科, 例えば英語を専門とする学生もともに考える。「教職教養課題特講Ⅱ」は非行問題など学校現場が他の機関と協働しながら解決していく課題を考える。「教職教養課題特講Ⅲ」はディスカッション→グループワーク→プレゼンの流れで行われる。

■ゼ　ミ
初年次ゼミ
・1 年前期に、附属学校で授業の観察を行う「観察実習」がある。これは「初年次ゼミ」のうちの 2 コマを用いて、全員が行う。初年次ゼミが学部に任せられているため、このような内容として実施している。

専門ゼミ
・専攻によって異なるが、2 年または 3 年から取り組み始めるものであり、卒研が必須となっている。

プロジェクト研究Ⅰ・Ⅱ
・学生が自主申告して認定を受けると単位化される科目。全学共通で取り組まれ、同大学では有名な科目の一つである。

卒業論文
・教科ごとに教員がグループとして評価しているケースが多い。ただし決まりではない。

■その他
・各教員にアクティブラーニングを取り入れている科目を申告してもらったが、一方的に喋るだけの座学に終始している授業はほとんどないことが判明した。

・一般的アクティブラーニングもほとんどの科目で行われている。

【評価の視点Ⅱ】学部・学科による質保証、教育内容の統一・関連性確保
■FDおよび体制
・各学部に学長直轄の教育コーディネーターが5～6名置かれ、広い視野で教育改革を推進している。
・各学部に教職コーディネーター制度（教育コーディネーター制度と異なり、教職を目指す学生を支援する仕組み）がある。教職コーディネーターは所属する学部生の教職指導に責任を持ち、リフレクション・デイで提出された学生からのレポート・自己評価について点検を行い、コメントをして計画的な学習を促す。ただし、実習等では授業内にまでは介入しない。
・全教員が「授業評価報告書」を書く。これは平成14年度からで、教員が自主的にアンケートを実施することになっている。
・ティーチング・ポートフォリオに取り組んでいる。どんな学生を育てたいか、実践が対応しているか等について、ワークショップを経験してから書く。今まで100人中10人程度の教員が書いた。この執筆に当たってはメンターが設けられ、メンターは一度に1～2人程度しか担当できないため、このペースになっている。
・ディプロマ・ポリシーに即して学生に評価してもらうアンケートも、全授業について実施している。
・コンサルやコーチングについては、希望する教員には提供され、授業の途中で受けて改善されるようにしている。年間20～30件のコーチングを受け、実際に授業アンケートでも、コーチングを受けた後の評価が向上することが確認されている。このコーチングプログラムは50種類のメニューが揃えられている。
・現在は評価の実質化、統一基準の策定に取り組んでいる。

■ゼミを開く試み
・教科で閉じる部分はそれとして認め、他の部分で開くところを作ろうとしてきたのが、愛媛大の仕組みである。それが可能となったのは教育コーディネーター制度ができてから。

【評価の視点Ⅲ】学生の能力形成と自律・自立化

■リフレクション・デイ
- 「リフレクション・デイ」は単位のある科目ではないが、すべての経験を総括して自己評価しつつ、ディプロマ・ポリシーを踏まえて学習計画を立てる。年に1日をとって、学期末に行う。学校現場の教員の実践講話があり、それを受けて学生がディスカッションし、自己評価を行ってレポート提出する。それを大学の教員がチェックした上でアドバイスを行う仕組み。

■効果測定
- 愛媛大憲章とディプロマ・ポリシーとの間にクリアすべき"愛大学生コンピテンシー"を制定し、5つの能力を設定している。
- 卒業予定者アンケートを行い、どういう力が身についたか自己評価をさせている。

■能力目標
- 5つのディプロマ・ポリシーをさらに細分化して、各DPについて8〜10の具体的な能力を設定し、それをシラバスに落とし込んでいる。学生には、それに基づいて自らの成長をチェックさせている。

【実地調査による河合塾の評価】

評価の視点	評価項目	評価
Ⅰ.ALの設計と導入	1.高次のAL科目の設計と導入	◎
	2.一般的AL科目の他科目との連携	◎
Ⅱ.学部・学科による質保証、教育内容の統一・関連性確保	1.AL科目の内容統一・科目間の関連性の確保	◎
	2.獲得させるべき能力と対応したALを含んだカリキュラム設計	◎
Ⅲ.学生の能力形成と自律・自立化	1.振り返りとコミットメント	◎

17. 椙山女学園大学 教育学部 子ども発達学科 初等中等教育専修（2011年度調査 専修定員67名）

【アクティブラーニング科目の4年間の流れ】

授業形態	1年次 前期	1年次 後期	2年次 前期	2年次 後期	3年次 前期	3年次 後期	4年次 前期	4年次 後期
一般的AL	●海外教育研修Ⅰ・Ⅱ ふれあい実習Ⅱ（参加） 教育ボランティアⅠ 福祉ボランティアⅠ		各種の指導法科目 教育ボランティアⅡ 福祉ボランティアⅡ	各種の指導法科目	各種の指導法科目	各種の指導法科目		
高次AL					模擬授業演習	教育実習C	教育実習A・B	
ゼミ	ふれあい実習Ⅰ（観察）				ケースメソッドⅠ	ケースメソッドⅡ	卒業研究	

注1）一般的AL：知識定着を目的としたアクティブラーニングのこと。
　　　高次AL　：知識を活用し、課題解決を目的としたアクティブラーニングのこと。
注2）囲みの科目は必修科目（コース必修を含む）
注3）「各種の指導法科目」は選択必修科目である。

【評価の視点Ⅰ】アクティブラーニング科目の設計と導入

■アクティブラーニング科目の設計

・アクティブラーニングの目的は、①実践力を身につける、②理論的学習への動機付け、③理論学習後実践で確かめる、の大きくは3点である。

・アクティブラーニングの核となっているのは実習である。これを縦軸に、横軸として各教科が専門知識を提供する。

・初等・中等コースでは1年次前期に「ふれあい実習Ⅰ（観察）」で観察見学実習を行い、現場を知り疑問点を持つ。1年次通年科目の「ふれあい実習Ⅱ（参加）」では附属小学校での土曜教室で担任教師を経験して、体験と気づきを得る。ただし、この科目は40人しか選択できず、「教育ボランティア」で補完している。

・3年次前期に「模擬授業演習」があり、教師としての授業力を高める。また前後期に「ケースメソッドⅠ・Ⅱ」があって、体験したことをディスカッションする。これがいわゆる専門ゼミに該当する。内容は、各教員の専門性に委ねられ、「命の大切さをどう教えるか」「調査・研究手法について」「音楽会の開催」等さまざま。ⅠとⅡは別々の教員を選択するように指導している。また「ケースメソッド」は「卒業研究」に連続しているわけではない。

・「教育実習A・B・C」は4単位以上の選択必修科目である。小・中両方の教職をとる学生は3年次に「教育実習C（小学校）」を履修し、4年次前期

に「教育実習A・B（中学校）」を履修する。
- この他に、1年次前期から履修できる「教育ボランティアⅠ・Ⅱ」があり、これは市教育委員会や出身校でボランティアを行うもので8割程度が参加する。30回、毎回レポートを書く。またその発表会も行っている。これとセットで単位化されている。3年間続ける学生も多い。これ以外にも「福祉ボランティアⅠ・Ⅱ」もある。
- 他に「海外教育研修Ⅰ・Ⅱ」がシドニー大学で4週間、日本語学校や現地幼稚園・保育所での実習も含めあり、10～20人が参加する。

■卒業論文
- 卒業研究は必修科目であり、A4用紙（1枚当たり1,200字）で10枚以上執筆しなければならない。
- 卒業研究の審査は担当教員が行うが、発表時には他の教員も参加し、全学生が発表する。この他の教員のチェックが標準化する圧力になると考えている。

【評価の視点Ⅱ】学部・学科による質保証、教育内容の統一・関連性確保
■教育内容の統一
- 各教科に「〇〇指導法」の科目がある。これは各4クラスがあるが、一人の教員が全クラスを担当することもあれば、非常勤が半分担当することもある。教育内容の統一に関しては、科目によってなされている場合もある。
- 「ふれあい実習Ⅰ（観察）」はプログラムを担当者会議で作成している。

■ＦＤ
- 授業公開ウィークがあり、手を挙げた教員のみ公開する。全員が参観する。今後はどこでも可能にする予定。
- 新規採用教員にはメンターが付き、また授業見学が義務付けられている。
- 「ふれあい実習Ⅰ（観察）」の担当者会議は、授業内容を振り返って次に活かすチェック機能も果たしている。

【評価の視点Ⅲ】学生の能力形成と自律・自立化
■振り返り
- 大学全体のポートフォリオシステム「サクセス」を使っている。
- 学修・生活指導教員が一人当たり1学年10人の学生を担当する。1年～3

年まで同じ教員で年2回面談。「履修カルテ」があり半期の学修・生活上の反省を学生が書き、学修・生活指導教員がコメントを書く。
・1年前期必修科目の「人間論」の中で「わたしのノート」を作り、実習などを「楽しかった」で終わらせないために疑問点を書かせ、その解答を見出していく。

■適性テスト
・2年〜4年次に年2回実施し学修・生活指導教員が面談指導を行う。教員採用や公務員試験合格への助言がメイン。

■レポート返却
・ルールはないが、熱心な先生が多く、レポートはコメントして返却される場合が多いようだ。

【実地調査による河合塾の評価】

評価の視点	評価項目	評価
I．ALの設計と導入	1．高次のAL科目の設計と導入	○
	2．一般的AL科目の他科目との連携	◎
II．学部・学科による質保証、教育内容の統一・関連性確保	1．AL科目の内容統一・科目間の関連性の確保	◎
	2．獲得させるべき能力と対応したALを含んだカリキュラム設計	
III．学生の能力形成と自律・自立化	1．振り返りとコミットメント	◎

18．横浜市立大学　国際総合科学部　国際総合科学科　ヨコハマ起業戦略コース（2011年度調査　コース定員67名）

【アクティブラーニング科目の4年間の流れ】

授業形態	1年次 前期	1年次 後期	2年次 前期	2年次 後期	3年次 前期	3年次 後期	4年次 前期	4年次 後期
関連講義			地域社会形成論 事業創造論 都市計画論	起業のマネジメント 都市デザイン論				
一般的AL			ISO基礎・実践 まちづくり体験実習 キャンパス企業体験実習I・II	都市計画とGIS実習				
高次AL			地域調査実習 海外調査実習 都市デザイン実習a	都市デザイン実習b				
ゼミ	教養ゼミA	教養ゼミB	演習I	演習II	演習III	演習IV	卒論演習I	卒論演習II

注1）一般的AL：知識定着を目的としたアクティブラーニングのこと。
　　高次AL　：知識を活用し、課題解決を目的としたアクティブラーニングのこと。
注2）□囲みの科目は必修科目（コース必修を含む）

【評価の視点Ⅰ】アクティブラーニング科目の設計と導入

■学部コース再編

- ヨコハマ起業戦略コースは2011年度で（新入生の受入れを）終了し、2012年度からは「まちづくりコース」、「地域政策コース」、「グローバル協力コース」の3コースからなる「国際都市学系」に再編された。

■アクティブラーニングの設計

- 以前から少人数で実践的な教育を意識し、座学に加えて知識を定着させる目的の実習科目が多数用意され、それを経て地域社会に実践的に提案するプログラムへと繋がるように設計されている。

■一般的アクティブラーニング

- 一般的アクティブラーニング科目としては2年、3年の前期に「ISO基礎・実践」（これは資格取得が目的）が選択科目としてある。2年・3年の前期の「まちづくり体験実習」はインターンシップ等を通じて体験するが、これは講義科目「地域社会形成論」と同期している。また、2年、3年後期の「都市計画とGIS実習」では、地理情報システムのソフトウェアを用いた諸課題に取り組ませるが、共通教養科目「空間情報処理実習」とリンクしている。さらに、2年、3年通期の「キャンパス起業体験実習」は前期の講義科目「事業創造論」や後期の講義科目「起業のマネジメント」と関連づけられている（ただし履修要件とはなっていない）。特に「キャンパス起業体験実習」は「ベンチャービジネスの立ち上げの流れ・技術・知識を理解し、グループでビジネスプランを作成し発表する」というものだが、これを一般的アクティブラーニングに分類しているのは、文字通り「体験」であり、高次のアクティブラーニングのレベルには至らないからである。

■高次のアクティブラーニング

- 高次のアクティブラーニングは「地域調査実習a～d」「都市デザイン実習a、b」「海外調査実習a、b」があり、いずれも2年次～4年次で履修可能だが学年間の共同履修を意図したものではなく、結果としてそうなっているもので、主には2年次と3年次でほとんどが履修している。
- 「地域調査実習」では、予備調査を大学で行い、合宿形式で対象地域に泊まり込んで調査し、夜はゼミを行う。その調査報告書が400ページほどのボリュームでまとめられていて、相当のボリュームとクオリティが確保され

- 「都市デザイン実習」は、例えば商店街の今後の在り方を調査・提言する。当該商店街と連携して行うもので、プレゼンには多くの商店主も参加する。この科目に専門知識を提供するのは、2年前期の「都市計画論」2年後期の「都市デザイン論」である。履修要件にはしていないが、基本的にほとんどの学生がセットで履修している。
- また「都市デザイン実習a」と「都市デザイン実習b」は前期と後期で別の教員が担当するが、内容については連続性が確保されるように調整されている。毎年テーマは異なるが、衰退する地域や景観などのテーマを設定して、分析→課題抽出→解決策→プレゼンのプロセスを通じ手法を体得することが目的となっている。
- 「海外調査実習」は、例えばマレーシアのマレーシア科学大学と協力して、途上国の地域づくり等の問題を調査し考察する。

■1年次の教養ゼミと総合講義
- 「教養ゼミA」は1年前期の必修で2コマ連続である。文系から理系、医学部まで多様な学生からクラス編成され、専門分野の異なる2人の教員がペアで担当する。スタディスキルの修得が中心。
- 「教養ゼミB」は1年後期の必修でやはり2コマ連続となり、こちらはスキルの定着が目的とされていて、専門科目との橋渡しとなるテーマごとに特化して2年からのゼミへの導入の役割を果たしている。
- A・Bの両ゼミとも全学組織の提供であるが、1クラスを教員2名で担当し、チームティーチング性を高めている（2012年度からの新カリキュラムでは「教養ゼミ」（教養ゼミAを継承）と「基礎ゼミ」（週1コマ、担当教員1人）に改編された）。
- 「教養ゼミB」は2年次からのゼミ「演習Ⅰ～Ⅳ」に連続する設計だが、「教養ゼミB」を担当する教員がコーディネーターになって、その前の1年前期に「総合講義」を行う。各テーマで15回というもので相当なボリュームのある授業だが、これがガイダンス的な役割を果たしている。この科目は一人の学生が3～4科目履修するのが一般的。

■専門教養という考え方とゼミ
- 同大学では学部の専門も「専門教養」という位置づけとなっている。「幅広い教養」ではなく、「教養とは課題設定と問題解決ができること」と定義さ

れ、その意味で教養がなければ専門が身につかないという関係で捉えられている。
- ゼミは2〜3年の「演習Ⅰ〜Ⅳ」、4年の「卒論演習Ⅰ・Ⅱ」が必修で、これがカリキュラム設計の柱となっている。身につけた「専門教養」をゼミで活かせるよう設計されている。
- ゼミを超えてプロジェクトに取り組むことを検討中で、すでに「商店街研究プロジェクト」を複数の視点からアプローチし、研究を進めている。この他に全部で3つ程度のプロジェクトを立ち上げる予定である。
- また、海外でのフィールドワークは前述の「海外調査実習」だけでなく、ゼミ単位（すなわち演習Ⅰ〜Ⅳ）でも実施されている。大学および後援会の支援プログラムも整備されており、海外調査実習と比較すると、かなり専門的な内容でのフィールドワークとなる。

■卒業論文
- 審査規定があり、副査つきで評価し、コースとして組織的に認定する。
- 卒論ゼミの成績をオープン化している。これによって、質の担保を企図している。

【評価の視点Ⅱ】学部・学科による質保証、教育内容の統一・関連性確保

■教員評価
- 教員が目標を設定して、それがどこまで達成できたかを面接する教員評価制度が導入されている。
- 教員評価制度は組織目標を各教員個人に下ろして、組織目標の達成に資することが目的。①教育分野（教養・専門・大学院）、②研究分野、③地域貢献、④学内業務の項目に分かれており、自分でウェイトを設定し、それをコース長が面接して了承する。年度末にＳ・Ａ・Ｂの3段階で自己評価し、コース長→学部長の評価を受ける。これは処遇にも反映される。

■ＦＤ
- 教員は学術院に所属し、学部は教育に徹することになっている。ある意味では学部の仕事はＦＤのみとも言える。2011年度は、教育法の改善、カリキュラムマップの作成、ルーブリックの作成について学部ＦＤを実施した。ただし、ルーブリックは作成に着手した段階である。

- いわゆるFDは講習会からワークショップ・スタイルへと変化してきている。また、教養ゼミの担当教員全員で方法論を共有するためのFDも行っている。

【評価の視点Ⅲ】学生の能力形成と自律・自立化
■効果測定
- TOEFL（ITP）500点相当（TOEIC 600点、英検準1級等で読み換え可）以上を合格基準とするPractical Englishという必修科目を置いている。この科目は90分週3コマ、すべて英語で行われ、国際総合科学部ではこの単位取得が3年次への進級要件になっている。

■振り返り
- 大学、学部、コースとして取り組んでいることはない。ポートフォリオはまだ導入していない。

【その他】
- アクティブラーニングの設計については、教養ゼミを含めて4年間連続したゼミが基本に据えられているのが特徴。また、ゼミをプロジェクト型にしてゼミ横断にしていく試みも行われている。
- マネジメントの面でも教員評価制度などの導入やルーブリック作成への着手など具体的に実践している。

【実地調査による河合塾の評価】

評価の視点	評価項目	評価
Ⅰ. ALの設計と導入	1. 高次のAL科目の設計と導入	○
	2. 一般的AL科目の他科目との連携	○
Ⅱ. 学部・学科による質保証、教育内容の統一・関連性確保	1. AL科目の内容統一・科目間の関連性の確保	○
	2. 獲得させるべき能力と対応したALを含んだカリキュラム設計	
Ⅲ. 学生の能力形成と自律・自立化	1. 振り返りとコミットメント	

19. 共愛学園前橋国際大学 国際社会学部 国際社会学科(2011年度調査 学科定員 225 名)

【アクティブラーニング科目の4年間の流れ】

授業形態	1年次 前期	1年次 後期	2年次 前期	2年次 後期	3年次 前期	3年次 後期	4年次 前期	4年次 後期
講義 一般的AL	●コミュニケーション技法 言葉と表現 カラーとビジネス キリスト教と文学 教職論 ●初等音楽科概説 ●初等理科概説 人々の生活と地理 生活史概説 ●日本史概説 日本事情Ⅰ ●上級簿記	●考古学 東アジア比較文化論 教育と心理 教育課程論 現代ヨーロッパ入門 現代社会の中の心理学 自然と地理 ●初等家庭科概説 初等国語概説 図画工作概説 日本事情Ⅱ	●ビジネスコミュニケーション ●心理学研究法Ⅰ ●第二言語教育論Ⅰ ●日本語教授法演習Ⅰ ●コミュニケーション論Ⅰ ●言語学Ⅰ ●ウェブデザインⅠ ●群馬の産業と社会Ⅰ ●絵画 教育と人間 こどもの生活と学び 教育相談論 経営学Ⅰ 経営情報 算数概説 青年心理学 ●初等音楽科教育法 ●初等家庭科教育法 ●初等国語科教育法 ●生活科教育法	●群馬の言葉とこども ●心理学研究法Ⅱ ●第二言語教育論Ⅱ ●日本語教授法演習Ⅱ ●コミュニケーション論Ⅱ ●言語学Ⅱ ●ウェブデザインⅡ ●群馬の産業と社会Ⅱ 造形 教育と社会 米文学 異文化理解 経営学Ⅱ こどもと家族 ヨーロッパの歴史と文化 ●教育方法・技術 臨床心理学 ●算数科教育法 ●初等社会科教育法 ●初等体育科教育法 ●初等理科教育法 ●図画工作科教育法	●翻訳・通訳演習Ⅰ ●地域とこども ●第二言語習得論Ⅰ ●英語学Ⅰ 英米地域研究 ●イスラームの歴史厳戒と経営 ●ヨーロッパの社会と経済 英文学 道徳教育の研究 ●英語科教育法Ⅱ ●社会科・公民科教育法Ⅰ ●社会科・地歴科教育法Ⅰ	●地域史研究 ●翻訳・通訳演習Ⅱ ●英語科教育教材論 ●第二言語習得論Ⅱ ●英語学Ⅱ ●情報産業論(情報と職業) ●特別活動・学級経営論 ●社会科・公民科教育法Ⅱ ●社会科・地歴科教育法Ⅱ		
		国語表現	手話の理論と実際 スピーチテクニック		●英語科教育法Ⅰ ●商業科教育法 ●情報科教育法			
高次AL	電子商取引演習Ⅰ ●児童英語概論	電子商取引演習Ⅱ	児童英語教授法演習Ⅰ 社会文化心理学 ●電子商取引演習Ⅲ ●学校フィールド学習A ●英語圏留学・研修 海外フィールドワーク 介護等体験	児童英語教授法演習Ⅱ 児童英語教材研究 ●総合科目：人間を考える	●児童英語教育実習 ●学校フィールド学習B ●日本語教育実習 ●教育実習・初等	●総合演習	●教育実習・中等A ●教育実習・中等B	
ゼミ	基礎演習Ⅰ	基礎演習Ⅱ			課題演習Ⅰ	課題演習Ⅱ	卒業研究	

注1) 一般的AL：知識定着を目的としたアクティブラーニングのこと。
　　高次AL　：知識を活用し、課題解決を目的としたアクティブラーニングのこと。
注2) □囲みの科目は必修科目（コース必修を含む）
注3) ●は、記載年次より上の年次でも履修可能な科目
注4) 表中の科目は2011年度現在のものであり、またアクティブラーニング科目の一例であって、全てを記載しているものではない。

【評価の視点Ⅰ】アクティブラーニング科目の設計と導入

■アクティブラーニング科目の設計

- 現場に出て行くアクティブラーニング科目は2年次に多く設置されていて、そこで「何が足りないか」を自覚し3年次に多く開講されている専門科目につなげる設計となっている。
- 初年次には「基礎演習Ⅰ・Ⅱ」が置かれ、3年次にはいわゆるゼミとしての「課題演習Ⅰ・Ⅱ」があり、4年次には「卒業研究」が置かれている。それをつなぐものとして、2年次には高次のアクティブラーニングとして「電子商取引演習Ⅲ」「学校フィールド学習A」「英語圏留学・研修」「海外フィー

ルドワーク」「介護等体験」「社会文化心理学」「児童英語教授法演習Ⅰ・Ⅱ」「総合科目：人間を考える」「児童英語研究教材研究」が置かれている。また情報・経営コースの科目として、1年次には「電子商取引演習Ⅰ・Ⅱ」が設置され、これは2年次の「電子商取引演習Ⅲ」へと連続していく設計となっている。

■電子商取引
- この科目は、1年前期と後期、2年通期で行われる。バーチャル・カンパニーを立ち上げ、のちに地元企業とのコラボにより商品開発・販売へ、あるいはそれが現実の企業へと発展することもある。その特徴として学年間の協働履修が挙げられ、下級生と上級生がチームを組んで問題解決に取り組む。1クラスのみで約25名。

■一般的アクティブラーニング
- 1年次の「コミュニケーション技法」「国語表現」「考古学」「東アジア比較文化論」から2年次以降の35科目まで、多くの科目が一般的アクティブラーニングである。
- それ以外の講義科目でも、ほとんどの科目でアクティブラーニングが行われている。ただし、金沢工業大学の「総合力ラーニング」のように制度化されているわけではない。その理由としては、開学初期に双方向型授業のFDを集中的に行い、その時の意識が共有されていることに加え、知識を定着させるためにアクティブラーニングを行ったことの効果を実感できており、学生にとってどのような授業がより良い授業かという視点が共有されているため。

■初年次ゼミ
- 「基礎演習Ⅰ・Ⅱ」は、コースごとに内容を統一し、統一シラバスのもとに同じテーマに取り組む。

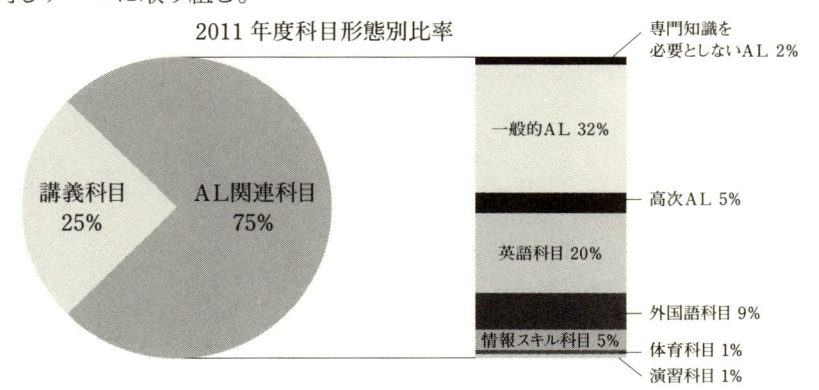

2011年度科目形態別比率

- 講義科目 25%
- AL関連科目 75%
  - 専門知識を必要としないAL 2%
  - 一般的AL 32%
  - 高次AL 5%
  - 英語科目 20%
  - 外国語科目 9%
  - 情報スキル科目 5%
  - 体育科目 1%
  - 演習科目 1%

■卒業論文
- 全員必修で、3年生の課題演習と4年次卒業研究は同一ゼミを履修することになっている。
- 70単位以上が着手要件。
- 評価は主査の教員に任せられている。
- 卒論発表はコースごとに決めている。ポスターセッションのコースもあれば、ゼミ内で予選を行うコースもある。
- 評価の統一基準は設けていない。

【評価の視点Ⅱ】学部・学科による質保証、教育内容の統一・関連性確保
■質保証
- 同一科目複数クラスがあるケースについて、英語ではプレイスメント・テストを行い、習熟度別クラスにしている。英語の場合、年2回ある全員ミーティングで内容の調整を行っているが、後は教員それぞれが判断して進めている。コーディネータなどは設けていない。
- 例えば「経済学入門」では、高校の履修状況をアンケートで把握し、2クラスに分ける。2人の教員がそれぞれを担当し教員同士が協議して進め方を決める。試験は一部共通で行う。
- 心理学の授業は、心理・人間文化コースの学生かそれ以外かで内容を分けている。今後、そのような内容の精査が進む予定。
- ⅠからⅡへと積み上がる科目で異なる教員が担当することは少ないが、該当するものについては調整をしている。
- 教員間の関係が密であるため、相互の授業を治外法権化しない文化がある。相互アドバイスも活発だが、制度化されていない。
- 授業アンケートは、期中に行い、次週の授業で必ず受講生へフィードバックし、後半で修正することになっている。授業アンケートの報告書は公開され、教員個々のコメントを含み1,000ページもの報告書にまとめられる。

【評価の視点Ⅲ】学生の能力形成と自律・自立化
■振り返り
- 振り返りを行っている授業は半分程度。紙・Moodle・メール等それぞれ教

員ごとに使っているが、コメントは行っている。

【その他】
■大学の概要
- 1999年に短大から4年制大学へ。1学部1学科。5コース（英語コース、国際コース、情報・経営コース、心理・人間文化コース、児童教育コース）に分かれ、入学定員225名、収容定員860名【定員増の移行時期で最終的には910名】で、現在1045名在籍。
- 2010年からユビキタスキャンパスを導入、全員にiPod touchを支給。
- 2012年からアクティブラーニングのために設計された新校舎KYOAI COMMONSを開設。アクティブラーニング向けの教室や自習室を多数準備。
- 専門科目は341科目・720クラス開講されている。
- コースごとに専門科目の卒業必要単位数は62単位なので、ほとんどが選択必修となっている。
- 1クラス50人以下が全体の83％で、一番多いのは11〜20人（29％）のクラス（2011年度）。
- 地方の小規模大学としては教育内容で健闘しており、それが募集にもつながっている。キャッチフレーズ「ちょっと大変だけれど実力のつく大学です」も、浸透している。
- 運営面での教職員・学生の大学へのオーナーシップが強い点が評価されるが、教育内容についてもアクティブラーニングには積極的である。

【実地調査による河合塾の評価】

評価の視点	評価項目	評価
I．ALの設計と導入	1．高次のAL科目の設計と導入	◎
	2．一般的AL科目の他科目との連携	◎
II．学部・学科による質保証、教育内容の統一・関連性確保	1．AL科目の内容統一・科目間の関連性の確保	◎
	2．獲得させるべき能力と対応したALを含んだカリキュラム設計	
III．学生の能力形成と自律・自立化	1．振り返りとコミットメント	○

20. 長崎国際大学 人間社会学部 国際観光学科(2011年度調査 学科定員180名)

【アクティブラーニング科目の4年間の流れ】

授業形態	1年次 前期	1年次 後期	2年次 前期	2年次 後期	3年次 前期	3年次 後期	4年次 前期	4年次 後期
全学共通演習	茶道文化ⅠA	茶道文化ⅠB	茶道文化ⅡA	茶道文化ⅡB	茶道文化ⅢA	茶道文化ⅢB	茶道文化ⅣA	茶道文化ⅣB
一般的AL		キャリア開発A	キャリア開発B		キャリア開発C			
高次AL	国内観光研修 海外観光研修 語学研修		●長期インターンシップ ●インターンシップ 「ようこそJapan 外国語コンテスト」 「旅行プランコンペ」					
ゼミ	教養セミナー		専門演習Ⅰ		専門演習Ⅱ		専門演習Ⅲ	

注1) 一般的AL：知識定着を目的としたアクティブラーニングのこと。
　　高次AL　：知識を活用し、課題解決を目的としたアクティブラーニングのこと。
注2) □囲みの科目は必修科目（コース必修を含む）
注3) ●は、記載年次より上の年次でも履修可能な科目

【評価の視点Ⅰ】アクティブラーニング科目の設計と導入

■初年次ゼミとコース

- 1年次に「教養セミナーA・B」があり、スタディスキルを通年で学ぶ。これは13～15クラス設置され、各クラス12～15人。学科教員全員で執筆した「観光の地平」を共通テキストとして使用する。
- 2年次にコースに分かれる。観光ビジネスコース、地域デザインコース、言語・多文化コース、スポーツツーリズムコースの4コース。

■長期インターンシップとキャリア開発

- 長期インターンシップはハウステンボスでの就業体験で、ゴールデンウィーク＋夏休み、または正月休み＋春休みに15～20人が体験し、その体験者から毎年2～3名がハウステンボスに就職する。
- この長期インターンシップは「キャリア開発」科目と連動で行われている。1年次の「キャリア開発A」は社会人としての基礎を身につけさせ、2年次の「キャリア開発B」は成功者の講演を聴き、グループに分かれてワークショップを行う。ここで履歴書の書き方や自己発見に取り組む。3年次の「キャリア開発C」では、就職活動が始まっているので、それ以前に学んだことを就職活動で実践することが課題となっている。例えば、SPI対策や先輩の話などを聴くという授業である。

■観光研修とインターンシップ
- 1年次（通年）の「国内観光研修」、「海外観光研修」、「語学研修」と、2年次「インターンシップ」が選択必修となっていて、このうち「国内観光研修」と「海外観光研修」は、自分で旅行プランを組ませ、ガイドを体験し、毎日日誌を書かせる。

■高次のアクティブラーニング
- 「ようこそ Japan 外国語コンテスト」「旅行プランコンペ」は、学んだ知識を活かすために、あらかじめスキットを課したり、テーマを決めたりして実施する。スキットは、ホテル業務にかかわる場面を想定しており、例えば「ようこそ Japan 外国語コンテスト」では、2人1組とし3ヶ国語でホテル業務にかかわる場面のスキットをする。また、「旅行プランコンペ」では、審査員には旅行会社が入る。なお、テーマはコース教員で決定する。

■専門ゼミ
- 2年次から「専門演習Ⅰ」が始まり、年次進行で「Ⅱ」「Ⅲ」と連続する。

■卒業論文
- 長期インターンシップで学んだことを卒論で書いてもよいことになっている。2011年度まで該当者はいなかったが、2012年度では5名の該当者がいる。
- 卒論は必修となっている。A4用紙であれば10枚程度、400字詰め原稿用紙であれば30枚程度執筆することが条件となっている。1学年60人の外国人留学生（そのうちの80％は中国人、15％が韓国人）にも書かせている。

【評価の視点Ⅱ】学部・学科による質保証、教育内容の統一・関連性確保

■ＦＤ
- 授業公開を前期2名、後期2名の教員を指名して実施。アンケートを書いて、授業検討会にかけている。対象となるのは学生の授業アンケートでの評価が高い教員であるとしている。
- 職員も授業参観を行う。

■ゼミを開く試み
- いくつかのコンテストが開かれている。「旅行プランコンペ」、「フォトコン

テスト」、「街づくりのための土産物コンテスト」、「ようこそJapan外国語コンテスト」など。このうち旅行プランニングコンペは3回目で、コース主催のイベントとなっている。審査は教員と旅行会社が行う。

【評価の視点Ⅲ】学生の能力形成と自律・自立化

■シラバス
・全科目の到達目標、評価の方法が能力要素区分ごとに書かれている。また、全回（15回）の内容だけでなく予習・復習の概要も掲載されている。

【その他】

■茶道文化
・建学の精神にも盛り込まれている「茶道文化Ⅰ〜Ⅳ」が4年間置かれていて、これらはすべて選択科目だが1年次はほぼ全員が履修する。

【実地調査による河合塾の評価】

評価の視点	評価項目	評価
Ⅰ．ALの設計と導入	1．高次のAL科目の設計と導入	
	2．一般的AL科目の他科目との連携	
Ⅱ．学部・学科による質保証、教育内容の統一・関連性確保	1．AL科目の内容統一・科目間の関連性の確保	
	2．獲得させるべき能力と対応したALを含んだカリキュラム設計	◎
Ⅲ．学生の能力形成と自律・自立化	1．振り返りとコミットメント	

21．南山大学　法学部　法律学科（2011年度調査　学科定員275名）

【アクティブラーニング科目の4年間の流れ】

授業形態	1年次		2年次		3年次		4年次	
	前期	後期	前期	後期	前期	後期	前期	後期
一般的AL								
高次AL								
ゼミ	ベーシック演習		ミドル演習		アドバンスト演習		法学演習 卒論演習	

注1）一般的AL：知識定着を目的としたアクティブラーニングのこと。
　　　高次AL　：知識を活用し、課題解決を目的としたアクティブラーニングのこと。
注2）□囲みの科目は必修科目（コース必修を含む）

【評価の視点Ⅰ】アクティブラーニング科目の設計と導入
■ゼミの連続
- 1年次の「ベーシック演習」は共通テキストで行われる。これは全員履修だが卒業要件にはなっていない。基本的な仕組みは、通年で年に13回がゼミ形式。他の回は「憲法」・「民法」・「刑法」やキャリア教育等の300人規模の大講義。残りの回は少人数の25人程度のゼミ14クラスで授業を行う。判例を与えて図書館で調べて発表。評価基準は共通して設けてある。一つの事件についてグループで調べて議論し、発表させる。個人ワークとしてはレポートがある。
- 2年次には「ミドル演習」が配置され、ある程度専門化した内容となる。1年次と異なり学生がゼミを選ぶ。「憲法Ⅰ・Ⅱ」で基本を学び、ミドル演習では、そこで取り上げられなかった判例や学説を調べるなどする。
- 3年次に「アドバンスト演習」、4年次に「法学演習」があり、いずれも履修率は80％以上。「卒論演習」は2単位で卒論執筆者は2割以下。「法学演習（2単位）」とは別に設けられ、指導教員も異なる。「法学演習」はロースクールへの進学希望者、民間企業就職希望者など進路希望先によって分かれている。

【評価の視点Ⅱ】学部・学科による質保証、教育内容の統一・関連性確保
■共通テキスト
- 「ベーシック演習」のテキストは共通で使用。

■FDおよびゼミを開く試み
- 授業公開の仕組みはあるが、ほとんど機能していない。
- 授業評価が3.0以下の教員は学科長のアドバイスを受けることになっている。
- 「刑法」では他大学との連合ゼミの取り組みがある。

【評価の視点Ⅲ】学生の能力形成と自律・自立化
■効果測定
- 法学検証試験を50人程度受験する。その内の成績優秀者10人程度を表彰する。

■振り返り
・行われていない。

【実地調査による河合塾の評価】

評価の視点	評価項目	評価
I. ALの設計と導入	1. 高次のAL科目の設計と導入	
	2. 一般的AL科目の他科目との連携	
II. 学部・学科による質保証、教育内容の統一・関連性確保	1. AL科目の内容統一・科目間の関連性の確保	
	2. 獲得させるべき能力と対応したALを含んだカリキュラム設計	
III. 学生の能力形成と自律・自立化	1. 振り返りとコミットメント	

22. 日本大学 法学部 新聞学科（2011年度調査 学科定員200名）

【アクティブラーニング科目の4年間の流れ】

授業形態	1年次 前期	1年次 後期	2年次 前期	2年次 後期	3年次 前期	3年次 後期	4年次 前期	4年次 後期
講義	メディアの世界I	メディアの世界II〜IV						
一般的AL	社会調査論		文章作法I ニュース英語I メディア法制 ジャーナリズム演習I〜IV 広報広告演習I〜IV 情報メディア演習I〜IV	文章作法II ニュース英語II	文章作法III ニュース英語III			
高次AL			ジャーナリズム倫理 メディア調査論 映像ジャーナリズム		取材論		ジャーナリズム特殊研究 ジャーナリズム文献研究	
ゼミ	情報探索の方法					ゼミナール		ゼミナール

注1) 一般的AL：知識定着を目的としたアクティブラーニングのこと。
　　 高次AL　：知識を活用し、課題解決を目的としたアクティブラーニングのこと。
注2) □囲みの科目は必修科目（コース必修を含む）

【評価の視点I】アクティブラーニング科目の設計と導入

■学科のコース構成

・定員200名。ジャーナリズムコース、広報広告コース、情報メディアコースの3コースがあり、2年次に分属する。ただし、コースに定員は無く、現状ではジャーナリズム70名、広報広告100名、情報メディア30名前後の内訳となっている。

・1年次に置かれている「メディアの世界I〜IV」が各教員の研究紹介を兼

ねたメディアの導入教育と、各コースのガイダンス的役割を担っている。
- 大学内、学部内では新聞学科を第一志望として入学してきた学生が多く、退学者は毎年一学年で1～2名以下に止まっている。
- 法学部の中に設置されているため、主流の法律学科と学び方が異なる面もあるが、セメスター制を導入する可能性も含めた新カリキュラムを検討中である。

■アクティブラーニング科目の設計
- 専門科目は①～⑦類の科目群に分かれている。①類がメディアやジャーナリズム関連のベーシックな科目群、②類が法律及び政治に関するベーシックな科目群、③類がジャーナリズムコースの専門科目群、④類が広報広告コースの専門科目群、⑤類が情報メディアコースの専門科目群、⑥類が「メディア調査論」「ニュース英語Ⅰ～Ⅲ」や「文章作法Ⅰ～Ⅲ」など、どのコースでも役立つ基礎的な科目群、そして⑦類が「ゼミナール」「ジャーナリズム文献研究」「ジャーナリズム特殊研究」で構成されている。
- 一般的アクティブラーニング科目としては3コースの演習科目、すなわち「ジャーナリズム演習Ⅰ～Ⅳ（③類）」、「広報広告演習Ⅰ～Ⅳ（④類）」、「情報メディア演習Ⅰ～Ⅳ（⑤類）」がある。これらの科目は、専任教員だけでなく、メディアの現場からの非常勤講師も担当し、各自の専門分野で学生に演習を行わせることが目的で、コンテンツの制作などの演習も一部含まれるが、多くの科目は知識やスキルの定着を目的としたものである。また、Ⅰ～Ⅳは積み上げではなく並列であり、演習の内容面での多様性、網羅性を確保しているが、講義間での連携がとりきれていない面もある。
- 上記以外には「文章作法Ⅰ～Ⅲ（⑥類）」は文章力を磨くアクティブラーニングで「Ⅰ」は必修。新聞記事や評論、散文を書かせ添削して返却する。
- また同じく⑥類の「ニュース英語Ⅰ～Ⅲ」はニューヨークタイムズ等の英字新聞や英語のニュース番組を通じて、ニュース英語を身につけるアクティブラーニング。「Ⅰ」は必修。
- アカデミックスキル修得のための初年次ゼミとして「情報探索の方法」が必修となっている。「社会調査論」は社会調査の方法を実践しながら学ぶ一般的アクティブラーニング科目。ただし、1年次の選択科目となっている。
- 専門知識を活用し課題解決を図る高次のアクティブラーニングとしては、3年次の「取材論（③類）」は実践的に取材から原稿執筆までを行い、同2年

次の「映像ジャーナリズム（③類）」はビデオカメラを使用して、取材映像を制作する。同２年次の「メディア調査論（⑥類）」も、メディアの研究法としてのアンケート調査や実験、インタビュー、メディアの内容分析についての高次のアクティブラーニングとなっている。
- 必修の「ジャーナリズム倫理（①類）」も高次のアクティブラーニング。教員と学生が解の無い問題を考えつつ解決していく、対話中心のマイケル・サンデル型授業である。

■専門ゼミ
- ３年次から「ゼミナール」が始まり４年次の卒業研究まで連続する。ゼミの受講者は８割以上で、履修者は「ゼミナール論文」（卒業論文に該当する）が必須となる。
- ゼミの運営は担当教員とテーマによって多様で、ゼミによっては、３年次には先行研究として、かなりボリュームのあるレポートが課され（福田充ゼミではＡ４判百ページ前後）、さらにゼミナール論文としても、その研究を引き継いで数十から百ページ程度のものを作成する。
- 新聞学科のすべてのゼミが大学祭での「フォーラム」研究発表に参加し、３年次にゼミ全体でメディアやジャーナリズムに関する共同研究を行い、研究成果を発表する。
- その点で同学科はゼミ中心のカリキュラム設計となっており、このゼミでのレポートとゼミナール論文作成のために必要な専門知識やスキルを１～２年次に他の科目で学ぶという基本構造である。
- そのため、学科としてゼミを２年次まで下ろしたいという意向を持ちつつ、新カリキュラムの中で検討している状況である。
- ゼミを履修しない者に対しては「ジャーナリズム文献研究」「ジャーナリズム特殊研究」が必修となり、そこでゼミナール論文にかわるレポート作成が義務付けられている。

【評価の視点Ⅱ】学部・学科による質保証、教育内容の統一・関連性確保
■ＦＤ
- ＦＤへの取り組みとしては教員研修会があり、これを授業評価アンケートとリンクさせながら、教員へフィードバックしている。

- 専任教員が現在11名で他の科目は多数の非常勤講師に委ねられ、その多くはメディアの現場で働くプロフェッショナルであるため、授業内容の多様性、専門性は高いが、学科の方針や科目内容の詳細な要望が反映し切れていない側面もある。
- 専任教員と非常勤講師とを交えた教員研修会を毎年開催し、そこでさまざまな問題点を情報共有し、議論を行っている。新聞学科の専任教員のみの宿泊研修を実施する年もある。

【評価の視点Ⅲ】学生の能力形成と自律・自立化
■振り返り
- いわゆる振り返りの仕組みはない。
- 「リアクションペーパー」など授業で学んだことや、意見、感想を学生に書かせる作業は広く行われている。また、授業の宿題としてレポートや読書感想文を書かせる課題も多い。新聞学科という学科の特性上、メディアやジャーナリズムの仕事に就くために、学生に文章を書かせる時間を多くとるための試みである。

■レポート返却
- 「文章作法」では添削して返却している。

【その他】
- 新聞学科という職能的な特殊性に対応するために、アクティブラーニングが行われている。その点では、法学部というより、社会学部に近い面もある。
- 3年次からのゼミを中心とし、それまでに専門知識やスキルを身につけさせるという組み立ては伝統的であるが、新聞学科としては、伝統にとらわれずフレキシブルな編成に変えたいという意向がある。

【実地調査による河合塾の評価】

評価の視点	評価項目	評価
Ⅰ. ALの設計と導入	1. 高次のAL科目の設計と導入	○
	2. 一般的AL科目の他科目との連携	○
Ⅱ. 学部・学科による質保証、教育内容の統一・関連性確保	1. AL科目の内容統一・科目間の関連性の確保	
	2. 獲得させるべき能力と対応したALを含んだカリキュラム設計	
Ⅲ. 学生の能力形成と自律・自立化	1. 振り返りとコミットメント	

23. 大阪市立大学　経済学部　経済学科（2011年度調査　学科定員220名）

【アクティブラーニング科目の4年間の流れ】

授業形態	1年次 前期	1年次 後期	2年次 前期	2年次 後期	3年次 前期	3年次 後期	4年次 前期	4年次 後期
一般的AL			各国経済論特殊講義 経済統計論特殊講義					
高次AL			イノベーティブ・ワークショップ	論文演習				
ゼミ	基礎演習					演習3	演習4	

注1）一般的AL：知識定着を目的としたアクティブラーニングのこと。
　　高次AL　：知識を活用し、課題解決を目的としたアクティブラーニングのこと。
注2）□囲みの科目は必修科目（コース必修を含む）

【評価の視点I】アクティブラーニング科目の設計と導入

■高次のアクティブラーニングの設計

- プラクティカル・エコノミスト（PE）が身につけるべき「6つのスキルと1つのアビリティ（6S＋1A）」の養成のために、1年前期には必修で「基礎演習」、1年後期また2年前期に「イノベーティブ・ワークショップ（IW）」、2年後期「論文演習」が配当されている。IWと「論文演習」はいずれも選択科目だが、どちらかを履修しないと3年ゼミに入れないという縛りが設けられている。この結果、IWはほとんどの学生が履修している。
- 「基礎演習（必修科目）」は経済学の専門基礎的な内容を教える。その中で情報検索、レジュメ作成法、修了レポート3,500文字以上が共通の決まりとなっている。グループワークは教員次第で、必須とはされていない。
- IWは、身近で具体的な課題を設定し、複眼的構想力や問題解決能力を養うことを目標としており、履修率は80％と高い。問題発見、調べ学習、フィールドワーク、プレゼンを行い、最終的にはプレゼン大会を行う。
- 「論文演習」は、2年後期に配当され「卒業論文」の形態的な予行演習として位置づけられている。単なるレポートではなく、体裁としても学術論文として通用するものを書かせる。このテーマは担当教員の専門に関連する分野で、テキスト輪読などをベースにして行う。選択率は約40％。
- なお、「論文演習」とIWの両方を履修する学生は220人中30〜40人程度である。

■一般的アクティブラーニング
・「各国経済論特殊講義（通称「経済英語」）」は20名程度だが、授業の中で討議を行っている。
・「経済統計論特殊講義」は40人程度が履修し、「基礎経済統計」の知識を定着させるアクティブラーニングを行う。講義科目に分類されている。

■専門ゼミと卒業論文
・「演習3・4」が専門ゼミにあたる。希望者は9割程度だが、実際に卒業論文を書いて卒業するのは8割程度。卒論12単位＋「演習4」4単位という計算になるが、卒業論文や演習は必修ではなく、卒業論文を書く代わりに6科目を履修して単位を揃えても卒業できる。

【評価の視点Ⅱ】学部・学科による質保証、教育内容の統一・関連性確保

■プラクティカル・エコノミスト（PE）の養成
・養成する人材像をPEとして定め、形成すべき能力を6つのスキル＋1つのアビリティとして明確化して、それに対応した履修計画やPEポイント制度を設けている。
・従来の成績の「優」が、社会で通用する能力を表現しているとは全く言えないという問題意識から、次の指標が設けられた。形成すべき能力とは①情報収集能力、②プレゼンテーションスキル、③問題発見・課題把握スキル、④経済学的問題分析スキル、⑤論文執筆スキル、⑥コミュニケーションスキルであり、これらを通して問題解決を複眼的に構想するアビリティを形成する。
・PE累積ポイントが表示され、学生にとって自分には何が足りなくて、何を強化すべきかがレーダーチャートによりわかりやすく示される。このPE累積ポイントが高い学生と「優」が多い学生とは一致していない。指標とする能力が異なっていることの証左ともいえる。
・また上位10名に対してはエクセレントPE証明書を発行し、学長表彰も行っている。
・PEは社会に通用する能力の形成を目指し、学生にもそれを意識させる試みであるが、学生がそれを十分に意識しているとは言い難い現状も垣間見られる。学部全体に浸透させることが今後の課題であろう。

■卒業論文の審査
- 卒業論文は、指導教員が評価する。ただし、その前に6名の教員による審査委員会が、基準を満たしていない論文については、指導教員を経由せず、直接学生に再提出を求める仕組みがある。例年、10名程度が再提出する。また再提出と判定された論文については審査委員全員が読むことになっている。
- 卒論発表会は2010年度は各ゼミから無作為に抽出して行ったが、2011年度からは各ゼミ内で、全員が後輩に対して発表する形式となった。

■FD
- IWで、ゼミの運営方法に統一性を持たせるために、実験的に教員の交代を行ってみた。まだシステムとして導入されているわけではない。
- 年に4回の経済学部FD研修会を持っている。

■ゼミを開く試み　インターゼミ
- 「演習3」の全28ゼミのうち8ゼミが参加し、6月下旬に合宿形式で行う。4～6月の成果を発表し、アンケート形式で採点する。これはPE指標が全体の底上げを図るものであるのに対して、やる気のある学生を引き上げる試みである。
- そのほかに、三大学国際シンポジウム（7～8人参加）、三商大ゼミ討論会（演習3から13ゼミが参加）などがある。

【評価の視点Ⅲ】学生の能力形成と自律・自立化

■振り返り
- 3年次にゼミに入るために2年の末に「志望書」（進路志望計画表）を書く。ここで自分の学習を振り返り、目標を設定する。
- 「基礎演習」では、何を学びたいかを書き、また「IW」では、どうしてこれを学びたいのかを書く。ただし、これはいわゆる振り返りを目的としたものではない。

【実地調査による河合塾の評価】

評価の視点	評価項目	評価
Ⅰ. ALの設計と導入	1. 高次のAL科目の設計と導入	○
	2. 一般的AL科目の他科目との連携	
Ⅱ. 学部・学科による質保証、教育内容の統一・関連性確保	1. AL科目の内容統一・科目間の関連性の確保	○
	2. 獲得させるべき能力と対応したALを含んだカリキュラム設計	◎
Ⅲ. 学生の能力形成と自律・自立化	1. 振り返りとコミットメント	○

24. 北海学園大学　経済学部　経済学科（2011年度調査　学科定員160名）

【アクティブラーニング科目の4年間の流れ】

授業形態	1年次 前期	1年次 後期	2年次 前期	2年次 後期	3年次 前期	3年次 後期	4年次 前期	4年次 後期
一般的AL								
高次AL			地域研修		地域研修			
ゼミ	基礎ゼミナール		ゼミⅠ		ゼミⅡ		ゼミⅢ	

注1）一般的AL：知識定着を目的としたアクティブラーニングのこと。
　　　高次AL：知識を活用し、課題解決を目的としたアクティブラーニングのこと。
注2）□囲みの科目は必修科目（コース必修を含む）

【評価の視点Ⅰ】アクティブラーニング科目の設計と導入

■全般について
- 経済学部には経済学科と地域経済学科の2学科あるが学科長は設けておらず、学部単位でカリキュラムは運営される。
- 2012年度から入試は学部で一括し、2年次のゼミ配属時に学科が決まる方式になった。
- 1年次には学科に関わらず、共通に必要とされる経済学的な素養を身につける。同時に学科を選択するための課題意識を持たせることを目指している。
- 各学科には3コース（学習プログラムのようなもの）を配置しているが、各コースに人数制限は設けていない。
- 「コース科目」と呼ばれる科目群から、コースごとに必修とするコア科目を決めている。このコア科目がコースによって異なっている。

■ゼミの連続
- ゼミは4年間にわたって配置されており、あえて必修とはしていないが大多数の学生が履修している。また、ゼミ形式に馴染めない学生は、2年・3年次に「外書講読」を選択することも可能となっている。ただし、2年次のゼミは97～98%が履修している。
- 4年次のゼミの単位はゼミ論文を提出することで認定される。卒業論文は、このゼミ論の中の特にレベルが高いものだけが「卒業論文」として認定され、

ゼミ単位のほかに4単位が与えられる。ただしこの4単位は名誉的なもので卒業必要単位には数えられない。内容は修士論文に近いといわれるほどのレベルが要求され、卒論認定されるのは毎年1～2名と極めて少数である。
- ゼミ論文がいわゆる一般的な「卒論」に相当し、ゼミ論文を提出して単位が取れるのは半数程度。

■地域研修
- 「地域研修」は地域との協力により地域問題の調査・研究を行う高次のアクティブラーニング。ゼミのクラス単位で行うが、ゼミとは別に2単位が与えられる。フィールドワークの分析などはゼミの時間に行われ、事実上ゼミと融合した科目になっている。
- 地域経済学科がメインだが、経済学科のゼミで取り組むケースもある。
- 対象となる地域は道内が多い。
- 地域研修で達成すべき目標をはじめ、共通の枠組みは設けられていない。
- 毎年、報告書を作成している。

【評価の視点Ⅱ】学部・学科による質保証、教育内容の統一・関連性確保

■科目の連携
- 組織的に行っているわけではないが、「地域研修」の基礎となる講義「社会調査論」「地域経済論」「地域社会論」などが1年次に配当され9割以上が履修している。

■アクティブラーニングの統一
- 「基礎ゼミナール」についてはシラバスが共通で、担当者会議でガイドラインを設けている。その一環としてNIE（新聞の活用）を取り入れている。「基礎ゼミナール」を導入してから退学者が激減した。
- 「基礎ゼミナール」は経済専門科目の教員だけでなく、語学や一般教養の教員も担当している。

■ゼミを開く試み
- 新カリキュラムの下で、ゼミ報告会等を開催し、共通のテーマで例えば一国レベルの経済政策を扱う「経済政策コース」と地域経済の視点から「地域経済・産業コース」とが議論し合えるようにしたいと考えている。（新カリキュラムのゼミは2013年度以降のため）

- プレゼン大会はこれまで3回行ってきた。学生組織が主催し、土曜日の1日をかけて実施。1年～4年までが参加できるが、現状では基礎ゼミがベースとなっていて3割前後の学生が参加している。これを今後は進化させて、テーマで学生が議論できるようなものにしていきたいと考えている。

【評価の視点Ⅲ】学生の能力形成と自律・自立化
■振り返り
- 基礎ゼミナールからゼミナールⅢまで、年に3～4回振り返りシートを書かせているが、教員による活用は十分ではなく、現在も試行段階。2～3割程度の教員が活用していると思われる。

【その他】
- 「地域研修」は外部からも高い評価を受け学修成果も上がっていると考えるが、学修を通して学生が到達すべき統一的な目標は設定されていない。これは制度創設以来担当教員の熱意と創意性にまかされている事を意味し、これによって成果が挙がっている面もあるが、これらの経験から目標や方法の共有化をはかっていくことが今後の課題であろう。
- ゼミを開く試みやプレゼン大会については、今後に期待したい。特にこれらをゼミナール協議会という学生の自主組織が主催するという点で、学生の自発的な学びを目指している。

【実地調査による河合塾の評価】

評価の視点	評価項目	評価
Ⅰ. ALの設計と導入	1. 高次のAL科目の設計と導入	○
	2. 一般的AL科目の他科目との連携	
Ⅱ. 学部・学科による質保証、教育内容の統一・関連性確保	1. AL科目の内容統一・科目間の関連性の確保	○
	2. 獲得させるべき能力と対応したALを含んだカリキュラム設計	
Ⅲ. 学生の能力形成と自律・自立化	1. 振り返りとコミットメント	○

25. 和歌山大学　経済学部（2010年度調査　学部定員330名）

【アクティブラーニング科目の4年間の流れ】

授業形態	1年次 前期	1年次 後期	2年次 前期	2年次 後期	3年次 前期	3年次 後期	4年次 前期	4年次 後期
一般的AL								
高次AL			基本研究科目					
ゼミ	基礎演習Ⅰ	基礎演習Ⅱ			専門演習Ⅰ		専門演習Ⅱ／卒業論文	

注1）　一般的AL：知識定着を目的としたアクティブラーニングのこと。
　　　高次AL　：知識を活用し、課題解決を目的としたアクティブラーニングのこと。
注2）□囲みの科目は必修科目（コース必修を含む）

【評価の視点Ⅰ】アクティブラーニング科目の設計と導入

■アクティブラーニングの設計

- 基本は1年前期に「基礎演習Ⅰ」、後期に「基礎演習Ⅱ」、2年に「基本研究科目」、3年次・4年次に「専門演習」が置かれている。専門演習の定員は8名。4～5年前から少人数・双方向教育を充実させている。
- 基本とは別に「エキスパートコース」が設けられている。このコースは専門教育を早く始め、飛び級で大学院を目指す狙いで設定された。しかし、最近ではその飛び級制度を活用する学生は少ない。このコースでは1年次前期に「基礎演習（EC）」、後期に「基本研究（EC）」、2年次に「専門演習Ⅰ」、3年次に「専門演習Ⅱ（EC）」となる。飛び級をしなければ、4年次に「卒業論文」を履修する。エキスパートコースの学生は2年次に「専門演習Ⅰ」は3年生と一緒に学び、3年次に「専門演習（EC）Ⅱ」は4年生と一緒に学ぶ。「専門演習（EC）Ⅱ」の段階で一度論文を書くが、飛び級をしなければ4年でもう一度卒業論文を書くことになる。

（以下、基本のカリキュラムで叙述）

- 3～4年次の「専門演習Ⅰ」と「専門演習Ⅱ及び卒業論文」が必修。1年次の「基礎演習Ⅰ・Ⅱ」は必修ではなく全員履修としている。
- 学科配属は1年前期の終了時に行う。1年後期から学科に配属となる。人数が調整できない場合は前期の成績で決まる。学科希望は年度により変動はある。

- 1年前期に「基礎演習Ⅰ」が配当され1クラス15人程度で20クラス。シラバスでは、大学案内と自己紹介、スタディスキル、新聞等を活用してのレポートとプレゼンなどが統一項目となっている。内容を統一して4～5年目になるが、進め方については教員にある程度の裁量が与えられている。「基礎演習Ⅰ」に関わる全学生および全教員に授業のアンケートを行っている。学生の満足度等を調査するとともに、統一シラバスの内容がしっかりと行われているか等をチェックする狙いもある。
- 「基礎演習Ⅱ」は1クラス20人程度で15クラス。2010年度から全1年生が履修できる体制を整えた。原則として「基礎演習Ⅱ」の単位を修得することが「専門演習Ⅰ」履修の条件となっている。「基礎演習Ⅰ」よりも高度なリテラシーの獲得が目的で、新書を1～2冊読ませ、その内容討論、レポート作成、プレゼンを行う。シラバスは統一されているが、教科書は教員ごとに異なる。グループワークも2人ペアもあれば、5～6人で1グループのものもあり、また個人ワークをさせる教員もおり、演習運営自体は教員の裁量幅が大きい。
- 「基礎演習Ⅰ・Ⅱ」とも学生が教員を選択するのではなく、学生は振り分けられる。
- 「基本研究科目」は、多くが2年前期に置かれ、一部においては2年後期に置かれている。少人数でフィールドワークや文献講読を行うが、修得した知識・技術を活用する能力を養うための問題演習を行う科目もある。300人中の延べ半分くらいの学生が「基本研究」を履修する。

■講義とアクティブラーニングとの連携
- アクティブラーニングと他の講義をリンクさせたいという構想はあるが、総体としてはそうなっていない。
- エキスパートコースはゼミと会計等の講義がリンクしている。
- 講義と一般的アクティブラーニングの連携は教員次第の取り組みとなっている。

■産学連携
- 「社会人基礎力」という科目は夏期集中の高次のアクティブラーニングで20人程度が履修する。ワークショップ型学内フィールドワークを行い、大学生協と組んで課題解決・プレゼンテーションを行う。

■学生プロジェクト授業
・学生が企画して認められれば単位がつく（「自主演習」）。経済学部では少なく、10数人のみが履修している。

【評価の視点Ⅱ】学部・学科による質保証、教育内容の統一・関連性確保
・「基礎演習Ⅰ」の担当教員20名の意見交換FDを開催し、これを「基礎演習Ⅱ」と翌年の「基礎演習Ⅰ」に反映させている。これは経済学部独自の取り組みだが、FDは基本的に全学的な取り組みが中心となっている。
・Ⅰ・Ⅱと積み上げ型の科目は内容調整する。
・学部入門科目は学部が科目を指定し、基礎専門科目は学部入門科目の内容を発展させたものとして各学科が科目を指定する。

【評価の視点Ⅲ】学生の能力形成と自律・自立化
・科目を能力要素別に分類し編成することは考えていない。
・「私の学びのデザインシート」を「基礎演習Ⅰ・Ⅱ」で書かせ、Ⅱの最初にはⅠでの学びを振り返らせている。
・目標設定は基礎演習・専門演習の中で行うので、演習科目のない2年次にはその機会が欠落している。

【その他】
・「基礎演習Ⅰ・Ⅱ」では、レポートについてはコメントを付して返却することが基本となっている。他の科目は教員裁量だが、返却する科目も増えてきている。

【実地調査による河合塾の評価】

評価の視点	評価項目	評価
Ⅰ. ALの設計と導入	1. 高次のAL科目の設計と導入	○
	2. 一般的AL科目の他科目との連携	○
Ⅱ. 学部・学科による質保証、教育内容の統一・関連性確保	1. AL科目の内容統一・科目間の関連性の確保	○
	2. 獲得させるべき能力と対応したALを含んだカリキュラム設計	
Ⅲ. 学生の能力形成と自律・自立化	1. 振り返りとコミットメント	○

26. 創価大学　経済学部（2010年度調査　学部定員250名）

【アクティブラーニング科目の4年間の流れ】

授業形態	1年次 前期	1年次 後期	2年次 前期	2年次 後期	3年次 前期	3年次 後期	4年次 前期	4年次 後期
一般的AL	ミクロ経済学 統計学		経済数学		上級マクロ経済学 上級ミクロ経済学 上級財政学			
高次AL	IPレベル1（第1セメスター）	IPレベル1（第2セメスター）	IPレベル2（第3セメスター）	IPレベル2（第4セメスター）	JAS			
ゼミ	基礎演習			演習Ⅰ	演習Ⅱ	演習Ⅲ		演習Ⅳ(卒論)

注1）一般的AL：知識定着を目的としたアクティブラーニングのこと。
　　高次AL　：知識を活用し、課題解決を目的としたアクティブラーニングのこと。
注2）□囲みの科目は必修科目（コース必修を含む）

【評価の視点Ⅰ】アクティブラーニング科目の設計と導入

■アクティブラーニングの設計

- 高次のアクティブラーニングの特徴は、1年次〜4年次まで置かれた演習＝ゼミ系の流れと、英語での学びを中心とした「IP（International Program）」、「JAS（Japan-Asia Studies）Program」系の流れが組み合わされているところにある。

- 演習系の流れを見ると、1年前期：「基礎演習（必修）」、2年後期〜3年後期：「演習Ⅰ・Ⅱ・Ⅲ（各選択であるが90％以上の学生が履修するので実質必修）」、4年後期：「演習Ⅳ」となっている。

- 1年前期の「基礎演習」はスタディスキル等の修得が中心。2年後期〜3年後期に配置されている「演習Ⅰ・Ⅱ・Ⅲ（選択だが実質的には必修）」および4年後期に配置されている「演習Ⅳ（選択）」はいわゆる専門ゼミであり、高次のアクティブラーニングを含んでいる。4年前期に「演習」が配置されていないのは、学生が就職活動に集中できるように配慮しているためである。「演習」は全学部生の約90％以上が履修し、学生は25のゼミにそれぞれ配属される。学生へのモチベーション装置として機能するのが、3年次に設けられているゼミ対抗の研究発表大会。各ゼミはこの大会に向けて、早いゼミでは3年次前期の早い段階で準備に取りかかる。まずゼミ内で各自が論文を書き、その中からゼミ内コンペで優れた論文が選ばれる。それをゼミの論文として競い、優秀なゼミには賞金が贈られる。

- 4年次後期に配置されている「演習Ⅳ」は、卒論作成が主テーマとなるが、卒論執筆率は70〜80％程度。
- 創価大学経済学部の大きな特徴となっているのが、英語と経済学の両方の習得を狙った選択の科目コースとしての「IP（International Program）」（1〜2年次）と「JAS（Japan-Asia Studies）Program」（3年次）である。
- 「IP（International Program）」は、経済学を英語で学びながら語学力を向上させることを目的に、1999年に開講され、学生の人気が高い。「IP」は2年間の科目コースだが、履修者が絞り込まれていく設計になっている。1年前期では当学部生280人のうち、入学時の希望者から180人が履修可能。また1年後期ではGPAを基にさらにふるいにかけ、前期履修者数の約30％にあたる約60人に絞られる。2年次は1年後期の履修者60人が、ほぼそのままスライドされる。
- 1年次の授業では、基礎的リテラシーや入門レベルの経済学をゼミ形式により英語で学ぶ。基礎的リテラシーの内容は、英語でのノートのとり方、ライティング、プレゼンなどである。2年次は、グループワークにより、自分たちでテーマを決めて、会社や業界などについて調べて、それについて英語でプレゼンをするというのが基本的授業形態であるが、1年次2年次とも「IP」ではグループ学習、PBL、ディベートなどにより授業が進められており、高次のアクティブラーニングに分類される。この「IP」の履修で取得する単位は、例えば1年前期と後期それぞれ14単位、年間で28単位と非常に大きい。
- 「JAS（Japan-Asia Studies）Program」では、日本人学生および留学生を対象に、英語で日本およびアジアの経済について学ぶことを目的に、2009年に開講された科目であるが、「IP」を2年間履修した学生は通常3年次でこの「JAS Program」を履修する。「JAS」もグループ学習、PBL、ディベートを中心とした高次のアクティブラーニングとして分類される。
- 興味深いのは、この「IP」「JAS」を導入してから、経済学部の人気や入試難易度が高まり、また学生のモチベーションも高まっていることを示すエビデンスが存在していることである。

■講義とアクティブラーニングの連携
・講義と一般的アクティブラーニングの連携例には、講義科目の中に演習を盛り込む科目がある。具体的には、「ミクロ経済学」「統計学」「経済数学」「上級マクロ経済学」「上級ミクロ経済学」「上級財政学」などである。

【評価の視点Ⅱ】学部・学科による質保証、教育内容の統一・関連性確保
　■ＦＤ
・理論、統計、歴史、IP、JASの区分でそれぞれ教務委員会を設置し、授業内容、授業のやり方、進度などについて議論している。
・同一科目で複数クラス開講している科目には、「基礎演習」、「ミクロ経済学」、「マクロ経済学」、「経済数学」、「入門統計学」などがあり、これらの科目では、授業の内容、進度、テストが統一されている。
・「ミクロ経済学」と「ミクロ経済学中級」、「マクロ経済学」と「マクロ経済学中級」のセメスターをまたいだ積み上げ型科目では、各科目とも3クラスに分かれて実施されているが、いずれも進度、内容、テストは統一されている。
・「ミクロ経済学」は3クラス（3名の教員が各クラスをそれぞれ担当）に分けて開講され、共通テキスト・共通シラバスで、講義に演習も盛り込んで実施されている。
　■ゼミを開く試み
・ゼミ対抗研究発表大会でも専門知識が発揮される。ゼミ対抗研究発表大会でのテーマ例として、「ナイル川の水利権」を挙げると、この発表では「地域経済論」「環境経済論」「公共経済論」などの専門知識を活用して、多角的な視点からテーマにアプローチがなされている。同大会では、他の発表も同様に、専門知識を活用した発表が多々見られる。

【評価の視点Ⅲ】学生の能力形成と自律・自立化
■能力要素別カリキュラム
- 経済学部では、独自に必修科目を対象にした「Curriculum Check List」が運用されてきた。そのチェックリストでは、経済学部での教育目標に対応させる形で身につけるべき学士力を定義し、各必修科目でどのような学士力が身につけられるかを、「◎」と「○」で強弱をつけて複数記している。
- こうしたチェックリストを今後他学部で運用できるように大学内で検討中である。

■振り返り
- 同学部では1年前期の「基礎演習」において、授業の初期段階で「4年間計画表」「セメスター目標」「1週間リズム」という3種類のポートフォリオを記入させている。「4年間計画表」には、各学年でやるべきこと・やりたいこと、「セメスター目標」には1年前期のセメスター目標を記入させる。「1週間リズム」には、1週間の各曜日をどのように過ごすのかを時間ベースで計画として記入させ、それ以降はWeb上のポートフォリオに毎週入力するよう指導している。Webポートフォリオは、1年次の間は「基礎演習」の各ゼミのSAと担当教員がチェックする。同学部では教員によるサポートよりもSAによるサポートの方が、より1年生の目線に近いので適切なアドバイスができるという考えに基づき、特にSAが毎週担当ゼミの1年生のポートフォリオを毎週チェックしてコメントを付す。
- このWebポートフォリオは1年次だけの取り組みである。

【その他】
■レポート返却
- 「IP」では、提出レポートにすべてコメントを付して返却している。各担当教員は徹夜をしてでも返却しようという姿勢である。
- 「ミクロ経済学」「マクロ経済学」「基礎演習」などの必修科目においては、Web上で宿題を提出させ、教員はそれにコメントを付して必ず返却している。

■教育効果
- 1995年ごろ、経済学部は創価大学でも"お荷物学部"であったが、そこか

らの脱却を目指し、1999 年に現在の科目コース「IP」を開設した。その運営は、立ち上げ当初の 3 年は試行錯誤を繰り返したが、2004 年ごろから軌道に乗った。

「IP」設置の効果は、以下の点で効果が現れている。

①学内での英語のプレイスメントテストの平均点は、かつては全学部中最下位であったのが、2010 年現在ではトップになっている。

②学内学部別に見た学生の授業外学習時間も最近 5 年で伸び、2010 年現在ではトップになっている。

【実地調査による河合塾の評価】

評価の視点	評価項目	評価
I．ALの設計と導入	1．高次のAL科目の設計と導入	○
	2．一般的AL科目の他科目との連携	○
II．学部・学科による質保証、教育内容の統一・関連性確保	1．AL科目の内容統一・科目間の関連性の確保	◎
	2．獲得させるべき能力と対応したALを含んだカリキュラム設計	○
III．学生の能力形成と自律・自立化	1．振り返りとコミットメント	◎

27．武蔵大学　経済学部（2010年度調査　学部定員 400 名）

【アクティブラーニング科目の 4 年間の流れ】

授業形態	1年次		2年次		3年次		4年次	
	前期	後期	前期	後期	前期	後期	前期	後期
一般的AL	教養ゼミナール 数的処理	プレ専門ゼミナール						
高次AL	デジタル協働学			●三学部横断型ゼミ				
			起業家インターンシップ					
ゼミ			専門ゼミナール第1部		専門ゼミナール第2部		専門ゼミナール第3部 卒業論文	

注1）一般的AL：知識定着を目的としたアクティブラーニングのこと。
　　　高次AL　：知識を活用し、課題解決を目的としたアクティブラーニングのこと。
注2）□囲みの科目は必修科目（コース必修を含む）
注3）●は、記載年次より上の年次でも履修可能な科目

【評価の視点 I】アクティブラーニング科目の設計と導入

　■アクティブラーニングの設計

・2010 年度現在、同学部は 3 学科 10 コース制であるが、2011 年度から学科

に属さない 7 コースになる。変更の理由は、入学時に学生に明確な目的意識があるわけではないためで、1 年間は広く勉強し 2 年次からコース主体で学ぶようにする。コースの選択は 2 年次のゼミの選択とリンクしているが、2011 年度からコース選択とゼミ選択の関係は相互にリンクはするが 1 対 1 対応ではなくする予定。

- 1 年前期は「教養ゼミナール」が全員必修で、学科ごとに履修する。後期の「プレ専門ゼミ」は学科に縛られずにクラス編成され履修できる。「教養ゼミナール」は、金融学科では専門への導入、経営学科では PBL、経済学科では教員ごとに異なる内容で行われている。
- 2 年次から 4 年次に専門ゼミが置かれ、各ゼミは 20 人以下に人数制限されている。この内の 2 年次・3 年次のゼミが必修である。
- 専門ゼミでは多くの場合 PBL 等の高次のアクティブラーニングが行われているが、各ゼミで絶対に行うという決まりにはなっていない。ただ経営学科には PBL を含む高次のアクティブラーニングが多い。あるゼミでは反復練習をさせることから始まる。また別のゼミでは、前期はテキストを読む講読→発表が中心だが、後期はグループワークで自分たちの課題を見つけ、チームワークで解決する。
- 2・3 年生合同ゼミの「縦ゼミ」も行われ、これは全ゼミの 1 割以上 5 割以下。

■「デジタル協働学」

- 初年次に行われている「デジタル協働学」（選択科目）は IBM との産学連携で行われている創成授業である。1 年前期は経済学部のみ履修でき、1 年後期は 3 学部とも履修できる。定員は 20 人で、後期は 10 名前後が経済学部から履修している。

　　その概要をシラバスより紹介する。

　「演習では数名ごとにチームを編成して仮想的な企業を経営する．履修者は，企画課長，総務課長，営業課長，および工場長のいずれかの役職を担当する．各チームは，社長からの指示に従って，会社設立，経営戦略，製品開発，マーケティング，受注・製造，および決算処理などを実施することになるが，ビジネススクールなどで実施されるビジネスゲームとは異なり，この演習では財務上の成果だけを追求するのではなく，企業理念の決定や製品開発などのような創造的な活動に重点が置かれている．したがっ

て，演習中には多くの試行錯誤や失敗を繰り返すことになる．それらの体験から社会の仕組みを学び，さらには，大学での勉学に対する目的意識を養うことができる．また，一連の活動を通して，コンピュータを能動的に使用するスキルだけでなく，時間管理，自己管理，協働作業，問題発見，問題解決，創作作業，対人コミュニケーション，あるいはビジネスマナーなどのいわゆるソフトスキルを向上させることができる．」

■「起業家インターンシップ」

- 「起業家コース」必修の「起業家インターンシップ」は2年次に配当され5〜6人が履修。グループで担当する企業を決め、企業訪問、企業からの来訪を受け、経営課題を見つける。そして夏休みに1週間程度のインターンシップを行い、課題の解決策を考えて企業に対する成果発表→企業からのコメントという流れである。この起業家インターンシップは、履修しておくべき科目が特に指定はされていない。専門科目の履修がそれほど進んでいない段階で行われるので、フレームワークは教員が示唆する。高次のアクティブラーニングに分類されるが、それほど専門知識が活用される訳ではない。

■「三学部横断型ゼミ」

- 「三学部横断型ゼミ」は2年生後期・3年生前期・後期に配当され、経済学部・人文学部・社会学部の3学部が1クラスに混在する形で学ぶ。2007年に開始し、経産省の社会人基礎力育成・評価事業で採択された。現在は7期目になる。
- 1クラスは1学部10名×3学部の30名。2つの企業と提携して、その企業のCSR報告書を「大学生に分かるように作る」ことがテーマである。1クラスは2チームに分かれ、半期を前半と後半の2つに分けて取り組む。まず前半は各学部別のチーム5名ずつで課題を分析する。経済学部のチームは経営活動の分析、人文学部のチームは企業が発信する情報の在り方、社会学部のチームはCSR活動の分析である。そして後半は、3学部の3チームが合体してその企業のCSR報告書を作成する。経済学部の学生にとっては「株式会社って何？」というような他学部の素朴な疑問に答えることや、学部間のコミュニケーションの壁を乗り越えさせることで成果を上げている。この「三学部横断型ゼミ」は年間120人が履修しているが、2011年からは180人履修にまで増やす予定。
- 社会人基礎力に定義された12の能力は、現在は「三学部横断型ゼミ」で

SNS を使いながらその向上をカウンセリングし、意識的に伸ばす仕組みを取り入れている。これを、2011 年度からは初年次ゼミでも導入する。そのために FD が重要だと考えられており、カウンセリング等の専門家も招いて教員講習を行う計画である。

■講義とアクティブラーニングの連携

- 演習と講義の関係では、例えば「金融学概論」と「教養ゼミナール」が連携している。2011 年度から、教養科目の中で演習を行うことになっている。
- 「三学部横断型ゼミ」では、コースの講義で学んだことをゼミで深める関係。その意味では連動している。

■卒業論文

- 同学部では卒論を書く学生は半数以上だが、卒論を選択にして以降年々減ってきている。このため、2011 年度から卒論を必須にする予定である。

【評価の視点Ⅱ】学部・学科による質保証、教育内容の統一・関連性確保

■FD

- 「金融学概論」や「経営学基礎」はチームティーチングを行っている。例えば、「経営学基礎」ではビジネスコースに関わる全員で内容を決定して標準化が行われている。具体的には 2 人の教員で授業を担当するが、試験も統一している。「金融学概論」では、金融学科の教員が共同で作成した共通のテキストが使用されている。

■ゼミを開く試み

- ゼミへのモチベーションを高めるため、同学部ではゼミ大会が開催されている。2010 年で 7 年目になる取り組みで、2 年次でも 3 年次でもゼミ大会に参加でき、経営学科や金融学科はほぼすべてのゼミが参加し、経済学部全体でも約 8 割のゼミが参加している。ゼミ内でこの大会参加をめぐって競争があり、当初と比べても現在では相当レベルアップしている。ゼミ大会は各会場とも学内審査員 2 名、学外審査員 2 名の計 4 名で審査する。

【評価の視点Ⅲ】学生の能力形成と自律・自立化

- 振り返りシートは、2011 年度から「教養ゼミナール」で導入予定。

【その他】
・レポート返却は教員裁量による。

【実地調査による河合塾の評価】

評価の視点	評価項目	評価
I. ALの設計と導入	1. 高次のAL科目の設計と導入	○
	2. 一般的AL科目の他科目との連携	
II. 学部・学科による質保証、教育内容の統一・関連性確保	1. AL科目の内容統一・科目間の関連性の確保	◎
	2. 獲得させるべき能力と対応したALを含んだカリキュラム設計	
III. 学生の能力形成と自律・自立化	1. 振り返りとコミットメント	○

28. 産業能率大学　経営学部（2010年度調査　学部定員 378 名）

【アクティブラーニング科目の4年間の流れ】

授業形態	1年次 前期	1年次 後期	2年次 前期	2年次 後期	3年次 前期	3年次 後期	4年次 前期	4年次 後期
関連科目	会社のしくみ	マネジメントの基礎	●コース専門科目 (ex. 株式会社の実務、マーケティング実践 etc)	●コース専門科目 (ex. 調査リサーチ活動の進め方 etc)				
一般的AL			事例に学ぶ経営分析 マーケティング情報演習 売上データ分析		●キャリア設計と企業研究 調査データ分析			
高次AL			ビジネス経営演習 経営コンサルティング演習 都市型ビジネス科目	フィールド調査の基礎	ユニット専門科目 都市型ビジネス科目	ユニット専門科目 マーケティング実践演習		
ゼミ	基礎ゼミ		2年次ゼミI (キャリア設計と自己開発)	2年次ゼミII (キャリア設計と業界研究)	3年次ゼミI (進路支援ゼミ)	3年次ゼミII (進路支援ゼミ)	4年次ゼミ(進路支援ゼミ) 卒業論文	

注1) 一般的AL：知識定着を目的としたアクティブラーニングのこと。
　　　高次AL：知識を活用し、課題解決を目的としたアクティブラーニングのこと。
注2) □囲みの科目は必修科目（コース必修を含む）
注3) ●は、記載年次より上の年次でも履修可能な科目

【評価の視点 I 】アクティブラーニング科目の設計と導入

■アクティブラーニングの設計

・高次のアクティブラーニングの設計には次のような大きな特徴がある。すなわち、3～4年次に置かれているいわゆる専門ゼミは、「進路支援ゼミ」としてキャリア教育の要素を大きく取り入れ、その代わりに、「コース専門科目」や「ユニット専門科目」「都市型ビジネス」などの科目群で、専門知識を活用した産学連携の高次のアクティブラーニングが手厚く行われてい

- まず「コース専門科目」はコースに分属する 2 年生から始まり、例えばビジネス経営コースでは、「株式会社の実務」で講義、「ビジネス経営演習」でそれに連携しながらグループワークでビジネスプランを作成する。
- マーケティング情報コースでは、「調査リサーチ活動の進め方」で講義を行い、それとセットなる「フィールド調査の基礎」では高次のアクティブラーニングを行う。具体的には調査テーマを、例えば「自由が丘の駐輪場問題」や「自由が丘の飲料自動販売機のマーケットシェアと全国比較」、「自由が丘の犬種シェアと全国比較」等に設定し、①観察調査、②ヒアリング調査、③表現、④検証が順次行われる。
- こうした事例に代表されるように、4 つあるコースすべてで講義と高次のアクティブラーニングが組み合わせられている。そこでの基本的な考えは、まず実践し、その後に座学で知識を学ぶという順番で、その意味では、2 年前期の高次のアクティブラーニングは、まだ専門知識の活用というよりも「触発系」というべき性格のものと思われる。こうした順番での取り組みは、定量的には測定されていないが、授業アンケートで「モチベーションが上がった」等の回答も少なくない。
- 「ユニット専門科目」は 4 科目セットで 5 テーマが用意されている。5 テーマとは、「ショップビジネス」「まちづくり」「心理・コミュニケーション」「広告・消費トレンド」「新事業・商品企画」。3 年前期および後期で、それぞれのテーマとも高次のアクティブラーニングと座学を組み合わせ、基本的に同じ日に連続 2 コマで行われる。
- 例えば「新事業・商品企画」というテーマでは、3 年前期が「新事業・商品企画の基礎」という授業で、その前半は講義においてブックオフの研究を行い、後半で新事業を考える。セットとなっている「ビジネスプラン作成演習」では、前半は講義で後半に実際に商品企画し外部のビジネスプラン・コンテストに応募する。さらに、3 年後期では「新事業推進におけるマネジメント」が座学で、「新事業・商品企画の実践演習」がカルビーの商品企画を産学連携で行うという高次のアクティブラーニングであり、この両者がセットとなっている。
- この「コース専門科目」と「ユニット専門科目」は選択必修だが、それ以

外に「都市型ビジネス」という科目群が選択で置かれ、2年生が対象。ここでも自由が丘という街に根付いた高次のアクティブラーニングが行われている。「消費と文化」「ミュージック・エンターテインメント」「アミューズメント・ビジネス」「エディター養成プログラム」「アーティスト・プロモーション」「自由が丘イベントコラボレーション」の科目群で、エディター養成は40名程度が履修し、実際に取材を行い、雑誌を編集・制作する。アーティストプロモーションは15人が履修し、実際にコンサートを開く。「自由が丘イベントコラボレーション」も60人が履修。自由が丘商店街と目黒区との三者のコラボで、自由が丘商店街振興組合が主催する各種イベントの企画、運営面での参加、または自由が丘という街への貢献策として、自由が丘セザンジュ（街案内人）を担う。イベント参加としては「自由が丘スイーツフェスティバル」「自由が丘女神祭り」「学園祭」「クリスマスイベント」があり、教員は3人で担当する（内1名は振興組合より非常勤講師として参画）。さらにインターンシップⅡの単位を活用して、3年生や4年生もこの授業に関わることができる。現在は20名程度が関わっている。

- この「都市型ビジネス」の評価は、平常点(座学と実践への出席＋貢献度)、最後の役割ごとの個人レポート(アーティスト・プロモーションの場合、プロデューサー、会計・経理、プロモーター)等で決まる。楽しいというよりも学生同士の衝突があり、それをいかに乗り越えさせるのかがテーマとなっている。
- 初年次の基礎ゼミは通年で必修。前期はスタディスキルを学ばせ、後期ではグループワークによるテーマ研究を行う。このテーマ研究は2～3時間でお茶を濁すような取り組みではなく実に13週にもおよび、かなり本格的な取り組みとなっていて、内容も高次のアクティブラーニングに分類される。
- 2年のゼミは必修で、内容も共通テキストで進度も統一する。1クラス25人で編成され、グループワークは5人単位。前期は講義→ビデオ→議論→発表というサイクルを3回繰り返され一般的アクティブラーニングに分類される。後期のテーマは業界研究で、前期と同じサイクルを3回繰り返す。
- 3年ゼミは「進路支援ゼミ」と呼ばれ、内4週間は自己表現力を課題とし400字で文章を書いて添削して発表。28回の授業の内10回が就職支援関連を共通プログラムで行い、残りの18回が専門ゼミとなる。専門ゼミは調査

→発表が基本で、教員によってはPBLも含むが、内容は教員の専門に依っており、PBL等の導入も統一されているわけではない。
- 4年次ゼミは学生が自分の就職予定の企業研究を行うことも含まれている。2011年度からは、そちらに比重を置く予定である。
- このように、3～4年次ゼミが業界研究、企業研究や、就職支援に比重が置かれているのは、キャリア教育では学生と教員が1対1で対話することが基本であるべきで、それはゼミでしかあり得ないという考えからである。その分、専門性が薄れるのを「コース別専門科目」や「ユニット専門科目」でカバーするという設計である。
- 同学部ではゼミは選択だが履修するのは96％で、ほぼ全員。4年生ゼミを受けた学生はA4・10ページのレポートを書く。卒論と違うのは、かける時間の差である。

■講義とアクティブラーニングの連携
- すべての科目は「基本プログラム」と「バックアッププログラム」に分類され、前者が実践科目、後者が理論科目という位置づけである。つまり、基本プログラムに分類される科目群では、一般的か高次であるかを問わずアクティブラーニングが組み込まれているわけである。
- さらに2年次にコースに分かれ、コース専門科目が始まる。その中の例えばビジネス経営コースでは、「株式会社の実務」が講義科目で、それとセットになった「ビジネス経営演習」ではグループワークでビジネスプランを作成する。マーケティング情報コースでは、講義の「マーケティング実践」とセットで「マーケッティング情報演習」が置かれ、後者ではビジネスゲームを導入して、定量的に評価できる実践に取り組ませている。

■産学連携
- 「アクティブラーニングの設計」の項目で具体的な取り組みは説明したが、3割～5割くらいの科目で、産学連携でのグループワークが取り入れられている。
- 「インターンシップⅠ」は10人の教員が関わり、70～100社に100人以上が行く。講義→企業研究→2週間のインターンシップ→クラス別発表→全体発表。
- 「インターンシップⅡ」は長期インターンシップで、企業から学生個人に招

請があるケース。これにイベントコラボレーションに参加するケースも含まれる。

【評価の視点Ⅱ】学部・学科による質保証、教育内容の統一・関連性確保
■FD
- 複数クラスは「会社のしくみ」「マネジメントの基礎」が必修で3クラス開講され、統一シラバス、統一テキスト、統一テストで行われている。
- 主務者が中心となって、内容調整をしている。中間で再調整も行う。
- 積み上げ型の科目はない。
- ユニット専門科目とコース専門科目は2人以上の教員によるチームティーチングになっている。

【評価の視点Ⅲ】学生の能力形成と自律・自立化
- 振り返りシートが2010年度から導入された。ディプロマ・ポリシーに沿って自己評価し、アカデミックアドバイザー教員からのコメントが必須とされた書式がある。
- これ以外に「キャンパスマナー気づきノート」があり、マナーに特化した振り返りシートである。

【その他】
- 効果測定として2011年度からコンピテンシーテストを導入予定。入口と出口で行う予定である。
- レポート返却については、ルール化されていることはない。文章系の科目では行われている。

【実地調査による河合塾の評価】

評価の視点	評価項目	評価
Ⅰ．ALの設計と導入	1．高次のAL科目の設計と導入	◎
	2．一般的AL科目の他科目との連携	◎
Ⅱ．学部・学科による質保証、教育内容の統一・関連性確保	1．AL科目の内容統一・科目間の関連性の確保	◎
	2．獲得させるべき能力と対応したALを含んだカリキュラム設計	◎
Ⅲ．学生の能力形成と自律・自立化	1．振り返りとコミットメント	◎

29. 立教大学　経営学部（2010年度調査　学部定員 350 名）

【アクティブラーニング科目の4年間の流れ】

授業形態	1年次 前期	1年次 後期	2年次 前期	2年次 後期	3年次 前期	3年次 後期	4年次 前期	4年次 後期
関連科目		●マーケティング	●ファイナンシャル・マネジメント ●マーケティング戦略論 ●財務分析					
一般的AL				BL3-A(経営学科) BL3-B(経営学科) BL3-C(経営学科)				
高次AL	BL0	BL1(経営学科) EAP1(国際経営学科)	BL2(経営学科) EAP2(国際経営学科)		BL4(経営学科) BBP(国際経営学科)			
ゼミ	初年次ゼミ		専門ゼミ		専門ゼミ		専門ゼミ 卒業論文	

注1）　一般的AL：知識定着を目的としたアクティブラーニングのこと。
　　　高次AL　：知識を活用し、課題解決を目的としたアクティブラーニングのこと。
注2）　□囲みの科目は必修科目（コース必修を含む）
注3）　●は、記載年次より上の年次でも履修可能な科目

【評価の視点Ⅰ】アクティブラーニング科目の設計と導入

■アクティブラーニングの設計

- 専門演習以外に「ビジネス・リーダーシップ・プログラム（BLP）」が、高次のアクティブラーニングを組み込んだプログラムとして導入されている。
- このビジネス・リーダーシップ・プログラムは、BL0（1年前期　学部必修）→ BL1（1年後期　経営学科必修）→ BL2（2年前期　経営学科必修）→ BL3（2年後期　選択）→ BL4（3年前期　選択）と連続し、各学年前期に置かれているBL0・BL2・BL4が問題解決のグループプロジェクトで、BL1・BL3がスキル強化の授業として位置付けられている。

　内容を見ると、1年前期のBL0は基礎演習とも呼ばれ、学部（370人）共通で全員必修。20人1クラスで18クラスが設置されている。この授業ではモスフードサービスとの産学連携で、ビジネスプランを学生に考案させ、それをプレゼン大会で発表させる。この時点では、経営学の専門知識は学んでいないため、専門知識の活用は目的に含まれていない。ここでの取り組みで、学生にはむしろ無力感を感じさせ、これを週1回の講義の「経営学を学ぶ」に対するモチベーションアップへつなげていくのが狙いとなっている。

- 1年後期に置かれているBL1は、経営学科は必修で10クラス設置。ここ

ではスキルアップが目的とされ、例えばディベートでは東京電力と連携して「太陽光発電を全体的に導入すべきかどうか」というテーマを設定して、学生が事実を分析して討議する。その分析の視点は基礎科目群の「マーケティング」で学ぶというように科目がリンクしている。
- 2年前期のBL2は、経営学科必修で8クラス置かれ、内容は日産自動車と産学連携での問題解決のグループプロジェクトで、「ファイナンシャル・マネジメント」等の専門知識の活用をしつつ、産学連携で問題解決に当たる。
- 2年後期のBL3は選択科目で、「A・B・C」の3科目があり、Aは講義とグループワーク、Bはグループ討議やペアセッション、Cは対話法と添削による文章表現改善をテーマにスキルを高める。
- さらに3年前期のBL4は選択科目で20人程度が履修する。このBL4は起業グループプロジェクトと位置付けられ、アップルジャパンと産学連携して行われる高次のアクティブラーニングとなっている。「ファイナンシャル・マネジメント」はもちろん、その上位科目である「マーケティング戦略論」、「財務分析」等の専門知識を活用するものとして設計されている。
- この他に専門ゼミが2年前期～4年後期にかけて置かれ、どのゼミでも必ずグループワーク、フィールドワーク、プレゼン、レポート、時間外学習が必須とされている。ゼミは学部の8割が履修し、4年は卒論執筆が中心となる。
- さらに、国際経営学科にはEAP（イングリッシュ・フォー・アカデミック・パーパス）やBBP（バイリンガル・ビジネス・プロジェクト）といった取り組みがある。

■講義とアクティブラーニングの連携
- ビジネス・リーダーシップ・プログラム（BLP）の科目群の中で講義科目と一般的アクティブラーニング科目の連携も図られている。具体的には1年後期のBL1では、東京電力と連携し、太陽光発電を全体的に導入すべきかどうかをディベートさせ、このディベートが基礎科目群の「マーケティング」とリンクしている。また2年前期のBL2でもアクティブラーニングが「ファイナンシャル・マネジメント」や、その上位科目の「マーケティング戦略論」、「財務分析」等とリンクしている。

■産学連携
- BBP（バイリンガル・ビジネス・プロジェクト）では 2009 年度はディズニーランドと連携した授業。
- BL0 ではモスバーガー、BL1 では東京電力、BL2 では日産自動車、BL4 ではアップル。
- 専門ゼミでも企業との連携が多く、あるゼミではアップルと連携して立教のアップルストアをどうプロモートするかをテーマにしている。その他イトーキ等、半分以上のゼミで産学連携をしている。
- インターンシップは単位化されていて、国内では 100 人程度が参加する。

【評価の視点Ⅱ】学部・学科による質保証、教育内容の統一・関連性確保
■FD
- BL0 は共通テキスト、共通テストで内容も統一されている。教員の会議も毎月 1 回開催される。
- BL2 でもパワーポイントのスライドは統一し、コンテストを行うことで内容の平準化を図っている。
- 常時 FD 活動が行われている。特に BLP は各クラスに SA が 1 人つくが、SA は常時、授業内容やスライド内容、科目構成についての改善提案を行っている。
- BLP のみで行われている「匿名座談会」もユニーク。SA が選んだ学生 4 人程度が座談会を行い、テープ起こしをして匿名にして教員に閲覧させる。
- BLP 対象の外部評価委員会が年 1 回、学部全体の諮問委員会が年 2 回開かれる。
- 「ミクロ経済学」、「マクロ経済学」、「経営学入門」などの複数開講科目は、統一テキスト等で内容を統一している。
- 「マーケティング」→「マーケティング戦略論」などの積み上げ科目の内容調整も学部として行っている。2011 年度からはさらに、「ファイナンシャル・マネジメント」や「財務管理」等で積み上げ型の強化をすることになっている。

【評価の視点Ⅲ】学生の能力形成と自律・自立化

- 同学部では能力要素別教育目標に対応したカリキュラム編成が行われている。
- 同学部では、「ビジネス・リーダーシップ・プログラム（BLP）」の中で、学生同士の相互フィードバックを織り込みながら、チームワークとリーダーシップについて学生に振り返りと目標設定を行わせている。具体的には、2〜3週間をかけて、学生同士が相互フィードバックを行う。セメスターの終わりに全員が相手となる学生のポジティブ面で3点、ネガティブ面で3点を記入して伝える。それを受けた学生は翌週、自己の次の目標・課題を設定する。そしてリーダーシップ持論を書き、①積極性、②他人への配慮、③成果達成力、に沿って自分がどう考えているのか、何を目指すのかを明確にして、それをWeb上にアップする。試験的に1人30分かけてのインタビューも行われている。
- 特にプロジェクト系の授業であるBL0・BL2・BL4はこの相互フィードバックと目標設定を重点的に行っている。フィードバックのタイミングで、自身が持つ持論についての客観的な意見が教員から指摘される。次期の自己達成目標設定に関しては教員のコメントが推奨されている。
- EAPでもBLPと同様に行っている。また専門ゼミでも産学連携による取り組みを行っているゼミでは、BLPフォーマットでの振り返りを導入している。

【その他】

- 専門科目でのレポート返却は、教員の裁量に任されている。

【実地調査による河合塾の評価】

評価の視点	評価項目	評価
Ⅰ．ALの設計と導入	1. 高次のAL科目の設計と導入	◎
	2. 一般的AL科目の他科目との連携	○
Ⅱ．学部・学科による質保証、教育内容の統一・関連性確保	1. AL科目の内容統一・科目間の関連性の確保	◎
	2. 獲得させるべき能力と対応したALを含むカリキュラム設計	○
Ⅲ．学生の能力形成と自律・自立化	1. 振り返りとコミットメント	◎

30. 立命館大学　経営学部（2010年度調査　学部定員760名）

【アクティブラーニング科目の4年間の流れ】

授業形態	1年次 前期	1年次 後期	2年次 前期	2年次 後期	3年次 前期	3年次 後期	4年次 前期	4年次 後期
一般的AL				金融市場分析演習Ⅰ	金融市場分析演習Ⅱ	金融市場分析演習Ⅲ		
高次AL			アントレプレナー実践講座 起業活動インターンシップ演習	製品開発論 企業支援インターンシップ演習 産学協同アントレプレナー 起業活動インターンシップ演習	メディアデザイン論	プロジェクトマネジメント演習		
ゼミ	基礎演習Ⅰ	基礎演習Ⅱ	専門演習Ⅰ	専門演習Ⅱ プロジェクト研究 ●プロジェクトマネジメント演習	専門演習Ⅲ	専門演習Ⅳ	卒業特別研究	

注1）一般的AL：知識定着を目的としたアクティブラーニングのこと。
　　高次AL　：知識を活用し、課題解決を目的としたアクティブラーニングのこと。
注2）□囲みの科目は必修科目（コース必修を含む）
注3）●は、記載年次より上の年次でも履修可能な科目

【評価の視点Ⅰ】アクティブラーニング科目の設計と導入

■アクティブラーニングの設計

- 同学部では「基礎演習」は30年前ほどから行っていた。大規模大学では学生が孤立しがちであるために、丁寧に入門的なことを教える、高大接続を目的として置かれた。現在は通年で必修。1クラス30〜35人、24〜25クラス開講している。学生は前期でスタディスキルを学び、後期ではグループワークでテーマを選びPBLに取り組む。そしてそれを1年生のプレゼン大会で発表する。統一教科書が採用され、内容は年に4回、担当者の懇談会を開催して統一している。「基礎演習」では教員が希望すれば、SAがクラスについて、学生が生活に慣れるのを支援する。SAは教務的にも関わりレポートのチェック等も行う。
- 今まで、2年生では小集団授業がなかったが、研究を早めに始めたいという声もあり、「プロジェクトマネジメント演習」を設置。これは1年間開講の選択で、希望する学生が自分たちでグループを組み、自分たちでテーマを探して教員に依頼するか、または教員からテーマを提示してもらう。受講しているのは100人以下。1クラス10〜12名で、1グループは3〜5人。
- これまでは3年・4年で「専門演習」が開講されていたが、2011年度の2年生から「専門演習」を行うように早めることが決まっている。一つ目の

理由は就職活動が早まり、ゼミの肝心な時に学生が抜けざるを得ないためである。もう一つの理由は留学する学生が増えたためである。ゼミを2～3年次に早めることで、3年のゼミの終わりでゼミのレポートをまとめることが出来ていると、就職活動でも有利になるとも考えられている。

- 専門演習が早まると、卒論は「卒業特別研究」として、より高度なことをやりたい学生のみの選択となる。留学に行く学生は2年で留学し、帰国してから「プロジェクト研究」に加わる。（立命館大学の経済学部では以前、2・3年生でゼミを行っていたが、現在では3・4年次に戻している。理由は2年次の初めに専門演習を選択させるのでは、学生にゼミ選択の根拠となる知識が未だ十分形成されておらず、また4年生の位置づけも難しいためである）。
- 「プロジェクト研究」は、2年でゼミに入らない学生、希望が通らない学生の受け皿にもなると考えている。2年次の「専門演習」は選択で全体の8割程度（留学する学生が5～10％なので）と予測されている。

■産学連携
- 「専門演習」では、各教員の企業からの受託研究に学生が参加するケースもある。
- 経営学科特殊講義では海外企業訪問やNFL訪問などもある。
- 「起業活動インターンシップ演習」では、テーマをもらった企業に問題解決をプレゼンする。この中の京セラプロジェクトには毎年20～30人の学生が参加する。
- 「産学協同アントレプレナー教育プログラム」がある。経営学部が中心となり、学部を超えて10年前から行っている。このプログラムは単位化され、他学部を含め120名（内経営学部が80名）が履修。年1回の発表の場が外部有識者も含めて設けられている。

■自主プロジェクト
- 正課外にプロジェクト団体があり、限界集落に入り込んで自律化を模索するなどの取り組みも行っている。

■卒業論文
- 「卒業特別研究」は、2年次からのゼミの定員を維持する予定。ゼミ間の移動も認める予定である。現在でも8割が卒論を書いている。

【評価の視点Ⅱ】学部・学科による質保証、教育内容の統一・関連性確保

■講義とアクティブラーニングとの連携
- マーケティングのゼミは、マーケティング系の科目履修を推奨している。
- 「専門演習」で前提科目をシラバスに明記してあるものもある。
- 「金融市場分析演習Ⅰ・Ⅱ・Ⅲ」は、サイバーディーリングルームも活用してアクティブラーニングと組み合わせている。

■FD
- 「基礎演習」では懇談会で内容を統一している。
- 必修科目は5クラス開講されており、テキストとテストを統一し、コーディネータを置いて内容調整している。

■ゼミを開く試み
- 学生委員会が主催する2年、3年生を対象としたゼミ大会もあり、こちらはトーナメント形式で、140チームが参加する。上位5チームは全国インターゼミ大会に出場する。今年で4回目となる。

【評価の視点Ⅲ】学生の能力形成と自律・自立化
- 「キャリアチャート」を1年次に配布し、3年の就職活動まで活用する。4年間を振り返ることが目的。ただし学生が自分で管理するので、教員のコミットメントは行われていない。
- 面談は1年次の基礎演習の中で1回行われる。

【その他】

■海外留学
- 国際経営学科では必ず2週間〜1年間海外留学する。インターンシップに近いもので、米国の日系企業で4週間のインターンシップを実施したり、短期では中国を訪問したりする。ここでは留学が軸となっており、それに備えて科目が配置されている。

■卒業生追跡調査
- 卒業生の追跡調査をして何が身についていて、何が足りなかったのかを分析している。

■レポート返却
・レポート返却・教員コメントはルール化されていないが、試験講評を教員は必ず書くことが決められている。

【実地調査による河合塾の評価】

評価の視点	評価項目	評価
I. ALの設計と導入	1. 高次のAL科目の設計と導入	◎
	2. 一般的AL科目の他科目との連携	○
II. 学部・学科による質保証、教育内容の統一・関連性確保	1. AL科目の内容統一・科目間の関連性の確保	◎
	2. 獲得させるべき能力と対応したALを含んだカリキュラム設計	
III. 学生の能力形成と自律・自立化	1. 振り返りとコミットメント	○

第 2 部

大学からの事例報告

1. なぜ多くの授業でアクティブラーニングが導入されるのか

― 「ちょっと大変だけれど実力がつく大学」の現場から ―

共愛学園前橋国際大学　国際社会学部長　教授　大森昭生

1. 共愛学園前橋国際大学について

　本学について最初にご紹介させていただきます。共愛学園は群馬県前橋市にございます。できましたのは明治21年。地域の人々の思いによって設立された学園です。現在は保育園、学童クラブ、中学校、高校、大学があります。

　大学につきましては1988年に学園創設100周年で女子短期大学を、1999年の110周年に男女共学の4年制大学をつくったという、まさに新設大学でございます。

　学部は国際社会学部1学部で国際社会学科1学科のみの構成です。全学の入学定員は225名で、たぶん全国でも下から数えて何番目かに小さな大学ではないかと思います。前橋という地方にあり、小規模で、新設であるという3拍子を揃えています。この3拍子の示す意味は、先生方ならおわかりだと思いますが、あぶない大学の3拍子です。非常に大変な3要素を持っているわけですが、本学はこの3要素をメリットに転換してきたと自負しています。

　実際、次のグラフのように年々在籍学生数が増えていて、このところずっと過去最高の学生数を確保しています（**図表47**）。

　在学生の8割は群馬県の出身です。受験者数と入学者数も順調に推移しています。ただ、開学のころから数年は定員を割っていた時期がございます。定員を割りながらも、その後V字回復して安定していることから、各方面からだんだんとご注目をいただくようになった大学でございます。

　就職の方も順調でして、2012年3月の卒業生が94%という就職率（就職者／就活者）でした。私たちは、就職率だけではなく、就活率（就活者／卒業生）が

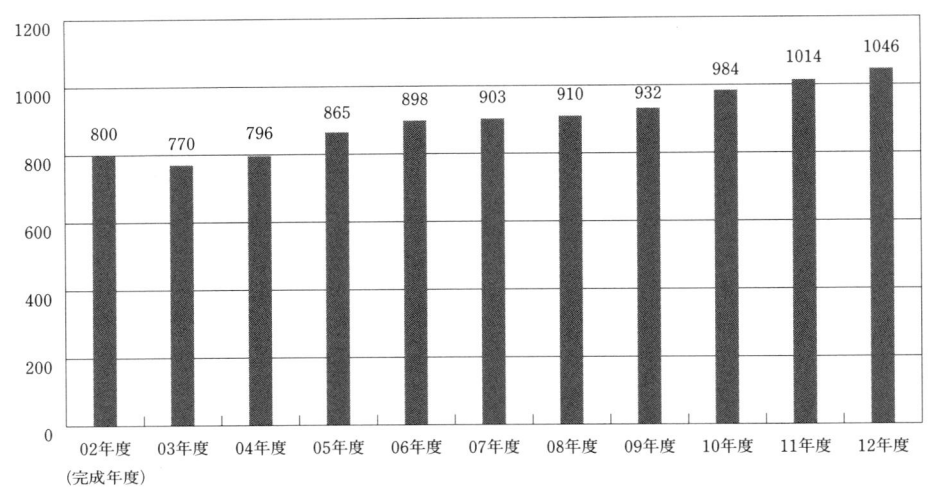

年度	学生数
02年度（完成年度）	800
03年度	770
04年度	796
05年度	865
06年度	898
07年度	903
08年度	910
09年度	932
10年度	984
11年度	1014
12年度	1046

図表47　学生数の推移

92.4％であり、卒業予定の約92％が就職するぞとがんばったということにも自信を持っています。それは教育の効果ではないかと思っております。

　本学は「モットー」として「学生中心主義」をうたっています。これは多くの大学でもおっしゃっていますが、本学の学生中心主義は学生にとって、ちょっと大変なものです。学生をお客さん扱いするのではなく、「大学のコミュニティの中心にあなた方がいるんだよ。だからそのコミュニティをあなた方がつくらなければいけないんだよ」という意味を込めているわけですから、それは学生にとってかなり大変です。そういう意味での学生中心主義です。また、地域との共生も大切なモットーとなっています。

　そして本学のキャッチフレーズが「ちょっと大変だけど実力がつく大学です」なのです。力がつくということは、やはり楽ではありません。これは高校生も知っているはずです。ですから、本学は遊びに来る大学ではないよ、ということを言っています。「うちは勉強する大学なんだよ」と、定員が割れていたときもずっと言い続けていました。これはご理解をいただいていると思います。親御さんにも高校の先生方にもです。もちろん受験生自身にもです。

　学生は卒業のときに言います。「先生、あれは嘘だ、『ちょっと』じゃないじゃないか」と。うれしそうにそう話してくれますので、これでいいのかなと思っています。

本学は1学部1学科ですが、その中に「英語コース」「国際コース」「情報・経営コース」「心理・人間文化コース」「児童教育コース」の5つのコースを設けています。国際社会学部という社会科学系の学部にも関わらず、その学部の中に小学校教員養成課程を置いた最初の事例だと思います。また1学科で普通は1課程の教職課程ですが、1学科で8課程持っているというように、幅広いカリキュラムを持っている本学でございます。

全体が小さいので、本当の意味の少人数教育が可能です。本学には350ほど科目が置かれていますが、クラス数としては2011年度で約700のクラスを開いています。1学部1学科でこの数を開くために、かなりの経営努力をしています。

その中で50名以下のクラスの割合は83％。最も多いのは11名〜20名のクラスです。このため、おのずとアクティブにならざるを得ない、という面があるかもしれません。ここまでが本学のご紹介です。

2. 共愛学園前橋国際大学のアクティブラーニング

図表48は全科目に占めるアクティブラーニング関連科目の比率とその内訳（2011年度）です。2011年度の科目を私なりに形態別に分けてみました。アクティブラーニング関連科目は、何らかのアクティブラーニングが取り入れられている科目でありますが、全体の75％です。もちろん、英語の科目、情報の科目、体育の科目を除くと、もう少し低くなります。さらに、その取り入れられているアクティブラーニング要素により、専門知識を活用しないアクティブラーニング、知識の定着・確認を目的とした演習・実験等の一般的アクティブラーニング、知識の活用を目的としたPBL、創成授業等の高次のアクティブラーニングとに分類をしたのが右側のグラフです。いずれにしましても、純粋に講義だけをやっている授業は25％と、シラバス上で分類できます。

このようにアクティブラーニング関連科目の内訳を見ると、一般的アクティブラーニングがほとんどです。つまりまだ深い学びには至っていないのかなという感じがしています。

図表49はアクティブラーニング科目の例を一覧で示したものです。教育法は小学校教員養成課程などもありますので、おのずとアクティブになりますし、

250 1. なぜ多くの授業でアクティブラーニングが導入されるのか

2011年度科目形態別比率

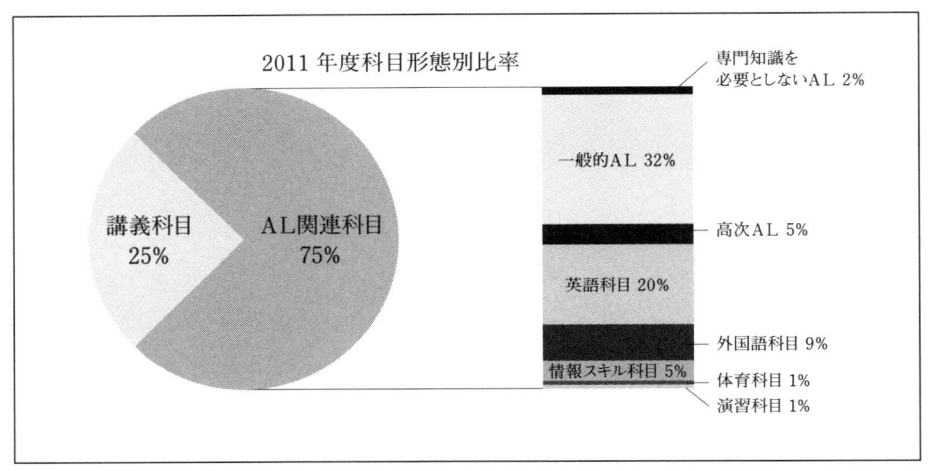

- 講義科目 25%
- AL関連科目 75%

内訳:
- 一般的AL 32%
- 専門知識を必要としないAL 2%
- 高次AL 5%
- 英語科目 20%
- 外国語科目 9%
- 情報スキル科目 5%
- 体育科目 1%
- 演習科目 1%

図表48　全科目に占めるアクティブラーニング関連科目の比率とその内訳

授業形態	1年次 前期	1年次 後期	2年次 前期	2年次 後期	3年次 前期	3年次 後期	4年次 前期	4年次 後期
知識活用無AL	国語力講座I キャリアプランニング	国語力講座II 詩の創作と朗読			インターンシップ			
			ボランティア実習					
一般的AL	コミュニケーション技法 言葉と表現 カラーとビジネス キリスト教と文学 教職論 初等音楽概説 初等理科概説 人々の生活と地理 生活科概説 日本史概説 日本事情I 上級簿記	考古学 東アジア比較文化論 教育と比較 教育課程論 現代ヨーロッパ入門 現代社会の中の心理学 自然と地理 ウェブデザインI 初等家庭概説 初等国語概説 図画工作概説 日本事情II	ビジネスコミュニケーション 心理学研究法I 第二言語教育論I 日本語教授法演習I コミュニケーション論I 言語学I ウェブデザインI 群馬の産業と社会I 絵画 教育と人間 こどもの生活と学び 教育相談論 経営学I 経営情報 算数概説 青年心理学 初等音楽科教育法 初等家庭科教育法 初等国語科教育法 生活科教育法	群馬の言葉とこども 心理学研究法II 第二言語教育論II 日本語教授法演習II コミュニケーション論II 言語学II ウェブデザインII 群馬の産業と社会II 造形 教育と社会 米文学 異文化理解 経営学II こどもと家族 ヨーロッパの歴史と文化 教育方法・技術 臨床心理学 算数科教育法 初等社会科教育法 初等体育科教育法 初等理科教育法 図画工作科教育法	翻訳・通訳演習I 地域とこども シミュレーション 第二言語習得論I 英語学I 英米地域研究 イスラームの歴史と社会 ヨーロッパの社会と経済 英文学 道徳教育の研究 英語科教育法II 社会科・公民科教育法I 社会科・地歴科教育法I	地域史研究 翻訳・通訳演習II 英語科教育教材論 第二言語習得論II 英語学II 情報産業論 特別活動・学級経営論 社会科・公民教育法II 社会科・地歴教育法II		
	国語表現I		手話の理論と実際	スピーチテクニック	英語科教育法I 情報科教育法	商業科教育法		
高次AL	電子商取引演習I	電子商取引演習II	児童英語教授法演習I 社会文化心理学	児童英語教授法演習II 児童英語教材研究 総合科目：人間を考える		総合演習		
	児童英語概論		電子商取引演習III 英語圏留学・研修 介護等体験	学校フィールド学習A 海外フィールドワーク	児童英語教育実習 日本語教育実習	学校フィールド学習B 教育実習・初等	教育実習・中等A	教育実習・中等B
ゼミ	基礎演習I	基礎演習II			課題演習I	課題演習II	卒業研究	

図表49　アクティブラーニング科目の例（2011年度）

模擬授業はプレゼンそのものですからやはりアクティブです。

4年生には、一般的アクティブラーニングはありませんし、2年生にゼミは置いていません。まさに全国的な傾向通りの配置になっています。その代わり2年生にアクティブラーニング科目が多くなっています。

これを授業配置学年と授業数から見ますと、「学年配置と意味」とあえて名付けてみたのですが、**図表50**の図のようになります。

前述のように2年生にゼミはありませんが、その代わりに高次のアクティブラーニングが2年生で増えています。2年生には一般的アクティブラーニングも多く、他の学年の倍ぐらいあります。どのような意味付けをしているかといえば、3年で専門に入っていく前に、実際に何か実践を通して気づきが生じる。学ぶことに対する意識づけが狙いとなっています。自分に不足しているものに気づいたり、学びの重要性に気づくことが大事だということです。

4年生は、卒論に集中するという意味で、それ以外のアクティブラーニング科目はありません。

今の大学における一般的なカリキュラムは、1・2年で学んだものを3・4年で定着させる、という事かもしれませんが、しかしもう少し早い段階で学ぶことの意義や必要性の気づき、あるいは学びの面白さ、そういったことが経験できた方が、その後の学びにより積極的になっていく、そういう意欲が目覚めるのではないか、もし高学年になるまでにそういったことに出会えないと、大

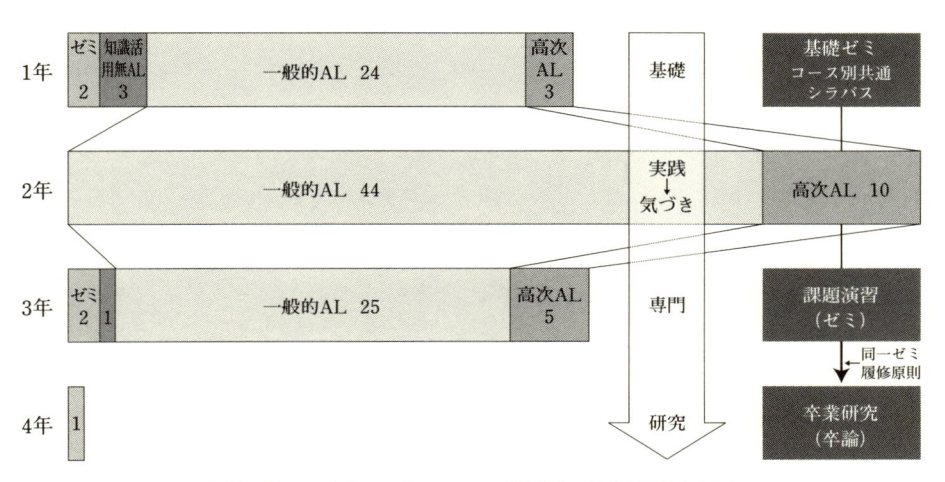

図表50 アクティブラーニング科目の学年配置と意味

学教育そのものに幻滅してしまう可能性もあるのではと気にしているところです。

　具体的に科目をご紹介します。例えば２年次前期の高次のアクティブラーニング科目で「社会文化心理学」は面白い授業です。課題を設定して解決していくPBLのような授業ですが、先生が講義をしたり学生がグループワークやプレゼンをしたりする授業です。そのディスカッションやプレゼンを振り返るときに、ツイッターを使って学生たちはつぶやいていきます。つぶやきにつぶやきを重ねていくことで、発表を聞きながら同時に議論が展開される。あとでつぶやきを繋げると振り返りができるという取り組みが行われている授業です。これは本学がユビキタス・キャンパス、つまりどこにいても無線LANで繋がっていて、全員が携帯端末を持っている、という環境があるからできることです。

　それから、河合塾の報告の中で「ゼミを開く」「ゼミの連携」という提言がありました。うちはどのゼミもそれぞれ違う領域のことをやっているのですが、ゼミの連携の事例として2012年にスタートした取り組みが、群馬の「方言カルタ」を作成するプロジェクトです。それぞれのゼミではそれぞれ研究をしますが、共同プロジェクトとしてそれをテーマにし、国語教育のゼミと美術教育のゼミと、それからこの後紹介する仮想企業を立ち上げて研究しているゼミが共同しています。方言の研究をしているゼミが素材を集め、図画工作のゼミがそれをカルタに変えて、産学連携のゼミがマーケティングをして販売するという連携が2012年に始まっています（2012年12月段階で、完成、販売されています。地元ＦＭ局との連携によりアナウンサーに読んでいただきCDをつけることもできましたし、県庁とのタイアップにより「ぐんまちゃん」のキャラクターをつけ、銀座のアンテナショップでも販売されています。さらに、教育教材としての使用も想定しており、前橋と伊勢崎の教育委員会、すべての小中学校に寄贈することもできました。これらのことをすべて学生たちが展開するわけですが、異分野ゼミの連携というだけにとどまらず、産学連携、学官連携、地域おこし、教育支援などさまざまな要素がちりばめられたアクティブラーニングとなりました）。

　その他に、いくつかピックアップして紹介します。基礎演習は１年生の科目でコースごとに共通のシラバスを作成し、共同で運営しています。同じテーマで互いに意見交換をしながら進めていき、時には先生同士が交代する授業の回もあったりして、コースごとにチームティーチングで基礎演習を展開していま

す。共通の目標は大学全体としては、前期に大学生としての学びのスキルを身につけさせること、後期は各コースとも少し専門の香りがする内容をアクティブラーニングで取り組んでいくということです。

これは後で詳しくお話ししますが、大学が「コースで共通のシラバスを作りなさい」と言ったわけではありません。自然に一つにまとまった、ということです。かつてはそれぞれの先生が書いていたのですが、気づいたら一緒になっていました。それが何故なのかを、この後でお話しします。

次に、2年次には特徴的なアクティブラーニングが置かれています。

英語コースでは英語圏留学・研修が全員必修になっています。全員が行くわけですが、ただ行けばいいというのでは全然アクティブではありません。春休みに行くのですが、それまで1年間を通してグループで事前研修を行い、自分たちで課題設定をして行く先の国を調査し、行ったら何をするのかを決めるなどの事前研修をして、最後に数か月海外に行くわけです。

その顕著な例が国際コースで取り組んでいる「海外フィールドワーク」です。これも1年間の授業で、しっかりと事前研修を行い、夏休みにフィールドワークに行き、自分たちで決めた課題をフィールドで探し、また帰ってきてからそれを基に事後研究をします。ただ行くだけということでは終わらせない仕組みになっています。

心理・人間文化コースの総合科目「人間を考える」という科目では、教員が全員で担当してオムニバスで講義をし、グループワークや学外実習を行います。

「電子商取引」と、「学校フィールド学習」という科目について、少し詳しくご紹介します。

図表51のように「電子商取引演習」は1年生の前期・後期、そして2年生の通年科目としてⅠ、Ⅱ、Ⅲと置いてあり、開講されている時間割は同じです。ですから1年生の時にⅠ、Ⅱを履修して2年生になってⅢを履修すると、同じ教室で今度は後輩を指導します。そこに集まったメンバーがいくつかの仮想企

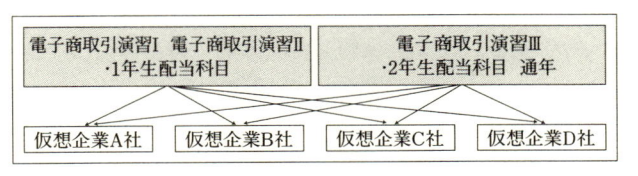

図表51　1年生と2年生が協働する「電子商取引演習」

業を立ち上げています。もちろん最初に先生がいろいろな理論的な講義をしますが、仮想企業ごとに活動が始まっていきます。仮想企業は地元の本当の企業に飛び込んで行き、「一緒にやってください」というお願いを何件も断られながら粘り強く続けて商品開発を行います。これまでの活動で、京都で開かれるトレードフェアではいつも優秀な成績を収めています。

その授業の中から生まれてきた「繭美蚕（まゆみさん）」という学生の企業があります。これは代々受け継がれてきた学生バーチャル・カンパニーで、「繭美蚕」は学園の登録商標となっています。群馬県は繭で有名な地で、もともと絹織物の企業と共同開発が始まったところから「繭美蚕」につながっています。今では本学といえば「繭美蚕」、地域関連イベントといえば「繭美蚕」出てください、ということになっているほどです。9月に大宮駅で開催された「群馬観光物産展」でも、企業が会場に行くのではなく学生が行って、そこで群馬県の物産として紹介しました。

次に「学校フィールド学習」の概要を**図表52**に表しています。これは小学校の教職課程の学生たちが行っているのですが、2年生と3年生に開講されていて、2年と3年がセットで活動します。2年生で一度経験した学生が3年生になり、2年生を指導しながら活動するわけです。2人がセットになって学生が小学校に1週間勤務します。教育実習ではなく、先生方のお手伝いをさせていただきます。これをやると、ほとんどの場合学生が年間を通して小学校に行くようになります。そこで小学校の職員室に本校の学生用の机が用意されるという状況になります。

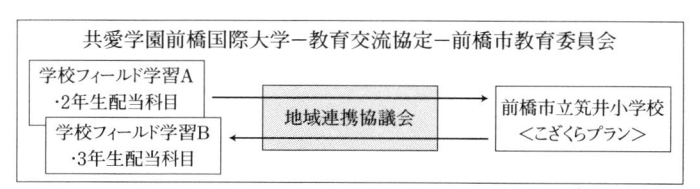

図表52 「学校フィールド学習」の概要

英語コース専門科目の講義系(AL含む)科目／資格対応系／海外研修を除く科目

1年次		2年次		3年次		4年次	
前期	後期	前期	後期	前期	後期	前期	後期
Unified English I (native)	Unified English II (native)	総合英語I (Japanese)	総合英語II (Japanese)	総合英語III (Japanese)	総合英語IV (Japanese)		
Written English I	Written English II					Advanced Writing I	Advanced Writing II
Spoken English I	Spoken English II					Advanced Listening I	Advanced Listening I
Extensive Reading I	Extensive Reading II	Extensive Reading III	Extensive Reading IV				
		英語Reading I	英語Reading II	英語Reading III	英語Reading IV	Advanced Reading I	Advanced Reading II
Speaking of Japan I	Speaking of Japan II	English for Global Issues I	English for Global Issues II			Advanced Speaking I	Advanced Speaking II
				英語Debate I	英語Debate II	Professional Presentation I	Professional Presentation II
				Business English I	Business English II	Business English III	Business English IV
Internet English			Intenet Research				
メディア英語I		Media and Society			メディア英語II		
			English Through Drama				

図表53　英語科目の体系

　これも、ただ行けばいいというのではなく、学期ごとに小学校の先生方が大学に来てくださって、グループワークをしながら振り返りの事後研修を行います。

　それから、本学は英語を得意とする大学で、**図表53**のように英語の科目は比較的体系的に並んでいます。4年生で完成するので、4年生にもAdvancedの授業がたくさんあります。それぞれのスキルを4年生までに伸ばしていくために、1年生から4年生まで切れ目なく流れていくようにカリキュラムが組まれています。

　また、今後の計画として、グローバル人材育成推進事業の採択を受け、2013年から「Global Career Training 副専攻」というものを置いて、**図表54**のように、英語のみを用いるアクティブラーニング科目を展開していきます。

　それから地域の企業や教育界と連携して、「グローバル人材育成推進協議会」

256　1. なぜ多くの授業でアクティブラーニングが導入されるのか

主専攻		
	Global Career Training 副専攻	
共愛コア科目 「人間理解」 「人権と共生」 「国際理解」 「地域理解」 「社会への視点」 「自然の理解」 専門科目 (=Global Skills+α) 英　語コース 国　際コース 情報・経営コース 心理・人間文化コース 児童教育コース 演習科目 基礎演習 課題演習 卒業研究	Global Language Intensive English for Global Issues I English for Global Issues II Speaking of Japan I Speaking of Japan II Professional Presentations I Professional Presentations II Internet English Business English 英語Debate I 英語Debate II Advanced Listening I Advanced Listening II Advanced Reading I Advanced Reading II Advanced Speaking I Advanced Speaking II Advanced Writing I Advanced Writing II Academic Writing I Academic Writing II 1対1英語コミュニケーション 学修プログラム 中国語インテンシブ	Global Skills Global Leadership I Global Leadership II Multi-Cultural Understanding Multi-Cultural Communication Global Business Training I Global Business Training II Team Based Learning I Team Based Learning II Problem Based Training I Problem Based Training II Global Project Work Gunma Global Project Work 学生／地域／世界／児童生徒／社会人 グローバル人材育成推進協議会 地域企業・地域教育界・連携大学・本学

副専攻の特長
- 語学／理論・スキル／実践の3要素
- Global Language IntensiveとGlobal Skillsではプレイスメントテスト実施
- 1対1の英語コミュニケーション学修を導入
- Global Skillsは社会人も受講
- Global Skillsは全て英語で実施
- Global Skillsは全てアクティブラーニング型授業
- Global Project Workは地域連携によるGunma Global Project Workが展開するPBLやSLを単位認定

図表54　Global Career Training副専攻

を形成し、その協議会が展開するプロジェクトを「Global Project Work」として「Global Career Training副専攻」のカリキュラムの中に位置づけていく予定であります。

3．アクティブラーニング導入の背景・環境

本学におけるアクティブラーニングの導入の背景についてお話します。抽象

的ですが、「学生中心主義の共有」、つまり本学は誰のための大学なのか、という意識は教職員全員が共有していると自負しています。それは学生のためです。ということは当然、教育重視の大学ということになります。もちろん研究を軽視しているわけではありません。ただ、教育重視です。ですから教員採用の際も、研究業績がいい方でも模擬授業をしていただいて、本学の学生に合わない印象があると、研究業績では判断しないので残念ながらお断りすることもあります。昇任に関しても同様です。

「『学びの共愛へ』プロジェクト」という、本学のことを「学びの共愛」と呼んでもらえるようにしていこうというプロジェクトがあります。これを全員一致でやろうと決めることができる、それほど教育重視の価値観を全員が共有している大学です。ここが大前提としてあります。そして、授業対策として導入したのがアクティブラーニングでした。

まだ偏差値がそれほど高くなく定員も満たしていなかった頃、10年ほど前になりますが、学生たちと90分間どうやって学ぶのかを考えました。当時、参加型授業という言葉があり、そのFDなどもやってみたら、だんだん授業評価が上がってきました。「できるんだ！」という感じを持ちました。授業評価が上がってきただけでなく、成果が少しずつ認識されるようになってきました。

例えば、**図表55**のように、学生アンケートで「入学してから力がついたと思いますか？」と質問します。1年生の修了時点で「そう思う」という答えは63%だったのですが、卒業時は84%にまで上昇します。こういったアンケートの数値は年度を追うごとにだんだんと上がっていきました。

同じように卒業時に「この大学に入学してよかったか」と聞きますと、90%の学生が「よかった」と答えてくれるようになりました。学生たちが「ここにきてよかった！」と思ってくれているという実感は、私たちをアクティブラーニングに向かわせる原動力になりました。また、力がついたという実感、ここに入学してよかったという実感がある学生は、周りの後輩にそう言ってくれますので、それは学生募集に繋がります。これは大学にとってすごく大きな意味があります。

また、**図表56**のように、社会人基礎力についても1年生のときよりも4年生の方が伸びていると自己評価しています。PBLに参加した学生はやはり就職率もいい。こうしたことが重なって、「アクティブラーニングが大事なんだ」と

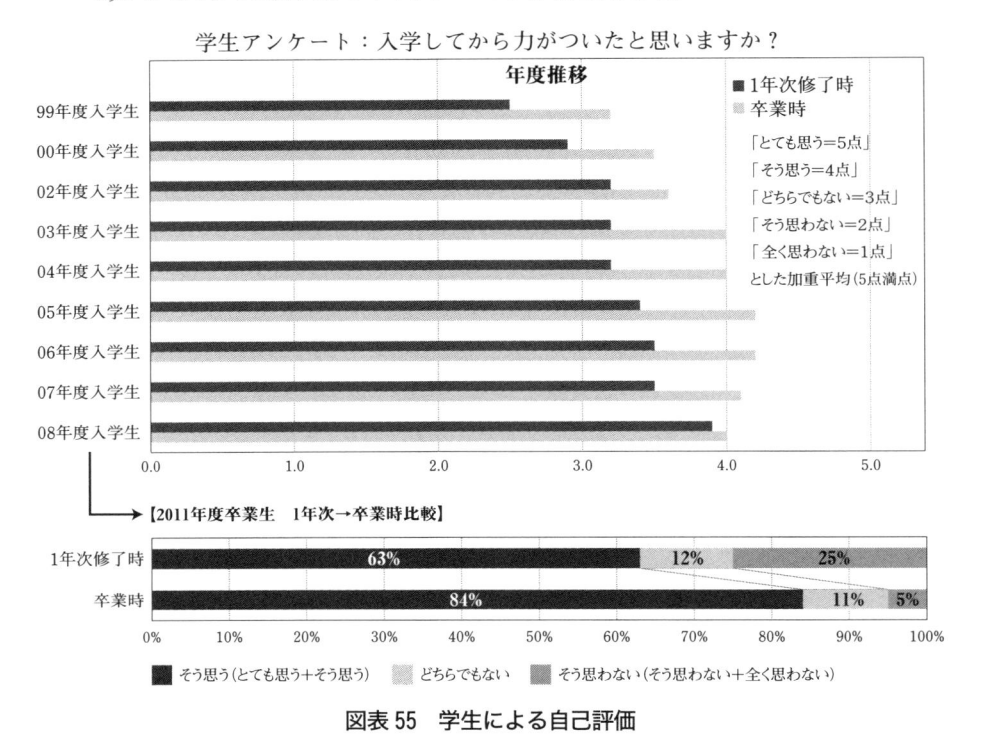

258　1. なぜ多くの授業でアクティブラーニングが導入されるのか

学生アンケート：入学してから力がついたと思いますか？

年度推移

■1年次修了時
□卒業時

「とても思う=5点」
「そう思う=4点」
「どちらでもない=3点」
「そう思わない=2点」
「全く思わない=1点」
とした加重平均(5点満点)

【2011年度卒業生　1年次→卒業時比較】

	そう思う	どちらでもない	そう思わない
1年次修了時	63%	12%	25%
卒業時	84%	11%	5%

■そう思う(とても思う+そう思う)　□どちらでもない　□そう思わない(そう思わない+全く思わない)

図表55　学生による自己評価

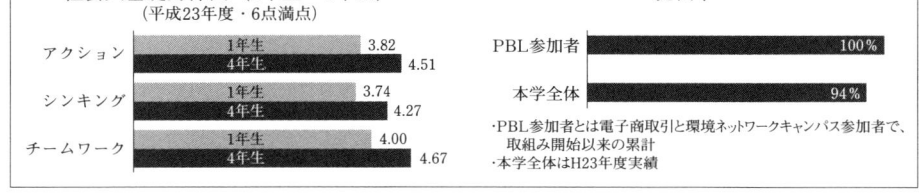

社会人基礎力伸長（1年生→4年生）
（平成23年度・6点満点）

	1年生	4年生
アクション	3.82	4.51
シンキング	3.74	4.27
チームワーク	4.00	4.67

就職率

PBL参加者	100%
本学全体	94%

・PBL参加者とは電子商取引と環境ネットワークキャンパス参加者で、取組み開始以来の累計
・本学全体はH23年度実績

図表56　社会人基礎力の自己評価と就職率

いう意識を共有できるようになってきました。

　アクティブラーニングの導入の環境としては、文化的環境と物理的環境にあえて分けてみました。

　文化的環境の点で見ると、本学は学生中心主義で、学生と一緒につくる大学です。ですから授業も一緒につくるという仕組みがおのずとできています。例えば授業アンケートは学期が終わった時点ではなく学期の途中で行います。な

ぜならアンケートを取った次の週に、受講している学生に結果を伝え、「ここをどうしようか」などと学生とディスカッションして授業改善をしていくからです。学期が終わった後だと、そのときの学生に反映できないからです。

　もう一つは、教職員同士がフラットな関係にあります。例えば、○○委員会の長は教員である必要はありません。教員、職員の区別なく、そのときに学生にとって一番いい人を互選します。大学にとって一番大事なことは、教授会では決めません。スタッフ会議という全教職員が集まる会議で決定します。そこでは理事長から一般職員までグループワークで議論をします。そのような文化に慣れていることも、背景としてはあるかもしれませんが、フラットな関係であると上を見なくていいんです。横も見なくていいんです。どこを見るかというと、学生だけを見ていられるのです。そうやって仕事ができる環境は、授業をつくっていく上ですごく大きな影響を与えています。

　そして学生にとって良いカリキュラムの構築が可能になります。それは先生に科目がついているのではなく、科目に先生がつくという関係です。例えば先ほどご紹介した「繭美蚕」を担当している先生はマクロ経済学やミクロ経済学が専門の先生で、経営学が専門の先生ではありません。しかし、「これがいい」と思ったらやれる環境があります。

　物理的な環境としては、「少人数授業」「教室の改装」「ユビキタス・キャンパス」などがあります。また2012年はアクティブラーニングのために建物を丸々造ってしまいました。**KYOAI COMMONS** という建物です（共愛学園前橋国際大学4号館）。グッドデザイン賞もいただきました。

4．共愛・共生の理念と社会で生きる力を身につける学びと集いの「場」

　図表57に示す KYOAI COMMONS は、ラーニングスタジオ、ラーニングコモンズ、コミュニケーションコモンズから成り立つ建物で、壁を作らない構造です。それは学びのかたちを一つに制限しないためであり、いろいろなエリアを設けて「学びの重層化を図る」をコンセプトに、「つながる」から「つなげる」への進化を目指しています。

　学生も自主的に動いています。2階の教室で授業をやった後は、グループワークのために1階へ移動しています。ガラス張りでよく見えるので、「本学の学

学びの重層化をめざす

Learning Studio ラーニングスタジオ 2F
アクティブラーニングに対応する先端の教室群で、ガラス張りによるまなざしの重なりが互いを触発する。

1F

Learning Commons ラーニングコモンズ
学生の主体的・協働的なアクティブラーニングの場。5つのエリアと2つのスタジオからなる。

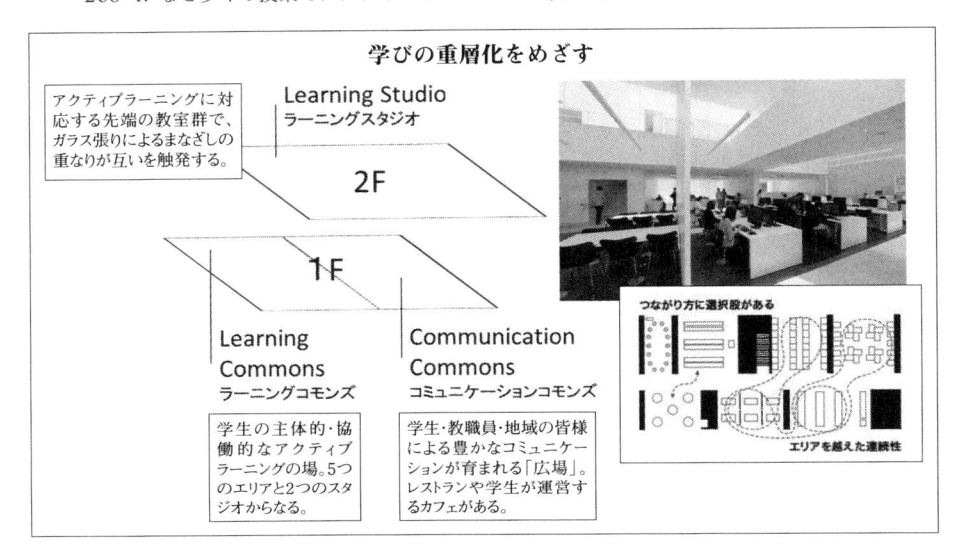

Communication Commons コミュニケーションコモンズ
学生・教職員・地域の皆様による豊かなコミュニケーションが育まれる「広場」。レストランや学生が運営するカフェがある。

つながり方に選択肢がある
エリアを越えた連続性

図表 57　学びと集いの「場」「KYOAI COMMONS」

生はこんなに勉強していたんだ」と私たちも驚きました。それほど、あちらでもこちらでもグループワークをやっています。それがお互いを触発し合っているわけです。

　KYOAI COMMONS を造ってみて、学びにとっての環境の重要性を実感しました。

5．アクティブラーニングに係る今後の課題

　最後に今後の課題です。

1．今回のアクティブラーニング導入状況は、今回シラバスからの読み取りといくつかの聞き取りによって調査し、回答しておりますが、きちんと学内で調査をやっていくなどし、今後は実態をさらに把握していきたいと思っています。
2．単位制度の実質化との関連でいうと、シラバスはまだまだです。その改革も必要です。
3．知識の伝達と定着との関連。一般的アクティブラーニングはたくさんあ

りますが、他の授業との連携がまだできていません。だから深い学びになっていない面があります。
4．カリキュラム上の体系構築。体系的にナンバリングすることも含めてやっていく必要があります。
5．高次のアクティブラーニングやサービスラーニング。これをより導入したいのですが時間・労力・コストがかかります。また他の授業を欠席してやっていいのかなどいろいろな問題があります。このあたりを今日お集まりの先生方からアイデアをいただきたいと思います。私は2年生の後期を講義が一切無しのアクティブラーニングタームにしようと提案していますが、まだ時期尚早のようです。
6．育成する人材像に照らしたアクティブラーニングの意義を教職員同士がまだきちんと共有できていないと思います。自分の授業をよくする、自分の教える知識を定着させるというのはできていても、全体として人材育成の目標に対応した教育の整備ついては、これからの課題だと思います。

さらに、評価も課題です。アクティブラーニングをどう評価し、その結果をどう活用するのか。これらも課題になってきます。
　以上です。

2．演習と論文指導による
　プラクティカル・エコノミストの育成

大阪市立大学　経済学部　教授　中村 健吾

1．はじめに

　本学の「4年一貫の演習と論文指導が育む学士力」という取り組みは、2009年度に文部科学省の「大学教育推進プログラム」のひとつに選ばれました。これは演習のカリキュラムを整理して4年一貫で行うという取り組みですが、結果的にアクティブラーニングを強化することにつながりました。

　まず、演習課程は、1・2年次を基礎サイクル、3・4年次を応用サイクルとして2段階にしました。基礎サイクルで行ったことを、応用サイクルではより高い次元で、専門に特化しながら行うというカリキュラム設計です（図表58）。

　講義科目では学年ごとに順を追って「入門科目」、「基礎科目Ⅰ・Ⅱ」、「応用科目」と積み上げつつ学んでいきますが、この講義科目の進行と演習とをなるべく噛み合わせることで経済学を体系的に教育したいと考えたわけです。

　また、教育目標となる人間像の能力を明確に定義しました。そして、その教育目標を「プラクティカル・エコノミスト（PE）」の育成に置きました。「プラクティカル・エコノミスト」などというのは典型的な和製英語だと思われる方も多いかと思いますが、実は必ずしもそうでもありません。カレッジ・シソーラスの中に「プラクティカル・ティーチャー（practical teacher）」という表現が出てきます。これは、教育の現場で日々直面する課題について的確な判断を下すことのできる教員という意味で使われており、「PE」という語はそこからヒントを得たものです。これは企業で即戦力になるという意味ではなくて、社会に出てから、それぞれの社会生活で直面する場面において、課題を的確にとらえ、それを経済学的に分析し、解決の方策を立案しうる人間のことであると定義しています。

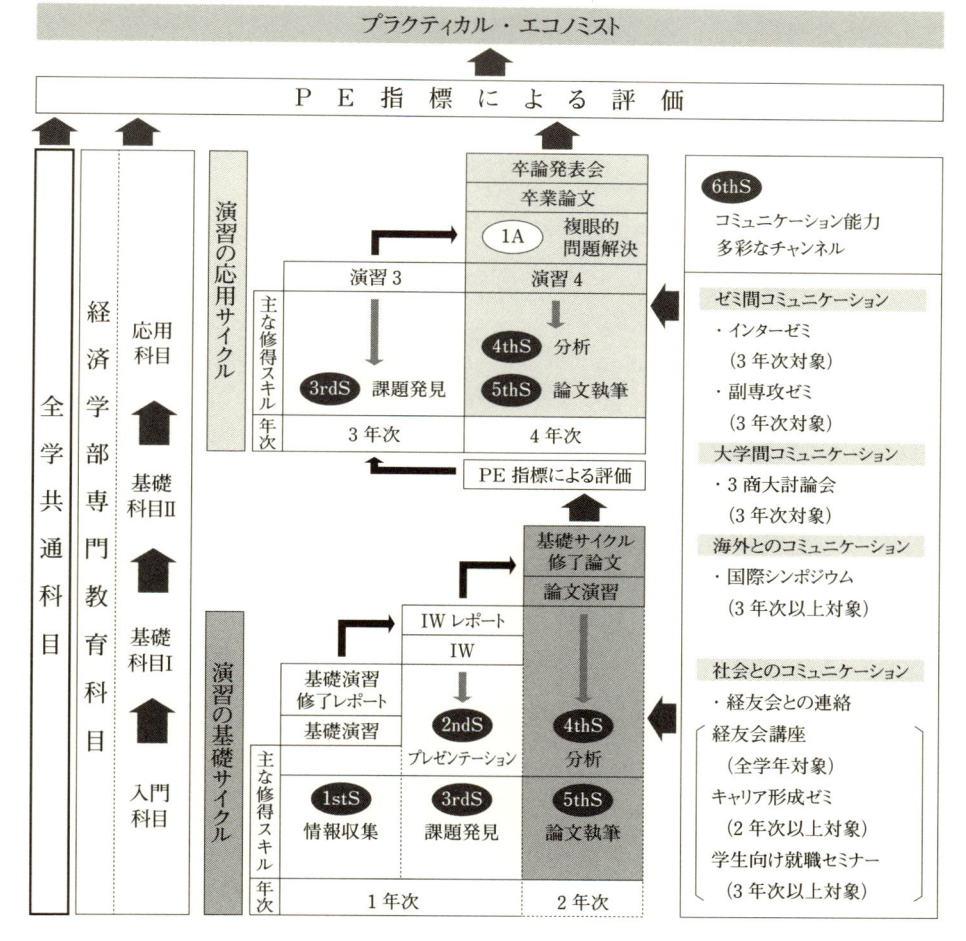

図表58　2段階の演習カリキュラムによるPEの育成

2．プラクティカル・エコノミスト（PE）とは何か

　プラクティカル・エコノミストが備えるべき能力として、「6つのスキルと1つのアビリティ（6S＋1A）」を設けています。6S＋1Aの中に数え入れられているもろもろの能力それ自体は、決して目新しいものではありません。6つのスキルは、文部科学省が「学士力」と定義している諸能力とほとんど重なっています。すなわち、6つのスキルとは、①情報収集スキル、②プレゼンテーショ

	情報収集	プレゼンテーション	問題発見	分析	論文執筆	コミュニケーション
基礎演習	4	3	1	1	1	2
IW	2	3	3	1	1	2
論文演習	1	1	2	3	3	2
演習3	2	2	3	1	2	2
演習4	1			4	3	2

図表59　各演習科目への6つのスキルの配分と比重

ンスキル、③問題発見能力、④経済学的分析スキル、⑤論文執筆スキル、⑥他者とのコミュニケーション能力です。

　これら6つのスキルに加え、1つのアビリティとして複眼的構想力を設けてみました。このアビリティは、大学の中の視点だけではなく、社会人の視点から見るとどう見えるか、あるいは自分の専門がマクロ経済学だとしたら、その専門的な視点からだけでなく、例えば経済地理学の視点を入れてみたらどう見えるかというふうに、自分自身の視座から距離をとる能力を意味します。つまり、他者が持っている別の視点から問題を眺めて、解決の方策を構想する力を、他者とコミュニケートする諸科目の提供を通じて育もうというわけです。

　図表59は、基礎サイクルと応用サイクルを構成している各演習科目について、6つのスキルのうちのどの能力を中心的に教授するかということを表したものです。

3．問題解決型アクティブラーニング（演習の基礎サイクル）

　演習の中で、本日のテーマでもあります問題解決型アクティブラーニングに該当する科目は、**図表60**に掲げてあります。

　これらの中で基礎演習は、いわゆる基礎的なアカデミックスキルの習得を目標にしたものですが、その中に一部、問題解決の取り組みが含まれています。

　2007年度までは、1年次の前期に「基礎演習Ⅰ」、後期に「基礎演習Ⅱ」を配置していたのですが、2年次には演習科目が開講されていなかったために、2年生での中だるみ現象が起きていました。2年生が学習意欲を減退させてしまうのです。そこで2年次にも演習を配置しました。その結果、課題解決型アクティブラーニングを4年間連続で配置することとなりました。

　1年次の後期または2年次の前期に選択科目で1クラス16名の小クラス型

基礎演習	1年次前期必修。1クラス定員20名。基礎的なアカデミック・スキルの修得。3500字以上の修了レポート。
イノベーティブ・ワークショップ (IW)	1年次後期または2年次前期選択。1クラス定員16名。課題の発見から解決策の案出まで、学生と教員が共同で作業をする。履修率80％。
論文演習	2年次後期選択。1クラス定員10名。7000字以上の学術論文形式の論文執筆を指導。履修率40％。
キャリア形成ゼミ	2・3年次前期選択。1クラス定員16名。社会人講師とともにテーマを探求。

図表60　問題解決型アクティブラーニング（演習の基礎サイクル）

の演習「イノベーティブ・ワークショップ（IW）」を履修できるようにしています。1年生や2年生なので専門の経済学の分析スキルを応用するところまでは到達できないにしても、問題の発見から解決策の案出まで、学生と教員が一緒に作業をします。

そして、もうひとつの新しい選択科目として、2年次後期の「論文演習」があります。「論文演習」は、その科目名が物語っているように、卒業論文の予行練習を2年次の後期に行うというもので、これが演習の基礎サイクルに含まれていることに意義があります。ここでは、単なる「レポート」ではなくて、目次、文献注、参考文献一覧など、学術論文の形式に則りつつ論文を書くように指導しています。

「イノベーティブ・ワークショップ（IW）」または「論文演習」のいずれかの単位を修得しないと、演習の応用サイクルにあたる「演習3」を履修できない仕組みになっています。非常に喜ばしいことに、「IW」の単位をすでに1年次の後期に修得しているにもかかわらず、2年次でも「論文演習」を履修するという学生が20％います。学部学科の定員が220名ですから、40名ぐらいはあえて「論文演習」にもチャレンジするという現象が起きています。

「キャリア形成ゼミ」は、いわゆるキャリア教育の科目ではありません。これはむしろ、学生に複眼的構想力を養ってもらうためのゼミであり、社会人講師から与えられるテーマについて経済学部の専任教員とともに探求し、答えを出していくという授業です。ただし、いわゆるビジネスコンテストではなく、経済学をしっかりと踏まえつつ、社会人の視点を交えたテーマ探究をやっていくように運用しています。毎年2クラスないし1クラスを設けていますが、授業評価アンケートを見ると学生の評判は良好です。

4．知識定着型アクティブラーニングと混合型アクティブラーニング

　知識定着型のアクティブラーニングについては、実はあまり設けていません。アメリカ人教員による「各国経済論特殊講義（経済英語）」は、通常の講義で行われたことを英語で定着させるという授業ですが、学生はあまり履修していません。今後の検討課題です。

　「経済統計論特殊講義」は、基礎科目Ⅰにあたる「基礎・経済統計」の応用です。

　そして応用サイクルでの「演習3」と「演習4」は、課題解決型アクティブラーニングと知識定着型アクティブラーニングの混合型であると考えています。いわゆる専門ゼミに該当するので説明は省略しますが、これらの演習においては知識の定着と応用は切り離せません。

5．論文採点基準表

　図表61は論文採点基準表です。教員が論文やレポートを採点するときに、「印象で採点してはいけない」ということで、教員は必ずこの論文採点表に沿って共通の基準で論文を採点しなければなりません。論文採点基準表は、各年度のシラバスに掲載され、学生にも周知されています。

6．学習相談室の設置

　学生に自発的な学びを促すために、経済学部棟1階に、2名のティーチング・アシスタント（TA）が常駐する「学習相談室」を設置して、学習上の相談にあたっています（**図表62**）。生活や心理面での相談ではありません。開設当初は、相談に来る学生は少なかったのですが、徐々に増え、レポートの書き方、資料の検索のしかた、卒論にかかわる文献探し、プレゼンテーションのパワーポイント資料の作り方などの相談が多く、常連となっている学生もいます。

7．他流試合によるアクティブラーニング

　特に3・4年次になると、演習において他流試合でアクティブラーニングを

各項目の採点基準　0：大学入学レベルをクリアしていない　1：大学生として極めて不十分　2：大学生として不十分
　　　　　　　　　3：大学生として合格レベル　4：学術論文レベル

項目	採点	修了レポート	修了論文	卒業論文	素点	詳細説明
問題意識と設定課題の明確性とオリジナリティ	0, 1, 2, 3, 4	×3	×3	×2	=	この論文で明らかにしたい問題および明らかにするために必要な課題設定が明確に提示されているか。課題設定に著者自身の思考に立脚したオリジナリティがあるか。
研究課題の意義	0, 1, 2, 3, 4	×1	×1	×2	=	取り組んだ課題は、解決する必要性が何らかの形で認められ、答えが知りたくなり、その解決によって有意義な知見を獲得できるか。その解決は専門分野において有意義であると十分プレゼンテーションできているか。
研究課題の新規性	0, 1, 2, 3, 4	×0	×0	×1	=	取り組んだ課題は未解決か。
研究課題の先行研究への位置付け	0, 1, 2, 3, 4	×1	×1	×1	=	先行研究との関係の明確化。必須先行研究への依拠。
問題解決の明確さと貢献度	0, 1, 2, 3, 4	×3	×3	×2	=	指示された課題にどの程度答えられているか。はぐらかしになっていないか。解決された結果は当該専門分野でどの程度評価すべきものか。
今後の課題の明確化	0, 1, 2, 3, 4	×2	×2	×1	=	今後の課題の明示とその考察、その妥当性。学術的課題としての今後の課題のみではなく、自分の努力の不十分さ、論文執筆によって開けた視野から見えるやり残したことへの意識を見る。
根拠の展開・提示法の妥当性	0, 1, 2, 3, 4	×5	×5	×4	=	著者の選択した根拠の信頼性・妥当性を問題にする。課題解決のための根拠の選択に関する考察があるか。その議論は妥当か。根拠の論理的操作や提示がこなれているか。
根拠の新規性・独創性	0, 1, 2, 3, 4	×0	×0	×1	=	根拠は従来からその分野で使用されているものか、それとも初めてか。根拠の使用は独創的なものであるか。
論文の分かりやすさ	0, 1, 2, 3, 4	×4	×4	×4	=	読者の想定は妥当か。とくに学術用語の選択、その説明の細かさ、当該分野の暗黙の前提の使い方。論文の構成、文章、図表はわかりやすいか。
論文の形式要件	0, 1, 2, 3, 4	×4	×4	×4	=	論文の字数、体裁などが指定されたものになっているか。十分な註が付けられているか。参考文献リストは明示されているか。剽窃・盗用はないか。形式要件を満たさないものは0点。
その他特筆すべき点	0, 1, 2, 3, 4	×2	×2	×2	=	努力等の評価。
素点合計（A）→卒論以外では論文評価点とする							
卒論の場合のみ専門性評価点（B）							
卒業論文評価点：（A+B）/2							

図表61　論文採点基準表

学部棟1階に、2名のTAが常駐する「学生相談室」を設置

相談内容をカテゴリ分けすると	学年ごとでは
授業内容・卒論・レポート ——— 77.8%	1年生 ——— 29.4%
履修科目・単位関連 ——— 15.1%	2年生 ——— 3.2%
就職・公務員試験・進学 ——— 7.1%	3年生 ——— 42.1%
生活・心理面 ——— 0.0%	4年生 ——— 25.4%

図表62　学習相談室の設置

しています。これが、ゼミを外部に開くひとつの試みになっていると言えます（図表63）。

インターゼミ	3年次前期に行われる、演習3どうしの研究内容発表・交流合宿。参加は応募制。
3商大ゼミ討論会	毎年11月～12月に行われている、一橋大学・神戸大学とのゼミ発表会。参加は応募制だが、演習3の8割が参加する。
3大学国際討論会	毎年9月か10月に開かれる韓国の全南大学および中国の吉林大学との英語による発表討論会。参加は応募制。

図表63　他流試合によるアクティブラーニング

　ひとつは「インターゼミ」であり、3年次前期の6月下旬に「演習3」どうしで合宿をして、前期に取り組んだ研究内容を発表します。合宿形式の交流ゼミです。こうした形態になると学生は俄然やる気になります。「あのゼミには負けない」と、非常に熱心に準備をします。

　それから「3商大ゼミ討論会」があります。これは一橋大学、神戸大学、そして大阪市立大学の旧3商大で80年も続いている取り組みです。現在では毎年11月～12月に行われていますが、内容的には討論会です。このときも、最も対抗心を燃やすのが大阪市立大学です。一橋大学よりも神戸大学よりも、私どもの学生のほうが燃え上がります。ライバル意識に火がつくのでしょう。これには「演習3」を履修している学生の8割が参加します。

　「3大学国際討論会」は、参加規模は小さくて1学年で10人前後です。中国や韓国の学生と一緒に英語で討論をします。

　このようにゼミの中に閉じこもらないで、積極的に他のゼミや他の大学の学生と一緒に討論し発表しています。これで何が達成されるかというと、授業時間外での勉強です。のちほど申し上げますが、学生諸君は授業時間外でもずいぶん張り切って学習に取り組んでいます。

8．卒論こそ究極のアクティブラーニング

　卒業論文は言うまでもなく4年間の勉学の集大成であり、学士としての能力を測る試金石です。卒論こそ究極のアクティブラーニングだと申し上げてもよいでしょう。

私どもの経済学部においては約8割の学生が卒業論文を執筆しますが、かつては卒業論文の中に、分量不足であったり、形式に不備があったりするものが見受けられました。本学では、卒業論文はすべて製本して図書館に永久保存されていますので、過去の論文をすべて見ることができます。その中に不完全な論文が見受けられるのです。「演習4」の指導教員と学生だけの関係では、締め切り間際になって「先生、何とかしてくれ」と学生が泣きついてきたり、教員が学生に「出せ、出せ」と言っても学生はレジュメも出さず、テーマも決まらず、最後にいい加減な論文を提出したりするということがあったのでしょう。教員も1月は忙しくしているでしょうから、やむなく合格させていたのだと想像します。

　そのような状況を改善しようと、15年ほど前に「卒業論文審査委員会」の制度を導入しました。ヒントは文学部の卒論審査でした。文学部では指導教員以外の先生が、卒業論文を形式的であれ見ることになっています。つまり、指導教員と学生だけの関係で完結はしないのです。しかし、経済学部の場合は、往々にして指導教員と学生の1対1という関係だけで審査が成立していました。そこで、卒業論文審査委員会では6名の匿名の教員が卒業論文審査委員となり、すべての論文を形式的な面から審査するようにしました。

　この審査で不合格となるのは、分量が足りないとか、剽窃があるとか、文献注がまったくないなど、論文の形式に則っていないケースです。不合格になった論文には赤いラベルが貼られており、それを受け取った学生は卒論を書き直したうえで「卒業論文審査委員会」に再提出します。この審査委員会制度を通じて、ゼミが外に向かって開かれるわけです。審査で不合格になったにもかかわらず卒論を再提出しなかったために卒業が取り消され、就職できなくなったという学生も過去に何名かいます。これによって学生には負のインセンティブが働き、審査に通るべく卒論に一所懸命に取り組みます。

　さらに、もっとプラスのインセンティブも与えようということで、「卒業論文発表会」を実施するようになりました。これは文学部などが行っている口頭試問に近い形式です。後輩たちの前で教員や院生からの試問を受けるもので、2年前から取り組んでいます。

9．PE指標とは何か

　2009年度から、学生たちがプラクティカル・エコノミストとして備えるべき6つのスキルと1つのアビリティを計測し、数値化する試みを始めました。指標の基本的な考え方と名称は私が発案し、橋本文彦教授がその計算式を作成されました（**図表64**）。

　この計算式は、さまざまな選択科目の中から、特に演習科目でよい成績をとると、PE指標の数値が上がっていくようになっています。講義科目についても、基礎から応用までバランスよく履修していくと数値が上がります。各演習科目が、6つのスキルのうちのどのスキルを重視しているかを学生に明示しているので、さまざまな演習科目を履修して6つのスキルを万遍なく伸ばしていくと、PE指標の数値が上がることになります。

　図表65は、各年度の初めに学生に配布する「PE成績表」の例を示したものです。学年の平均と自分の達成度、6つのスキルのうち何が伸びて、何が伸びていないかをレーダーチャートで示しています。各学年の上位10人については、エクセレント・プラクティカル・エコノミスト（EPE）として、2年生は学長から、3年生は卒業式で表彰されることになっています（**図表66**）。私たちのねらいとしては、学生が就職活動をするときにこの指標を役立てられるようになればよいと考えています。

以下の式に従ってPE指標を計算する。

$$PE = [\sum_i \sum_j (S_{ij} * (T_j/100)) + A * 0.6] / 1.2] * (C/D) - SD(S_i)$$

T_j：演習科目jの成績(100点満点)
S_{ij}：演習科目jに割り当てられたスキルiの配分
A：卒業論文の成績(100点満点)
C：演習科目以外の修得単位数
D：演習科目以外の卒業必要単位数
$SD(S_i)$：各スキルの標準偏差：$SD(S_i) = \sqrt{\sum_i (S_i - \bar{S})^2 / 6}$

図表64　PE指標の計算式

学籍番号：A08E600
氏　　名：大阪　市郎

平成22年度後期終了時点でのあなたのPE値と各スキルの修得状況は以下の通りです。

	PE	1stスキル		2ndスキル		3rdスキル		4thスキル		5thスキル		6thスキル	
	達成度	修得ポイント	累積	修得ポイント	累積	修得ポイント	累積	修得ポイント	累積	修得ポイント	累積	修得ポイント	累積
1年次前期	7.83	3	3	2.25	2.25	0.75	0.75	0.75	0.75	0.75	0.75	1.5	1.5
1年次後期	14.35	0	3	0	2.25	0	0.75	0	0.75	0	0.75	0	1.5
2年次前期	23.96	1.6	4.6	2.4	4.65	2.4	3.15	0.8	1.55	0.8	1.55	1.6	3.1
2年次後期	36.38	0.75	5.35	0.75	5.4	1.5	4.65	2.25	3.8	2.25	3.8	1.5	4.6
3年次前期	44.92	0	5.35	0	5.4	0	4.65	0	3.8	0	3.8	0	4.6
3年次後期	59.09	1.42	6.77	1.42	6.82	2.13	6.78	0.71	4.51	1.42	5.22	1.42	6.02
4年次前期	65.40	0	6.77	0	6.82	0	6.78	0	4.51	0	5.22	0	6.02
4年次後期	80.07	0.75	7.52	0.75	7.57	0.75	7.53	3	7.51	2.25	7.47	1.5	7.52

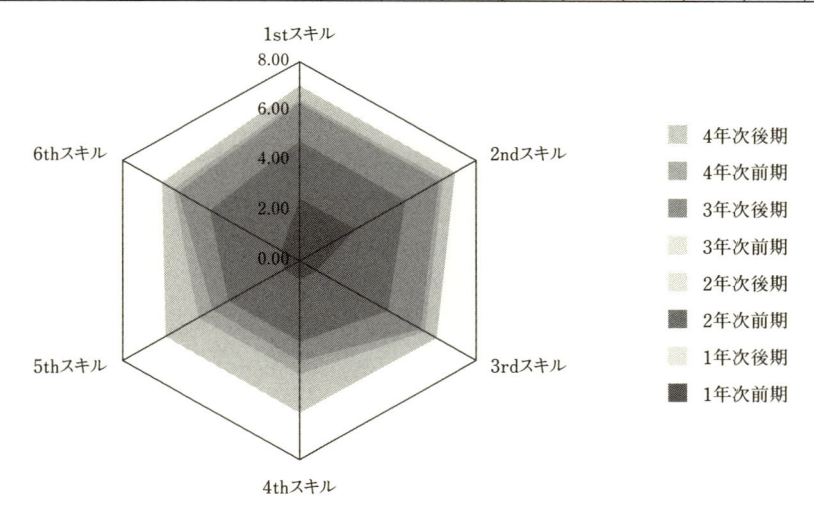

(参考)
平成20年度入学生のPE指標の学年平均は50.2ポイント、目標値51ポイントです。
各学期の6S修得ポイント累積値の学年平均と目標値は以下の通りです。

	PE値		1stスキル		2ndスキル		3rdスキル		4thスキル		5thスキル		6thスキル	
	平均	目標	平均	目標	平均	目標	平均	目標	平均	目標	平均	目標	平均	目標
1年次前期	7.67	7.42	3.23	3.20	2.42	2.40	0.81	0.80	0.81	0.80	0.81	0.80	1.62	1.60
1年次後期	14.12	13.68	3.23	3.20	2.42	2.40	0.81	0.80	0.81	0.80	0.81	0.80	1.62	1.60
2年次前期	23.85	23.04	4.92	4.80	4.96	4.80	3.35	3.20	1.65	1.60	1.65	1.60	3.31	3.20
2年次後期	36.60	35.52	5.73	5.60	5.77	5.60	4.95	4.80	4.06	4.00	4.06	4.00	4.92	4.80
3年次前期	45.20	43.87	5.73	5.60	5.77	5.60	4.95	4.80	4.06	4.00	4.06	4.00	4.92	4.80
3年次後期	61.05	58.55	7.56	7.20	7.60	7.20	7.70	7.20	4.98	4.80	5.90	5.60	6.75	6.40
4年次前期	67.58	64.82	7.56	7.20	7.60	7.20	7.70	7.20	4.98	4.80	5.90	5.60	6.75	6.40
4年次後期	83.69	80.00	8.42	8.00	8.46	8.00	8.56	8.00	8.42	8.00	8.48	8.00	8.47	8.00

図表 65　PE 成績表

272　2．演習と論文指導によるプラクティカル・エコノミストの育成

学籍番号：A08E600
氏　　名：大阪 市郎

　上記の者は、演習科目を中心とする本学での成績により、経済学部の人材養成目標である「プラクティカル・エコノミスト」の基準(PE指標値)に照らして、同一学年において上位10位以内にある秀逸な能力を備えた「エクセレント・プラクティカル・エコノミスト(EPE)」であることを証明する。

　1年次： 9.04　　（学年平均： 8.28）
　2年次：19.11　　（学年平均：17.63）
　3年次：48.93　　（学年平均：43.72）
　4年次：86.56　　（学年平均：80.41）

　本学生の、6つのスキル（1^{st}スキル＝情報収集スキル、2^{nd}スキル＝プレゼンテーション・スキル、3^{rd}スキル＝問題発見スキル、4^{th}スキル＝分析スキル、5^{th}スキル＝論文執筆スキル、6^{th}スキル＝コミュニケーション・スキル）の修得状況は以下の通りである。

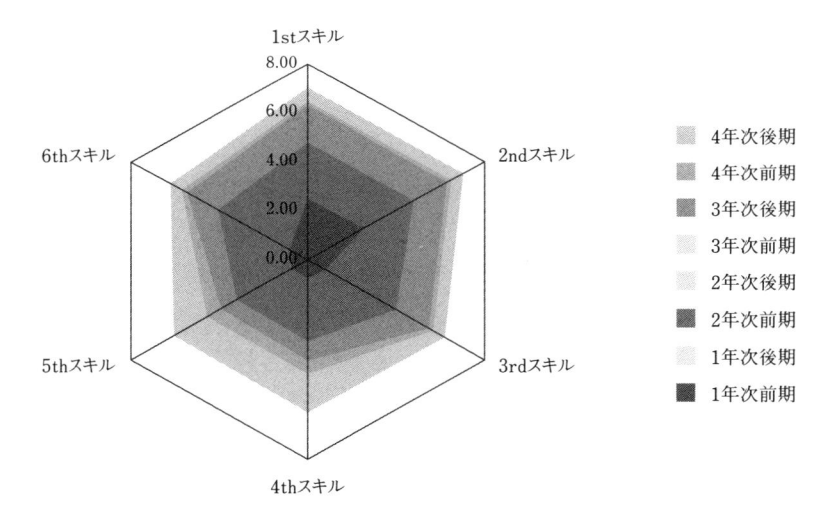

2011年3月
　大阪市立大学経済学部長

図表66　エクセレント・プラクティカル・エコノミスト証明書

10. 取り組みの到達点と課題

　今回、演習科目と論文指導を強めることで、2年生の中だるみを克服しました。そして各スキルの向上に見合う演習カリキュラムの整備ができました。そのことを通じて、授業時間外の自発的な学びへと学生を誘うことができました。2011年度のイノベーティブ・ワークショップを履修した学生のアンケート調査によると、「毎週の授業時間の前に平均して何時間予習をしましたか」の問いに、「1時間以上3時間未満の予習をした」という学生が58％。3時間以上予習したという学生が17％でした。つまり、約7割の学生が、毎週の授業のために少なくとも1時間以上の予習をするようになったということが分かりました。

　また、PE指標の値が高い学生と、Aランクの成績を多くとっている学生、あるいはGPA値の高い学生とが必ずしも一致しないという現象が起こっています。**図表67**は、Aランクの成績（100点満点で80点以上）を多くとった学生の上位10名について、PE指標の値とその順位を示したものです。この図表が示しているように、A修得率の高い学生がPE指標の値においても上位を占めるとは限らないのです。これが面白いところです。PE指標というのは演習科目において頑張ったことが強く反映されますから、通常の成績優秀者とは違うタイプの学生が上位に出てくるということでしょう。そこで、PE指標は、GPAあるいは優の多さと対立するものではなくて、学生の異なる能力を評価する尺

従来順位	A	B	C	計	A修得率	GPA値	PE値	PE順位
1	137	10	2	149	91.9%	2.91	33.9	166
2	144	17	4	165	87.3%	2.85	80.3	15
3	117	22	12	151	77.5%	2.70	24.34	179
4	127	24	14	165	77.0%	2.68	79.88	16
5	112	25	10	147	76.2%	2.69	70.77	84
6	119	38	0	157	75.8%	2.76	74.84	35
7	125	24	18	167	74.9%	2.64	84.93	6
8	124	32	11	167	74.3%	2.68	90.35	3
9	111	26	16	153	72.5%	2.62	78.42	22
10	105	28	12	145	72.4%	2.64	69.05	87

図表67　PE指標の値と成績との相関（2006年度入学者）

度として他の指標と共存しうると捉えています。

　今後の課題ですが、第1にPE指標が学生にはそれほど認知されていないという問題があります。エクセレント・プラクティカル・エコノミスト（EPE）として表彰された学生はもちろんPE指標を知っていますし、中には自分のPE指標の値を意識しながらスキルを伸ばすために努力をしたという学生もいます。2012年3月にPE指標トップで卒業した学生がそうでした。しかし、全体的な認知はまだ低い。これを解決していく必要があります。

　第2に、講義科目での教授内容と、演習科目の内容について、まだまだ噛み合わせが希薄です。特に、知識定着型アクティブラーニングの充実が課題となります。

　第3に、非常に頭を悩ませているところですが、英語を用いたアクティブラーニング科目が不足している点です。これは目下のところ、アメリカ人教員が担当している「経済英語」に限られています。そこで、2013年度からはLectures on Economics in Englishという新設科目を導入し、これを知識定着型アクティブラーニング科目のひとつとして運用することにいたしました。

第3部

アクティブラーニングの理論的課題と実践的課題

――「深い学び」につながる工夫とは――

何をもってディープラーニングとなるのか？
―アクティブラーニングと評価―

京都大学高等教育研究開発推進センター　准教授　溝上 慎一

はじめに

　先ほどのワークショップ（第4部に収録）では、文系と理系では、どちらがアクティブラーニングに取り組みやすいかという話が出ていたことが印象的でした。「文系は課題を設定しやすくてやりやすい」「理系の方は基礎科目がたくさんあるのでやりにくい」など、それぞれ意見はありますが、文系の中にもしっかり基礎知識を教えていかなくてはならないところが当然あります。それぞれの分野でそれぞれの良さと難しさを考慮しつつ、アクティブラーニングを実現していくことが重要です。そして、この学問分野ごとの特性に学年という要素もふまえて、進めていかなければなりません。

　まず、河合塾のアクティブラーニング調査の特徴から確認していきます。2010年度、最初に行われた全国調査は、経済・経営・商学系学部と工学部（機械系学科、電気・電子系学科）に絞って行われました。アクティブラーニングは個別の授業の中で行われるのが基本ですが、河合塾の調査では、学士課程教育という観点から組織的に取り組まれているアクティブラーニングを徹底的に調査するという点に大きな特徴がありました。また、「一般的アクティブラーニング」と「高次のアクティブラーニング」という分類の仕方も特徴的であったと思います。

　私もアクティブラーニングの専門家としてある意味で腹をくくったのですが、実はアクティブラーニングの専門家などはいません。私は2007年にアクティブラーニングについて論文をまとめました。その取りまとめは非常に試行錯誤的なものでしたが、今から思うと穴だらけの第一歩の論文でした。とはいえ、アメリカにアクティブラーニングについて体系的にまとめた学者がいたり、理論的なアクティブラーニングの大家の本があったりするわけではありません。

後で触れますが、アクティブラーニングというのは総称です。専門分野や課題の内容によって、多くの技法があります。つまりアクティブラーニングというのは非常に大きな（大ざっぱな）概念です。私も勉強しながらこうして理解を深めているところです。

河合塾の調査は、取り上げる事例が豊富です。私が一人で調べようと思っても、こんなに多くの大学の事例を調べあげることはできません。そういう意味では学ぶことが多く、感謝しています。

今回報告されているのは、①最初に実施した2010年度調査からの拡大、②それからの経年変化、③深い学び（ディープラーニング）の観点、④学生の自律・自立化を促しているか。④については面白い観点ですが、アクティブラーニングからは多少勢いあまって、飛び出してしまっているのではないかと思うところもありました。これはアクティブラーニングでなくても、どんな課題でも出てくること、組織やカリキュラムの改革に取り組むと必ず行き当たるポイントです。アクティブラーニングへの取り組みについて調べる上では、必ずしも必要なポイントではないかもしれません。

1．アクティブラーニングの背景と定義（確認）

(1) 教えるから学ぶへ

今、私たちは大学教育の教授学習観の転換点にいます。ですから、「今まではこうだった」、「これをするのは難しい」という言い訳をせずに新しい教授学習観を考えていくことが重要です。学生も変わっていますし、教える内容も広がっていますし、どんどんあたらしい取り組みも入ってきています。初年次教育や情報教育なども入ってきています。教授学習観を柔軟に転換していくという姿勢が求められます。これらの転換の1つとしてアクティブラーニングがあります。

(2) 学士力の構成要素（汎用的技能）

先ほど、大森昭生先生のお話の中で「社会人基礎力」が出ましたが、学士力の中に「知識・理解」「汎用的技能」「態度・志向性」「統合的な学習経験と創造的思考力」という4つの大きな構成要素があります。アクティブラーニング

は「汎用的技能」や「態度・志向性」「統合的な学習経験と創造的思考力」に関連してくるものです。「汎用的技能」は文部科学省の言葉であり、経済産業省ではこれを「社会人基礎力」と呼んでいます。実践的には両者は似たようなものです。

「学生が何を学んだか」ということを重視するなかで、「学生中心主義」や「教えるから学ぶへ」という大きなスローガンが生まれました。ここでいう「何を学んだか」の内容は、決して知識の習得だけではなく、技能や態度へも広がっているということに注意しなければなりません。ここがアクティブラーニングに関わってくるポイントの1つとなります。

最近は知識活用能力やジェネリックスキルという言葉があまりに大きく叫ばれて、それを表に出して取り組む大学や学部が増えていますが、いろいろ見ていて学習内容の希薄なものが多いように感じます。私は、良いアクティブラーニングを行っていくためには、知識や学習内容に対するこだわり、深い理解が必要だと思います。内容にこだわってこそ、コミュニケーション力や思考力、あるいはさまざまな作業の質が深まっていくわけです。したがって、従来教えていた時間で、従来教えていた内容を、そのまま新しい学習環境の中で継続させていくというのは無理です。それこそが私たちが挑戦すべきこと、乗り越えるべき難題です。

このようなテーマに関して意見交換をしていると、「それは無理だ」とおっしゃる先生が必ずいます。しかし、それでも大学の教育現場にいる私たちは、なんとか知恵を出し合って、前に進んでいかなければならないのです。

(3) 定義

私は、アクティブラーニングについて、「授業者からの一方通行的な知識伝達型授業をAと置いたときに、それを乗り越えていく『Not A』の、能動的な活動が含まれるものは、すべてアクティブラーニングである」と非常に大きく定義します。こういう定義は海外にはあまりないのですが、これは私なりのこだわりがあってのものです。

それは次のような理由からです。例えば、一方通行的な知識伝達型のいわゆる伝統的講義で、学生の参加やディスカッションやプレゼンテーションなどの学習形態が全く含まれていなくても、懸命に自分の頭の中で能動的に聞いて、

それを理解しようとする学生がいます。「アクティブ」に注目してアクティブラーニングを定義すると、このような高次の認知活動を行っている、思考が働いている、推論や判断が働いている学生はアクティブラーニングをやっていることになってしまいます。

私はそうした学生は好きなのですが、いま私たちに求められているのはそういうことではなくて、話して書いて、ある課題について考えて、といったような従来の一方通行的な伝統的な講義を少しでも改めて、その上で学生が能動的に行動して学習するようにしていくことです。ですから、私のこの定義には私の思いと意図が強く込められています。

(4) さまざまなアクティブラーニング型授業

アクティブラーニングは最広義の言葉なので、先ほど申し上げたように各専門分野、あるいは課題の特徴によって、学生参加型授業や、共同学習、問題解決学習、PBL、ピアインストラクションなどの専門的技法があります（**図表68**）。その中には形態だけを問うものもありますし、深い議論と思想が込められたものもあります。

私たちは今、教授学習観の大きな転換期を迎えていますで、さまざまにあるアクティブラーニング型授業のあまり細かい立場に分かれて議論するよりも、

さまざまな AL 型の授業	AL 型授業の質を高める装置
学生参加型授業 e.g. コメント・質問を書かせる／フィードバック、理解度を確認 （クリッカー、授業最後／最初に小テスト／ミニレポート）	**書く・話すというアウトプットの活動** コメント用紙、レポート、ディスカッション、討論、プレゼンテーションなど
各種の共同学習を取り入れた授業 e.g. 協調学習／協同学習	**さまざまな他者の視点を取り入れ、自己の理解を相対化させる** 学生同士、教員、専門家・地域住民など外部者など
各種の学習形態を取り入れた授業 e.g. 課題探求学習／問題解決学習	**宿題・課題を課す**　（授業外学習）
PBLを取り入れた授業 e.g. Problem-Based Learning／Project-Based Learning	**レポート・提出物のフィードバック**
ほか：ピアインストラクション、TBL（チーム基盤型学習）	**新たな知識・情報・体験へアクセスさせる** 調べ学習、体験学習 **リフレクション** 形成的・総括的評価 **多重評価** 小テスト、発表、質問、プレゼンテーション、学生同士のピア評価など
POINT1: Active Involvement （課題・他者）への積極的関与	**POINT2: Active Communication** 公共圏の他者とのコミュニケーション

図表68　アクティブラーニング型授業の質を高める装置

まずはアクティブラーニングという学習形態・教授学習観を広めて、一般化していこうということに注力することが大切だと考えています。

(5) アクティブラーニング型授業の質を高める装置

河合塾の報告の中で、レポート提出物のフィードバックをしっかりやっていかないと、学生の自律・自立化が進んでいかない、学びが深くなっていかないという話がありました。これまで加えていなかったのですが、フィードバックについても考えていかなければならないと思い、ここに新しく付け加えることにしました。

「書く」「話す」「他者の視点」など、アクティブラーニングを取り入れた授業は非常に時間を要しますので、授業外学習や予習・課題が生じることが避けられないと思います。ここを乗り越えることが、日本の大学教育を変えていく上で大きなポイントになると思います。ある教員は学生に課題を出し、またある教員は課題を出さないということでは、学生達に「あの授業はしんどい」、「あの先生はおかしい」と言われるような状況を招くことになるでしょう。また、課題を出しても、十分にチェックする教員、しない教員といった個人差も出てくることでしょう。これまで、私たちはこのような問題にあまり直面することはありませんでした。したがって、この解決は今後の重要な課題であると言えるでしょう。

あとは単位制度の実質化などの問題も絡みます。授業外の学習時間の問題です。また、体験やリフレクションや多重評価も重要な装置です。

さらにもう1点、大切なことを付け加えますので、覚えておいてください。それは他者の視点を豊かに取りいれていくということです。これは、アクティブラーニングの非常に重要なポイントになってくると思います。つまり、一つの理解を得るのに、人によって持っている前概念がかなり異なっています。例えば今日の私の話を聞かれているみなさんの中にも、私の話を何度も聞いていて「アクティブラーニングとはこういうものだ」ということをご存じの方から、初めて聞く方までいろいろいます。学生も同じです。同じ内容を聞いているのだけれど、その理解については、理解の程度、理解の仕方や道筋もさまざまです。その理解を学生同士、あるいは教員も含めて、相対化させていく必要があります。同じ話をある人はこう理解し、またある人は違った理解をしている。それ

らを交流させることはアクティブラーニングの大きなポイントとなります。

　実社会の中でも多様な立場の人が入り混じって、同じテーマや課題を議論していかなければならないということが多くありますので、そのようなことにも通じる話です。立場が違うと使う知識も違ってきます。ですから同じことを言っているようでありながら、細かく確認していくと、両者の発言や考えの相違が分かってきます。それが、いわゆる公共圏の他者とのコミュニケーションが「強い・弱い」という話につながり、アクティブラーニングの意味もそこに関わってきます。

２．アクティブラーニングの広がり

(1) 知の重視 (Deep Learning)

　アクティブラーニングの取り組みはかなり広がってきていて、最近ではそれをさらに深めていく、一歩前に進めていくという取り組みが多くみられ、それらを私なりにまとめてみます。

　そのうちのひとつは、今日のテーマになっている深い学び（ディープラーニング：Deep Approach to Learning）です。深い学びはスウェーデンの教育心理学者である Ference Marton（ヨーテボリ大学名誉教授、以下マルトン先生）らが出してきたもので、彼らのこの考えに関する初期の本として、1984 年の『The Experience of Learning』があります。京都大学では、2011 年 12 月に開催したセンター第 82 回公開研究会で、マルトン先生を招いて講演をしてもらいました。**図表 70** の右上のベン図は、そのときに私が作った図です。アクティブラーニングの実施にあたっては、その構成要素の中に深い学びがまったく含まれていないということはありえませんが、この図では、２つの円が重なる部分は比較的少ないという状態をあらわしています。

　アクティブラーニングは学生参加や共同学習などに代表される学習の形態を強調しているのに対し、ディープラーニングは学習の質を強調しているという点に違いがあります。マルトン先生は「アクティブラーニング」とはあまり言いません。その理由は、欧米の多くの大学の授業では、アクティブラーニングが行われていますし、マルトン先生の周辺の環境ではアクティブラーニングと言わなくてもいい状況なのかもしれません。

第3部　アクティブラーニングの理論的課題と実践的課題　283

```
┌─────────────────────────────────────────────────────────────────┐
│                         知の重視                                 │
│  ┌─────────────────────┐  アクティブラーニング  ディープラーニング │
│  │ 学習への深いアプローチ │  学習の形態を強調    学習の質を強調    │
│  │(Deep Approach to     │   学生参加         概念を既有知識や    │
│  │ Learning, Ference    │   協同／協調学習    経験と関連づける    │
│  │ Marton)              │   問題解決         バリエーション理論   │
│  │ 与えられる知識や課題を│                                        │
│  │ 記憶・習得する       │  アクティブラーニング  ディープラーニング │
│  │「浅い学習(surface    │                                        │
│  │ learning)」を越えて、│                                        │
│  │ 主体的に既有の知識や │                                        │
│  │ 経験に関連づけて理解 │                                        │
│  │ する学習のこと。     │                                        │
│  │                     │                                        │
│  │ 学習の質にこだわって │                                        │
│  │ こそ(=ディープラーニ │                                        │
│  │ ング)、ジェネリックス │                                        │
│  │ キルは磨かれる。    │                                        │
│  └─────────────────────┘                                        │
│  Reference:                                                      │
│  ・Marton, F., Hounsell, D., & Entwistle, N. (Eds.) (1984).     │
│    The experience of learning. Edinburgh: Scottish Academic Press.│
│  ・エントウィスル, N. 山口栄一訳 (2010). 学生の理解を重視する大学授業　玉川大学出版部 │
└─────────────────────────────────────────────────────────────────┘
```

図表 69　アクティブラーニングとディープラーニングの関係

　いずれにしても、アクティブラーニングは学習の形態を強調するものですが、そこでの内容や成果をより高めていくためには、学習の質も重視していかなければなりません。**図表 69** の右下のベン図のように、2つの円の大部分が重なり合うようなことが、今は求められているということをご理解ください。質にこだわってこそ、ジェネリックスキルの中身やアクティブラーニングが優れたものになっていくということです。

(2) アクティブラーニングのカリキュラム化

　図表 70 は欧州圏のボローニャプロセスの中で、コンピテンスをカリキュラムとして整理するものとして示されたものです。これはコンピテンスですが、例えば、コミュニケーション、協調性、リーダーシップなどのポイントになる項目を横に配列しているとご理解ください。縦に Unit と書かれていますが授業科目だとご理解ください。一つの授業ですべてのコンピテンス次元を押さえることは無理なので、このようなカリキュラムマップを用いていずれかの授業がいくつかのコンピテンスを扱い、結果的にコース全体でコンピテンスをまんべんなく扱うようにする、このようなものを組織的に作り上げていくわけです。このような組織的な調整作業をしなければならなくなってきているところに、私たちの今日の教育改革の難しさがあります。大阪市立大学のプラティカル・エコノミストもこのような考え方で作られています。「そんなに単純で楽観的な

アクティブラーニングのカリキュラム化										
Example											
Course unit/ learning outcome	\multicolumn{9}{c	}{Competence}								
	A	B	C	D	E	F	G	H	I	F
Unit1		X			X					
Unit2	X			X			X			
Unit3		X				X			X	
Unit4	X	X								X

X= THIS COMPETENCE IS DEVELOPED AND ASSESSED AND IS MENTIONED IN THE LEARNING OUTCOME OF THIS UNIT
Management Committee

[出典]Tuning Project : Learning outcomes and competencies in study program

図表70　カリキュラムマップ

ものではない」という批判も確かにありますが、カリキュラムを組織化していくときには、多くの場合、このような手法で取り組まれています。

　今回の河合塾の報告では、一般的アクティブラーニングと高次のアクティブラーニングを設定し、アクティブラーニングを含む科目間が相互に関連し、その上で、4年間の学士課程カリキュラムを設計していかなければならないということが指摘されていました。その中では、1年生から4年生までのカリキュラムの設計や科目の配置に関することだけではなく、科目間や教員間のすり合わせが難しいということまで言及されていました。このことは、日本の大学教育の現状を鑑みれば、さらに先の課題であると私は思っています。しかし、それでもこのような議論も出てくるようになったのだと感心しました。これまで、先生方の個人商店のようであった大学の授業が、このように教員間や大学の組織全体の観点からすり合わせをしなければならなくなってきているのですから、時代は大きく変わってきたものです。

(3) 週複数回授業

　私は、どんなに知識の伝達を主目的とした講義であっても、少しでもアクティブラーニングの要素を入れる。学生が参加する要素を入れることが重要だと考えています。さすがに学生が400人、600人といった大教室になると話は難しくなってきますが、200人程度までは、少しでもアクティブラーニングの要素を入れていくものだと考えています。そういう意味では講義と演習に授業を分

類するという考え方自体が、まだ前時代的だと私は理解しています。

　北米の大学の特に1・2年生の科目では、典型的にこういった授業システムを採っています。例えば、週に同じ科目で3回授業を行い、月曜日と水曜日が講義、木曜日が演習というやり方です。3・4年生になると講義だけ、演習だけといった授業が多くなるということもありますが、講義と演習を1つのコースの中に混在させていくことは1・2年生向けの科目では比較的多く見られます。

　演習では講義で教えられた知識を精一杯使って、議論したり発表したりします。学習内容を理解するためにアサインメント（宿題・課題）もあります。演習の中で発言したり、コメントしたり、議論したりするときの評価は厳しく、日本のように発言する人が少数で、多くの人は発言しないという状況は許されません。このように日本でも知識と学習形態の一体化を実現していけたらと、私は考えてきました。

　日本の大学にとってはなかなかハードルの高い課題ですが、それでも1科目を週2回に分けて授業をする大学はいくつか出てきており、特に数学や物理、語学の授業でなされているようです。

　ただし、1科目を週3回に分けて実施することが必ずしも優れているとは思っていません。講義と演習が、実質的にセットになっているということが重要なのであって、「3回がいい」「2回がいい」という問題ではなく、講義と演習をどう関連付けるか、自分たちの授業環境の中でどう実現していくかということが大事だと考えています。

(4) アクティブラーニング環境の整備

　環境についても、そろそろ本格的議論に入っていくべき時期になったと思います。

　アクティブラーニングをするための環境が整備された教室としては、東大駒場のKALSというアクティブラーニングスタジオが有名です。こうした環境は必須というわけではありませんが、あればいろいろな取り組みができます。いくつかの学生のテーブルがあって、各グループにあるタブレットPCをワイヤレスプロジェクターにつなげてという具合で、言葉通りスタジオのようです。もちろん、これを使いこなしていくための研修も必要で、マサチューセッツ工科大学にも同様のスタジオがありますが、そこでもこうしたスタジオを有効に

活用していくことには、苦労されていると聞いています。しかし、こういった環境整備はこれからどんどん進められていくと思います。

共愛学園前橋国際大学の「KYOAI COMMONS」のように、ラーニングコモンズの導入が普及しつつあります。学生の学習スペースをさまざまな場所につくっていくということには意味があります。昔は空いている教室がたくさんあって、学生は学習に限らず、クラブ・サークルのミーティングなどでも空いている教室を勝手に使っていたものです。しかし、今はセキュリティが厳しくて教室が閉まっていたり、授業数が多くて空いている教室がなかったりするので、学生が何かをするときの空間が十分にありません。これからは、図書館などを整備していくときに、それと連携してアクティブラーニングの環境整備を進めていくことも大事になってくると思います。

学部でこうしたラーニングコモンズを独自に構築している大学もあります。例えば、学部棟の1階が図書室で学部専用のコモンズになっていたりするような場合です。このような環境があれば、学生がさまざまな作業を身近にできるので、非常にいい取り組みだと思います。

写真①〜③は、私が注目しているカナダの Quest University Canada（以下 QUC）の化学の授業風景です。QUC は設立してまだ10年も経っていません。また、リベラルアーツカレッジなので、1学年の入学者は100〜150人と少人数です。このような新しい大学は教室環境などの課題に積極的に対応しています。

この化学の授業では、約25人の学生が受けていました。QUC では標準的な授業規模のようです。学生はテキストを使って予習もしていました。教室では、先生がホワイトボードを使って講義をしたり、あるいは宿題の解説をしたりしています（**写真①**）。面白いのは、ドアを出ると廊下がとても広いということです。5人程度に分かれてグループワークをする時には、教室を出てこの廊下を挟んで向かい側にある、テーブルがあるだけの小部屋を利用します（**写真②**）。1つの教室に対して6〜7室のこのような作業部屋がありました。グループによって、この作業部屋を利用するグループもあれば、廊下に座り込んで作業するグループもありました（**写真③**）。このように教室の前に作業部屋が並んでいる環境があると、50〜60分の授業であっても効率的に取り組めます。とても面白い教室環境だと思いました。

写真①

写真②

写真③

3. 何をもって深い学びとなるのか？

(1) 知識や経験の組織化

「何をもって深い学びとなるのか」ということを考えると、多くの条件が想定されますが、今回、私は大きく3つの条件を考えてきました。

まず1つは知識や経験の組織化です。

人は、授業を真っ白な状態で受けるわけではなく、前知識や前概念といった個人それぞれの理解や知識をもって受けています。そのため、ある課題を学ぶために、必要な知識を持っていない人もいれば、豊かに持っている人もいます。同じテーマや課題を学ぶにしても、学習者の持っている知識構造や知識の世界は本当にさまざまです。それが深まっていくとはどういうことなのか。実はそれが深い学びなのです。これは深い学びの非常に基本的な考え方なのですが、それを一言でいうと、知識や経験が組織化される、ということです。

新しく学んだ知識が、自分のそれまでの知識構造や知識世界の中に位置づく

ということでもあります。あるいは自分が持っている知識の質を上げる、何が自分に足りないのかを抽出する。そのように自分の知識世界の中で、今学んでいる課題や知識がいったいどういうものなのかということを、自分の中で組織化していくということです。また、それを教師が促していくことも必要です。

　河合塾の報告で、同志社大学文学部国文学科の個人活動記録について紹介がありました。振り返りは、自分の言葉でどう理解したか、何を感じたかを書き出すわけですから、確かに個人の知識や経験の組織化が緩やかではありますが、なされます。この書き出しというリフレクションの過程は、多かれ少なかれ、知識の組織化に絡んでいるともいえます。しかし、そこで注意しなければいけないのは、私たちの設定した教育目標や授業目標に合致するように学生に理解させ、振り返りをさせなければいけないということです。

　また、先ほどプロセスが大事だとおっしゃった先生がいらっしゃいました。私もまったくそのとおりだと思います。問題は、プロセスを大事にしながら、しっかりゴールを設定できているか、ということです。ピンポイントで厳密に目標設定して、それを細かく評価することは確かに難しいことですが、緩やかでいいので目標設定をする必要があります。

　そういうことから考えると、プロセスを大事にしつつ、組織化して、私たちが目標とするところに向かって振り返りをさせなければならない。それはポイントとしてはこういうことです。「知識や経験を私たちが意図する方向に向かって組織化させる」。

　もちろん、少し但し書きをしなければいけません。このように言ったとしても、学生たちからは私たちの意図から外れていくさまざまな固有のパスが出てきます。私たちはそこまでは評価できませんし、そうした固有のパス自体は大いにけっこうなわけです。こちらの意図しない自由な広がりを認めつつ、他方で目標に向かっていく部分を、私たちはしっかりと見極めないといけない。そうした意味で、こういう言い方をしています。

　その他、私でしたら授業の中で、全体が15回なら6・7回目、あるいは後半の14回目くらいに、それまでの5・6回分の内容を振り返る意味で、ロングディスカッションをやります。40〜50分かけて、例えば**図表71**のようなお題を学生に与えます。これは私の「現代青年期の心理学」という約150名の授業でやるロングディスカッションのお題です。

第3部　アクティブラーニングの理論的課題と実践的課題　289

知識や経験の組織化
概念を既有知識や経験と接続させる課題やワークを授業デザインに組み込む。

```
           ディスカッションのお題
┌─────────────────────────────────────────────┐
│ 青年の対人関係の変化                          │
│ ①社会志向から私生活志向へ                    │
│ ②対人関係は希薄化？(親密圏・公共圏)          │
│ がアイデンティティ形成、あるいは現代青年期のインサイドアウト(自己形成)に及ぼす影響について、自分や自分 │
│ のまわりの具体的な経験や事例をもとに考えを述べ、議論しなさい。 │
└─────────────────────────────────────────────┘
 ディスカッションの目的は、授業後半部の理解を、自分や相手の言葉を通して、あるいは個人の経験を通して理解することにあります。
```
全学共通科目「現代青年期の心理学」(約150名受講)

図表71　「現代青年期の心理学」でのディスカッションテーマの例

　授業では、一回一回の中にもいろいろな作業がありますが、それらを総括して、もう一回理解し直す。そのためにメンバーとディスカッションする、そのような作業もあります。そのときにポイントをしっかり踏まえさせるわけです。「これまで習ってきたことを復習してきなさい、軽くでいいからレジュメやテキストを見てきなさい」と指示をします。その上で、自分たちの身のまわりの具体的な事例や経験を挙げて、これまで習った概念をしっかりと説明概念として使って議論をさせ、その後レポートにまとめさせるということをします。

　これは個人の知識とか経験を組織化させるひとつのテクニックです。何回も学生に説明して、私の意図を理解させて、取り組ませるわけです。ねらいはあくまでも知識と経験の組織化です。

(2) コンセプトマップ（形成的・総括的評価）

　コンセプトマップとは、深い学び(ディープラーニング)というときの「深い」ということはどういうことなのかを可視化・評価していくための一つのツールです。

　余談ですが、これは学問的に精緻に開発されているものです。彼らの指摘する厳密なステップを踏んでいかないと、「自分たちのコンセプトマップを使っているとは言わないでほしい」と厳しく言われたりするかもしれません。私はその厳密さにはあまりこだわらないで、コンセプトマップはこういうものだと理解した上で、自分流に勝手に使っています。

　簡単に言うと、深い学びができている学生とは、まず自分の頭の中で何を学

可視化ツールとしての「コンセプトマップ(concept maps)」のようなものを、学生にとってはリフレクション、教員にとっては形成的評価としていれていく

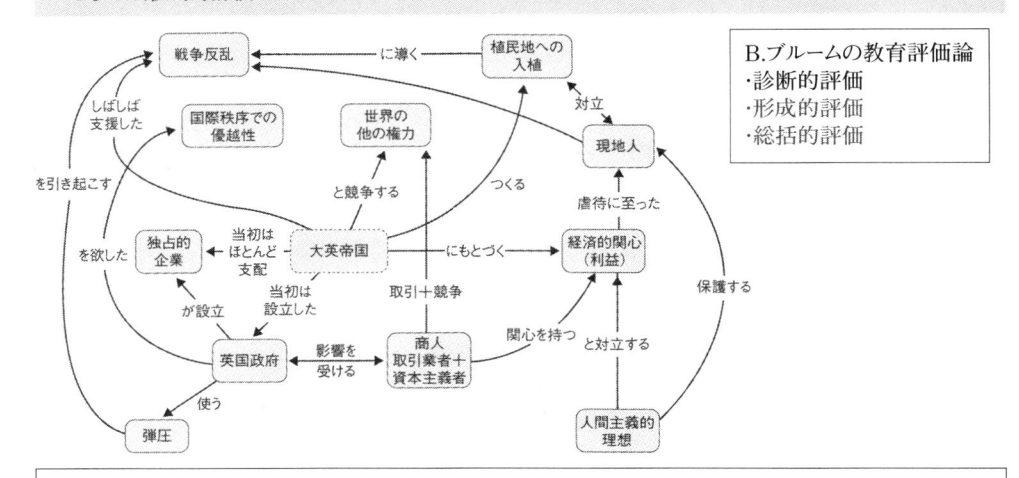

[図:コンセプトマップ]
戦争反乱 ← に導く ← 植民地への入植
しばしば支援した
を引き起こす
国際秩序での優越性
世界の他の権力
独占的企業 ← 当初はほとんど支配
を欲した
が設立
当初は設立した
英国政府
使う
弾圧
影響を受ける
大英帝国 ─ と競争する
取引＋競争
にもとづく
商人 取引業者＋資本主義者
関心を持つ
つくる
現地人
虐待に至った
経済的関心（利益）
と対立する
保護する
人間主義的理想

B.ブルームの教育評価論
・診断的評価
・形成的評価
・総括的評価

Reference:
・エントウィスル,N.山口栄一訳(2010).学生の理解を重視する大学授業　玉川大学出版部
・Hay,D.B.(2007).Using concept maps to measure deep,surface and non-learning outcomes. Studies in Higher Education,32(1),39-57．
・ブルーム,B.S.・ヘスティングス,J.T.・マドゥス,G.F.梶田叡一・渋谷憲一・藤田恵璽訳(1973).教育評価法ハンドブック―教科学習の形成的評価と総括的評価―第一法規

［出典］エントウィスル（2010）（山口栄一訳）

図表72　可視化ツールとしてのコンセプトマップ

んでいるかをアウトプットすることができる、それを広げていくことができる、それを構造化してマップにすることができる、ということです。

図表72はエントウィスルの本の中で紹介されているある学生の学びの例を示すコンセプトマップです。この学生は歴史の授業で大英帝国について学んできました。教員は学生がどのように深い学びをしているのかを知りたいと考えます。そして学生に何かしらのリフレクションをさせて、自分は何を学んでいるのかを気づかせたい。そういう意図があるときに使うのが、こういうものです。

私であればこういう感じでやるということを通してコンセプトマップを説明しますと、学生に20分ほど与えて大英帝国というテーマに関連して思い浮かぶことをポストイットで自由に書き出させます。レジュメや教科書を見ながらでも構いませんし、テストであればそれらを見ないで行うこともあるかもしれません。

図表72では、大英帝国に関連して次々と浮かぶ事柄として、ここでは「英国政府の発展」、「企業との関連」、「植民地の広がり」、「経済的関心」、「戦争反乱」などが挙げられています。深い学びができている学生は、次から次へとキーワードが浮かんできてポストイットが足りなくなるくらい書けます。しかし、そうでない学生は2、3枚書くだけでやっと、ということがあります。私も授業で学生にやらせていますが、「もう止めておけ」と言わなければならない学生と、進まないので「テキストを見なさい」と言わなければならない学生とにたいてい分かれます。

　知識を構造化できている、大英帝国の概念をひとつのスキーマとして組織化ができている人と、知識が断片的に記憶されているだけの人とに分かれてくるわけです。スキーマになっている人は関連が浮かぶので、とにかくいろいろ思いつきます。一方でマルトン先生の言う、ディープの反対のサーフェスな学びの学生は知識が断片的で、単語は出てきてもそれらがつながりません。

　私の授業ではポストイット30枚くらい書き出しなさいと言うのですが、できる学生は50～60枚くらい書き出して、その中から自分が大英帝国を説明するのに重要なものを取り出して並べ替えて、矢印の途中に説明を書き入れながらこういう図を40～50分かけて作成します。

　そして私でしたら、最後にこの図の横にA4サイズ1～2枚でこれを説明するレポートを書きなさい、文章でどういうマップなのかを説明しなさいと言います。仕上がった成果物は当然、成績をつける上での指標の1つになります。

　このようなコンセプトマップを書かせると、どのくらいの学生が、あるテーマにおいて自分の頭の中である課題を組織的に理解しているのかが一目瞭然でわかります。サーフェスの学生は作業が進みません。これは大学入試での論述のようなもので、すぐにわかります。

　コンセプトマップは学期の途中で使ってもいいし（形成的評価）、総括的評価として学期最後のレポートや試験に相当するものとして使ってもいいと思います。私の場合は学期の途中にロングディスカッションを形成的評価で入れますので、コンセプトマップをやるのは最後の総括の時間にしています。

(3) 成果物を内容で評価

　日本の大学は、3・4年生で専門性を深めていくという大きな特徴がありま

すので、卒業論文・卒業研究に向かってアクティブラーニングをかたちにしていくことが必須であると思います。それを成果物と言っています。

今日のセミナーで「ゼミコンテスト」などの言葉を初めて聞かれた先生方もいらっしゃるかもしれません。私は心理学や教育学で育ってきたので、河合塾の調査が行われるまで、この言葉を知りませんでした。経済系の学部ではかなり一般的な言葉のようですが、それ以外ではあまり聞きません。でも、これはとてもいい取り組みです。こういう取り組みは一般化していけばいいと思います。

河合塾の報告の中の卒業研究に関する部分を聞きながら思ったのは、成果物はもちろん大事ですが、そこに至る準備や指導が弱くなってきているという事実を知っておかなければならないということです。大学によっては感想文のようなもので終わってしまうような卒業研究もありますし、京都大学のように研究者養成でしっかりやっているところでさえも、時間をかけられずに、大学院での研究にまわさざるをえない部分もあります。そのため、成果物を評価することはもちろん重要ですが、その質を高めていくためには、プロセスにこだわっていくことが観点として追加されるべきではないかという感想を持ちました。

ルーブリックについてですが、中教審の答申でも用語の解説が入ってきましたし、2012年3月に同志社大学でPBLをテーマにしたシンポジウムがあり、そこでもルーブリックの説明をかなりしました。その時はルーブリックを知らない方もたくさんいらっしゃいましたが、最近では中教審での議論にも一般的な用語として頻出していますので、多分ご存じの方が増えているのではないかと思います。説明はしませんが、これはアクティブラーニングの成果物などを評価していくのに有効であり、面倒であっても今後必要になってくるものだと思います。先ほど紹介された大阪市立大学の論文採点表などは、まさにルーブリックです。

4．アクティブラーニング型授業（ピアインストラクション）の開発

(1) Erik Mazur の ピアインストラクション

最後に、私の取り組みを報告したいと思います。

私が取り組んでいるのが、アクティブラーニングのひとつでピアインストラクションと呼ばれるものです。ハーバード大学の物理学教授 Eric Mazur（エリッ

ク・マズール、以下マズール先生）の手法を取り込んで始めました。

　ピアインストラクションの仕組みはこうです。まず、学生は教科書で予習をしてきます。そして授業では、物理の日常や自然現象に関する問題をスライドで映します。マズール先生は予習についてもシステム化していて、記述的な問題も毎週2、3問用意しています。さらに予習をした後、授業の前日までに、それらをどう理解したのかをマズール先生にメールで報告することになっています。マズール先生は、その状態を見てから、問題を変えたりもするそうですが、とにかく学生が予習をしてどのくらい理解しているのかを事前にメールで把握するそうです。

　そして授業中は、クリッカーを使って問題に答えさせます。みんなが正解する問題はさっさと済ませていき、30〜70％ぐらいの正解がぶれる問題については、隣同士でそれについて議論させます。学生はなぜ自分は1番と答えたのか、2番と答えたのか、その理由をお互いに説明し合うのです。その後、再度同じ問題を出して、またクリッカーで答えさせます。このクリッカーとピアディスカッションをセットでやるのが、ピアインストラクションの授業の特徴です。正解率が高過ぎても低過ぎても議論が成立しないので、正解率が30〜70％の問題が、ピアインストラクションに適していると先生はおっしゃっています。

　クリッカーは2000年頃までは開発されていなかったので、学生たちは「A」とか「B」とか「C」と書かれた紙（フラッシュカード）を掲げて答えていたようです。しかし、このやり方では匿名性を確保できませんので、そういう意味ではクリッカーはいいツールとして登場したのかもしれません。

　これは余談ですが、私は正直なところクリッカーに抵抗があって、かつてはクリッカーを使った取り組みについてまじめに聞いていませんでした。むしろイライラしながら聞いていたくらいです。しかし、マズールグループと私の院生を介してやり取りをするなかで、ピアインストラクションを私の授業でしなければならなくなりました。ピアインストラクションでは、クリッカーを使わなければなりません。私は困りました。ただ、それでも私がクリッカーを取り入れてみようと決意した理由の一つは、マズール先生の行うピアイントラクションが、非常に正統的なアクティブラーニングであると感じたからです。どこを見てそう感じたのかといえば、彼の教科書です。『ピアインストラクション・ユーザーズ・マニュアル』という本があるのですが、それを見たときに思いました。

非常に考えさせられた本で、約250ページのうち、今お話ししたクリッカーを使ってピアディスカッションをするという説明は40ページぐらいで終わっています。残りの200ページは延々と、クリッカー問題や物理の理解度を測るテスト問題で構成されています。

　このことについて、「なぜこのような構成なのだろう」としばらく考えた結果、要は「良い問題が良い学習をつくるのだな」という理解に至りました。先ほど、30〜70％が正解となるような問題が良い問題だと言いましたが、全員が正解に至るような問題は面白くないですし、全員が間違える問題では学生の学びを喚起しない。そこを、何年も何年もかけて改訂して、その結果がたぶんこの本なのです。

　この本は1997年の出版ですが、その後はWEB上で最新版のクリッカー問題が共有できるようになっているそうです。

(2) 授業での実践

　私の心理学の授業では、約220人の教室でクリッカーを使って進めていきます。クリッカーを使う以前から、授業は教科書の予習を前提としてやってきました。毎週どの章をやるか、どのページをやるかということを学生に事前に伝えて、授業内では60分を使って講義をします。そして、今回はその60分をピアインストラクションによる授業とし、残り30分でミニレポートを書かせます。レポートなので自由にコメントさせるものではなく、お題を与えて内容を理解していないと書けないようなミニレポートとします。その上で自由な考察をさせ、それから15回のうちの2回はロングディスカッションも行います。

　講義のテーマが「自己形成」であると言うと、「なんだ、自分自身を考えることか」とお思いになるかもしれませんが、私は自己形成論の専門家ですのでかなり抽象的・理論的な授業内容となっています。ですから学生たちにとっては難しい内容です。例えば、8・9回目の授業内容は、最初の3・4回目の授業内容を理解していなければわかりません。そういう授業でも、何とかついてこさせるために、アクティブラーニングを導入してきたわけです。

　その中にクリッカーとピアディスカッションを入れました。例えば、有名なErik Erikson（エリック・エリクソン）のアイデンティティ形成論を授業で教えた後に、「アイデンティティ形成は青年期の課題だとよく言われますが、確立していないといけないのか、あるいは確立していないとどうなるのか」というク

リッカー問題を与えます。実はこれは学問的にも最先端課題で、明確な答えはまだありません。しかし、こうしたものを応用問題として与え、クリッカーとピアディスカッションを通して理解を深めていきます。

明確な正解というものがなければ、意見は必ず分かれます。ここからピアディスカッションに持ち込みます。クリッカーを使うと結果がすぐに出てきます。瞬時にフィードバックされて、学生は他の人がどう理解しているかを知ることができます。こういう点はとても良いです。

では、クリッカーやピアインストラクションを導入してどうだったでしょうか。

まず、やってみてよかった点は、学生の参加意識、授業への関わりが高まった点です。他方で内容的な深まりは少し落ちたなと正直感じています。ただ、今年は初めての導入だったので仕方のない面もあります。

図表73は、学生に粘土で表現させた自分の自己形成の姿の写真です。自己形成はとても理論的なものなので、時にこういった具体的な作業を入れます。2011年度の授業から、この作業を導入しました。ただ、200人に取り組ませるのは大変で、なかなか指示が全体に伝わりません。また、作りたくない人には、3回まで認めている欠席のうちの1回分を使って、授業には来ないように伝えました。出席状況は、2011年度では半分ほど、今回2012年度も同じように伝えたのですが、7割が参加して、皆、懸命に作ってくれました。

しかしクリッカーの利用に関しては、私自身がとまどいました。例えば、みんなが正解すると「こんな問題を出しても意味がない」と思ってしまったのです。このあと、私はこのことについて心が狭かったと反省し、これをまず改めないといけないと思いました。みんなといってもせいぜい7〜8割で、100人中100人が正解というわけではないのですが、でも大半が正解する問題も入れ

授業参加・内容への動機づけはかなり高まる。

「Self-Socialized System」　「考えるけど動かない」　「自己虫」　「ギョーザ」

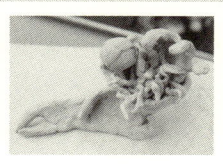

図表73　粘土細工による自己形成表現

ておくことは、言ってみればみんなが理解を確認し合うプロセスでもあるのです。こういうことを「よし」としないといけないのだ、と反省しました。

　もうひとつは、マズール先生や他の方の論文の中で、10〜15分おきにクリッカー問題やピアディスカッションをやると学生たちの集中力や参加意識が持続すると言われています。しかし、私の授業ではその程度の時間では授業内容の説明ができないのです。1ユニットの説明をするのに30分くらいかかってしまい、その間に学生たちは完全に「聞きモード」になります。そうなると、クリッカーのボタンを押すくらいならいいのですが、その後のディスカッションはできません。授業の最初の頃ならまだ盛り上がっているのですが、授業開始から40〜50分経過して、しかもその間に30分くらい私の講義を聞いた後では、もうディスカッションをする雰囲気にはならないのです。学生に「おい、もっと真剣にやれ」と言っても難しかったです。このことからもわかるように、内容によって授業の進め方も工夫しなければならないのだろうと思います。私の場合、ディスカッションは授業の前半のうちに入れなければならないようです。

(3) クリッカー利用の利点

　次に、クリッカーを使った授業のもつ意義を理論的に考察したいと思います。**図表74**はクリッカーについて書かれている論文を整理したものです。

　クリッカーを使うと、このようなメリットがあると言われています。例えば、先ほど言った①学生の理解を瞬時に把握です。また②授業の導入での復習や予習のチェックにも使えます。③大人数の教室でも双方向の形態が可能なので、アクティブラーニングの基本的な部分が実現できます。④学習内容にも関わることですが、ステップワイズで使うことができます。要は工夫のしようがいろいろある、ということです。⑤クリッカーには匿名性があります。⑥学習意欲・参加意識を引き出せます。⑦集中力を維持させることもできます。⑧学習成果や記憶の定着率が改善されます。⑨クリッカーというのは、どの学生が何番を答えたのかが手元でわかります。教室で瞬時に学生の理解度がわかるだけでなく、番号と学生を対応させておけば個々の学生の回答状況がわかり、成績評価にも使えます。私は「自己形成の心理学」の授業ではそこまでやっていませんが、留学生対象の授業では成績評価にも使っています。

　私は学生に予習をさせていますが、現在はその予習の有無の確認まではして

クリッカー活用の利点

① 学生の理解を瞬時に把握（形成的評価）
  ・既有知識（素朴概念）の把握
  ・学習内容の理解の程度
  cf. Wood（2004）, Caldwell（2007）, 鈴木ら(2008),
  山田(2008), 新田(2011), 青野(2011)

② 授業の導入に
  ・前回の学習内容の復習
  ・予習のチェック
  cf. Caldwell(2007), 青野(2011)

③ 双方向（アクティブラーニング）型授業の実現
  cf. Wood(2004), Caldwell(2007), 鈴木ら(2008),
  青野(2011)

④ 複雑な学習内容をステップワイズで教えられる
  cf. Wood（2004）

⑤ 匿名で学生を課題に関与させられる
  cf. Wood（2004）, 兼田・新田(2009)、青野(2011)、
  岡田・龍(2011)

⑥ 学習意欲・参加意識が高まる
  cf. Wood（2004）, 青野(2011)

⑦ 学生の集中力の維持
  cf. Caldwell（2007）; 青野（2011）

⑧ 学習成果の向上
  ・記憶の定着率（山田, 2008）
  ・出席率の増加（Burnstein & Lederman, 2001）
  ・高成績者の増加（Caldwell, 2007; Carney et al., 2008）
  ・テストや課題正答率のPre-Postの得点が増加
  （兼田・新田, 2009）

⑨ 成績評価の一資料（出席、正解率）
  cf. Wood（2004）, 青野（2011）

⑩ 授業のしかたに関するアンケート
  （学生による授業評価）
  cf. Caldwell（2007）, 青野（2011）

図表74　クリッカー活用の利点

いません。その理由は、まわりの先生が予習や宿題を与えないということがあり、私の授業はかなり予習や作業をさせますので、それだけでも学生にはかなり特別な授業になっていて、さらに予習や宿題の質で成績が細かくつけられるということになると、学生は私の授業を取らなくなるだろうと考えられるからです。このような事情から私は成績評価の資料にはしていませんが、それでも世の中の進展に合わせていずれしていくだろうと思います。それから⑩授業評価やアンケートにも使えます。

(4) 「社会的」な授業

ピアインストラクションを日本の物理の分野で紹介している兼田先生と新田先生がおっしゃっていますが、例えばクリッカーによる問題演習も、問題を一人で解いている時間は個人的な作業です。しかし、他の学生と理解をシェアするとなると、他者の視点を意識した「社会的」な作業ともなります。言い換えれば、自分一人の認知的理解という学習から、他の学生の視点や理解を加味した上で、ある課題を理解するという「社会的」な理解になるということでもあります。非常に良いことです。

参加意識や集中力も大事ですが、他者の理解や考えを織り交ぜながら、ある

課題を理解していくことも大事です。ビジネスや社会のいろいろな現場の中では、自分が理解するということだけでよしとされるのではなく、同じ課題や同じテーマについて多様な理解や立場があって、そこで使用される知識もさまざまで、そうした状況の中で議論したり交渉したりする場面が山ほどあります。そうした場合に、この「社会的」というキーワードは、重要になってきます。

(5) 協同学習として

図表75 はニコルとボイル（Nicol & Boyle）という研究者の論文の中で言われていることですが、クリッカーとピアインストラクションでの双方向という言葉の違いです。同じ双方向を言うにしても、クリッカーは学生全体をひとまとまりとし、コミュニケーションは教員との間だけです。一方、ピアインストラクションは、クリッカーを使うので、同じ構造はもちろんありますが、学生の回答がばらついたときには隣同士で議論もします。ここに協同学習としての意味を持っているとニコル先生らは強調します。他者の視点がより複雑に織り込まれているとも言えます。

社会的な授業、他者の視点を織り交ぜると同じように言っても、ピアインストラクションの方がクリッカーを使うだけの授業よりも複雑です。ピアインストラクションでは、学ぶ上で学生同士のお互いの関わり合いが深くなっています。授業を提供する側にとっても、授業を受ける側にとっても、互いに負荷の高い教授学習形態ですが、その分、得るものも多くあるということです。

私は、協同教育や協同学習といわれている「学生同士が学び合って、お互いを高め合っていく」という思想をとても好んでいますが、これが学習の大きな成果にも繋がると期待しています。

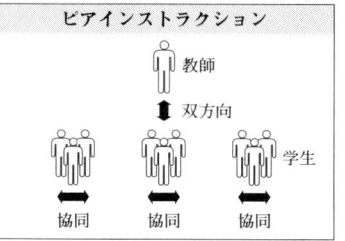

図表75 ピアインストラクションによる協同学習

第4部

課題抽出と解決策のワークショップ

課題抽出と解決策のワークショップ

ファシリテーター
河合塾　開発研究職・現代文科講師　成田秀夫

　これからグループワークと討論を行いたいと思います。テーマは、河合塾の報告と2大学の報告を踏まえて、"アクティブラーニングカリキュラム設計で課題となることは何でしょうか？"です。
　まずは最初にご自身で、これが課題ではないかと思うことをカードにお書きください。それから個人の考えをグループでシェアし、KJ法を使って課題を構造化して、こんなことが課題ではないかということをグループ討論を行っていただきます。その結果を、全体でシェアします。

1．河合塾と2大学からの報告の要点

成田　簡単に復習をしておきます。まず河合塾が今回のセミナーを企画した意図ですが、形態としてのアクティブラーニングはできていても、中身はどうでしょうか。アクティブラーニングは形態である、それが質をともなっていくためにはディープラーニングにつながっていかなければならない。ここが大きなポイントかと思います。
　それを構造化する意味で、「専門知識を活用するアクティブラーニング」と「専門知識を活用しないアクティブラーニング」という分け方をして、さらに「専門知識を活用するアクティブラーニング」について、課題解決型の「高次のアクティブラーニング」と知識定着型の「一般的アクティブラーニング」に分類し、また「専門知識を活用しないアクティブラーニング」についても初年次ゼミ型と2年次以降でのアクティブラーニングというように河合塾の調査では整理しているわけです。

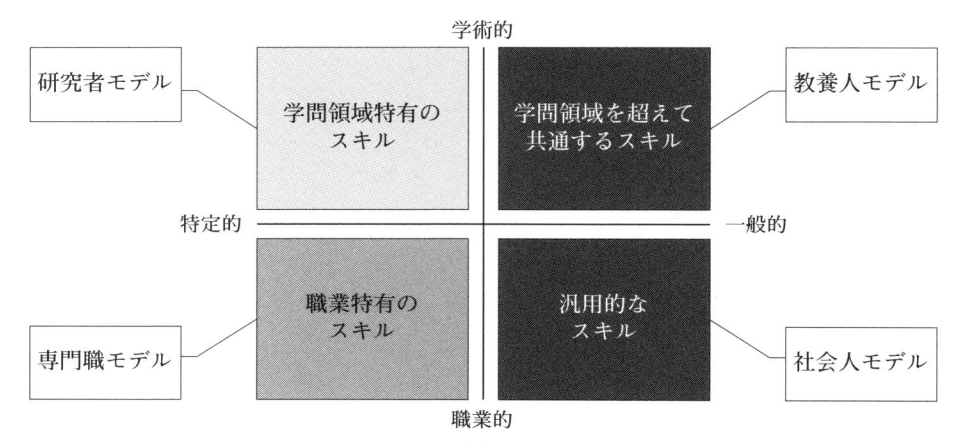

302 課題抽出と解決策のワークショップ

```
            学術的
研究者モデル ┌─────────┬─────────┐ 教養人モデル
           │学問領域特有の│学問領域を超えて│
           │  スキル   │ 共通するスキル │
特定的 ─────┼─────────┼─────────┼───── 一般的
           │ 職業特有の │ 汎用的な  │
           │  スキル   │  スキル   │
専門職モデル └─────────┴─────────┘ 社会人モデル
            職業的
```

香川順子、吉川惠子
「汎用的スキルに関する概念整理と育成評価方法の探索」による

図表76　高等教育のスキル（Barnett）

　共愛学園前橋国際大学の大森先生からは、かなり多くの科目にアクティブラーニングを取り入れているというお話がありました。導入のきっかけは授業対策、目の前の課題にどう答えていくのかという所から始まり、その成果を実感して共有化していくことで全体に広がっていったということですが、重要なことは「人の繋がり」ですね。人間的文化的環境だけでなく、アクティブラーニングに適した物理的な環境（ラーニングコモンズ）も重要だと思いました。

　大阪市立大学の中村先生のお話も、プラティカル・エコノミスト（PE）という人材育成の指標を6つのスキルと1つのアビリティとして明示され、いくつものアクティブラーニングの仕掛けがありました。それから評価を「見える化」しています。いわゆるルーブリックと呼ばれているものですが、採点表のようなものをつくることによって、先生方の共有化が進んでいっているのだと思います。

　また、PE指標で測った成績とGPAの結果が違っていたというお話がありました。そこに関してですが、イギリスの高等教育の研究科であるバーネット（Barnett）が、学術的、職業的、一般的、特定的という4つの象限に分けて、高等教育の学びを整理しています（**図表76**）。

　GPAが測定しているところはこの図の上側（学術的）、または左側（特定的）で、測っているところがそれぞれ違う可能性があるんじゃないかと思います。一方

でPE指標は、図の一般的・職業的というスキルをみていくのではないかと思います。

2. 課題抽出のグループワークと討論

成田 河合塾と2大学の事例報告を踏まえ、「ALカリキュラム設計で課題となること」をお書きください。全部で10グループになっております（グループの構成は以下の通り）。1グループそれぞれ1〜2分で発表をお願いします。

参加メンバーの主な属性（グループ別）

班名	主な専門	班名	主な専門
A班	電子情報系	F班	法、哲学、国際系
B班	建築系、理学系	G班	文学系
C班	化学、生物、農学、家政系	H班	経営系
D班	教育、心理系	J班	経営系
E班	経済系	K班	社会科学系全般

ではA班の発表をお願いします。

A 班

A班は主に工学部の電子情報系の科目の先生方が集まっています。アクティブラーニングはかなりの負担がかかるので、「教育と研究の配分」をどうするか。アクティブラーニング科目の「学習教育目標、人材像」をどうするのか、というのが出ました。特に工学科系の場合はJABEE[*]がありますので、JABEEの学習目標の中で、どう関連づけるかというのが重要であるというのがでました。

> [*] JABEE（Japan Accreditation Board for Engineering Education）：日本技術者教育認定機構。大学などの高等教育機関で実施されている技術者教育プログラムが、社会の要求水準を満たしているかどうかを外部機関が公平に評価し、要求水準を満たしている教育プログラムを認定する専門認定制度。

それから、目標が決まった後はカリキュラムに展開するんですが、2つあって「高次と一般的アクティブラーニング」の関連がひとつ。これは初年次から高学年までの連携と講義科目との連携です。全体的に目標を達成するための「体系的なカリキュラム」の中でのアクティブラーニングという道筋が重要である、

というのが2つめです。

　そして「評価」の問題です。グループ学習の場合は一人ひとりの評価が難しいので、どうするのか。それからジェネリックスキルに関連したところはどう評価するのか。学生がアクティブラーニングで得たいい成果と、学業成績GPAが必ずしも一致しないので、2重の評価になる。それをどう整理するのか。学生のモチベーションも重要だと思います。

　「教員の指導法」では、一方的講義と違って、アクティブラーニングは教員がファシリテータにならないといけない。あまりにも言いすぎてもいけないし、だまっていてもいけない。新しい教員としての職能開発ですね、新しい教員の立場をどうするか。

　それから学生が「振り返り」をやるときにどういうかたちでやるのがいいのか。振り返りへのコミットメントを教員がこなしきれないと思うので、どうコミットするのがいいのか。あと、従来の講義中心の教室と違って、「設備環境」の課題も。まだアクティブラーニング向けの設備はできてないし、また少人数でやるとしたらその教室の数の問題。

　それらから「負担」について。アクティブラーニングは教員の負担が多いのではないかという課題ですね。負担がどんどん増えてどうするのか。また少人数授業が本当にできるのか。アクティブラーニングをやるために教員は勉強が必要である。学生にとっても講義と違って負担が増える、そうなるとついていける学生とそうでない学生が生まれ、ついていけない学生にはどう対応するか。

　このようにいろいろ課題が出ました。

第4部 課題抽出と解決策のワークショップ　305

【A班】

教育と研究の配分

学習教育目標、人材像
- JABEEとの整合性
- JABEE認定を受けているコースとの整合性
- 学部・学科の学習教育目標とALの対応づけ
- 育成する人材像 ⇔ スキルの明確化

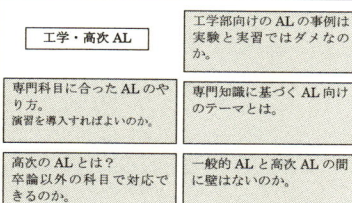

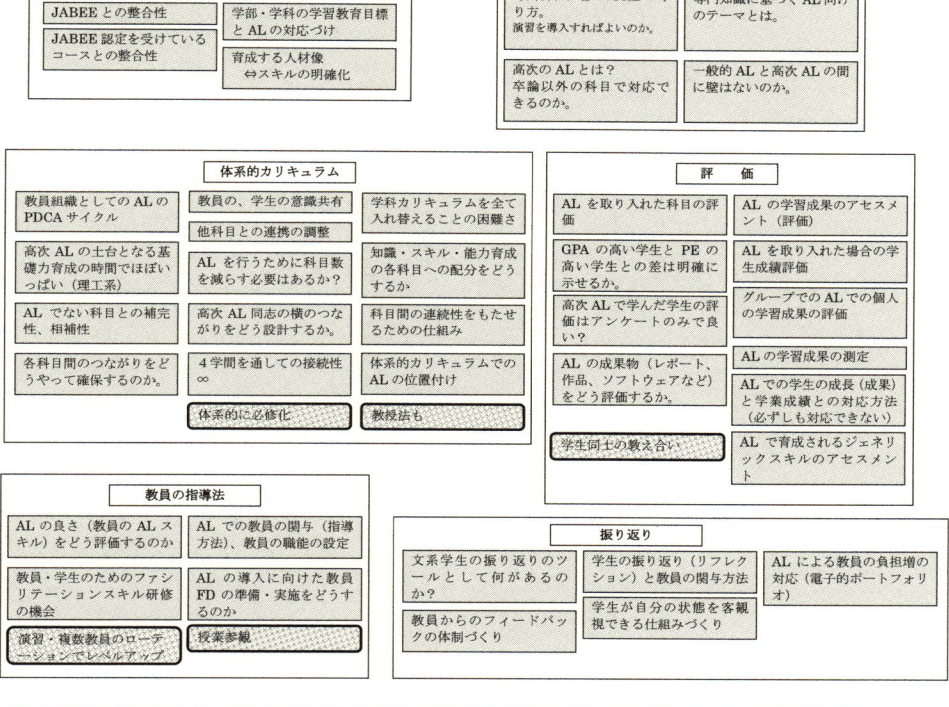

工学・高次AL
- 専門科目に合ったALのやり方。演習を導入すればよいのか。
- 工学部向けのALの事例は実験と実習ではダメなのか。
- 高次のALとは？卒論以外の科目で対応できるのか。
- 専門知識に基づくAL向けのテーマとは。
- 一般的ALと高次ALの間に壁はないのか。

体系的カリキュラム
- 教員組織としてのALのPDCAサイクル
- 高次ALの土台となる基礎力育成の時間でほぼいっぱい（理工系）
- ALでない科目との補完性、相補性
- 各科目間のつながりをどうやって確保するのか。
- 教員の、学生の意識共有
- 他科目との連携の調整
- ALを行うために科目数を減らす必要はあるか？
- 高次AL同志の横のつながりをどう設計するか。
- 4学問を通しての接続性∞
- 学科カリキュラムを全て入れ替えることの困難さ
- 知識・スキル・能力育成の各科目への配分をどうするか
- 科目間の連続性をもたせるための仕組み
- 体系的カリキュラムでのALの位置付け
- **体系的に必修化**
- **教授法も**

評価
- ALを取り入れた科目の評価
- GPAの高い学生とPEの高い学生との差は明確に示せるか。
- 高次ALで学んだ学生の評価はアンケートのみで良い？
- ALの成果物（レポート、作品、ソフトウェアなど）をどう評価するか。
- ALの学習成果のアセスメント（評価）
- ALを取り入れた場合の学生成績評価
- グループでのALでの個人の学習成果の評価
- ALの学習成果の測定
- ALでの学生の成長（成果）と学業成績との対応方法（必ずしも対応できない）
- ALで育成されるジェネリックスキルのアセスメント
- **学生同士の教え合い**

教員の指導法
- ALの良さ（教員のALスキル）をどう評価するのか
- 教員・学生のためのファシリテーションスキル研修の機会
- **演習・複数教員のローテーションでレベルアップ**
- ALでの教員の関与（指導方法）、教員の職能の設定
- ALの導入に向けた教員FDの準備・実施をどうするのか
- **授業参観**

振り返り
- 文系学生の振り返りのツールとして何があるのか？
- 教員からのフィードバックの体制づくり
- 学生の振り返り（リフレクション）と教員の関与方法
- 学生が自分の状態を客観視できる仕組みづくり
- ALによる教員の負担増の対応（電子的ポートフォリオ）

学生の負担
- 学生同士の学生を越えた交流の仕組みづくり
- 学生の学習負荷への配慮。レポートが同時期に集中しないようになど。

教員負担
- ALでの教員、職員学生（TA）の協働
- 少人数クラスを実現するための施策

教員の負担
- グループワークに馴染めない学生への対応（自閉的傾向のある学生への対応）
- AL用の教材の開発・準備
- 不合格への対応

設備環境
- 高次ALに必要な設備面での充実化
- 1クラスの受講者数が平均80人程度でALは可能か
- グループワークに適した教室の確保
- ALに適した教室、場所、環境整備

凡例
- （課題）
- **（解決策）**

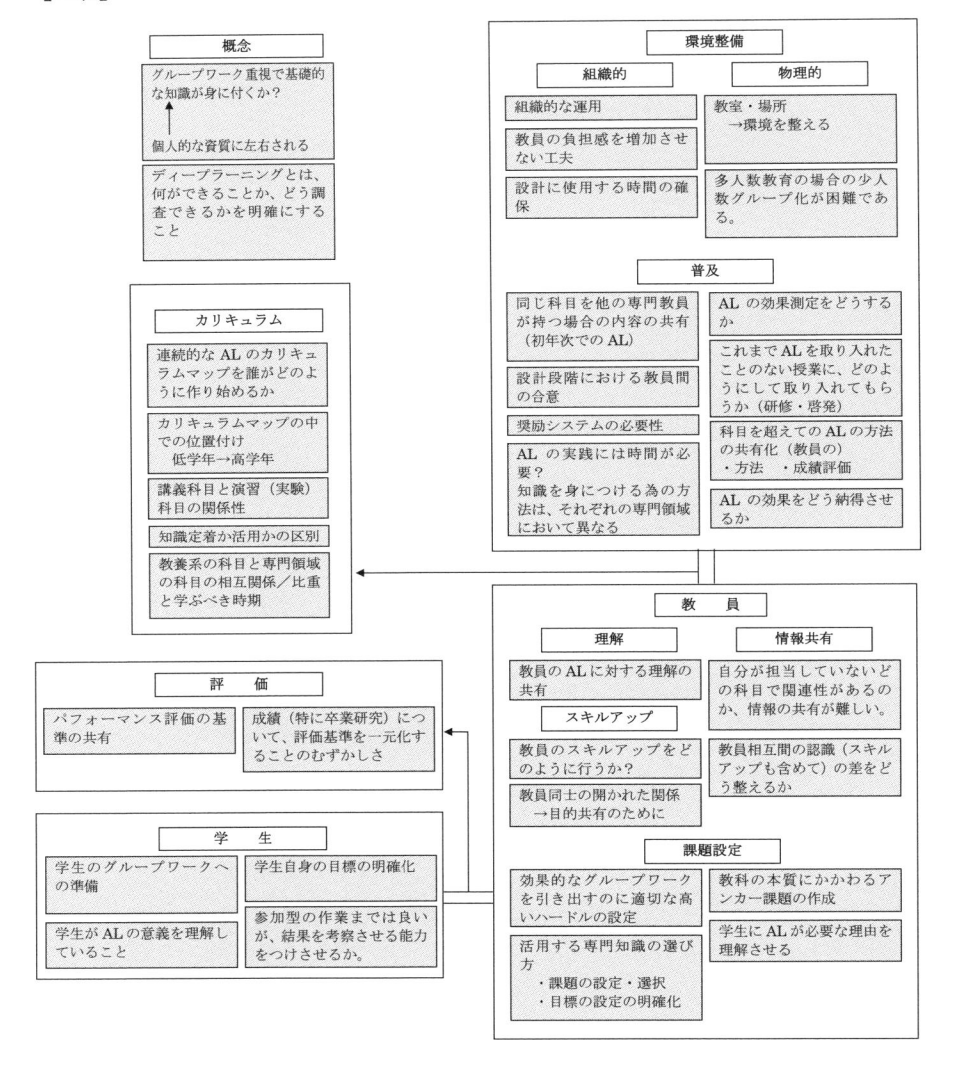

【B班】

概念
- グループワーク重視で基礎的な知識が付くか？
  ↑
- 個人的な資質に左右される
- ディープラーニングとは、何ができることか、どう調査できるかを明確にすること

環境整備

組織的
- 組織的な運用
- 教員の負担感を増加させない工夫
- 設計に使用する時間の確保

物理的
- 教室・場所
  →環境を整える
- 多人数教育の場合の少人数グループ化が困難である。

普及
- 同じ科目を他の専門教員が持つ場合の内容の共有（初年次でのAL）
- 設計段階における教員間の合意
- 奨励システムの必要性
- ALの実践には時間が必要？知識を身につける為の方法は、それぞれの専門領域において異なる
- ALの効果測定をどうするか
- これまでALを取り入れたことのない授業に、どのようにして取り入れてもらうか（研修・啓発）
- 科目を超えてのALの方法の共有化（教員の）
  ・方法　・成績評価
- ALの効果をどう納得させるか

カリキュラム
- 連続的なALのカリキュラムマップを誰がどのように作り始めるか
- カリキュラムマップの中での位置付け
  低学年→高学年
- 講義科目と演習（実験）科目の関係性
- 知識定着か活用かの区別
- 教養系の科目と専門領域の科目の相互関係／比重と学ぶべき時期

教員

理解
- 教員のALに対する理解の共有

スキルアップ
- 教員のスキルアップをどのように行うか？
- 教員同士の開かれた関係
  →目的共有のために

情報共有
- 自分が担当していないどの科目で関連性があるのか、情報の共有が難しい。
- 教員相互間の認識（スキルアップも含めて）の差をどう整えるか

課題設定
- 効果的なグループワークを引き出すのに適切な高いハードルの設定
- 活用する専門知識の選び方
  ・課題の設定・選択
  ・目標の設定の明確化
- 教科の本質にかかわるアンカー課題の作成
- 学生にALが必要な理由を理解させる

評　価
- パフォーマンス評価の基準の共有
- 成績（特に卒業研究）について、評価基準を一元化することのむずかしさ

学　生
- 学生のグループワークへの準備
- 学生がALの意義を理解していること
- 学生自身の目標の明確化
- 参加型の作業までは良いが、結果を考察させる能力をつけさせるか。

B 班

　B班は大学教員が6名、高校の教員が1名です。網掛けは大カテゴリーです。「概念」と書いているのは、そもそもグループワークですべての学生が学べるようになるのか、というそもそも論が出ました。それからディープラーニングはどういうものかもう少し詰める必要がある、という意見が出ました。それが共有できて、私たちはアクティブラーニングは効果があると思っています。さて次は、それぞれの課題ということで、「環境整備」、「教員」、「学生」についてという視点からまとめました。またその間にある教員から学生に対する「評価」。「カリキュラム」の課題は、作る運営側と教員の間にある、というカテゴリーにまとめました。

　大カテゴリーの下に書いてあるのは小カテゴリーです。環境整備には「組織的」「物理的」整備が出ました。特徴的には「普及」という言葉が出ました。普及というのはアクティブラーニングの効果をどう設定して、効果があることを伝えていくのかということや、教員間がどう共有化していくかということです。

　教員には「情報共有」など教員同士が仲良くする課題があります。アクティブラーニングの方法を「理解」して、「スキルアップ」はどうするか。「課題設定」はどうするかという問題もあります。

　学生に関しては、教員は学生にアクティブラーニングの意義を理解させ、学生が自分自身の目標としていくか、ということの重要性が出てきました。

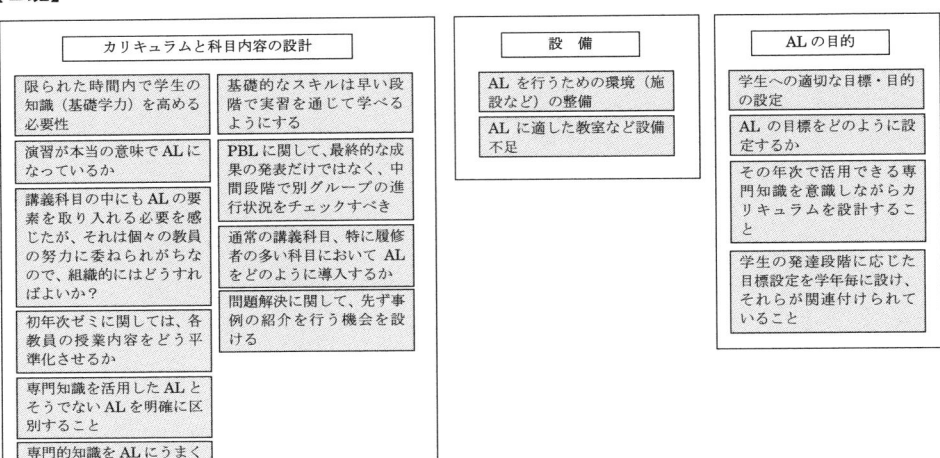

【E班】

カリキュラムと科目内容の設計
- 限られた時間内で学生の知識（基礎学力）を高める必要性
- 演習が本当の意味でALになっているか
- 講義科目の中にもALの要素を取り入れる必要を感じたが、それは個々の教員の努力に委ねられがちなので、組織的にはどうすればよいか？
- 初年次ゼミに関しては、各教員の授業内容をどう平準化させるか
- 専門知識を活用したALとそうでないALを明確に区別すること
- 専門的知識をALにうまく活用できるよう、どうサポートするか
- 基礎的なスキルは早い段階で実習を通じて学べるようにする
- PBLに関して、最終的な成果の発表だけではなく、中間段階で別グループの進行状況をチェックすべき
- 通常の講義科目、特に履修者の多い講義科目においてALをどのように導入するか
- 問題解決に関して、先ず事例の紹介を行う機会を設ける

設備
- ALを行うための環境（施設など）の整備
- ALに適した教室など設備不足

ALの目的
- 学生への適切な目標・目的の設定
- ALの目標をどのように設定するか
- その年次で活用できる専門知識を意識しながらカリキュラムを設計すること
- 学生の発達段階に応じた目標設定を学年毎に設け、それらが関連付けられていること

評価
- 成果をどのような形で評価していくか
- ALでの評価基準を明確化すること

教員への動機づけ
- カリキュラム体系の中で、ALがどのような意義（メリット）をもっているかを教員が共有すること
- ALを行う意義・目的など教員間の認識の共有
- 教員評価における教育面のウエイトの低さ
- 不慣れな教授方法に対する不安
- GPを学科・学部で共有していることが重要

E 班

　重複を避けて発表します。私たちは経済学部の教員が多いです。経済学ではミクロ経済学・マクロ経済学の基礎科目を徹底的に教え込む必要があって、なかなか講義科目の中でアクティブラーニングをやっていくのは難しい。特に初年次で基礎をやっているときは難しいですね、という話が出ました。

　「カリキュラムと科目内容の設計」の課題は、個々のアクティブラーニングの科目でやっていくことだけでなく、カリキュラム全体でアクティブラーニング科目を整理していくのかということです。そして特に問題になったのは、やはり「教員への動機づけ」です。教育目標の共有、不慣れな教員に対するお手

伝い。それから、教員評価の中では研究面がやはり圧倒的に多いわけですが、そのなかで教育の面での貢献を高めていかないと、なかなか動機づけができないという問題です。

F 班

　一番大事なのが「狙い」というところです。アクティブラーニングをなぜやるのか。学生に学ぶ喜びや知的好奇心の重要性を喚起するという狙いをもとに、達成すべき学力を確保するという目標設定がすごく大事だと思います。そして、なぜその目標が大事なのかを学生に伝えていくことです。それが大事です。

　同時にこの達成目標は「学習観」の見直しにむすびついていくんですね。つまり、これまでの知識観ではアクティブラーニングに絶対むすびついていかないし、社会で必要な力が何かって話に、むすびついていかない。

　もうひとつは、目標をどう「評価」していくかが大事です。評価には教員間の内部評価もあれば、ゼミコンテストのような外部評価もあります。評価は目標と同時に大事だろうと思います。アクティブラーニングを支えていくのが、「FD」であり、「設計」です。FDでは各教員の意識共有が大事です。例えばグループワークの手法を学んだだけでは学生が全然アクティブでないものになってしまう場合もありますよね。

　「設計」にはカリキュラムの設計とハードウェアの設計があります。設計がOSだとしたら、FDはアプリケーションです。この３つがうまくかみ合わさることで目標が達成できる教育の仕組みができると思います。

G 班

　私たちは文科系教員の集まりでした。理科系との違いというか、文科系は教員間の思いの共有というのが難しいんじゃないかな。大学って、逆にみんなと共有しないっていう部分が特徴のひとつで、それを無理にひとつにしてやるというのは、ちょっと疑問がある。

　教員の拒否反応というものもある。大学の文化的な面が大事じゃないかな。また、授業スキルが難しいですね。教室のサイズとかもありますよね。大教室で200人の授業をするとき、10グループぐらいに分けてやっています。学生は発表はしますが、発表したグループからどんどん帰ってしまって、最後のグルー

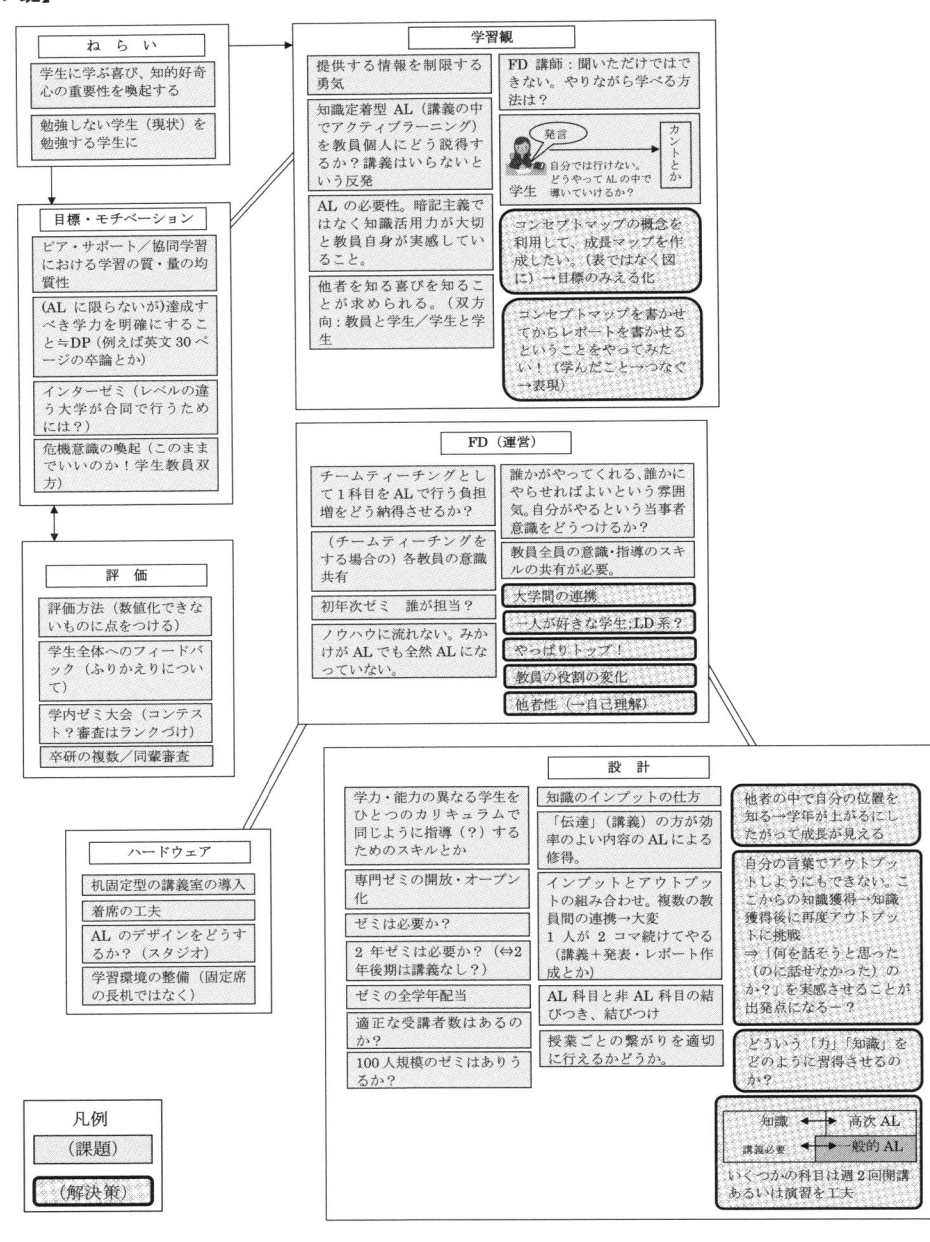

【F班】

ねらい
- 学生に学ぶ喜び、知的好奇心の重要性を喚起する
- 勉強しない学生（現状）を勉強する学生に

目標・モチベーション
- ピア・サポート／協同学習における学習の質・量の均質性
- （ALに限らないが）達成すべき学力を明確にすること ≒ DP（例えば英文30ページの卒論とか）
- インターゼミ（レベルの違う大学が合同で行うためには？）
- 危機意識の喚起（このままでいいのか！学生教員双方）

評価
- 評価方法（数値化できないものに点をつける）
- 学生全体へのフィードバック（ふりかえりについて）
- 学内ゼミ大会（コンテスト？審査はランクづけ）
- 卒研の複数／同輩審査

ハードウェア
- 机固定型の講義室の導入
- 着席の工夫
- ALのデザインをどうするか？（スタジオ）
- 学習環境の整備（固定席の長机ではなく）

凡例
- （課題）
- **（解決策）**

学習観
- 提供する情報を制限する勇気
- 知識定着型AL（講義の中でアクティブラーニング）を教員個人にどう説得するか？講義はいらないという反発
- ALの必要性。暗記主義ではなく知識活用力が大切と教員自身が実感していること。
- 他者を知る喜びを知ることが求められる。（双方向：教員と学生／学生と学生
- FD講師：聞いただけではできない。やりながら学べる方法は？
- 発言／カントとか／自分では行けない。どうやってALの中で導いていけるか？学生
- **コンセプトマップの概念を利用して、成長マップを作成したい。（表ではなく図に）→目標のみえる化**
- **コンセプトマップを書かせてからレポートを書かせるということをやってみたい！（学んだこと→つなぐ→表現）**

FD（運営）
- チームティーチングとして1科目をALで行う負担増をどう納得させるか？
- （チームティーチングをする場合の）各教員の意識共有
- 初年次ゼミ 誰が担当？
- ノウハウに流れない。みかけがALでも全然ALになっていない。
- 誰かがやってくれる、誰かにやらせればよいという雰囲気。自分がやるという当事者意識をどうつけるか？
- 教員全員の意識・指導のスキルの共有が必要。
- **大学間の連携。**
- **一人が好きな学生；LD系？**
- **やっぱりトップ！**
- **教員の役割の変化**
- **他者性（→自己理解）**

設 計
- 学力・能力の異なる学生をひとつのカリキュラムで同じように指導（？）するためのスキルとか
- 専門ゼミの開放・オープン化
- ゼミは必要か？
- 2年ゼミは必要か？（⇔2年後期は講義なし？）
- ゼミの全学年配当
- 適正な受講者数はあるのか？
- 100人規模のゼミはありうるか？
- 知識のインプットの仕方
- 「伝達」（講義）の方が効率のよい内容のALによる修得。
- インプットとアウトプットの組み合わせ。複数の教員間の連携→大変 1人が2コマ続けてやる（講義＋発表・レポート作成とか）
- AL科目と非AL科目の結びつき、結びつけ
- 授業ごとの繋がりを適切に行えるかどうか。
- 他者の中で自分の位置を知る→学年が上がるにしたがって成長が見える
- **自分の言葉でアウトプットしようにもできない。ここからの知識獲得→知識獲得後に再度アウトプットに挑戦 ⇒「何を話そうと思った（のに話せなかった）のか？」を実感させることが出発点になる←？**
- **どういう「力」「知識」をどのように習得させるのか？**
- **知識 ← 高次AL**
- **講義必要 ← 一般的AL**
- **いくつかの科目は週2回開講あるいは演習を工夫**

第4部　課題抽出と解決策のワークショップ

【G班】

学生状況の把握
- 学生の状況（情報?）の教員間の共有（大学には学科会議がありません）
- 学生の実態の把握（学力、意識など）
- 消極的、投げやりな学生を引きこむための仕掛けが必要かもしれない…
- 他人と直接的に話せない（話したくない）学生をどのように巻き込むか

ALの方法論
- 教員が学生の活動にどうかかわるかの判断
- 学生のふりかえりに教員が加わり実質化する
- 振り返り方法→教員の関わり方
- 知識の獲得と活用
- 知識として学ぶべきこととのバランス
- 知識・経験との結び付け方

ALの環境
- 少人数クラス（15人位）の徹底
- 1クラスあたりの適切な学生数
- クラス規模
- どうしてもできてしまう大人数授業
- ハード（教室等の設備）として何を用意するか
- 教室サイズ、備品、机・イスの形状…
- 時間割の過密化
- 集中的あるいは学外でのAL・SLと学内授業との重なり（欠席など）をどうするか

科目関連
- 科目の体系化、連関
- 学生の学びから構成していくカリキュラムを、アカデミックな学問体系をもとに組み立てるカリキュラムとどう調整するか
- 科目間連携　知識の科目→定着の科目
- ゼミを開く方策と自主・自律学習のつながり
- 初年次・全学共通科目（専門科目でない科目）と専門科目との関係（例えばレポート作成や口頭表現をどの科目で扱うか）
- ゼミを開く、と文学部伝統の個人的探究としての学問・教育
- 養成すべき人物像につながる1～4年次の科目連携

伝統的な学問体系とは?
- 伝統的学問体系との調査
- 専門の定着が目的か、学士力、社会人力の養成が目的か
- 高次AL、一般AL、「課題」が前提、そうでない領域
- 一人一人の教員がまかされたことに責任を負う。（まかせて）
- 授業評価の有効活用（ディスカッション）
- 情報の共有 外から新しい視点を入れていく 皆が読みたい、読んでくれる

学生のスキル評価
- スキルの計測法
- ○○力がついた、をどう測るか
- 学生に対しても見える化（ポートフォリオ）
- ○○力はアルバイトやサークルでも…授業のみでは人間力を測れない
- GPA以外の指標で多様な能力を評価する

教員のスキル
- 授業の中に取り入れたALの客観的な評価の方法
- AL担当の人材育成? 人材確保
- ALを行うための授業スキル
- どのような教員でもALに取り組めるようなマニュアル（私はマニュアルは嫌いですが）が要るかもしれません
- 専任の先生と非常勤の先生のFD機会格差

自立と振り返り
- 振り返り
  - 時間の確保
  - 方法・項目
- ALを学生の自律、自立に結びつけるための積み重ねを目に見える力にする（教員にも学生本人にも）

現在の授業の発見（ALとして）
- ふつうにやっていることをALの方向で明確化することの意味
- 実質ALをしているのに、していないと思っている先生
- つじつま合わせにならないようにする必要

人材像の共有
- 教員及び職員の「育てたい人材」意識の共有
- 養成すべき人材像の明確化

教員の意識と組織的共有
- 教員は従来の講義形式における優等生であった→意識を変えさせにくい
- ALの意義に関する教員の共通理解
- 既存の授業法で効果が上がっているとの認識をうちこわせるか
- 問題意識の共有（教員間）
- 教員間のチーム形成、共通認識構築
- 組織的に質の保証を行う

その他
- 初年次ゼミの内容構成を考えるときの参考にしたい
- あるコース（学科・専攻）にとっては専門科目、他コースにとっては一般科目
- ALの基本は理解したように思います。まずはPEの表にあるような全体計画（能力の把握を含む）を作ることが第一歩。
- あまりに厳密化することへの危惧

- チーム→人に科目がついている
- 教職員が学生を見て科目設計する

凡例
- （課題）
- (解決策)

プのときは発表するグループだけになっている場合もある。

　もうひとつ、大事なのは目標や成果ですね。プロセス志向が授業だと思うんです。目標をあまりガチガチに決めてしまうと、じゃぁその目標のためにやるんだと全部手段化してしまう。文科系の場合はプロセスが人間を育てていくので、目標とか成果のセッティングというのはなかなか難しい。

　いずれにしても文科系でこういうのを成功させるのはちょっと難しいかなというのが出ました。でもやんなきゃいけないです、こういう時代なので。やんなきゃいけないです。そのためには先生同士がもうちょっと仲良くならないといけないですね。ケンカなんかしていちゃだめですね。

K　班

　特徴的だった意見を2つ紹介したいと思います。

　まずどのグループでも「アクティブラーニングの学習効果」というものが出ていましたが、"面白い！"というだけでも、ぜんぜん学校に来ない学生が来るなら効果かもしれないし、それをきっかけに専門に目覚めて学習していくこともあるかもしれない。だから"面白い！"だけというのを全面的に否定するのはどうかと思うという意見が出ました。

　また「今後の課題」については、卒業論文との関係をもうちょっと考えるべきではないかという意見です。「アクティブラーニングの学習効果」で、"卒論の完成度アップ"ということも学習成果として考えるやり方があるのではないかというのが議論の中にありました。

成田　ひとつ補足させていただきます。"面白い"だけのアクティブラーニングを否定しているのではなくて、例えば、初年次では「大学に慣れる」「友だちをつくる」ことも目標になります。それが課題であれば"面白い"だけのアクティブラーニングは十分成り立つと思います。否定はしていません、ということをお伝えします。

H　班

　我々もこれまでの発表とだいたい同じ内容でした。

　「規模」では、少人数の物理的環境をどうするか、「科目」では、カリキュラ

【K班】

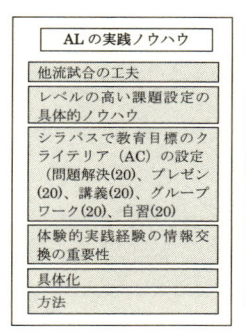

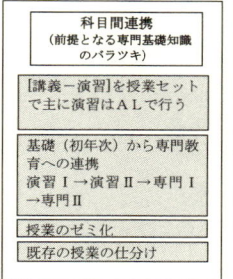

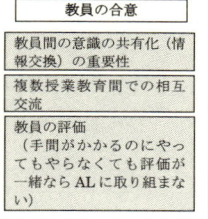

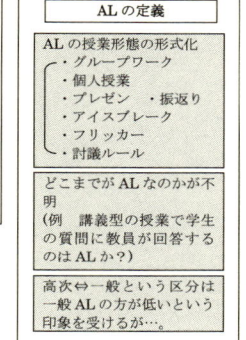

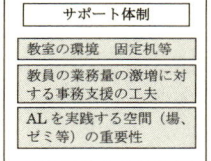

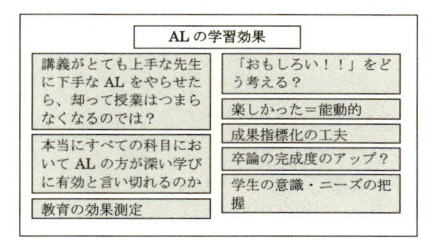

ALの実践ノウハウ
- 他流試合の工夫
- レベルの高い課題設定の具体的ノウハウ
- シラバスで教育目標のクライテリア（AC）の設定（問題解決(20)、プレゼン(20)、講義(20)、グループワーク(20)、自習(20)）
- 体験的実践経験の情報交換の重要性
- 具体化
- 方法

科目間連携（前提となる専門基礎知識のバラツキ）
- [講義-演習]を授業セットで主に演習はALで行う
- 基礎（初年次）から専門教育への連携 演習Ⅰ→演習Ⅱ→専門Ⅰ→専門Ⅱ
- 授業のゼミ化
- 既存の授業の仕分け

教員の合意
- 教員間の意識の共有化（情報交換）の重要性
- 複数授業教員間での相互交流
- 教員の評価（手間がかかるのにやってもやらなくても評価が一緒ならALに取り組まない）

ALの定義
- ALの授業形態の形式化
  ・グループワーク
  ・個人授業
  ・プレゼン・振返り
  ・アイスブレーク
  ・フリッカー
  ・討議ルール
- どこまでがALなのかが不明（例 講義型の授業で学生の質問に教員が回答するのはALか？）
- 高次⇔一般という区分は一般ALの方が低いという印象を受けるが…。

サポート体制
- 教室の環境　固定机等
- 教員の業務量の激増に対する事務支援の工夫
- ALを実践する空間（場、ゼミ等）の重要性

ALの学習効果
- 講義がとても上手な先生に下手なALをやらせたら、却って授業はつまらなくなるのでは？
- 本当にすべての科目においてALの方が深い学びに有効と言い切れるのか
- 教育の効果測定
- 「おもしろい！！」をどう考える？
- 楽しかった＝能動的
- 成果指標化の工夫
- 卒論の完成度のアップ？
- 学生の意識・ニーズの把握

今後の課題
- 卒論ゼミはどう変化するか（方向性のビジョン）
- 初年次教育とALから4年次ゼミへの接続の考え方
- 学士課程全体のカリキュラム設計の議論なしでALだけを議論しても？

ムの改革をしなければいけないし、科目同士の連携もしなければいけない。「期間」では、先ほども出ましたように、アクティブラーニングはプロセスが大事だということです。そのプロセスの中でいろんなことに気づいていく、成長していくということを考えたときに、例えば「評価」でGPAに一元化していいのか、それ以外の評価はないのだろうか、そういった話が出ました。

　それでこれらのなかで、あえて、どこが一番問題なのかを考えると、それは「教員」の意識やスキル、コミュニケートする努力、教員同士の情報交換という話になりました。

　じゃあ、どうしたらそれらが可能になるのか、という方向に話が向いたら、途端に沈黙が走りました。皆さん問題はわかっていますが、解決策は難しいと思っています。

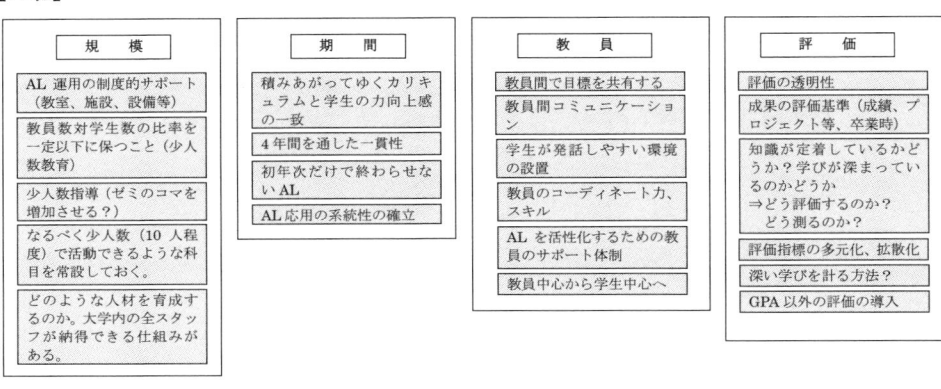

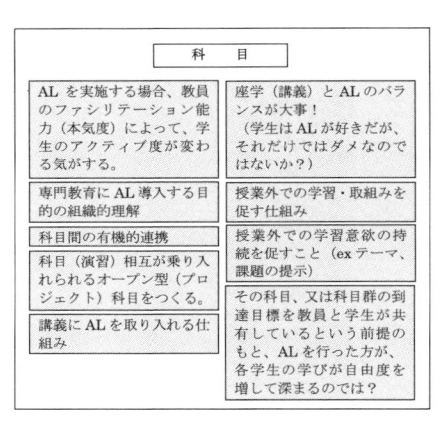

【H班】

規模
- AL運用の制度的サポート（教室、施設、設備等）
- 教員数対学生数の比率を一定以下に保つこと（少人数教育）
- 少人数指導（ゼミのコマを増加させる？）
- なるべく少人数（10人程度）で活動できるような科目を常設しておく。
- どのような人材を育成するのか。大学内の全スタッフが納得できる仕組みがある。

期間
- 積みあがってゆくカリキュラムと学生の力向上感の一致
- 4年間を通した一貫性
- 初年次だけで終わらせないAL
- AL応用の系統性の確立

教員
- 教員間で目標を共有する
- 教員間コミュニケーション
- 学生が発話しやすい環境の設置
- 教員のコーディネート力、スキル
- ALを活性化するための教員のサポート体制
- 教員中心から学生中心へ

評価
- 評価の透明性
- 成果の評価基準（成績、プロジェクト等、卒業時）
- 知識が定着しているかどうか？学びが深まっているのかどうか
  ⇒どう評価するのか？どう測るのか？
- 評価指標の多元化、拡散化
- 深い学びを計る方法？
- GPA以外の評価の導入

科目
- ALを実施する場合、教員のファシリテーション能力（本気度）によって、学生のアクティブ度が変わる気がする。
- 専門教育にAL導入する目的の組織的理解
- 科目間の有機的連携
- 科目（演習）相互が乗り入れられるオープン型（プロジェクト）科目をつくる。
- 講義にALを取り入れる仕組み
- 座学（講義）とALのバランスが大学！（学生はALが好きだが、それだけではダメなのではないか？）
- 授業外での学習・取組みを促す仕組み
- 授業外での学習意欲の持続を促すこと（exテーマ、課題の提示）
- その科目、又は科目群の到達目標を教員と学生が共有しているという前提のもと、ALを行った方が、各学生の学びが自由度を増して深まるのでは？

学生
- PE指標は面白かった。自分の大学でもGPA以外の指標が欲しい。（ある種の学生のモチベーションがアップするかもしれない）
- 学生のモチベーション
- 学習目標と到達度の確認を学生と教員で共有する

C 班

　我々も他のグループと意見が重なっています。まず環境の問題。クラス規模など「組織」や物理的な「設備」の問題。それから「教員」のスキルの問題。

　そして今やっている授業が実はアクティブラーニングを取り入れていても、それに気づいていない先生がいれば気づかせてあげることの是非です。是だけではないです、非もあるのではないか、ということでした。

　それからカリキュラム設計上での科目間の連携が難しいという話が出ました。うちのグループは、外国語、国際、短大の先生、非常勤の先生、といろいろですが、「学生」の状況把握が課題です。学生の状況をどのように教員が共有するかが必要だと思います。

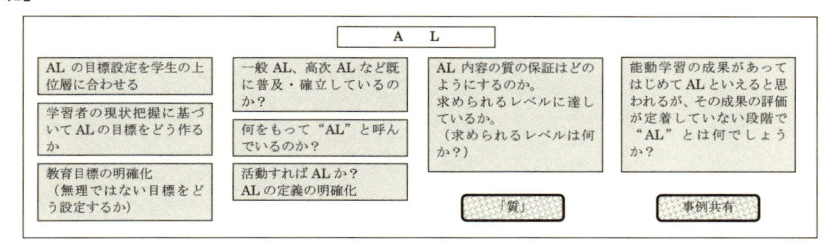

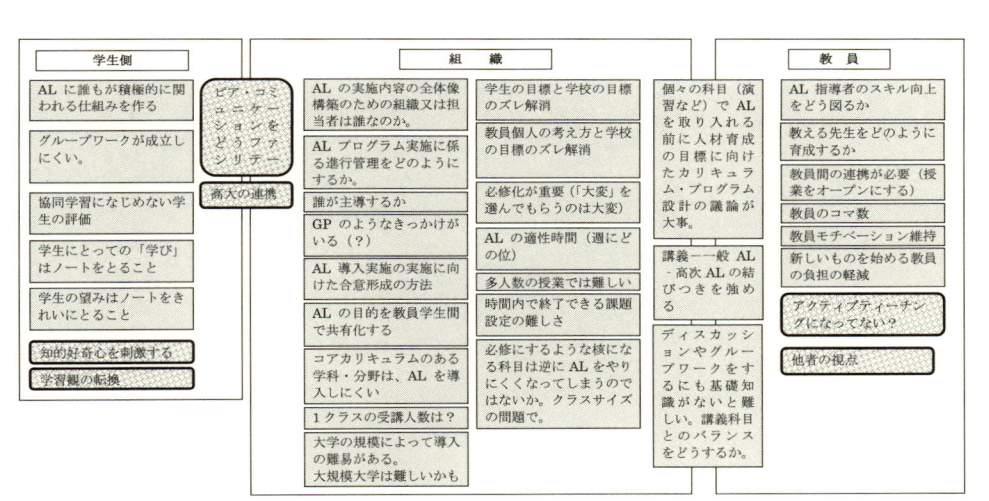

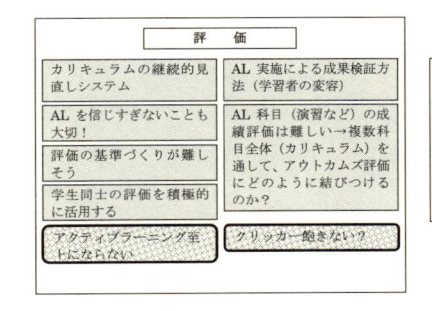

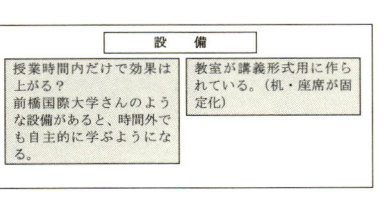

第4部　課題抽出と解決策のワークショップ　315

【C班】

AL

- AL の目標設定を学生の上位層に合わせる
- 学習者の現状把握に基づいて AL の目標をどう作るか
- 教育目標の明確化（無理ではない目標をどう設定するか）
- 一般 AL、高次 AL など既に普及・確立しているのか？
- 何をもって "AL" と呼んでいるのか？
- 活動すれば AL か？ AL の定義の明確化
- AL 内容の質の保証はどのようにするのか。求められるレベルに達しているか。（求められるレベルは何か）
- 能動学習の成果があってはじめて AL といえると思われるが、その成果の評価が定着していない段階で "AL" とは何でしょうか？

（解決策）「質」／事例共有

学生側

- AL に誰もが積極的に関われる仕組みを作る
- グループワークが成立しにくい。
- 協同学習になじめない学生の評価
- 学生にとっての「学び」はノートをとること
- 学生の望みはノートをきれいにとること

（解決策）
- ピア・コミュニケーションをどうファシリテートするか
- 高大の連携
- 知的好奇心を刺激する
- 学習観の転換

組織

- AL の実施内容の全体像構築のための組織又は担当者は誰なのか。
- AL プログラム実施の進行管理をどのようにするか。
- 誰が主導するか
- GP のようなきっかけがいる（？）
- AL 導入実施の実施に向けた合意形成の方法
- AL の目的を教員学生間で共有化する
- コアカリキュラムのある学科・分野は、AL を導入しにくい
- 1 クラスの受講人数は？
- 大学の規模によって導入の難易がある。大規模大学は難しいかも
- 学生の目標と学校の目標のズレ解消
- 教員個人の考え方と学校の目標のズレ解消
- 必修化が重要（「大変」を選んでもらうのは大変）
- AL の適性時間（週にどの位）
- 多人数の授業では難しい
- 時間内で終了できる課題設定の難しさ
- 必修にするような核になる科目は逆に AL をやりにくくなってしまうのではないか。クラスサイズの問題で。
- 個々の科目（演習など）で AL を取り入れる前に人材育成の目標に向けたカリキュラム・プログラム設計の議論が大事。
- 講義──一般 AL・高次 AL の結びつきを強める
- ディスカッションやグループワークをするにも基礎知識がないと難しい。講義科目とのバランスをどうするか。

教員

- AL 指導者のスキル向上をどう図るか
- 教える先生をどのように育成するか
- 教員間の連携が必要（授業をオープンにする）
- 教員のコマ数
- 教員モチベーション維持
- 新しいものを始める教員の負担の軽減

（解決策）
- アクティブティーチングになってない？
- 他者の視点

評価

- カリキュラムの継続的見直しシステム
- AL を信じすぎないことも大切！
- 評価の基準づくりが難しそう
- 学生同士の評価を積極的に活用する
- AL 実施による成果検証方法（学習者の変容）
- AL 科目（演習など）の成績評価は難しい→複数科目全体（カリキュラム）を通して、アウトカムズ評価にどのように結びつけるのか？

（解決策）
- アクティブラーニング至上にならない
- クリッカー飽きない？

設備

- 授業時間内だけで効果は上がる？ 前橋国際大学さんのような設備があると、時間外でも自主的に学ぶようになる。
- 教室が講義形式用に作られている。（机・座席が固定化）

凡例：（課題）／（解決策）

成田　学生の把握という視点は非常に重要ですね。

D班

だいたい同じような話になっています。

まず、どういう枠組みの中でアクティブラーニングを考えるのか。アクティブラーニングありきではないよね、ということです。いわゆる「DP（ディプロ

【D班】

DP

[リーダー]
- 大学の決断
- カリキュラム設計／変更をオーサライズする人の理解
- カリキュラム再編のイニシアティブを取れる人材

Ⅰ 前提＝構造化された議論
① 教育目標＝人間像＝DP
↓
② カリキュラムマップの作成＝CP（コンセプトマップ）
（③入学者の現状、期待される入学者＝AP）
↓
④評価システム＝AP（IR、ルーブリック）
教育システムとしてうまく機能しているか

Ⅱ その奥に
① カリキュラム・科目
↓
② 教育内容、項目、概念
↓
③ 能力

Ⅲ
① 前提―構造
↓
② 背後にある「能力」
↓
③ 「能力」を伸ばすために、個々の科目の中でどう実現するのか＝AL

CP
- 教職員の一致した方向性（体制づくり）
- ALとアウトカムの関連付け
- プログラム（カリキュラム）の中でのAL科目とそれ以外の関連付け
- 関連付け（マップ化）されたカリキュラムの運用を点検する担当／組織の設置

[構造化]
- アクティブラーニングの構造化（大学としての手法の統一）
- AL手法の系統性

AP／学生
- どんな人材を育成したいか
- 学生が「いかに生きるか」を考え始める様に導くALの設計とは？
- 深く学ぶ→学問の限界に気づく→限界を超える（パラダイムシフト）→上記を導くALとは？

[学生]
- 対人恐怖症の学生に対する対応
- 学生の質（学力、コミュニケーション力）
- 過年度学生のコミュニケーション力が乏しい学生など
- アクティブラーニングできる学生の力量

FD

[教員の意識]
- AL担当者相互のつながり／協働
- ALを相対化して他の授業法とブレンドする設計力（カリキュラム構想力）

- アクティブラーニング
- ALの教育方法を教育学専門でない他の教員に教える機会をいかに確保するか
- アクティブラーニングを導入できる教員の力量
- 教員の教授技術
- 個々の教員のAL指導力
- 1回の授業でALを行うデザイン力

[教員の力量]
- 教員の意識改革　ALを嫌がる教員をどうするか？

支援

[ソフト面]
- ALを拡充する上での人的支援（組織的、事務サイド）Ex.SA○○センター
- 科目数と教員の負担コマ数の調整
- ALに向けた人数設定（教員の授業時間数など）
- AL導入に向けた資金

[ハード面]
- クラスサイズによってスタイルが限定される。大規模授業でのALは難しい。
- AL環境
- 教室・施設　階段教室ではアクティブラーニングがやりにくい
- AL導入に向けた設備（ラーニングコモンズのような）
- ALを拡充する上での物理的支援　Ex.可動式テーブル、イス

評価

[効果測定分析（システム）]
- ALが何に有効なのかを示すデータをどう集めればいいか　Ex.学生の学習意欲にとって
- カリキュラムの成果を測る指標／道具の開発
- ルーブリック

[評価（個人）]
- 深い学びの評価（どのように、いつ）
- スキルの構造化と蓄積が可視化できるポートフォリオ
- 主体的態度の評価（どこで、どのように）

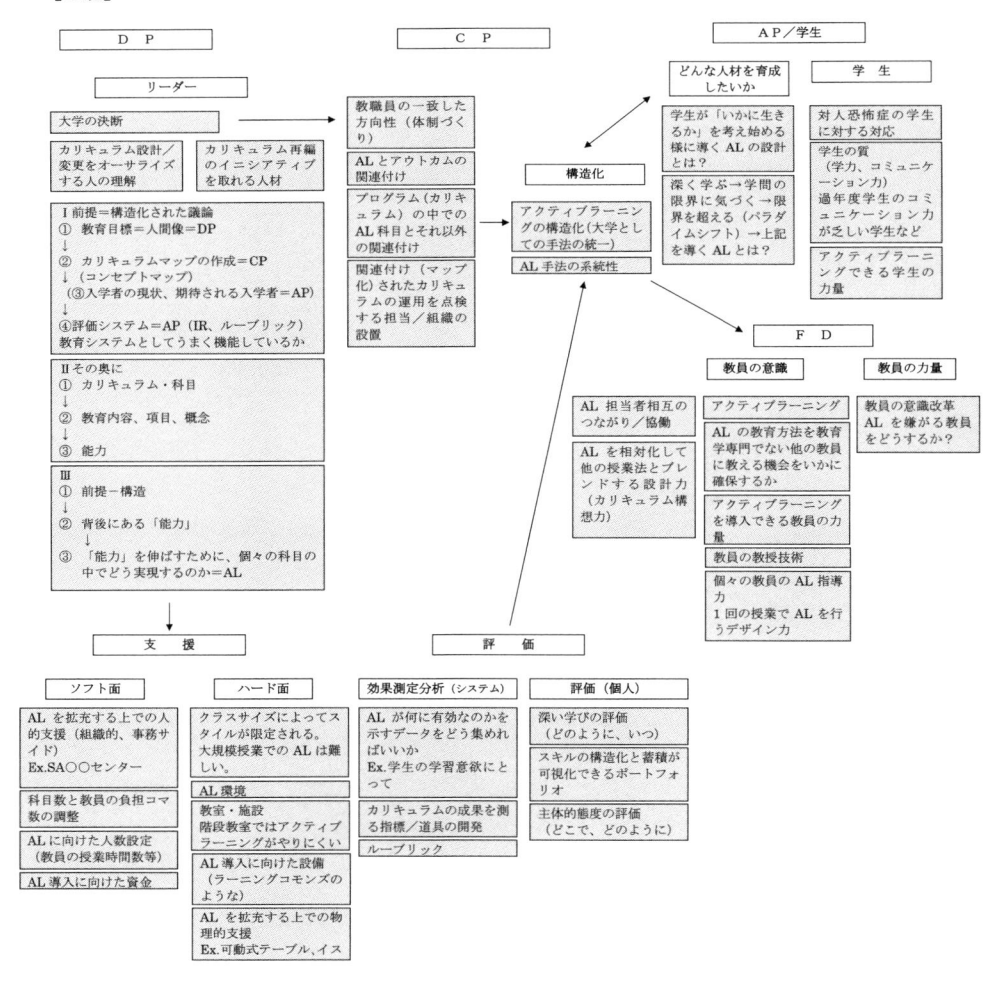

マ・ポリシー）」、「CP（カリキュラム・ポリシー）」、「AP（アドミッション・ポリシー）」という大きな枠組みのなかで、アクティブラーニングが「どんな人材を育成したいか」を片方で意識しながら、全体の「構造化」を考えていこうというところが他のグループとちょっと違うかもしれません。

そもそも大学としてアクティブラーニングをどう捉えるのか。自分たちが育てる学生に対し、アクティブラーニングがどういう効果をなすかをトップはどう考えているのか。「リーダー」が理解をすることから始めていくべきではないか。「大学の決断」や「カリキュラム設計」する人の理解、こういったところがまず大事ではないかと思うところから始まって、実際にカリキュラムの中にいくと、当然教員集団としてアクティブラーニングをどういう方向でやっていくのかという話になってきました。そのためには「教員の意識」もあるし、「教員の力量」もあります。そういったものがあって「学生」と対峙していくわけだけど、いろんなタイプの学生がいますから、アクティブラーニングに適したタイプばかりではありません。当然グループワークが苦手な子もいるよね、こういった学生に対してどうするの、ということが出ました。

こういった流れに対して、ひとつは「支援」が大事だという意見です。支援には「ハード面」、「ソフト面」があります。また、「評価」ということで、一人ひとりの学生がどんなスキルを身につけたか、そういった「評価（個人）」だけでなく、そのプログラム・カリキュラム全体に対する「効果測定分析（システム）」も合わせてする必要がある、ということです。

J 班

私たちはまず、アクティブラーニングを信じすぎない、というところから始めようということで考えました。信じすぎないけれど、学生に学習習慣をつけたり、ある特定の分野で教えたいことを教えるにはアクティブラーニングがいいよね、あと学生の自信につながるのではないかという点を共有した上で、問題を抽出しました。

大きく分けるとアクティブラーニングそもそもの問題と、大学側・教員側の問題、そして学生側の問題があるんじゃないかと思います。

大学・教員側の問題は非常にたくさんありますが、すでに皆さんがお話しされたことと同じですので割愛します。

【J班】

サイズ
- 大人数から少人数クラスへ
- 1クラスの学生数の制限
- 大教室授業でのアクティブラーニングの導入をどうするか？
- クリッカー

スキル
- ALを大学で取り組むのか？(共有？)教員が個人的にやるのか？
- "研究"との関連が薄いのでは？
- 外部の知識を取り入れる？大学の文化？教員の意識改革？
- アクティブラーニングの手法ツールにはどのようなものがあるか？

意識（大学・教員）
- 教員の意識改革（全学的取組の障害）
- ALの手法を教えられる教員はいるのか
- 教員間のALへの理解・定義の一致
- 学科内における教員のALに関する認識の定着をはかる。
- 携帯端末の有効活用の検討

- 日本文化を踏まえた日本型アクションラーニング（ワイガヤ）
- 就職率向上につながるアクティブラーニングとは？（就職率は大学の生命線だ）
- 学生の参加が本当に行われるか？
- 実社会との接点づくりによる試行

目標設定・成果測定
- AL科目間の難易差
- 課題解決能力の伸長
- 目標をあらかじめ決める（自動車の設計？）教育、インプットが先
- 学修成果の測定
- 卒論審査オープンにすると教員間の調整が難しい？
- アクティブラーニングによる学士力向上検証の方法は？
- 見える化 大切なものがこぼれ落ちる（見える化できないことが大切）

学生の質・意識
- 様々なタイプの学生がいる中で、どう参加させていくのかその仕掛けづくり
- 学生の質（学力・意欲他）の差が大きい場合の対応
- モチベーションのない学生への対策
- 先輩から後輩への指導・アドバイスの導入

凡例
- (課題)
- (解決策)

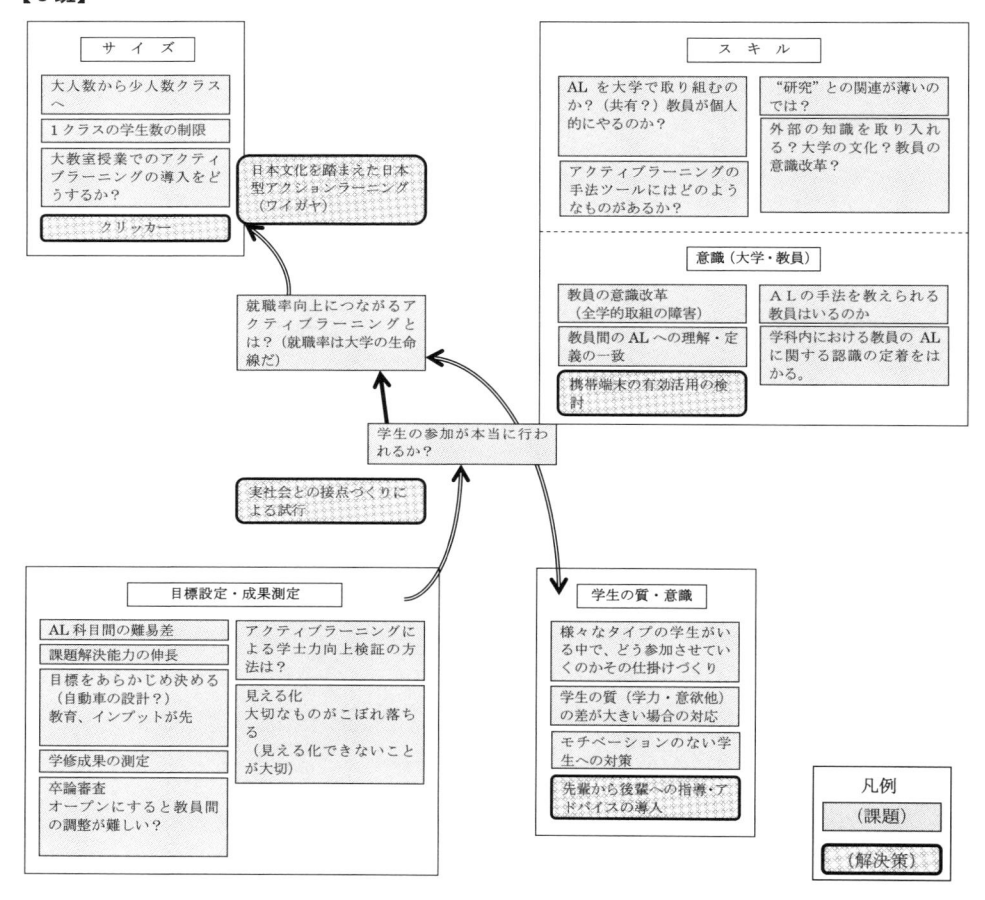

　アクティブラーニングそのものの問題としては、そもそもどういうものがアクティブラーニングになるのかがまだよくわからないという点と、アクティブラーニングの目標設定をどうやっていったらいいのかがまだよくわからないという点がありました。

　学生側の問題としては２つあり、グループワークで学び合いができない学生に対してどう支援していくか。それから学生にとっての学びが、ノートをキレイにとることで、そもそもアクティブに勉強するという意識が頭にない学生の学習観をどう変えていくか、という点が重要ではないかという話が出ました。

テーマであったアクティブラーニングカリキュラム構築の課題は何だろうと考えたとき、私たちは解を2つにまとめました。ひとつは非常に本質的になりますが、大学が育成すべき力を我々がもう一度確認して明確にしていく必要があるということです。もうひとつは、アクティブラーニングの結果の質をどうやって測るか。これを私たちは把握しないといけないと思うのです。

成田 短い時間で整理していただき、ありがとうございました。みなさんから出た課題の視点の共通点は、「教育目標」をどうするか。そして「評価」。そして「教員」、先生方の意識をどうしていくのか。この3点ぐらいが柱になっているのかと思いました。

3．解決策のグループワーク

成田 残りの時間を使って、もう一度グループワークを行いたいと思います。先ほど、アクティブラーニングを導入するにあたっての課題を整理していただきましたが、その中から一つを選んで「これは解決できるんじゃないか」「ここからやるといいのではないか」という点を議論して、いくつかのグループから発表していただきたいと思います。

B 班

　私たちのグループでは、「教員のスキルアップ」に絞って解決策を考えました。前提になるのは"学生の声をちゃんと聞こう"ということです。どういうことが学生にとって効果が上がっているのかを把握すべきだということです。

　教員のスキルアップのための具体的な方法として、例えばファシリテートのスキルを上げるためのトレーニングを学内で行うべきだということ。それからクリッカーなどの道具に振り回されないようにしようという意見が出ました。皆が同じ道具を使って同じような授業をしていいのか、という疑問です。また、教員相互のスキルを理解し合うために模擬授業や相互に授業参観を行う、参観した後にその授業やスキルについて研究協議をするなどお互いの力を出し合おうという意見も出ました。逆に、個人で自分のスキルを磨く努力を行うべきだという意見も出ました。例えば、自分の授業をビデオに撮って振り返ったり、

ティーチング・ポートフォリオを作ったり、自分の授業の特性に合わせて実技的な問題や理論的な問題どう整理するか、を個人的にも取り組むべきだ。こういった解決策を話し合いました。

Ｆ　班

　私たちのグループでは、学生に「どういう力や知識を習得させるのか」を考えることがまず出発点だろうという話になりました。そして、どのようなアクティブラーニングで習得させるのか、それを通じて学生をどのように成長させていくかという問題意識です。そのためには、まず学生に「自分の言葉で」話をさせることが大切だという意見が出ました。多くの場合、学生はうまく話せません。「何を話そうと思ったのか」と「なぜ上手く話せなかったのか」を振り返らせます。そうすると、学生にとって手に入れなければならない知識は何であるかが分かってくるのではないかということです。

　それからアクティブラーニングで他者との連携や協働を行うことで「自分の位置を知る」ことができるようになってくると思います。学年が上がって行くに従って、それが積み重なり、学生が成長していくプロセスが見えるようになります。

　さらに、「コンセプトマップ」のようなものを活用し、1年、2年、3年の各学年の知識の俯瞰図が与えられると、これを身につけるスキルが向上すると思います。このように「目標の見える化」で、学生が自分の立ち位置や能力を自発的に自覚でき、学習が効果的になるのではないかといったことを話し合いました。

成田　ありがとうございました。他のグループの報告もお聞きしたいのですが、時間もありませんので、まとめに入りたいと思います。

　これまでの河合塾セミナーでは、全国調査の中で浮かんできたグッドプラクティス事例を一方的にご紹介して、その事例に対する質疑応答で理解を深めてもらう、というかたちで行ってきたのですが、本日のFDセミナーでは、参加者自体もアクティブになっていただき、ワークショップを折り込んで進めて参りました。それは、大学ごとの個々の事情も大きく異なっていますので、河合塾から「これが一つの正解です」とお示ししても、そのような事情に合致しな

いケースが生じてくるからです。河合塾の調査報告は一つの目安でしかなくて、学生が深い学びを体験するという大きな目的をどのように個々の大学で実現していくのかは、やはり個別の事情に合わせつつ考えていく必要があります。そうした観点から、ワークショップでの議論を行っていただきました。これを通じて、本日、半歩でも前進させるための糸口が見えたとしたら、大きな成果だと考えています。

　本日のワークショップでも、何を身につけるのかという「教育目標」を明確化すること、そして「評価」をどうするのかということ、さらに教員同士の「FD」をどうするのかということが出されていましたが、この議論をそれぞれの大学での議論の素材にしていただければありがたいです。

解　説

教育ジャーナリスト（河合塾大学教育力調査プロジェクトメンバー）友野伸一郎

　本書は河合塾「大学教育力調査プロジェクト」が2012年10月6日に河合塾麹町校で開催した「河合塾FDセミナー　深い学びにつながるアクティブラーニング　―いかに導入し、いかに続けるか―」の全記録である。ただし、「第1部　河合塾からの2011年度大学のアクティブラーニング調査報告」は、当日「調査報告書」として配布された詳細な完全版の再録である。

　ここでは、まず河合塾の「2011年度　大学のアクティブラーニング調査」について解説し、その次に「セミナー」の意義について解説を行うこととしたい。

1.「2011年度 大学のアクティブラーニング調査」までの大学教育力調査の流れ

　この「2011年度　大学のアクティブラーニング調査」は直接には「2010年度　大学のアクティブラーニング調査報告（対象：経済系・工学系）」を引き継ぐものとして行われた。その外形的な最大の特徴は、対象を2010年度調査の経済系・工学系から非資格系全般へと拡大した点と、学系によって調査対象が学部であったり学科であったりする混在した状態から、調査対象を学科に一本化した点である。対象学系の拡大と学科への一本化に伴い、質問紙を送付した対象も2010年度調査が351学部・学科（経済系・工学系だけでなく法学系・理学系を含む）であったのに対し、2011年度調査では2130学科へと大きく拡大している。

　だが、本調査は河合塾の「大学教育力調査プロジェクト」の一環として行われているものであり、当初からアクティブラーニングに焦点を絞って行われてきたわけではない。その前史を紐解けば、2008年には「国立大学の教育力調査」、2009年には「全国大学の初年次教育調査」が取り組まれてきた。つまり教養教

育→初年次教育→アクティブラーニングと調査対象は変遷してきているのであるが、そこには次のような内的関連性がある。

即ち、当初の教養教育調査においては、大学の教育力は教員の属人性に大きく左右される専門教育よりも、むしろ教養教育に大学としての教育に取り組む姿勢は表現されるとの仮説のもとに、「教養」の意味を「自分と異なる専門分野の人と協働できる能力」として定義し、学生に自分の専門とは異なる分野の論理を学ばせる仕組みがどれだけあるかが教養教育を見る上での核心点であることを明らかにした。

そして、その調査の過程で初年次教育が重要な位置を占めていることが明らかとなったため、次の調査対象を初年次教育へと定めたのであった。

この初年次教育調査においては、初年次教育の中でもとりわけ初年次ゼミの持つ意味が大きいこと、そこにおいてはスタディスキルの習得だけでなく、受動的な学習から能動的な学習への態度変容を促すことが最大の課題であり、その態度変容のカギとなるのがアクティブラーニングであることを明らかにした。

こうした経緯を通じて、2010年度に初めてアクティブラーニングに対象を絞った調査が行われるに至ったのである。

このような調査対象の変遷の中で一貫しているのは、本書では前提中の前提となっているためあまり触れられていないが、「学習者中心の教育」という視点である。ここで改めて、少し説明しておく。

これまでの日本の大学教育では、長く「教授者中心の教育」が行われてきた。これは端的に言えば「教員が授業で何を喋ったか」を問題とする教育観であり、極端に言えば学生がその内容を理解してもしなくても、居眠りをしていたとしても問題にならない。学生は試験の時に合格点を取りさえすればよいわけである。

これに対して「学習者中心の教育」では、「学生が何ができるようになったか」が問題とされる。いくら教員が素晴らしい話をしたとしても、学生がその授業を通じて何か新しいことができるようなったり、新しい世界像を得ることができるようになったりしなければ意味がないのである。

したがって「学習者中心の教育」においては、教員が一方的に喋るだけの講義一辺倒の授業から離脱することが求められる。その意味で、アクティブラーニングへと向かうのは必然なのである。

2.「2011年度　大学のアクティブラーニング調査」の意義

　この点を踏まえた上で、「2011年度　大学のアクティブラーニング調査」の特徴を大きく2点にまとめると、第一にアクティブラーニングをいかに「深い学び」に結びつけるのかという視点の導入である。「深い学び」については、本書の中でも再三言及されているので詳しくは述べないが、学生が授業で得た知識や体験を、自分がすでに持っている知識と関連付け、自分自身で新たな世界像を構築することである。そうした「深い学び」で得られた知識は、生涯にわたって剥落することなく、活用できる。

　前回調査である「2010年度　大学のアクティブラーニング調査」の時点では、「アクティブラーニングという言葉は初耳だ」という大学教員の声がよく聞かれた。しかし、そのような声は2011年度調査ではあまり聞かれることはなかった。つまり実質2年の間に（2010年度調査は2010年度カリキュラムを対象に調査実施期間が2010年6月～12月、2011年度調査は2011年度カリキュラムを対象に調査実施期間が2012年1月～8月）アクティブラーニングに関する教員の認識はかなり進んだという実感がある。

　しかし、他方で課題も浮上している。単に「アクティブラーニングを行えば学生が面白がって参加してくれる」という、「目的としてのアクティブラーニングの導入」という段階はすでに過ぎ去り、今や「深い学び」を実現するための「手段としてのアクティブラーニング」こそが実現されなければならない時に来ている。

　本調査報告で何度も提起しているように、課題は「従来から行われてきたアクティブラーニングの諸形態を、『深い学び』につながる手法として、体系的に再構成し再設計していくこと」なのである。そのために、課題解決を目的とする「高次のアクティブラーニング」においては専門知識の活用が意図的に組み込まれなくてはならない。本調査で高次のアクティブラーニングを含む科目が「他科目との連携」や同一科目内での専門知識の提供を取り上げている意味はそこにある。

　第二の特徴は、「専門研究・専門ゼミ」を俎上に載せたことである。考えてみれば当たり前のことであるが、大学教育における最大のアクティブラーニングは「専門研究・専門ゼミ」であり、かつ「卒業研究・卒業論文」であるはずだ。

しかし、実際の問題としてこれらは多くの場合、各教員の不可侵の場として閉じられており、そこで何が行われているかが検証されることはあまりなかった。成果物としての論文や研究成果の質で他者や同僚によって検証されることは稀にあったとしても、そのプロセスが検証されることは工学系以外では殆ど行われていない。大学教育は、これを「深い学び」につながるアクティブラーニングの集大成として再構成・再設計していかなければならい。その課題を突き出したのは、本調査の第二の大きな意義である。

3．河合塾FDセミナーについて

　この「2011年度　大学のアクティブラーニング調査」の完了を受けて行われた「河合塾FDセミナー　深い学びにつながるアクティブラーニング　―いかに導入し、いかに続けるか―」は河合塾による調査報告と大阪市立大学経済学部経済学科と共愛学園前橋国際大学国際社会学部国際社会学科の2つの取り組みの紹介、参加者によるワークショップ、京都大学高等教育開発推進センターの溝上慎一准教授の講演で構成された。

　大阪市立大学経済学部経済学科の取り組みは、「プラクティカル・エコノミスト（PE）」の育成を全学部的な課題として掲げている点に最大の特徴がある。

　そして、PE育成のための特徴的な施策として、第一に1・2年次と3・4年次の2段階にわたる演習カリキュラムが組まれているのである。1・2年次にアクティブラーニングを含んだ演習科目が系統的に配置され、2年次後期に卒論の予行演習としての「基礎サイクル修了論文」の執筆を行う。そして、その評価を受けて3・4年次に専門ゼミでのアクティブラーニングに取り組み、卒業論文執筆に臨むという設計である。

　第二に、PE育成のために6つのスキルと1つのアビリティで構成された「PE指標」が導入され、カリキュラムマップとして示されるとともに、その達成度が学生に開示されていることである。独自に学部教育の達成度を測定することは、多くの大学で課題として意識されつつも、ほとんどの大学で行われていない現状を鑑みれば、このPE指標の導入の取り組みは特筆に値する試みである。

　また同様な視点から、同学部では卒業論文採点表が開示されていることも注目される。教員の恣意性に拠るものではない、学部としての組織的な到達度評

価の取り組みだからである。

　次に共愛学園 前橋国際大学国際社会学部国際社会学科では、過半の授業でアクティブラーニングが取り入れられているという現状がある。これらアクティブラーニングの導入自体は同大学では以前から行われているもので、学部長の報告でもあるように、それを「深い学び」につながるアクティブラーニングとして再構成・再設計するのは今後の課題となっている。

　しかし、同大学の場合は、10年も前から自然にほとんどの教員がアクティブラーニングを取り入れてきているのであって、本書の事例紹介の報告中ではあまり語られていないが、それが可能となった根拠こそ、多くの大学人の注目に値すると思われる。

　即ち同大学では教員と職員の壁も取り払われ、教職協働が文字通りの意味で伝統的に成立しており、また教員同士が自分の教育を閉じるのではなくオープン化していくという学風・文化がある。そのような背景があってはじめて同大学のアクティブラーニング導入が歴史的に進んできたことを、この場で付け加えて紹介しておきたい。

　また、ワークショップであるが、参加者70人が大まかな学系ごとに10グループに分かれ、アクティブラーニングの導入上の課題についてKJ法を用いて議論し、発表していただいた。グループごとの個性はありつつも、どのグループでも問題の構造化を行うと共通の課題が抽出されており、アクティブラーニング導入上の課題についての認識は広く共有されつつある現状が示された。

　溝上講演は、「深い学び」のより詳しい紹介が行われるとともに、「二つのライフ」とアクティブラーニングを含む科目履修との関連、さらに新しい試みとしてのピアインストラクションの紹介などが含まれ、アクティブラーニングに関する新しい視点が提供された。

　このうち、ピアインストラクションについては、次の章で少し詳しく紹介したい。

4．ピアインストラクションについて

　このセミナー開催から4日後の2012年10月10日に、筆者は京都大学高等教育研究開発推進センターが主催する国際シンポジウムでピアインストラク

ションを体験する機会を得た。

「ただ座って先生の講義を聴いている時の脳の活動は、眠っている時と同じである」。これは、ピアインストラクションの提唱者でありハーバード大学で物理学を教えるエリック・マズール教授が、その講演の中で紹介した話である。人の手首の皮膚電流は脳波と極めて近い動きを示すことが研究で明らかになっているが、その手首の皮膚電流測定器をハーバード大学の学生に装着して２日間調査をした結果明らかになったのである。しかも、同じように脳の活動が鈍くなるのはテレビを観ている時であったという。つまり、受動的に講義を聴いているだけの場合、人の脳はほとんど活動をしていないのである。

だから、マズール教授は授業にピアインストラクションを取り入れ、大教室でも教員が学生に対して質問を投げかけ、それに対して学生同士が議論しながら授業が進められていく。その場合、質問に回答するために必要な知識はマズール教授によって事前にネット上に公開され、学生が自宅で予習してくることが前提となっている。

筆者自身が、その講演で体験したことを紹介すると、マズール教授から次のような質問が出される。

「金属の長方形の板があります。その板の真ん中は円の形で穴が開いています。この金属を加熱すると、その円は①大きくなる、②変わらない、③小さくなる、の何れでしょうか？」

その質問に対して、まず参加者全員がクリッカーを使って回答する。その結果は教壇のマズール教授の前のパソコンには瞬時に表示されるが、参加者には示されない。そして、参加者は自分の前後左右で自分と違う回答を行った人を探し、「どうしてそう考えるのか」を議論するのである。詳しくは省くが筆者は③小さくなる、と考え、隣の人は①大きくなる、と回答していて、それぞれにそう考える理由を述べあったが、どれが正しいのかは分からなかった。

その近隣との議論の後でマズール教授から同じ質問がもう１度出され、それに対してクリッカーで回答をするのだが、その結果はプロジェクターで参加者にも示された。教授は、正解が①大きくなる、であることを語り、その理由として「冷蔵庫で金属の蓋付きのガラス容器を保管すると、固くて開かなくなる。蓋をお湯につけると開くでしょう。それと同じです」と語って、次に進もうとするのだが、その時に会場から「えーっ！ そんな」という嘆息がもれた。つ

まり誰もが答えを知りたくてたまらなくなっていたのである。

　筆者自身も、講演が終わったらすぐに調べようと真剣に思ったのだが、もちろん、これこそマズール教授の企図するものであり、教授はニヤリと笑って答えを解説してくれた。

　「金属を熱すると膨張するのは分子の間隔が広がるからです。円形の穴の周りに分子が並んでいます。その分子の間隔が広がると穴は大きくなります。カゴメカゴメの遊びをする時に、輪になった子どもたちが手を広げると輪が大きくなるのと同じことです」と。

　つまり、それほど学生は答えを渇望するようになるのである。このようなプロセス抜きに、教員が教壇から一方的に正しい答えだけを述べたとしても、学生にほとんどインパクトも与えないし記憶に残ることも難しいであろう。

　そして実際、このピアインストラクションの手法が取り入れられてから、学生の物理の理解度も大きく上昇したことは数値的にも明らかになっているのである。

　同様なことは他にも枚挙にいとまがない。

　2012年からスタンドフォード大学メディカルスクールでは、いわゆる「講義」のみの授業を廃止した。知識の伝達の部分は学生がネットなどを通じて学習し、授業ではその知識を前提としたアクティブラーニングが取り組まれる。そして実際にノーベル賞受賞の教授が行う講義を受けた同校の物理の平均点が41点であったのに対し、大学院生と一緒に問題を解くというアクティブな学びに切り替えた結果は平均点71点という大幅な上昇として表れている。

　同様の試みはマサチューセッツ工科大学でも以前から行われ、やはり教養物理の授業に学生同士の議論などをアクティブな要素を取り入れた結果、成績下位者だけでなく中位、上位でも万遍無く成績の向上がみられている。

5．アクティブラーニングの拡がり

　アクティブラーニングは世界で普遍的に行われ、日本でもようやく大きな課題として取り上げられるようになってきた。中教審高等教育分科会大学教育部会が2012年3月16日に発表した「審議まとめ（案）」では次のように述べて、アクティブラーニングの重要性が主張されている。

「予測困難な時代にあって生涯学び続け、主体的に考える力を持った人材は、受動的な学修経験でははぐくむことはできない。教員と学生とが意思疎通を図りつつ、学生同士が切磋琢磨し、相互に刺激を与えながら知的に成長するためには、課題解決型の能動的学修（アクティブ・ラーニング）といった学生の思考や表現を引き出し、その知性を鍛える双方向の講義、演習、実験、実習や実技等の授業を中心とした質の高い学士課程教育が求められている。その際、実際の教育の在り方はそれぞれの大学の機能に応じて区々であるものの、このような質の高い授業のためには、授業ための事前の準備（資料の下調べや読書、思考、学生同士の議論など）、授業の受講（教員の直接指導、その中での教員と学生、学生同士の対話や意思疎通）や事後の展開（授業内容の確認や理解の深化のための探究など）、インターンシップやサービス・ラーニングといった体験活動などの事前準備・授業受講・事後展開を通した主体的な学びに要する総学修時間の確保が重要であることは論を俟たない」

同時に、「総学習時間の確保」が謳われ、授業時間外学習の重要性が指摘されているが、「深い学び」につながるアクティブラーニングの導入は必然的に「授業時間外学習」の強化にもつながる。ピアインストラクションにせよスタンフォード大学メディカルスクールにせよ、自宅で知識を仕入れて教室ではそれを活用するという「反転授業」とならざるを得ないのである（「反転授業」とは、授業で知識を覚え授業外で活用するという従来型の授業の反転を意味している）。

もちろん、アクティブラーニングの導入は大学だけの課題ではない。中等教育でも初等教育でも大きな課題となっている。

欧米はもちろんアジアの小学校でも、一人の先生対生徒全員というスタイルの一斉授業が行われているのは、もはや日本くらいしかないという状況に至っている。ほとんどの国では男女混成の4人程度が向かい合って椅子に座り、必要に応じて話し合いや教え合い、学び合いを行う授業が取り入れられているのである。

ところで、一部には「アクティブラーニングは受験勉強には不向きだ」という意見も存在している。確かに現在の大学入試のほとんどが、「知識の量と正確さ」を問うものでしかないという問題は指摘されなければならないが、それでも暗記型の知識においてもデータ的に、アクティブラーニングの有効性は示唆されている。

近年、進学校では模擬試験にむけた事前指導が一般化しているが、2012年度、東海地方のK高校で物理科が、河合塾の第2回全統記述模試にむけてアクティブラーニングによる過去問練習（波動、力学、電気）を試行した。実際の模擬試験では、波動と力学では想定内、電気では想定外の範囲から出題され、結果は、電気の成績が不振だったのに対し、波動と力学では相対的に伸びを示した（図表77）。これだけでは他校と厳密な比較はできないほか、未だ全ての模擬試験で確実に実績を収められる段階にはないようだが、この結果は、アクティブラーニングが受験勉強にも有効である可能性を示唆するデータとして注目されるのである。

　このようにアクティブラーニングの重要性がますます大きくなる中にあって、河合塾「大学教育力調査プロジェクト」は、今後さらに継続的に「大学のアクティブラーニング調査」に取り組んでいく。定点観察的に学部学科のアクティブラーニングをフォローし、かつそれぞれの学部学科のアクティブラーニングのカリキュラムマップを作成して、大学を評価する一つの新しい視点の確立を図っていく。

　本書を読まれた方々によって、「深い学び」につながるアクティブラーニングが本格的に導入・発展していくことを願ってやまない。

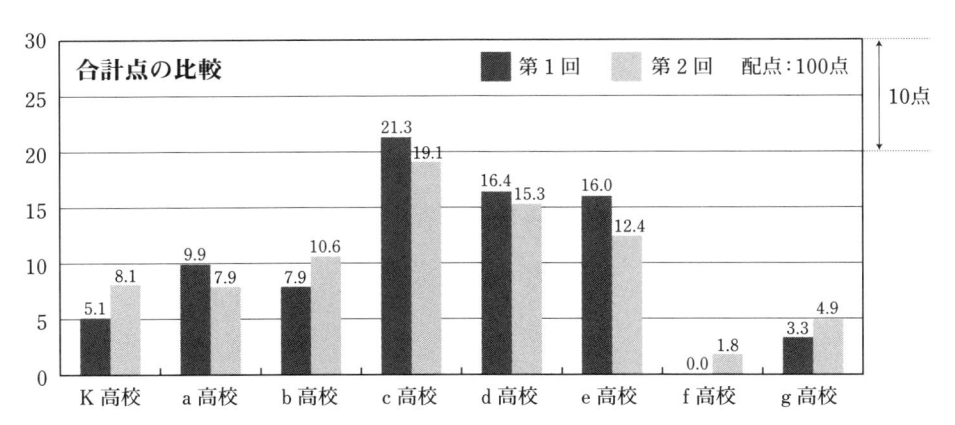

K高校は第2回全統記述模試の物理において、第3問電気で少し失点したものの、第1問・第2問（波動と力学）での加点により、トータルでは第1回よりスコアを伸ばすことができた。すなわちActive learningの効果が、合計点にも反映されたと考えられることができる。

図表77　模試の成績にみるアクティブラーニングの効果

謝　辞

　本書の基盤となっている「2011年度大学のアクティブラーニング調査」の質問票の設計には、半年以上の時間を費やしました。設計を開始したのは、河合塾がアクティブラーニングを初めてテーマとして取り上げた前回の「アクティブラーニングでなぜ学生が成長するのか」を刊行した直後の2011年6月にまで遡ります。2010年度調査の成果を受け、2011年度以降の調査は、アクティブラーニングへの取り組み状況の変化と傾向を把握できるように、継続的な定点調査とすることにしました。このことは、2011年度調査の質問票のレベルが長期的な調査のレベルを規定することを意味します。故に私たちは改正に改正を重ね、実際の質問票を発送するまでに実に20通り以上のバージョンを作成しました。

　この背景には、「現場の先生方の大学教育に対する熱意に報いたい」という私たちの強い思いがありました。この思いは、2011年度調査で出会った先生方、その後開催したシンポジウムで繰り広げられた参加者全員による熱い議論によって、より一層強められたものです。

　そして、「2011年度大学のアクティブラーニング調査」の質問紙（アンケート）を各大学にお願いしたのが2012年1月中旬でした。正直なところ、時期的な配慮を欠いた時期になってしまったことは否めず、大変反省しております。しかし、それでも952もの学科から回答をいただくことができました。この場をお借りして、大変な時期にもかかわらず、真摯に回答していただけたことに深く感謝します。さらに、質問票調査後の実地調査にご対応くださった17大学18学科の関係者の方々にも心よりお礼申し上げます。

　また、河合塾FDセミナー「『深い学び』につながるアクティブラーニング　いかに導入し、いかに続けるか」において、理論的見地からご講演いただいた溝上慎一先生（京都大学）、大学での進んだ事例を報告していただいた大森昭生先生（共愛学園前橋国際大学）と中村健吾先生（大阪市立大学）には、編集の過程においても格別なご協力をいただきました。

　さらに、質問票の作成にあたり、大学教育の現場に立つ立場から、多くの知恵と示唆を与えてくださった中村博幸先生（京都文教大学）と山本啓一先生（九

州国際大学）にも心よりお礼申し上げます。

　そして、本書の出版を快諾してくださった東信堂の下田勝司社長、膨大な編集作業を担当していただいた同社の向井智央氏と併せて、ここに記して御礼申し上げます。

　セミナーにご参加いただいた方々のアンケートからは

　「アクティブラーニングの重要性を再確認できた。また紹介された事例は参考になったし、非常に啓発的であった」

　「学生の変化に対応するためにアクティブラーニングが必要だと感じていたが、他の先生方とのグループワークで、課題が具体的に見えてきた」

　「アクティブラーニングを本格的に開始するが、そのやり方について具体的な課題とアイデアをいただいた」

　「現場の教員が共有した意識のもとに、『学生中心』のカリキュラムを組んでいるという事例報告に励まされた」

　「すばらしい取り組みをしておられる事例を伺った。早速、学長また学部へ報告し、本学部での取り組みに活かしたい」

　などの声が聞かれました。これら以外にも、多くの過分なコメントをいただいており、メンバー一同、当調査のやり甲斐を実感して余りあるものでした。このことが、今後も河合塾がアクティブラーニング調査をはじめとした大学の教育力調査に取り組んでいく上で、心強い推進力になるものと思われます。

　私たちは、アクティブラーニング関連書籍の２冊目となる本書の発行により、本調査が継続的な力を得ることができたと確信しております。本書が学習者中心の授業を目指して日々アクティブラーニングの導入や豊富化に取り組まれている関係者への参考書籍として長く活用されることを願うとともに、高校の関係者や企業の採用ご担当の方々にとっても大学の教育力を見る確かな尺度としてご活用いただけたら幸いに存じます。

2013 年 3 月吉日

河 合 塾

執筆者紹介

◆「『深い学び』につながる工夫とは」講演者

溝上　慎一（みぞかみ・しんいち）
　　京都大学　高等教育研究開発推進センター　准教授
　　専門は青年心理学、高等教育。日本青年心理学会理事、大学教育学会常任理事など。神戸大学教育学部卒業、京都大学博士（教育学）。1996年京都大学高等教育教授システム開発センター助手、講師を経て、2003年より現職。教育学研究科兼任。大阪府立大学学長補佐。著書に『大学生の学び・入門－大学での勉強は役に立つ！』『現代青年期の心理学－適応から自己形成の時代へ』など多数。

◆河合塾FDセミナーの大学事例報告者

大森　昭生（おおもり・あきお）
　　共愛学園前橋国際大学　国際社会学部長　教授
　　東北学院大学大学院で研究後、1996年に入職。2003年に専任講師で国際社会学部長に選出される。地域共生研究センター長を兼務し、地域の公的委員等多数。共愛学園前橋国際大学が採択された文科省「グローバル人材育成推進事業」の実施責任者。共編著に『アーネスト・ヘミングウェイ-21世紀から読む作家の地平』（2011）、『ヘミングウェイ大事典』（2012）等がある。その他『地域に愛される大学のすすめ』（2011）には同大の取組が纏められている。

中村　健吾（なかむら・けんご）
　　大阪市立大学　経済学部　教授
　　神戸大学大学院文化学研究科修了。神戸大学文学博士。社会思想史専攻。大阪市立大学経済学部の〈大学教育推進プログラム〉である「4年一貫の演習と論文指導が育む学士力」（2009 - 11年度）の取組推進責任者。主著は、『欧州統合と近代国家の変容』（昭和堂、2005年）。

◆河合塾FDセミナーのワークショップ・ファシリテーター

成田　秀夫（なりた・ひでお）
　　河合塾　開発研究職・現代文科講師
　　中央大学大学院・博士課程（哲学専攻）在学中から、河合塾にて現代文科講師を務める。授業では「わかることの愉しさ」を追求。また、大学生向けの「日本語表現講座」を開発し、自らも大学の教壇に立つ。2010年より、初年次教育学会理事を務め、講演会・シンポジウムのパネラーも精力的にこなしている。著書に『学びと仕事をつなぐ8つの日本語スキル』（丸善プラネット，2012）等がある。

◆解説　執筆者

友野伸一郎（ともの・しんいちろう）
　河合塾大学教育力調査プロジェクトメンバー / 教育ジャーナリスト
　東京外国語大学　フランス語学科卒業　2006年以降、河合塾教育研究部の「大学教育力調査プロジェクト」に参加し、大学の教育力の解明と評価に取り組むとともに講演や執筆活動を行う。著書に『対決！大学の教育力』（朝日新聞出版）、『眠れる巨象が目を覚ます』（東洋経済新報社）等がある。

◆河合塾大学教育力調査プロジェクトメンバー（五十音順）

赤塚　和繁（あかつか・かずしげ）
　河合塾　教育研究開発本部　教育研究部所属

朝岡　三博（あさおか・みつひろ）
　河合塾　教育研究開発本部　教育研究部　チーフ

谷口　哲也（たにぐち・てつや）
　河合塾　教育研究開発本部　教育研究部　部長

友野伸一郎（ともの・しんいちろう）
　教育ジャーナリスト

野吾　教行（やご・のりゆき）
　河合塾　教育研究開発本部　教育研究部所属

| 「深い学び」につながるアクティブラーニング――全国大学の学科調査報告とカリキュラム設計の課題 |

2013 年 4 月 10 日　初　版第 1 刷発行
2015 年 6 月 30 日　初　版第 2 刷発行

〔検印省略〕

＊定価はカバーに表示してあります

編著者 © 河合塾　発行者 下田勝司

印刷・製本　中央精版印刷

東京都文京区向丘 1-20-6　郵便振替 00110-6-37828
〒 113-0023　TEL 03-3818-5521 (代)　FAX 03-3818-5514
E-Mail tk203444@fsinet.or.jp　URL:http://www.toshindo-pub.com/

発 行 所　株式会社 東信堂

Published by TOSHINDO PUBLISHING CO.,LTD.
1-20-6, Mukougaoka, Bunkyo-ku, Tokyo, 113-0023, Japan
ISBN978-4-7989-0169-5 C3037 Copyright©Kawaijuku

東信堂

大学の自己変革とオートノミー —点検から創造へ	寺﨑昌男	二五〇〇円
大学教育の創造—歴史・システム・カリキュラム	寺﨑昌男	二八〇〇円
大学教育の可能性—教養教育・評価・実践	寺﨑昌男	二五〇〇円
大学は歴史の思想で変わる—評価・FD・私学	寺﨑昌男	二八〇〇円
大学改革 その先を読む	寺﨑昌男	一三〇〇円
大学自らの総合力—理念とFD そしてSDD	寺﨑昌男	二〇〇〇円
アウトカムに基づく大学教育の質保証—チューニングとアセスメントにみる世界の動向	深堀聰子編著	三六〇〇円
高等教育質保証の国際比較	杉本和弘編	三六〇〇円
学士課程教育の質保証へむけて—学生調査と初年次教育からみえてきたもの	山田礼子	三二〇〇円
大学教育を科学する—学生の教育評価の国際比較	山田礼子編著	一六〇〇円
主体的学び 創刊号	主体的学び研究所編	一六〇〇円
主体的学び 2号	主体的学び研究所編	一八〇〇円
主体的学び 3号	主体的学び研究所編	一六〇〇円
「主体的学び」につなげる評価と学習方法—カナダで実践されるICEモデル	S・ヤング&R・ウィルソン著 土持ゲーリー法一訳	二五〇〇円
ポートフォリオが日本の大学を変える—ティーチング/ラーニング/アカデミック・ポートフォリオの活用	土持ゲーリー法一	二四〇〇円
ティーチング・ポートフォリオ—授業改善の秘訣	土持ゲーリー法一	二五〇〇円
ラーニング・ポートフォリオ—学習改善の秘訣	土持ゲーリー法一	二五〇〇円
アクティブラーニングと教授学習パラダイムの転換	河井亨	四五〇〇円
大学生の学習ダイナミクス—授業内外のラーニング・ブリッジング	溝上慎一	二四〇〇円
「学び」の質を保証するアクティブラーニング—3年間の全国大学調査から	河合塾編著	二〇〇〇円
「深い学び」につながるアクティブラーニング—全国大学の学科調査報告とカリキュラム設計の課題	河合塾編著	二八〇〇円
アクティブラーニングでなぜ学生が成長するのか—経済系・工学系の全国大学調査からみえてきたこと	河合塾編著	二八〇〇円
初年次教育でなぜ学生が成長するのか—全国大学調査からみえてきたこと	河合塾編著	二八〇〇円
IT時代の教育プロ養成戦略—日本初のeラーニング専門家養成ネット大学院の挑戦	大森不二雄編	二六〇〇円

〒113-0023　東京都文京区向丘1-20-6　TEL 03-3818-5521　FAX 03-3818-5514　振替 00110-6-37828
Email tk203444@fsinet.or.jp　URL:http://www.toshindo-pub.com/

※定価：表示価格（本体）＋税